KB175257

맨 앤 스타일

Men and Style

무엇을, 왜 입어야 하는가

맨 앤 스타일

Men and Style

데이비드 코긴스 지음

신소희 옮김

BW

추천사

남자의 미묘한 교양

◆

이 책은 패션에 관한 책이 아니다. 스타일, 즉 우리에게 살아갈 이유를 주는, 포괄적인 심미안에 관한 책이다. 패션은 출세주의자들이 입는 것이고 추종자들이 몸에 걸치는 것이다. 댄디는 개인주의자이자 스타일이 있는 사람이다. 댄디는 옳든 그르든 자신만의 방식을 따르며, 설사 그르다 해도 유익하게 그르다. 만약 그가 패션과 관련이 있다 해도 그는 알아차리지조차 못할 것이다. 왜냐하면 패션은 그의 등뒤에 바짝 붙어서 쫓아갈 테니까.

내 친구 데이비드 코긴스는 의복에 관한 설화와 증언들을 모아 이 유쾌한 책을 썼다. 그는 고전적인 의미에서나 클래식한 의미에서나 훌륭한 댄디다. 경박한 멋쟁이나 허세꾼, 얼뜨기가 아니다. 그는 절대 자신을 구경거리로 전시하지 않는다. 그가 거리를 지나갈 때 사람들이 뒤돌아보는 일은 없다. 그는 게으름뱅이나 산책자, 건달패가 아니다. 때에 따라선 그렇게 여겨질 수도 있겠지만 말이다. 데이비드는 그가 원한다면 아주 교묘해질 수도 있다. 꼼꼼히 살펴보지 않는다면 심지어 그를 보수주의자로 생각할 수도 있으리라. 우리 모두 알다시피 악마는 디테일에 있는 법이고, 따라서 뛰어난 스타일을 수호하는 성인은 바로 악마인 것이다. 그래서 우리는 눈을 번득거린다.

데이비드는 스타일 있는 남자치곤 비교적 신중한 성격이다. 지극히 점잖게 차려입고 클럽 뒤쪽 칸막이 좌석에 앉아 있거나, 집에 앉아 알려지지 않은 작품의 초판본을 재독하거나, 그가 가입하지 못한 클럽의 넥타이를 매고서 아는 사람들만 알아보는 증류주를 홀짝이는 타입이다. 그는 항상 호기심이 넘치는 감식가이자 아직 기록되지 않은 구전설화를 연구하는 역사가이다. 하지만 때로 그는 신경에 거슬릴 정도로 자기 비하적이며, 그가 자랑이라고 여기는 것은 오히려 절제에 가깝다. 절제는 그의 전문 분야 중 하나다.

데이비드는 철학적 의미, 그러니까 보들레르적인 의미에서도 훌륭한 댄디다. 진정한 댄디는 소위 '패셔니스타'라는 끔찍한 이들과 다르다. 댄디는 길거리 패션 사진가나 레드 카펫 위의 야비한 사진기자를 유혹할 생각으로 옷을 입지 않는다. 그보다는 새로 산 멋진 캐시미어 양말에 어울리게 옷을 입는 것이 댄디의 목적이다. 진정한 댄디는 자기 자신에게 경의를 표하기 위해(그리고 의도한 건 아니지만 결과적으로 패셔니스타들을 망신주기 위해), 최신 유행에 대한 클래식의 우월함을 입증하기 위해 옷을 입는다.

개인주의적 댄디의 스타일은(이 책에서 그 모범을 여럿 접할 수 있

다) 사춘기 이후로 거의 바뀌지 않는다. 그는 자기 아버지의 스타일을 물려받았을 가능성이 높다. 마치 붉은색 턱수염이나 매부리코를 물려받았듯이. 패션은 사업이지만 스타일은 문화다. 바로 그래서 이 책이 중요한 것이다. 이 책은 유행이나 마케팅과는 아무 상관이 없다. 이 책은 문화의 구성요소인 관념과 주제와 기술과 의례를 다루고 있다.

댄디는 옷차림을 통해 자신을 표현하는 데 엄청나게 공을 들인다. 때로는 일반 대중도 이러한 꼼꼼함을 알아차리지만, 댄디에게 옷이란 관중이 아니라(그가 동지로 여기는 입문자들은 제외하고) 자기 자신을 위한 것이다. 그는 거리에서 남들의 시선을 끌 생각이 없다. 댄디의 의도는 그저 어떻게든 자신의 지식과 본능을 따라 그의 감수성에 적합한 환경을 창조하는 것이다. 진정한 댄디는 삶 자체를 예술로 간주하고 모든 일에 최선을 다한다.

역사상 가장 유명한 댄디인 조지 보 브러멀(최초의 평민 유명 인사이자 최초의 셀레브리티)의 패션은 오늘날 사람들이 생각하는 것처럼 화려하지 않았다. 그는 현대적 슈트를 발명했고, 남성복의 스펙트럼을 게으르고 과시적인 귀족의 현란하게 금칠한 공작새 깃털에서 실무자의 검정, 회색, 남색, 갈색, 비둘기색으로 바꾸어놓았다. 그는 수행원의 느긋하고 헐렁한 옷차림을 쳐내고 활동가, 기사의 날씬하고 민첩한 신체에 맞는 실루엣을 만들어냈다. 시인 바이런은 브러멀에 관해 이렇게 말했다. "그의 옷차림에 특이한 점이라곤 전혀 없다. '모종의 미묘한 교양'이 있을 뿐이다." 브러멀은 그저 일하고 성취하는 남자에게 적합한 스타일을 만들어낸 것뿐이다. 예술과 세련됨과 재치가 미래의 재화가 되리라는 인식하의 스타일 말이다. 오늘날의 댄디는 또한 개혁가이며, 트레이닝복 바지와 빈티지 가공 처리된 작업복의 적이기도 하다.

브러멀의 혁명은 차분한 경멸이었다. 데이비드와 그가 전문적 증인들로서 이 책에 결집시킨 현대의 댄디들이 그러했듯이. 이들은 '창작자 집단'이다. 기업 직원도, 오트쿠튀르 의상을 걸친 1퍼센트의 의심 많은 소비자도 아니다. 이들은 람보르기니 우라칸보다는 9마력 시트로엥 2CV를 몰 것이며, 술값이 어이없이 비싸고 벨벳 줄을 두른 고급 레스토랑보다는 선술집에 앉아 있을 사람들이다.

데이비드와 그의 증인들은 우리를 에워싸고 대중매체를 통해 우리를 압도하고 물질적으로 초라해 보이게 만드는 이 사회의 비속함을 고발하려 한다. 그러니 우리는 여전히 「현대 생활의 화가」에서 샤를 보들레르가 내린 지시를 따르고 있는 셈이다.

> 그 사람들이 스스로에게 어떤 명칭을 붙인들, 그것들은 모두 동일한 저항과 반항이라는 뿌리에서 나온 것이다. 그들 모두는 인간의 자존심에서 최상의 것이며 오늘날의 세대에게는 너무나 드문, 비속함을 공격하고 파괴하려는 욕구를 대표하는 사람들이다.

아, 이 책에는 잡동사니처럼 보일지 모를 내용도 있다. 하지만 그 잡동사니들 또한 이야기를 담고 있으며 어떤 태도를 압축해 보여준다.

이 책은 아주 읽기 쉽고 흥미로워 그야말로 내려놓기 어렵다. '아, 한 꼭지만 더 읽어야지….' 그러나 또한 내용이 깔끔하게 나뉘어 있어 여행을 갈 때, 심지어 화장실에 갈 때 지참할 만하다. 읽던 곳이나 줄거리를 잊을까 봐 걱정할 일이 없다. 모든 내용이 나, 너, 그리고 우리에 관한 것들이니까. 이 책은 개인적인 동시에 사교적이기도 하다. 이 책을 읽으면서 나는 종종 가상의 대학 졸업앨범을 읽는 듯한 기분이 들었다. 염세주의부터 궤변론과 쾌락주의까지 온갖 파벌들이 존재하지만 이해타산과 거짓된 상태에 대한 저항 말고는 어떤 입학 조건도 필요 없는 대학 말이다. 물론 나 역시 이 책에 참여한 사람들을 여럿 알며, 희한하게도 나름의 이유로 교제를 끊었던 몇몇 사람마저 이 책을 통해 거의 좋아하게 된 듯하다('거의' 말이다).

여기 모인 전문가 증인들의 다양성은 무척 훌륭한 장점이다. 다양성 덕분에 고대 그리스적 의미의 '시민demos'이, 목표(이 경우에는 예술로서의 삶 영위)를 공유하면서 서로 간의 상당한 차이도 기꺼이 포용하는 집단이 이루어졌다. 그리고 이 다양성이 여러 면에서 책의 내용을 원만하게 다듬어준다는 것이 기꺼웠다. 이 책은 선언이 아니라(그런 책은 오늘날 팔리지 않을 것이다) 다만 현대의 진정한 댄디 집단과 그 뛰어난 모방자들의 유쾌한 증언이라고 할 수 있다.

당신은 이 책을 읽으면서 웃고 또 웃을 것이다. 적어도 두 번, 어쩌면 훨씬 여러 번을. 하지만 일단 다 읽고 나면 생각하고 또 생각할 것이며, 다음 날 아침엔 좀 더 옷을 잘 입게 될 것이다.

그리고 옷을 입을 때는 보들레르의 말을 기억하자. "댄디의 아름다움은 그 무엇보다도 동요하지 않겠다는 단호한 결심에서 비롯된 냉정한 태도에 있다. 그는 내면에서 타오르는 불빛을 언뜻 밖으로 내비칠 뿐, 환하게 타오를 수도 있으나 그러지 않기를 선택한다." 아, 물론 토머스 제퍼슨의 말도. "항상 '차분한cool' 태도를 유지하는 것, 그 어떤 상황에서도 흐트러지지 않는 것이야말로 한 사람의 가장 큰 장점이 된다." 이에 따라오는 결과가 바로 '멋스러움cool'이다.

— 글렌 오브라이언

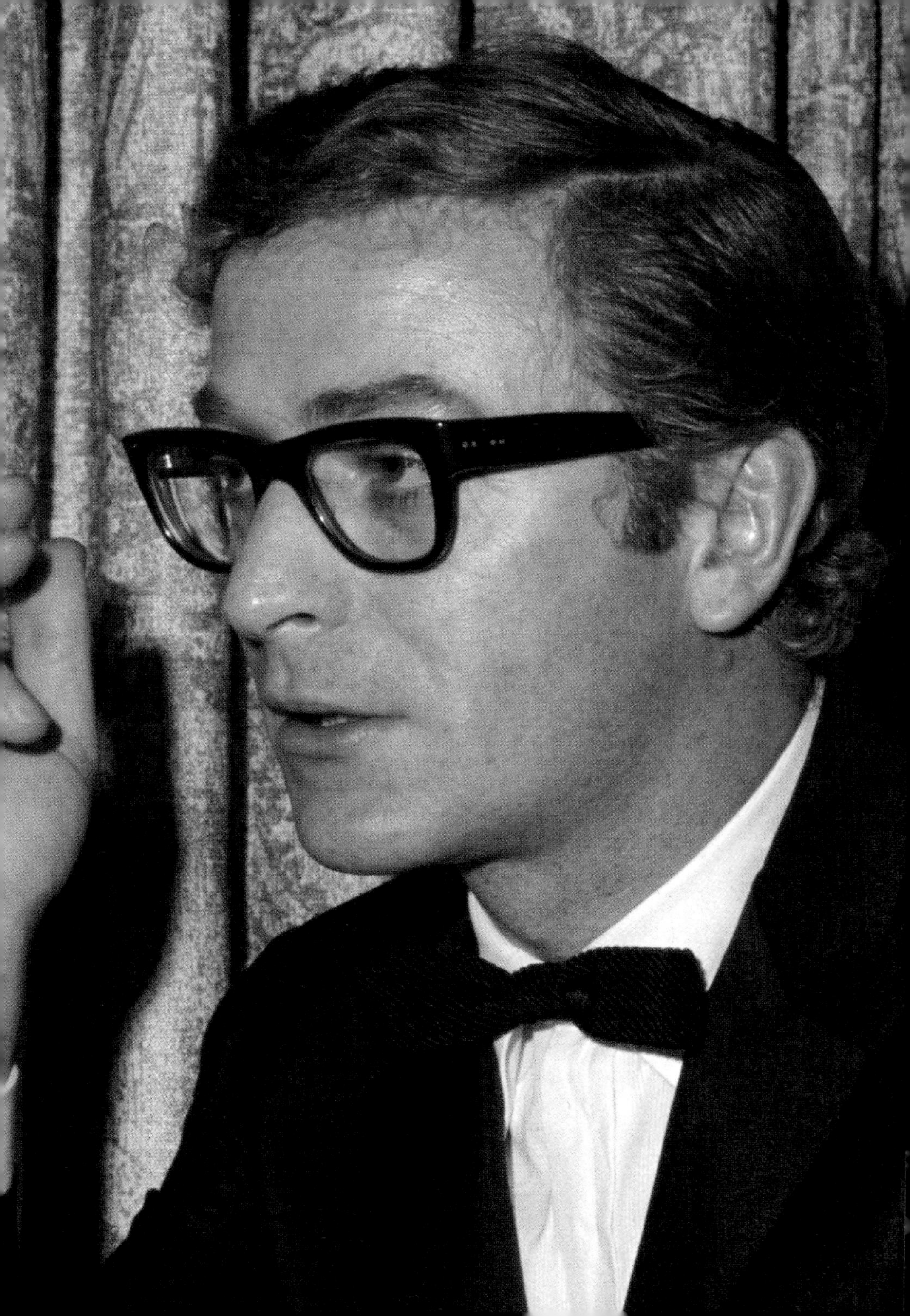

1

스타일 있는 남자가 된다는 것: 탕아의 여정

◆

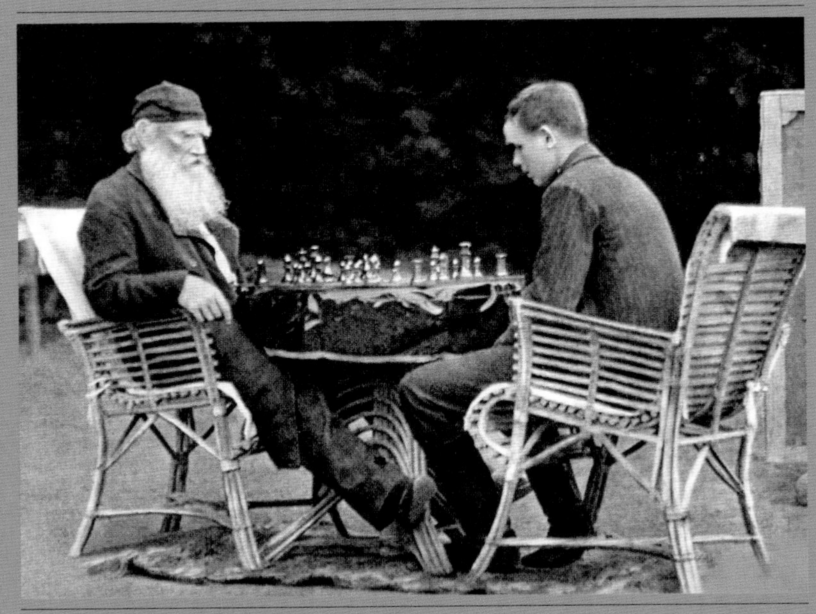

머리말

배울 수 있는 남자들

◆

젊은 시절 우리는 배움을 얻곤 한다. 그리고 운이 좋으면 현명한 사람에게서 배운다. 하지만 배운 것을 터득하려면 직접 실패를 겪어봐야 한다. 삶에 부끄러움이 전혀 없다면 제대로 살았다고 할 수 없다. 그래서 우리가 고등학교 졸업파티에서 기념사진을 찍는 것이다. 그 사진들은 우리가 항상 모든 것을 잘 알진 않았으며 특히 턱시도를 빌려 입었을 경우 더욱 그랬다는 걸 상기시켜주기 위해 존재한다. 하지만 뉴욕의 21클럽에 갈 때는 재킷을 입어야 한다는 것, 피터 루거에서는 현금으로 계산해야 한다는 것, 분홍색 칵테일은 절대 주문해선 안 된다는 걸 깨닫기 위해서는 한 번의 경험이면 족하다. 이상적인 경우 우리는 자존심에 상처를 입지 않고 이러한 지식들에 도달한다. 하지만 설사 상처를 입는다 해도 우리는 재미난 이야기를 얻게 되고, 바에서 만난 다른 사람에게 우리의 지혜를 전수해줄 수 있다.

이 책은 지극히 직접적인 의미에서 남자의 스타일을, 남자가 입는 것과 그 이유를 다루고 있다. 하지만 또한 젊음의 위기를 넘기는 것에 관한 책이기도 하다. 과거에 읽은 책들, 아버지 말씀에 따랐던 일(그리고 아버지와 논쟁했던 일), 뉴멕시코의 최악의 호텔에서 보낸 밤, 응원하는 야구팀의 9회 말 패배를 지켜본 경험, 포커 게임에서 허풍을 쳐서 거둔 승리, 라프로익 위스키를 과음한 밤, 도쿄의 기차역에서 잠들었다가 내릴 곳을 놓쳤던 일…. 다시 말해, 어떻게 감정을 추슬러 위기를 극복하고 더 나은 사람이 될 수 있었는지에 관한 책이다.

이 책에서 찬양하는 남자란 어떤 사람인가? 예술가이자 편집자, 디자이너, 작가, 뮤지션…. 이 세상에 무언가를 내놓고 그것을 우리가 더 잘 알게 해주는 사람이다. 그는 개별적 존재이며 어디를 가든 자기 자신일 수 있다. 파리의 르 그랑 베푸르에서 와인 목록을 훑어보든, 혹은 아이다호주 스탠리에서 맛없는 맥주를 마시든 간에. 그는 제일 먼저 움직이거나 폐점 시간에 혼자 남은 마지막 손님이 되길 두려워하지 않는다. 그는 유명한 재단사의 단골일 수도 있지만 청바지를 선호할 수도 있다. 역대 월드시리즈 선수진을 전부 꿰고 있을 수도 있지만 스포츠를 싫어할 수도 있다. 보졸레 누보를 사재기할 수도 있지만 술을 전혀 입에 대지 않을 수도 있다. 하지만 어쨌든, 그는 세상의 한 장소에 도달해 있으며 그곳에 어떻게 어우러질 것인지 예리하게 파악하고 있는 사람이다.

근본적으로 나는 내가 뭔가를 배울 수 있는 사람들을 좋아한다.

매디슨강에서 낚시할 때는 어떤 미끼가 잘 먹히는가, 버몬트주에서는 어디서 야외 바비큐를 할 수 있는가, 크로아티아의 오렌지 술과 피렌체의 재단사, 런던 내셔널 갤러리의 정물화, 존 치버의 단편소설 중에는 어떤 것들이 좋은가. 이런 것은 유용한 지식이며 우리가 여전히 메모장을 가지고 다니는 이유이기도 하다. “지금 방 안에서 당신이 가장 똑똑한 사람이라면 그 방을 떠나야 한다”는 말도 있지 않은가. 당신이 이 책을 통해 적당한 방 안에서 좋은 사람들과 함께할 수 있길 바란다. 도서관이자 활짝 열린 바와 같은 그런 분위기 속에서.

이 책에서 인터뷰한 이들은 대부분 내 친구들이다. 내가 만나본 적 없지만 존경해온 몇몇 사람들도 친절을 베풀어 기꺼이 참여해주었으나, 나머지는 그저 내가 보기에 흥미로운 사람들이다. 물론 과학적 근거는 전혀 없다. 우정, 존경, 흥미라는 것이 본래 비과학적이지 않던가? 이 책이 모든 이에게 모든 것을 줄 수는 없다. 다만 이 책을 통해 삶을 잘 살아왔으며 자신이 어떻게 지금과 같은 세계관을 터득했는지 이야기할 수 있는 특정한 사람들로부터 뭔가를 배울 수는 있을 것이다. 그들은 이 세상에 숨겨져 있는 지혜들을 받아들일 만큼 영리했으며, 또한 그 지혜들을 가볍게 두르고 다닐 만큼 영리했다.

당신을 환영한다!

— 데이비드 코긴스

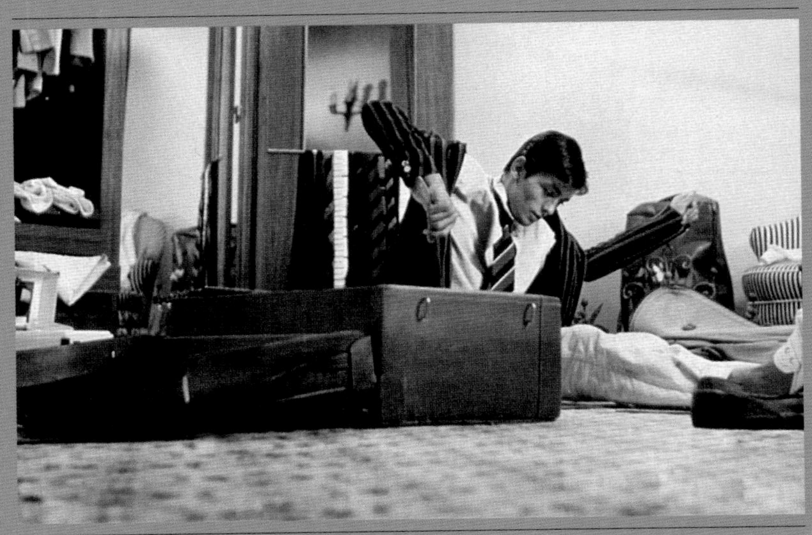

영화 〈태양은 가득히〉의 알랭 들롱

최초의 순간들

◆

옷차림에 관한 글을 어떻게 시작할 것인가? 많은 것들이 그렇듯 글 또한 쓰기 시작할 땐 그 패턴을 인식하지 못한다. 다 쓰고 뒤돌아볼 때에야 윤곽이 뚜렷해지는 것이다. 미니애폴리스에서 보낸 어린 시절 옷에 관한 나의 흥미는 기념할 만큼 인상적이지도 폭넓지도 않았다. 하지만 강렬하고 구체적인 것이 있었는데, 유감스럽게도, 내가 열두 살 때 사용하던 빨간색 멜빵이었다. 나는 그럴 가치가 있다고 평가되는 아주 드문 경우에만 그 멜빵을 착용하곤 했다.

창작 활동을 하는 부모님과 함께 보낸 유년 시절, 몬테소리 교육, 세련됐지만 격식 없는 만찬을 위해 우리 집에 드나들던 예술가와 배우 친구들, 여러 차례의 여행, 예술과 문학 애호, 이 모든 것들은 당연해 보였다. 사용하기 불편한 골동품 고리버들 세공 가구, 케이블 TV와 설탕 발린 콘플레이크와 전자레인지가 없는 생활도 그랬다. 프렌치 레스토랑의 커다란 테이블에 가장 좋은 옷을 입은 우리 남매와 마주 앉아서 아이들이 말을 잘 듣게 해달라고 기도하던 부모님의 모습이 기억난다. 우리 가족은 아직도 여행을 자주 가고 즐겨 다니는 레스토랑이 있으며 옷을 잘 차려입는다.

특이점은 고향에서 멀리 떠나올수록 더 선명히 드러나게 마련이다. 내가 메인주의 소도시에 있는 대학에 가게 되었을 때 아버지는 날 기숙사까지 데려다주셨다. 크로스컨트리 선수였던 룸메이트는 일찌감치 기차로 도착해 기숙사 방의 자기가 쓸 쪽을 단순한 스타일로 꾸며놓았다. 동기 부여를 위한 육상 포스터와 보스턴 레드삭스 야구팀 모자, 대용량 리스테린 한 병. 아버지는 그 푸른색 구강세척제를 놀라운 표정으로 쳐다보시더니 억지스러운 낙관적 어조로 말씀하셨다. "여기서는 너와 다른 사람들을 많이 만날 수 있겠구나."

민주적으로 딱 절반씩 나뉜 대학 기숙사 방 실내장식은 각자의 다른 감수성을 가장 적나라하게 보여주는 사례다. 나는 시무룩한 표정의 영국 록밴드 포스터들을 열심히 벽에 붙였고, 쓸모 있으리라 착각해서 가져온 낚싯대를 걸어놓았다. 보들레르의 시집을 주머니에 넣고 다녔으며 고등학교 졸업선물로 받았던 (맙소사!) 면도솔을 사용했다.

기숙사 방을 나서는 즉시 내 행동은 모두의 주목을 받았다. 한마디로 말해 내가 점잔 빼는 녀석이라는 것이었다. 나는 강의 시간에 넥타이를 매고 가진 않았지만, 목까지 단추를 채운 셔츠에 코드 타이(끈 모양의 넥타이 – 옮긴이)만 해도 사람들에게는 엄청나게 예의를 차린 복장으로 보일 수 있었다. 내겐 폴로 컨트리의 옷도 여러 벌 있었다(랄프로렌의 단종된 브랜드로, 지금까지도 도쿄의 빈티지 옷가게에서 많은 사람들이 찾는 인기 상품이다).

나는 뉴욕 방문, 파리에서 보낸 한 학기, 유럽 기차여행을 통해 이런 복식 습관을 더욱 가다듬었다. 파리에서는 골초 친구와 함께 『헤럴드 트리뷴』의 십자말풀이를 했다(당시 우리에게는 화요일 신문에 실린 십자말풀이가 함께할 수 있는 활동의 최선이었다). 나는 유럽인이 다 된 기분으로 메인주에 돌아왔고 재킷 속에 축구팀 티셔츠를 입기도 했다. 지금 와서 생각하면 결코 추천할 수 없는 옷차림이다.

나는 아버지를 통해 폴 스미스를 알게 되었고, 뉴욕에 여행 갈 때면 5번가와 6번가의 교차점에 있던 폴 스미스 매장을 방문하곤 했다. 영국식 예법을 슬쩍 비틀어놓은 그 옷들에 나는 질겁하면서도 매혹되었다. 그 매장은 (근처에 있던 유니언스퀘어 카페와 함께) 얼마 전에 폐점되었는데, 인터넷과 인스타그램 등이 생기기 이전 시대 옷차림의(그리고 같은 맥락에서 외식의) 어떤 고상한 편안함이 사라졌음을 상징하는 듯한 사건이었다.

대학을 졸업한 나는 도쿄로 가서 흔한 원어민 영어교사 중 한 명이 되었다. 신주쿠의 바니스 뉴욕에 자주 찾아가서 끝없이 진열된 슈트들을 탐구하며 사고 싶은 것들을 점찍었다. 내 영웅인 A. J. 리블링(20세기 중반 미국의 유명 저널리스트 – 옮긴이)이 파리에서 레스토랑 메뉴들을 공부하고 거기 갈 돈이 생기면 어떤 식사를 얼마나 할지 계획했던 것처럼. 내게 옷차림은 지금이나 그때나 똑같은 이유로 흥미로운 일이다.

이 세상에 어떻게 나를 드러낼 것인가, 내게 중요하고 절실한 것들(그리고 그렇지 않은 것들)을 어떻게 전달할 것인가, 이런 점들은 언제나 중요하다. 그리하여 이상적인 상황에서 옷차림은 자기 인식의 표현이 된다.

나는 일본에서 1년을 보낸 뒤 1998년 뉴욕으로 왔고, 이후로 계속 이 도시에 살고 있다. 몇 년 동안은 예술에 관해 썼지만, 그 뒤로는 내가 좋아하지만 좀 덜 고상한 주제에 관해 신문과 잡지와 웹사이트에 쓰기 시작했다. 음주, 제물낚시, 여행, 맞춤 슈트. 이 모든 것들은 흥미롭다. 이런 것들에 실제 가치보다 더 큰 중요성을 부여한다면 위험한 일이겠지만, 이들은 내게 무척 큰 기쁨을 주며 이들에 관해 쓰는 일은 내 감식 능력을 높여준다.

옷차림에는 자신감을 부여하고 사람들을 놀라게 할 힘이 있다. 잘 차려입은 사람은 우리가 태어나기도 전부터 존재해온 유서 깊은 언어로 소통하고 있다. R. W. 애플(『뉴욕 타임스』의 부주필로 여행과 음식에 관한 글을 썼다 – 옮긴이)이 가장 좋아했던 레스토랑인 저민가街의 윌턴스에서 점심을 먹는다면 그런 사람들을 몇몇 볼 수 있다. 런던의 새빌로에는 아직도 윈스턴 처칠의 슈트를 만들던 사람들에게서 배운 재단사들이 있다.

때로는 전혀 문제없다고 생각했던 것들을 깜짝 놀라며 재고하게 될 수도 있다. 그런 경험을 하기엔 도쿄가 아주 좋은 장소지만, 나폴리도 만만치 않다. 무더운 6월의 어느 날 나폴리에서 폭염에도 아랑곳없이 겨자색 슈트를 빼입은 남자를 보며 감탄했던 일이 생각난다. 그 남자는 자전거를 타고 교통체증을 빠져나가면서도 통화를 할 수 있도록 헬멧 안에 휴대전화를 끼워놓고 있었다. 그는 격식을 아주 가볍게, 자기만의 방식으로 걸치고 있었던 것이다. 말할 필요도 없겠지만, 그러는 와중에 그는 담배까지 피우고 있었다.

한 남자의 옷장은 그의 아파트나 서재와 마찬가지로 오랜 시간에 걸쳐 이루어진다. 한꺼번에 완성하려고 해봤자 소용없다. 그럴 수 있을 만큼 자기 인식에 뛰어난 사람은 드물기 때문이다. 우리 자신이 진화하듯이 옷장 또한 시간이 지나면서 진화한다. 남성복이란 그리 복잡하지 않다. 지난 80년간 적절했던 것들은 약간 변화했을 뿐 여전하다. 잘 재단된 코트는 거의 대부분의 장소에서 유용하며, 특히 법정 증인으로서 소환 영장을 받은 경우에는 더욱 그렇다. 혹시 옷 따위는 피상적이라고 생각하는가? 그렇다면 체크무늬 셔츠 바람으로 출근하는 변호사가 믿음직스러운지 한번 생각해보라.

어릴 때부터 옷을 잘 입는 것이 간단한 일이어야 한다고 해서 그것이 실제로 간단하다는 뜻은 아니다. 사춘기가 걸림돌이 되는데, 십대 소년에게 아버지의 조언이란 완벽히 합당하게 여겨지는 이런저런 이유들로 인해 좀처럼 귀에 들어오지 않게 마련이다. 사실 나이를 떠나서 누구나 마찬가지겠지만.

이 책은 궁극적으로 옳은 길을 가려면 실수를 할 수밖에 없다는 내용을 담고 있다. 우리는 각자 다른 방식으로 잘못된 판단을 하지만, 그것이 실수란 점은 누구나 똑같이 알아볼 수 있다. 누구나 빨간 멜빵을 메는 실수를 저질러놓고선 자신이 방 안에서 가장 옷을 잘 입었다고 착각하기 마련이니까.

옷차림의 힘

◆

어떤 순간 누구나 옷차림의 힘을 분명히 인식한다. 대체로 옷을 너무 차려입었거나, 너무 편하게 입었거나, 때로는 전혀 입지 않은 상황에서. 내 경우 결정적 순간은 어느 여름의 유럽 여행 이후에 왔다. 여행길에 부모님은 내게 흰색 아디다스 테니스화 한 켤레를 사주셨는데, 운동화 끈이 있어야 할 자리에 그 대신 벨크로만 달려 있었다. 경이롭고 역발상적인, 패러다임의 대전환이라 할 만한 두 줄의 벨크로만이.

1982년 여름이었고 나는 일곱 살이 되기 직전이었지만, 벨크로 운동화는 아직 바다 건너 미대륙에 도래하지 않은 터였다. 야구와 웨버 바비큐 그릴과 지프 자동차와 마티니는 미국에서 발명되었을지 몰라도 벨크로 운동화는 미국의 발명품이 아니었다. 당시 미국은 생각보다 훨씬 더 문화 지체가 심했다. 비틀스의 방문 정도까진 아니었지만, 이 신기한 운동화는 내가 다녔던 학교에서 그야말로 대소동을 일으켰다. 그만큼 놀라운 사건은 리즈 라우어가 운동장 근처 하수구에서 콘돔을 발견한 이후로 처음이었다.

하지만 콘돔의 사용 목적은 우리 중 상당수에게 수수께끼였던 반면, 벨크로 달린 아디다스 운동화는 누구나 척 보면 이해할 수 있었다. 다들 벨크로를 붙여보고 싶어 했고, 그런 다음 또다시 붙여보고 싶어 했다. 이 일을 우리는 선생님 자리에서 멀리 떨어진 은밀한 구석에서 하기로 합의했다. 당연한 일이지만 선생님께서 벨크로를 붙였다 떼는 소리를 매우 거슬려하셨기 때문이다. 그 운동화는 설탕 발린 콘플레이크보다도, 공포영화 비디오보다도, 눈 오는 날보다도 더 좋은 것이었다.

벨크로 운동화가 아직 미국에선 구할 수 없는 신기한 물건이었던 시절의 하루하루가 내겐 소중한 기억이다. 내가 그런 감정은 벗어날 만큼 성장했다 생각하고 싶지만, 고등학교에 가서도 나는 미국에서 발매된 음반엔 들어 있지 않은 단 한 곡을 위해 엄청난 가격을 지불하고 희귀 수입 음반을 사기 일쑤였다. 더 나중에는 색다른 주황색의 펭귄북스 문고판을 런던까지 가서 공수해 왔다. 런던에선 한 권에 1파운드면 살 수 있었으니까.

가끔씩 사람들은 뭔가를 갖고 싶어 하고 또 반드시 가져야 한다. 그것이 희귀한 물건이든(노리는 경매 물품 페이지에서 끊임없이 새로고침 버튼을 누르는 광적인 이베이 구매자) 어디서나 구할 수 있는 물건이든 간에(발매 당일에 아이폰을 사려고 매장 밖에서 밤을 새우는 사람). 또 다른 사례도 있다. 샘플 세일(샘플 상품이나 매장 전시품 등을 싼값에 파는 세일-옮긴이)에 줄 서 있는 평소 지극히 정상적이던 여성들의 광적인 표정, 〈스타워즈〉

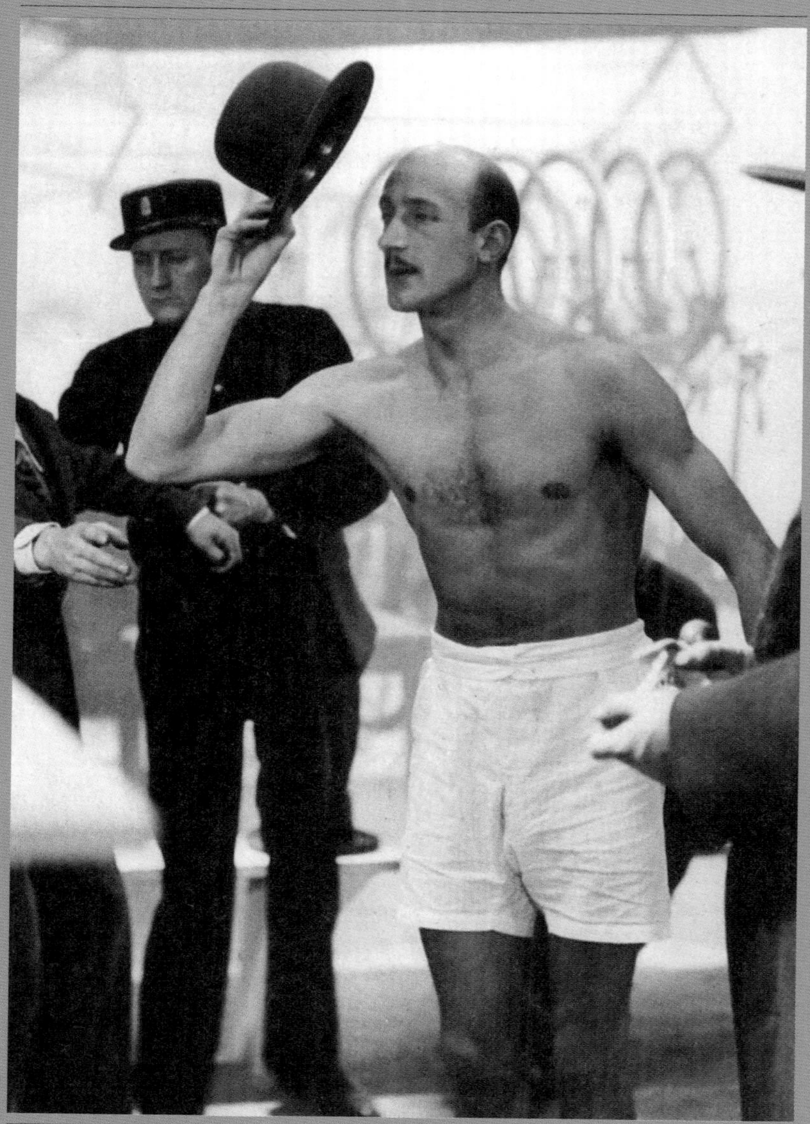

영화 〈백만장자〉의 한 장면

를 개봉 당일에 관람할 수 있다면 기꺼이 코스튬 플레이어 옆자리에 앉으려 하는 열성팬들. 어떤 이들은 공통된 문화적 순간의 일부가 되길 원하고, 또 어떤 이들은 그로부터 멀어지기 위해서라면 뭐든지 한다. 때로는 한 사람이 두 가지 행동을 다 하기도 한다.

내가 아는 뛰어난 제물낚시꾼 하나는 남들이 낚시를 드리우지 않는 곳에서 고기를 잡길 좋아한다고 말한다. 이론적으로는 그가 지극히 옳다. 그 자신이 종종 자랑하듯 1970년대에 전설적 낚시터에서 홀로 고기를 잡는 행운을 누렸던 사람이니까. 하지만 이제 세상은 한층 더 붐비게 되었고 사람들에게서 떨어져 있으면 우리가 원하는 것을 구하기 어려워졌다. 그뿐만 아니라 희귀함으로 취향을 평가하려고 한다면 그 속도를 따라잡기가 더욱 어렵게 되었다. 언제나 좀 더 알려지지 않은 밴드가, 좀 더 전위적인 일본산 청바지 브랜드가, 좀 더 은밀한 술집이 존재하기 때문이다.

나는 사람들이 옷을 어디서 샀는지 알아보지 못하는 쪽을 선호하고 나도 보통 말해주지 않는다. 하지만 그보다 누군가를 남들보다 뛰어난 존재로 만드는 건 어디서도 돈을 주고 살 수 없는 그 무엇이다. 내 기억이 옳다면 이 말은 어린 시절 산타클로스를 만나러 가서 크리스마스 선물로 레미콘을 받고 싶다고 얘기했을 때 들은 대답이다. 내가 무슨 선물을 받든 실망하리라는 걸 알고서 부모님이 빠져나갈 구멍을 만들어주려고 했던 말이다. 그때 난 이미 산타클로스를 믿지 않는 아이였지만, 지금 그의 말을 되새겨보는 것도 나름 의미 있는 일이리라.

청춘의 치기: 끝없는 진보

◆

소년들이 어떤 옷을 좋아하는 이유는 일단 그 감정이 사라진 후엔 불분명해진다. 한순간의 열정이 사라지고 나면, 내가 왜 6학년 때 찍은 모든 사진에서 똑같은 셔츠를 입고 있는지 나 스스로도 의아하게 느껴진다. 이러한 비합리성은 음악에 있어서도 마찬가지다. 그래서 스티브 밀러 밴드의 시디를 일주일 내내 듣고 나면 음반 가게로 달려가서 황당해하는(애초에 그 시디를 사지 말라고 날 말려주어야 했을 바로 그) 점원에게 되팔게 된다. 한때는 음반 가게마다 스티브 밀러 밴드의 베스트 앨범 중고 시디가 가득 쌓여 있었다. 아마 역사상 가장 많이 되팔린 음반일 것이다.

소년들은 자기 방 벽에 록밴드, 운동선수, 텔레비전 드라마 포스터를 붙인다. 나도 마이클 J. 폭스에게 잠깐이지만 강렬하게 끌린 적이 있다(하지만 어째선지 그가 캐나다 출신이란 건 전혀 몰랐다). 영화 〈라이트 오브 데이〉가 개봉할 무렵(그의 상대역은 음, 조앤 제트였다) 그가 손수

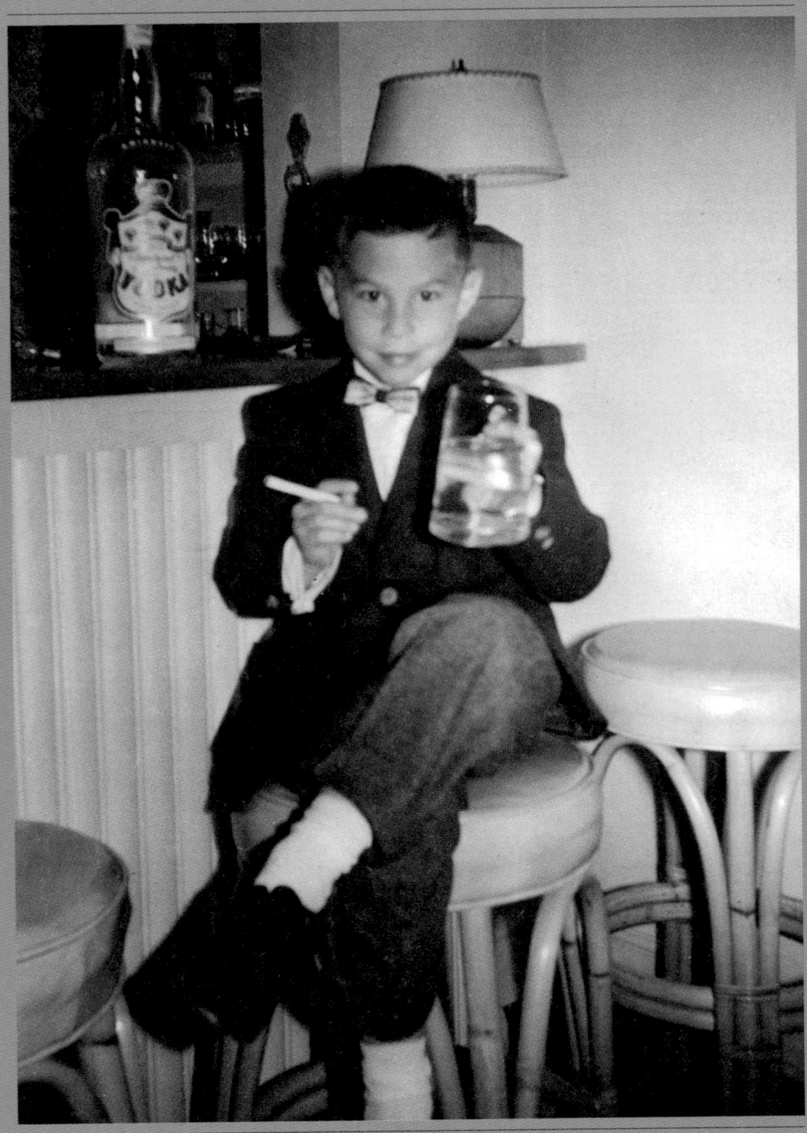

톰 실러

대답을 적은(『플레이보이』의 화보 모델들처럼) 설문지가 어느 잡지에 실린 것을 본 기억이 난다. 그중에는 그가 가장 좋아하는 음식이 대합을 넣은 링귀니라는 내용도 있었다. 바로 그 대답 때문에 열한 살이었던 나는 조개류에 대한 반감을 극복해볼 것을 진지하게 고려해보기도 했다.

그가 〈백 투 더 퓨처〉에서 입었던 투톤 청재킷도 내 열망의 대상이었다. 물론 당시에는 인터넷이 없었지만, 만약 있었다면 그 끔찍한 재킷의 유사품을 찾는 나 같은 열성팬들을 쉽게 발견할 수 있었을 것이다. 하지만 아마도 나는 그 청회색 재킷을 손에 넣기 위해 이베이 낙찰가를 올려놓기 전에 사람들의 맹렬한 반대 의견을 접하고 그들의 빈정거림에 정신을 차렸으리라. 그 무렵 나는 마이클을 모방하여 바라쿠타 재킷 위에 조끼를 입기도 했지만, 아직도 차마 그 부끄러운 과거를 부모님에게 확인받진 못하고 있다.

그때 인터넷이 있었다면 내게 일상생활에서 저지를 입는 것의 어리석음도 경고해줄 수 있었으리라. 그런 옷차림은 아직도 소년들과(유감스럽게도) 여러 성인 남성들을 끌어당기는 사소한 재앙이며, 특히 보스턴 근교에선 더욱 그러하다. 어느 여름 유럽 여행에서 돌아오던 길에 프랑스식의 비교적 긴 반바지가 하나 생겼다. 나는 이 우연한 기회를 이용해 내가 가장 좋아하던 긴 줄무늬 양말을 무릎까지 끌어당겨 신었다. 당시 즐겨 시청하던 미식축구 프로리그 선수들을 그대로 따라한 것이다. 물론 나는 미식축구 경기장과 아무 상관도 없는 곳에서 그렇게 했으니, 말하자면 프렌치 셰프들을 좋아한다고 자기 방 안에서 요리사

모자를 쓰는 짓과 비슷하다. 유럽식 반바지에 미국식 긴 양말의 조합은 엄연히 다른 두 독립국가의 스타일을 모두 망쳐놓는 끔찍한 실수였다.

공교롭게도 마침 그 반바지는 청록색, 즉 내가 좋아하던 미식축구 팀인 마이애미 돌핀스의 색이었다. 돌핀스의 쿼터백 댄 마리노는 나의 영웅들 중 하나였다. 나는 마이애미에서 온 모든 것들을 좋아했는데, 내가 미니애폴리스에서 자랐고 플로리다엔 가본 적도 없었다는 걸 생각하면 이상한 일이었다. 나는 전설적인 월트디즈니월드에도 가보지 못했다(우리 남매가 믿을 만한 소식통에게 들은 바로는 그곳이 디즈니랜드보다 훨씬 좋다고 했다). 내가 20년 후 마침내 아트 바젤 박람회를 취재하러 마이애미로 갔을 때는 이미 취향이 바뀐 뒤였고, 콜린스가街를 걸으면서 본 주변 광경에 나는 마치 교정기를 맞추러 처음 치과의사에게 갔던 날처럼 뻣뻣하게 굳어버렸다.

1980년대 중반은 〈마이애미 바이스〉의 시대였고 나 역시 그 드라마의 열성팬이었다. 내용도 거의 이해하지 못했지만 말이다. 마이애미의 매력은 내 음악 취향에도 영향을 미쳐서, 나는 〈마이애미 바이스〉 사운드트랙을 달달 외우도록 들었다. 한때 어디서나 들려왔던 얀 해머의 연주곡들로 구성된 그 음반을 카세트테이프로 가지고 있었는데, 내 방 선반의 그 테이프 곁에는 〈마이애미 바이스 2〉 사운드트랙도 꽂혀 있었다. 비교적 인기가 덜했던 이 음반은 음울한 키보드 연주곡 앨범 한 장으로는 만족할 수 없던 소수의 열성팬들을 위한 것이었다(앞표지에는 돈 존슨이 새로 다듬은 머리를 뽐내고 있는데, 아마도 〈대부 3〉에서의 알 파치노를 제외하면 당시 가장 논란을 일으켰던 헤어스타일이 아닌가 싶다).

나의 이런 외골수 취향은 놀랍게도 마침내 돈 존슨을 향한 열광으로 이어졌는데, 짧았던 이 시기에는 그를 흉내 낸 (우리 동네 대부분의 가정에서 아무런 반응도 못 얻은) 핼러윈 의상과 데이비 크로켓 스타일의 밝은 색 재킷에 제법 잘 어울렸던 그의 배지가 포함된다. 나는 돈 존슨에 너무도 푹 빠진 나머지 그의 솔로 음반 〈심장 박동〉까지 사고 말았던 비극적인 소수에 속했다. 이 음반의 타이틀곡 후렴구는 마치 못을 두드려 박는 망치처럼 꺾이지 않는 단순함으로 “심장 박동 소리 / 나는 심장 박동 소리를 찾고 있어”라고만 반복한다.

이 모든 이야기들은 유년기의 집착이란 논리적으로뿐만 아니라 미학적으로도 면역력이 없다는 걸 보여준다. 그것은 나 외엔 아무도, 심지어 다소 시간이 흐른 뒤에는 나 자신조차 이해할 수 없는 열정과 소명에 따른다. 내가 가본 적도 없는 도시, 타본 적도 없는 자동차, 먹어본 적도 없는 설탕 발린 콘플레이크를 사랑하게 되는 것이다. 하지만 소년들의 눈에 취향이란 설명 불가능하며 설명해서도 안 될 그 무엇이다. 우리가 나이가 들고 아마도 더 현명해져서 다시는 잘못된 판단으로 고역을 치를 일이 없으리라 확신하게 되었을 때도 과거를 합리화할 수는 없듯이. 그래서 성인 남성들이 결코 이혼을 하지 않고 잘못된 결정을 내리지 않으며, 남들 앞에서는 고무 슬리퍼를 신지 않는 것이다. 유감스럽게도, 더 나은 미래에의 약속은 항상 다음 길모퉁이를 돌아선 그 어딘가에 존재한다.

어렸을 때는 무슨 옷을 입었어요?

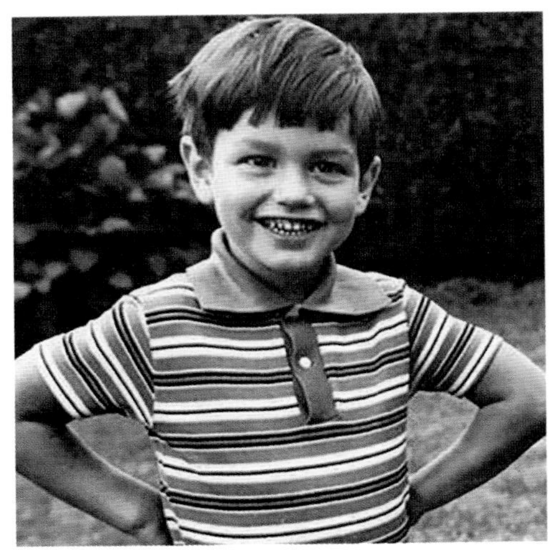

♦

어린 시절 옷을 잘 입지 못했지만 모험심이 있는 편이었다.
특히 슈퍼히어로처럼 보이겠다며 바지 위에 팬티를 입었던 일로 악명이 높았다.
아마도 많은 청소년들이 똑같은 짓을 했을 것이다.

닉 숀버거

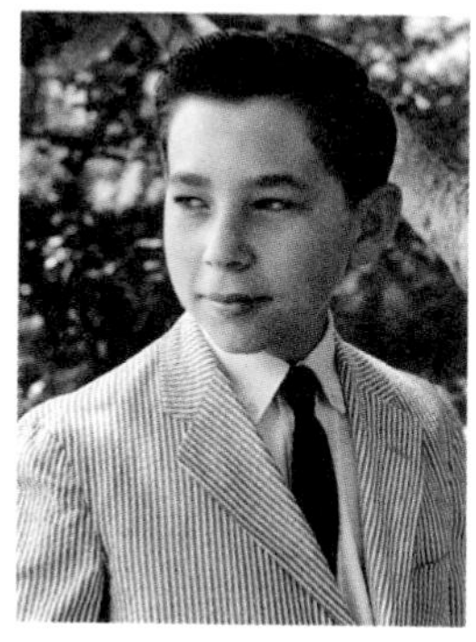
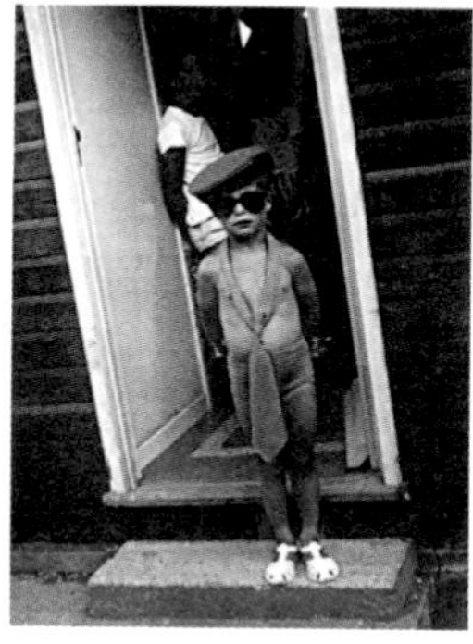
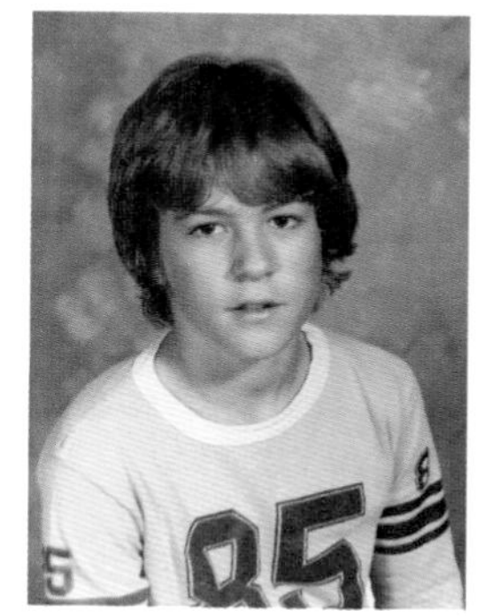

왼쪽에서 오른쪽으로: 톰 실러, 제러미 해킷, 마크 맥네리.

◆

우리 어머니 말씀에 따르면 소년 시절 줄무늬를 싫어했다고 한다. 특히 가로 줄무늬 옷을.

랜디 골드버그

마이클 윌리엄스

교복을 사러 갈 때 완벽한 옷을 찾겠다며 어머니를 이 가게 저 가게 끌고 다니는 그런 아이였다. 나는 항상 유별나게 취향이 까다로웠다. 한번은 갭 매장 안까지 들어가서 이렇게 말했던 게 뚜렷이 기억난다. "음, 저 색은 아니에요. 색조가 영 틀렸다고요." 지금까지도 나는 딱 그런 성격이다.

포기

십대 시절 나는 옷에 집착했다. 여자친구와 함께 쇼핑하러 갔다가 이런 질문을 들을 정도였다. "내가 더 좋아, 옷이 더 좋아?" 나는 "어, 옷이 더 좋은데"라고 대답했다.

알렉산더 길크스

우리 부모님이 말씀하시길, 어머니가 다음 날 아침 내게 입힐 옷을 미리 골라놓으면 꼭 내가 끼어들어 머리부터 발끝까지 자기가 입고 싶은 옷으로 바꿔 입었다고 한다. 내가 기억하는 것보다도 더 예전부터 말이다. 그 당시

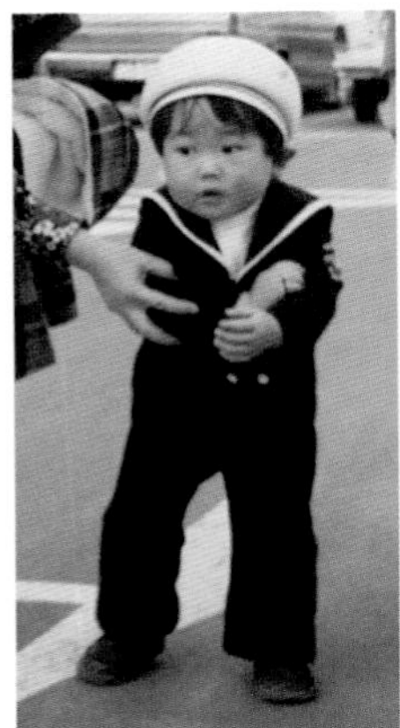
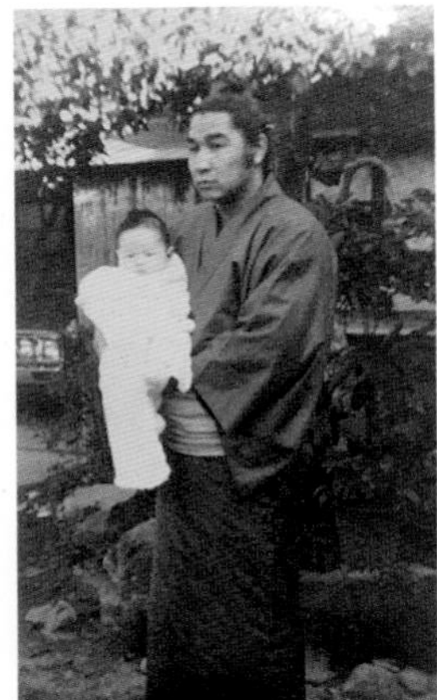
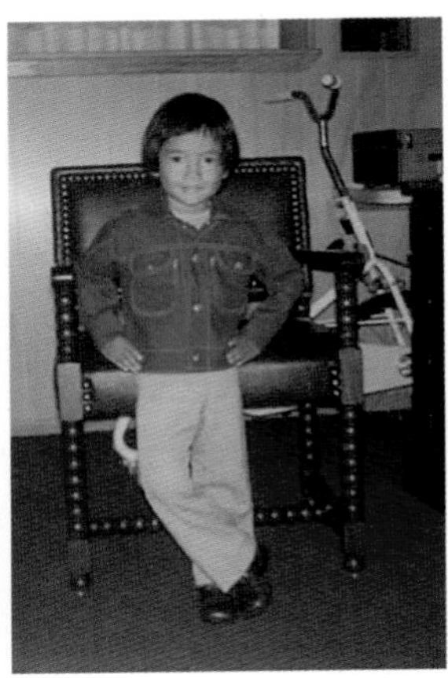
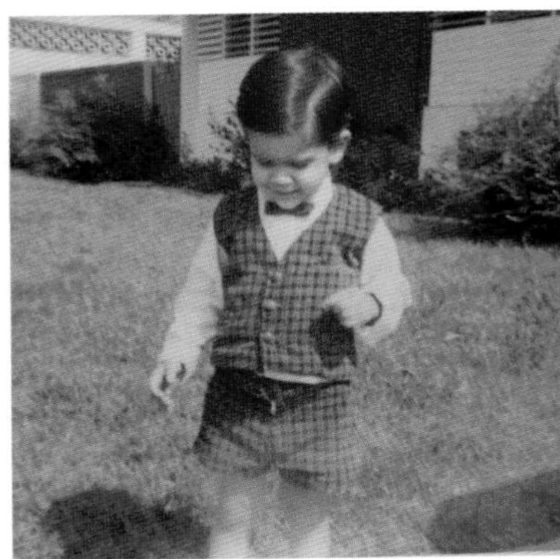
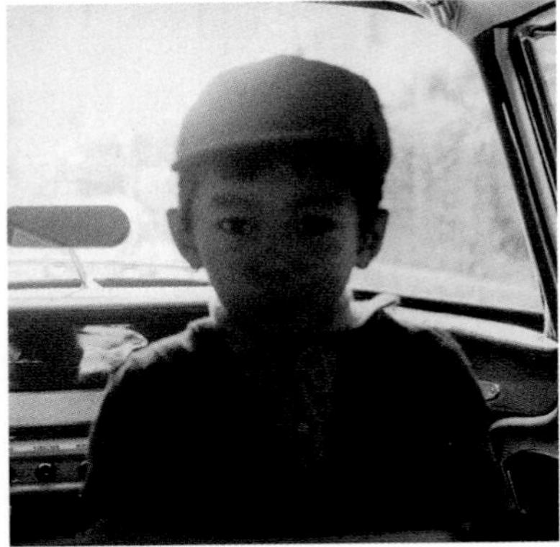

왼쪽 위에서 시계 방향으로: 나카무라 신, 스모 선수 타카노하나와 함께 있는 나카무라 신, 쿠리노 히로후미, 이넉 페레스, 브라이언 아위탄

나는 베네통 아동복을 많이 입었던 걸로 기억한다. 1980년대 만세다!

스티븐 코츠

나는 제법 말쑥하게 차려입곤 했다. 우리 아버지도 말쑥하게 차려입는 편이셨다. 셔츠 단추를 목까지 잠갔고 양말은 항상 늘어지지 않게 당겨 신었다. 나는 꼿꼿한 소년 시절을 보냈고 그게 마음에 들었다. 어머니는 복장에 상당히 까다로우셨다. 우리 가족은 모두 잘 차려입고 다녔으며 일요일에는 더욱 말쑥한 옷차림을 했다. 나는 엄격한 가톨릭 신자로 자랐다. 해마다 퍼레이드가 있었는데, 가톨릭 학교에 다니는 아이들은 모두 똑같은 옷을 입어야 했다. 우리는 매년 새 옷을 한 벌 받았는데 아마 신부님이 골랐을 것이다. 언제나 그 옷만 입었으니 1년 만에 옷이 해졌고, 퍼레이드를 할 때가 돌아오면 또다시 새 옷을 받았다. 모든 아이들이 티 없이 빳빳한 반바지에 긴 양말 차림을 한 모습은 근사했다. 난 그런 광경이 좋았다.

랜디 골드버그

난 많은 실수를 저질렀다. 정말로 진지하게 자주색 양복을 갖고 싶어 한 적도 있다. 메리고라운드에서 옷을 샀는데, 야하고 화려한 옷들을 좋아했던 기억이 난다.

월터 컨

나는 미네소타주의 작은 마을에서 자랐다. 즉 의복에 있어선 내가 미국에 사는 아이라고 느끼기 어려웠다는 얘기다. 학교에 입고 갈 옷을 산다는 건 미니애폴리스와 세인트폴의 쇼핑몰에 가서 체스 킹 진 브랜드의 신상품을 산다는 의미였다. 사실 그 옷들은 청바지가 아니라 운동복 바지였다. 나도 영화나 텔레비전에서 본 것 같은 옷차림을 하고 싶었지만, 그런 건 캘리포니아에서나 입는 옷이었다. 우린 셔츠 소매를 잘라 입었고, 여름이면 바지도 직접 잘라 반바지를 만들어 입었다. 나 역시 제대로 된 반바지를 사 입은 기억이 없다.

휘트 스틸먼

한번은 학교 점심시간에 분실물 재킷에 관한 안내방송이 나왔다. 이런 내용이었다. "재킷 찾아가세요. 바니스 보이스 타운(미국의 고급 백화점 체인 바니스 뉴욕의 아동복 매장–옮긴이)에서 산 옷이네요." 아이들은 일제히 웃음을 터뜨렸다. 아직 바니스가 고급스러워지기 전이었기 때문이다. 다행히 내 재킷은 아니었다.

J. C. 매켄지

최초로 집착했던 옷은 골이 굵고 헐렁한 푸른색 코르덴 바지였다. 나는 그 바지를 닳아서 무릎이 비어져 나올 때까지 입고 다녔다. 일곱 살 때 일이다. 그 바지에는 플란넬 안감을 댄 커다란 주머니가 달려 있었는데, 소년들이 좋아하는 잡동사니를 놀라울 정도로 많이 담을 수 있었다. 장난감 자동차, 골드피시 크래커, 병뚜껑, 팝 타르트 과자, 기타 피크, 돌멩이 등등. 난 편안함에 집착했고 특대 사이즈 옷이라면 무조건 좋아했다. 헐렁한 셔츠, 헐렁한 코트, 헐렁한 바지. 큰 옷이라면 뭐든 마음에 들었다.

댄 락우드

나는 1980년대 리버풀에서 자랐다. 그 도시의 두 축구팀이 가장 잘나가던 시절이다. 열세 살 때까지 나는 트레이닝복과 축구팀 티셔츠 차림의 전형적인 리버풀 소년이었다. 무척 불이 붙기 쉬운 합성섬유 트레이닝복 말이다. 열세 살에 리버풀을 떠나고 나서야 이 세상엔 악취가 풍기는 폴리에스테르 운동복 말고 다른 옷도 있다는 걸 알게 되었다.

애런 리바인

나는 특정한 옷을 입고 또 입는 편이었다. 내가 좋아했던 여우 자수가 있는 폴로셔츠, 아주 짧고 꽉 끼는 운동복 반바지, 그리고 카우보이모자.

마클리 보이어

유감스럽게도 내가 직접 옷을 골라 입기 시작한 것은 1970년대 중반 교외에서였다. 그 시기 유행치고 딱히 좋은 것이라곤 없지 않은가. 살짝 반항적 성향을 띠게 되기 전까지는 터틀넥 스웨터를 많이 입었던 것 같다. 아마도 흰색 아니었을까? 그리고 아마도 자주색이었을 벨루어 셔츠 여러 벌, 갈색이었던 걸로 기억하는 골이 가는 코르덴 바지. 이 모두가 썩 좋은 취향은 아니었다.

♦

우리 아버지는 윌리엄과 해리 왕자를 위한 주문이 들어왔을 때만 아동용 넥타이를 만드셨다. 넥타이를 재단할 때면 (패턴을 똑같이 맞춘다는 전제하에) 한 번에 네 개까지 만들 수 있다. 그래서 아버지는 두 왕자를 위한 넥타이를 만들 때 형 것과 내 것도 하나씩 만들곤 했다. 그러니 우리 형제는 왕자들과 똑같은 넥타이를 매고 자랐다.

마이클 힐

가이 트레베이

나는 아주 기본적인 교외 취향 아동복을 입었다. 케즈의 슬립온 단화를 신고 모직으로 된 디키(dickey, 어린이용 나비넥타이-옮긴이)를 맸다. '디키'가 무슨 뜻인지도 몰랐지만.

앨릭스 빔스

내가 최초로 갖고 싶어 한 옷은 나이키 바람막이 점퍼였다. 락 스테디 크루(1980년대 인기를 끈 힙합 브레이크댄스 그룹-옮긴이)가 입었던 바로 그 옷이다. 우리 아버지는 무척 보수적인 분이었다. 가느다란 줄무늬 양복에 처치스(영국의 고급 신발 브랜드-옮긴이)의 신사화 차림으로 시내 중심가에서 근무하셨다. 그런데 나는 크레이지 렉스(락 스테디 크루의 리더였던 비보이-옮긴이)처럼 입고 싶어 했으니.

쿠리노 히로후미

내 인생 최초의 영감은 서부극 영화에서 왔다. 영화를 좋아했던 우리 어머니는 날 아주 어릴 때부터 극장에 데리고 다니셨다. 나는 1950년대 카우보이 영화에 깊은 인상을 받았다. 착한 사람은 흰 옷을 입고 백마를 탔고, 악당은 검은 옷을 입고 흑마를 탔다. 중간 위치의 인물은 베이지색 옷을 입고 갈색 말을 탔다. 나는 흰 옷의 남자가 되고 싶었지만, 그러다가 흰 옷을 입은 사람들은 너무 유치하다는 사실을 알아차리게 되었다. 그리고 마침내 검은 셔츠의 악역과 갈색 양복의 조연이 가진 매력을 깨닫기에 이르렀다.

마이클 힐

넥타이 재단사였던 우리 아버지는 이렇게 말씀하시곤 했다. "자, 우리 함께

이 문제를 해결해보자꾸나." 그분은 자기 거래처 사람들에게 했던 조언을 내게도 똑같이 들려주시곤 했다. 먼저 단색 넥타이를 산 다음에 원한다면 무늬가 있는 것, 패턴이 좀 더 현란한 것, 혹은 내 블레이저 재킷과 어울리는 렙타이(광택 있고 골이 진 직물로 만든 넥타이-옮긴이)를 고르라고.

톰 실러

우리 부모님이 파티를 열 때 내가 즐겨 입었던 독일제 로덴(두꺼운 모직 방수천-옮긴이) 재킷이 생각난다. 나는 팔에 흰 냅킨을 걸치고 웨이터 흉내를 내며 사람들 사이로 돌아다니곤 했다. 예닐곱 살 무렵의 일이다. 당시 우리는 한때 리카르도 몬탈반(멕시코 출신의 영화배우-옮긴이)의 보금자리였던 웨스트우드빌리지에 살았다. 베벌리힐스 근처에서 자라다 보니 만찬 자리나 영화관에 가려고(나는 드라마 〈왈가닥 루시〉 촬영장에 가려고) 옷을 차려입는 게 일상이었다. 특별한 자리에선 옷을 제대로 입어야 하니까.

아르만두 카브라우

어린 시절 나는 반바지나 긴 바지에 무릎까지 오는 양말을 신었다. 청바지는 한 번도 입지 않았다. 우리 아버지에게서 온 습관이다. 그분은 집을 나서기 전 항상 슈트에 넥타이를 차려입곤 했다. 클래식 남성복에 대한 내 기준은 어느 정도 그 시절로부터 왔을 것이다.

마크 맥네리

나는 어릴 때부터 옷을 직접 고르려고 했다. 겉주머니가 달리고 단추로 앞을

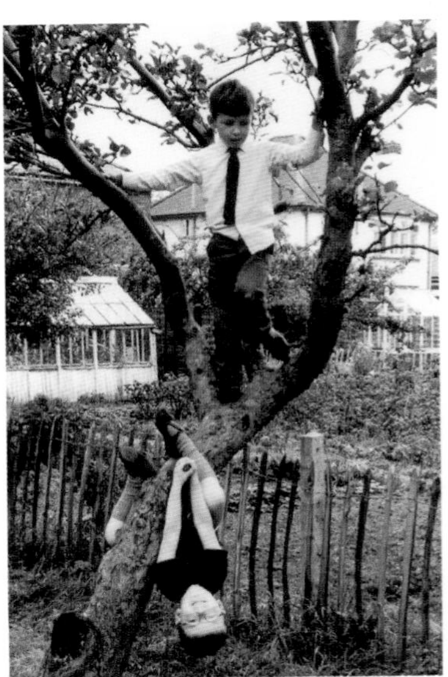

닉 설리번과 그의 형 조너선

◆

나는 86번가와 매디슨가가 만나는 자리의 마이클스라는 이발소에서 머리를 자르곤 했다. 그곳에서 가장 인기 있는 커트 스타일은 존 존John John이었다. 물론 존 존 케네디(케네디 전 대통령의 손자—옮긴이)에게서 비롯된 이름이었지만 당시의 나는 그걸 몰랐다. 이발소 뒤편에는 공무원들을 위한 특실이 있었는데 나는 어린 시절부터 그 장소에 익숙해졌다. 내가 장난감 자동차 안에 앉는 데 익숙해진 것보다도 훨씬 전의 이야기다.

토머스 벨러

잠그는 랭글러 나팔바지를 입었던 기억이 난다. 그 바지를 사고 신이 나서 길거리에 나갔다가 발꿈치가 걸려 넘어져 뒤쪽을 찢어먹었다. 노스캐롤라이나주 그린스버러에 있던 시어즈 매장에서 산 옷인데, 내 옷들은 전부 거기서 샀다.

닉 숀버거

나는 엄청나게 알록달록한 바지가 유행하던 시대에 자랐다. 나도 입도록 허락받을 수 있었으니 비싼 바지는 아니었던 게 분명하다. 나 스스로 어떤 옷을 갖고 싶은지 인식하게 된 것은 1980년대 말에서 1990년대 초부터였다.

리처드 크리스천슨

나에겐 쌍둥이 형제가 있다. 우리 둘은 날마다 1분 1초도 빼놓지 않고 똑같은 옷차림을 했다. 우리가 다닌 학교는 전체 학생 수가 스물두 명쯤 되는 시골 학교였다. 우리 학교에 교복은 없었지만 그럼에도 어머니는 직접 깔끔한 통학 복장을 만들어 우리에게 입히셨다. 빨간색 체크무늬 셔츠에 회색 반바지, 고무줄을 집어넣어 무릎까지 당겨 올릴 수 있는 긴 양말과 윤을 낸 까만 구두였다. 다른 아이들은 아무도 그런 복장을 하지 않았지만 우린 날마다 그렇게 차려입었다. 나중에 어머니는 다른 학생 몇몇에게도 그런 옷을 입게 하셨다.

♦

이렇게만 말해두자.
나는 일곱 살 무렵 핼러윈데이에 버트 레이놀즈로 분장했다.

조시 페시코비츠

닉 우스터

입는 옷은 바뀌었고 이상적 비율의 기준도 바뀌었지만, 내 방식은 그때나 지금이나 백 퍼센트 동일하다. 유치원 때부터 나는 옷차림에 있어 그 누구의 말도 들으려 하지 않았다. 혹시라도 누가 이래라저래라 하면 난리가 났다. 나는 평생 동안 드레스 코드와 남들의 조언에 저항해왔다.

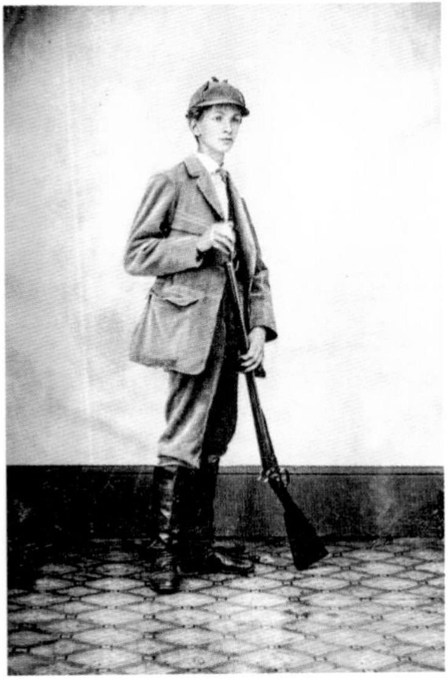

헨리 코노버 보이어 (마클리의 증조부)

앤디 스페이드

나는 맨날 이렇게만 입었다. 반스 운동화, 리바이스 501 혹은 OP의 코르덴 반바지, 행텐이나 라코스테 셔츠, 스케이트보드나 서핑 그림이 그려진 티셔츠. 아디다스의 스탠 스미스 운동화도 거의 매일 신다시피 했다. 로퍼(끈 없는 단화-옮긴이)는 절대 신지 않았다. 더 어렸을 땐 그냥 1960년대에 흔하던 줄무늬 티셔츠에 밑단을 잘라낸 청바지와 프로케즈(PRO-Keds, 케즈의 농구 및 운동화 브랜드-옮긴이) 차림이었다. 그냥 우리 어머니가 주는 대로 입고 다녔다. 당시엔 사람들이 시어즈에 가서 옷을 사곤 했다.

닉 설리번

나는 1960년대에 자랐다. 전후 영국

♦

터키석 빛깔의 알파카 브이넥 스웨터가 생각난다.
나는 그 스웨터가 너무 갖고 싶다고 어머니께 말씀드렸다.
하지만 어머니가 그 옷에 내 머리글자를 넣어 선물하자 도저히 입을 엄두가 안 났다.
어머니가 그 스웨터를 어떻게든 입혀보려고
온 동네로 날 쫓아다녔던 그날 아침이 아직도 생생하다.

마크 맥네리

과 1970년대 들어 형성된 현대 영국 사이에 낀 세대다. 항상 누군가에게 물려받은 다소 낡은 옷을 입었다. 어깨에 단추가 달렸고 집에서 짠 스웨터가 많았다. 게다가 또 두툼하고 묵직한 스웨터들이 크리스마스 선물로 끝도 없이 들어왔다. 여름에도 그런 스웨터를 입었다. 영국이었으니까.

제이 매키너니

나는 공립 고등학교에 다녔지만 프레피 룩(미국 명문 사립 고등학교 교복과 비슷한 단순하고 고전적인 패션-옮긴이)을 추구하고 싶어 했다. 중학생 시절엔 브룩스 브라더스와 엘엘빈을 선망했다. 그게 가장 손쉬운 옷 입기 방식처럼 보였다. 어쨌든 나도 그런 스타일로 길러졌으니까.

제이 필든

나는 버튼다운 셔츠(칼라 끝부분을 단추로 고정시키는 셔츠-옮긴이)를 꼭 한 벌 가지고 싶었다. 과학 박람회에 전시물을 제출하면 부모님이 셔츠를 사주실 예정이었는데, 어쩌다 보니 거기서 우승까지 했다. 보다시피 난 과학자 성향은 아니었으니 우연히 얻어 걸린 결과였다. 하지만 내 기억에 따르면(지어낸 얘기가 아니라 정말이다) 나는 셔츠에 어울리는 남색 니트 넥타이도 하나 갖고 싶어 했다. 그 뒤로 20년 정도는 한 번도 옥스퍼드 셔츠나 니트 넥타이를 입지 않았던 것 같지만, 지금은 말 그대로 매일 그런 옷차림을 하고 있다. 다시 말해 그 일은 훗날 나타날 취향의 예고였다는 얘기다.

유언 렐리

나는 다양한 트위드 옷을 입곤 했다. 아주 묵직하게 제대로 짜인 트위드였다. 해리스 트위드(스코틀랜드 헤브리디스 제도에서 손으로 짜고 염색한 트위드 원단-옮긴이) 중에는 진녹색부터 이끼 빛깔까지 온갖 색조의 초록색을 찾을 수 있다.

권총까지 딸려 있었다. 하루는 그렇게 차려입고 군인 놀이를 하기도 했다. 그런 취향만 제외하면 내 옷차림은 지금과 똑같았다.

맷 흐라넥

프레피 패션을 무척 좋아했다. 라코스테라면 무조건 환장했다. 엘엘빈과 블

◆

반항 좀 해보려고 머리를 길렀다가 결국엔 학교를 떠나야 했다.
그 당시 머리 길이는 중대한 문제였다.

스티븐 코츠

토머스 벨러

유년기의 가장 압도적이고 유별난 추억이자 현재 나의 부모 노릇에도 영향을 미치는 일이 있다면, 어린 시절 맨해튼을 혼자 돌아다녔던 일이다. 나는 3학년 때 이미 버스로 뉴욕 시내를 가로질러 통학했다.

글렌 오브라이언

어린 시절 제복을 좋아했던 나는 부모님을 졸라 군복 한 벌을 받았다. 요즘은 그런 옷을 구하기가 좀 더 쉬워진 것 같다. 흰 모자에 가죽 바지, 장난감

루처(혀와 앞닫이가 한 장의 가죽으로 만들어진 끈 매는 구두-옮긴이)에도 폭 빠져 있었다.

브루스 패스크

내겐 쌍둥이 형제가 있다. 우리 둘은 항상 하나의 전체를 이루는 부속물처럼 간주되었는데, 옷 입기는 그 전체 안에서 각자 개인이 되는 방법이었다. 그래서 우리는 색을 나누기로 했다. 나는 항상 푸른색을 택했고 스콧은 다른 색들을 선호했는데 가끔은 녹색을 택하기도 했다. 나는 푸른색이 내 색

이라고 느꼈다. 색깔은 확인 수단이기도 했다. '브루스=푸른색'이라는 공식 덕분에 사람들은 우리를 조금 더 쉽게 구분할 수 있었다.

프랭크 마위티언스

내가 자란 곳은 네덜란드의 무척 전통적인 작은 마을이다. 절대로 튀지 않길 바랐던 나는 무조건 남들이 입는 대로만 입었다. 1970년대 초였으니까 사방에 폴리에스테르, 무늬 있는 셔츠, 현란한 패턴, 코르덴 바지, 터틀넥 스웨터가 넘쳐났다. 당시 내가 최초로 구입한 옷 하나는 성조기가 크게 프린트된 티셔츠였다. 내가 가장 좋아했던 옷이다.

마이클 헤이니

나는 아버지 없이 자랐다. 아버지는 내가 무척 어릴 때 돌아가셨다. 게다가 집에 경제적 여유가 없어서 주로 형에게 물려받은 옷을 입었다. 그러다 보니 어릴 때부터 미니멀리즘을 터득하게 되었다. 스타일이란 우정과 비슷하다는 것도 깨달았다. 양보다는 질이 중요하고, 가진 옷의 개수보다는 최소한의 옷으로 최대한의 결과를 만들어내는 게 중요하다. 어린 시절 나는 옷차림에 까다로운 편이었고 남색과 황갈색을 조합하길 즐겼다. 리바이스 코르덴 바지를 남색과 황갈색으로 두 벌 갖고 있었던 기억이 난다. 근사한 크루넥(칼라가 없고 목둘레를 둥글게 판 옷-옮긴이) 울 스웨터도 두 벌 있었는데 하나는 남색이고 하나는 진갈색이었다.

G. 브루스 보이어

내가 십대에 접어든 것은 주트 슈트(어깨가 넓고 기장이 긴 재킷과 통 넓은 바지 슈트. 1940년대에 유행했다-옮긴이) 유행이 끝날 무렵이었다. 재즈 뮤지션들이 즐겨 입었던 옷, 그것이 내가 최초로 시도한 패션이었다. 난 그냥 그런 스타일이 근사하다고, 그런 옷을 입은 남자들이 세련됐다고 생각했다.

존 브로디

나는 아주 어릴 때부터 옷 차려입기의 중요성을 인식하고 있었던 듯하다. 나름대로의 드레스 코드도 있었다. 코트와 넥타이를 착용해야 했고 청바지와 운동화는 안 되었다. 내가 즐겨 입은 옷은 푸른색 블레이저였다. 어머니와

◆

나는 헤어 무스의 헌신적 추종자가 되었다.

제이 필든

함께 브룩스 브라더스에 가서 옷을 사곤 했는데, 당시엔 매장 뒤쪽에 별도의 남자 아동복 코너가 있었다.

월터 컨

내가 낚시나 사냥을 하러 갈 때 입던 옷은 나중에 돌이켜보니 꽤 그럴싸했다. 레드윙 부츠나 세인트폴의 고키스라는 가게에서 팔던 옷 같은. 튼튼하고 오래가서 즐겨 입었던 옷들이다. 사냥복 차림으로 학교에 가기도 했는데, 종종 등교하기 전에 사냥을 하고 왔기 때문이다. 소위 '나무꾼 복장'은 가급적 피하려고 했다. 1970년대 미네소타 아이들에겐 그런 옷을 입어선 안 된다는 인식이 있었다.

톰 실러

어머니는 항상 날 데리고 베벌리힐스의 캐롤 앤드 컴퍼니라는 남성복 가게에 가곤 했다. 나는 아홉 살 아니면 열 살이었고 작은 재킷과 근질근질하게 만드는 울 바지 정장 차림이었다. 난 그 옷을 좋아했다. 매장 직원들은 내게 재킷들을 입혀보곤 이리저리 돌려보며 소란을 떨었다. 왕자가 된 기분이었다!

포기

삿포로에서 살았던 십대 시절에는 잡지에 큰 영향을 받았다. 당시에 나처럼 스트리트 스타일과 베이싱 에이프 같은 브랜드에 심취한 사람들을 접할 수 있는 경로는 잡지뿐이었다. 그런 잡지에 푹 빠진 나머지 출간일마다 곧바로 편의점에 달려가곤 했다. 원래 삿포로까지 배송되지 않는 잡지들이었기 때문에 직접 전화를 걸어 배송 요청을 해야만 했다.

프랭크 마위티언스

어머니에게 조끼를 만들어달라고 부탁했던 기억이 난다. 인조 섀미에 금속 걸쇠가 달렸던 그 조끼를 나는 매일 입고 다녔다. 어머니가 조끼를 만드는 동안 곁에 앉아 있기도 했다. 하지만 그 모든 일들은 지극히 무의식적이었다. 그때 나는 패션계로 갈 생각이 없었고 그래픽 디자이너가 되길 꿈꿨다. 그럴 생각을 하게 된 것은 미술학교에 진학하고 나서였다.

글렌 오브라이언

나는 처음부터 줄곧 옷에 관심이 많은 아이였다. 아마 프레피 취향이었던 것 같다. 피츠버그에는 브룩스 브라더스 매장이 있었지만 우리 동네엔 없었다. 나는 오하이오주 로키리버에 있는 캡틴스 쿼터라는 가게에 가서 옷을 사곤 했다. 진짜 이스트코스트 지역 브랜드를 많이 들여놓는 가게였다. 나는 간트의 버튼다운 셔츠를 색깔별로 모조리 갖고 있었다. 지금도 그때 즐겨 입던 옷들을 많이 입는다. 새들 슈즈(발등에 색이나 재질이 다른 가죽을 댄 캐주얼 옥스퍼드화-옮긴이)나 태슬 로퍼도 여전히 즐겨 신는다.

닉 설리번

언젠가부터 우리 가족은 프랑스에서 휴가를 보내기 시작했다. 정말로 색다른 경험이었다. 친구들과 함께 남프랑스의 별장에 가서 지내기도 했다. 파리를 통과하는 야간열차 트랭 블뢰를 타고 꽤 오랫동안 달려가야 했다. 모든 것이 이국적이었고, 아침에 잠을 깨면 완전히 다른 세계에 도착해 있었다. 지중해 연안이라는 세계에.

마이클 윌리엄스

어떤 날은 완전히 프레피 룩을 갖춰 입는가 하면 다음 날은 힙합 스타일에 심취하곤 했다. 하지만 지금 돌아보면 후자는 잊어버려도 될 만한 존재였다.

제러미 해킷

나는 조숙한 아이였다. 아주 어릴 때부터 내가 원하는 옷차림을 비교적 선명하게 인식하고 있었기에 부모님을 귀찮게 굴었다. 스쿠터를 즐겨 탔던 청소년 시절엔 모드족과 스킨헤드족이 뒤섞인 차림을 하고 다녔다. 버튼다운 셔츠에 셰틀랜드산 크루넥 스웨터, 리바이스의 코르덴 면바지, 클락스의 새미 데저트 부츠(2차대전 당시 영국군이 북아프리카 사막을 진군할 때 신었던 목 짧은 부츠-옮긴이).

러셀 켈리

나는 아칸소주에 딱 세 명 있던 스케이트보더 중 하나였다. 스케이터 패션과 텔레비전 드라마 〈21 점프 스트리트〉에 푹 빠져 있었다. 조니 뎁처럼 보이고 싶어서 장발에 소매 단추를 풀고 다녔다. 딱히 그런지 스타일이라기보다는 얼간이 고등학생다운 모습이었다.

시드 매시번

어릴 때부터 옷 입기를 좋아했고 항상 새로운 것을 시도하곤 했다. 한동안 내게 인생은 가장무도회 같은 것이었다. 1971년에 4학년이었던 나는 누나에게 편지를 보냈는데, 초커 목걸이와 녹색 바지를 구해달라고 부탁하는 내용이었다.

브루스 패스크

시어즈의 터프스킨스라는 브랜드에서 나온 푸른색 체크무늬 바지에 열광했던 기억이 난다. 당시의 정확한 명칭은 '슬랙스'였지만. 내가 1학년인가 2학년 때 일이다. 뭐, 1970년대 초였으니까.

에릭 데이턴

나는 알록달록한 옷을 좋아했지만 사실 내가 뭘 하고 있는지 잘 몰랐다. 프랑수아 저보의 자주색 데님 바지를 갖고 있었는데, 내가 가장 좋아했던 노스 스타스(미네소타주의 아이스하키팀-옮긴이)의 녹색 티셔츠와 함께 입곤 했다. 배트맨 영화 속의 악당 조커만이 소화할 수 있을 색 조합이다. 아마도 끔찍한 광경이었을 거다.

팀 시프터

매년 8월 어머니와 브룩스 브라더스 매장에 가서 새 학년에 입을 옷을 샀던 일이 선명히 기억난다. 골이 굵은 황갈색 코르덴 양복과 푸른색 버튼다운 옥스퍼드 셔츠, 페니 로퍼 같은 것들이었다.

툰데 오예올

아홉 살 때 나의 미적 기준은 백 퍼센트 뉴웨이브였다. 적어도 내 나름대로의 뉴웨이브 말이다. 조지타운에는 커맨드 샐러맨더라는 옷가게가 있었는데, 우리 부모님은 내가 그곳을 순례하러 갈 때 동행해줄 만큼 다정한 분들이었다.

롭 잔가르디

오하이오주에서 초등학교를 다녔던 나와 쌍둥이 형제는 색깔만 다른 똑같은 물건을 많이 갖고 있었다. 그 덕분에 흥미로운 스타일링 기법을 시도할 수 있었다. 양쪽 발에 각각 다른 색 운동화를 신는다든지, 한쪽 손목에 알록달록한 시계를 여러 개 찬다든지.

타보 소메르

유치원 시절 나는 군인 놀이에 사로잡혀 있었던 걸로 기억한다. 군인용품점에 들어가서 군복을 사려고도 했지만 당연히 내게 맞는 옷은 없었다. 아버지는 나더러 가게 안에서 바로 옷을 입어보라고 했지만 그곳은 너무 불편했고 통로는 사람들로 북적거렸다. 아버지가 "이거 한번 입어봐" 해도 난 싫다고 거부했다. 어머니는 열심히 바느질을 해서 군복들을 내 몸에 맞게 고쳐주셨다.

어머니가 날 아동복 브랜드가 있는 시어즈 매장에 데려간 적도 있다. 그곳엔 아동용 잔디깎이와 공구 말고도 소년을 위한 슈트 코너가 있다고 했다. 하지만 난 그곳에서 파는 옷을 보자마자 질색했다. 슈트 자체가 싫었다기보다는 그 원단이 싫었다. 사물의 재료와 질감, 감촉에 관심이 많던 나는 여섯 살 나이에도 그게 좋은 원단이 아님을 알아봤던 기억이 있다.

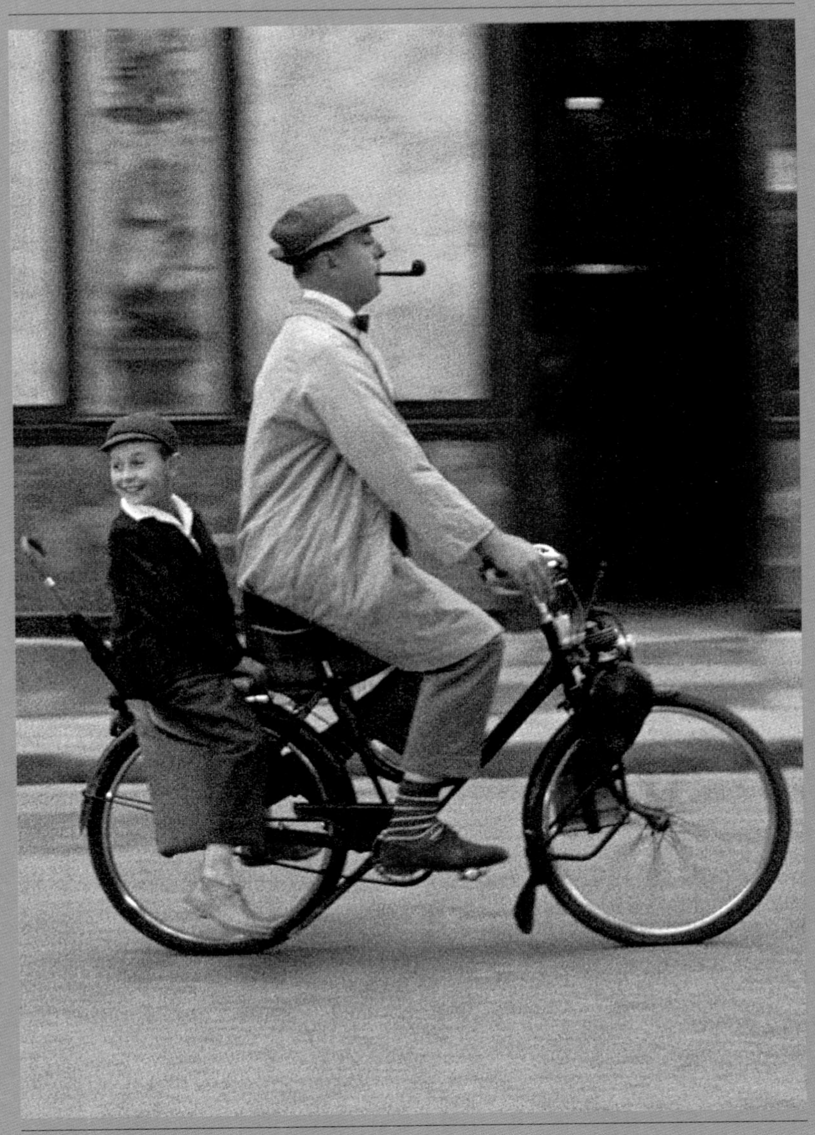

영화 〈나의 아저씨〉의 자크 타티

어떤 행운들

◆

내가 지금보다 젊고 나약했던 시절 아버지가 내게 『위대한 개츠비』 한 권을 주셨다. "이걸 읽어봐야 한다." 그분은 반박 불가능한 어조로 말씀하셨다. 난 그 책을 읽었고 당연히 푹 빠져버렸다. 그 책은 꼭 알아야 할 것들의 세계에 속했다. 와인 목록을 읽는 방법이라든지, 옷 입는 규칙 중에서 위반해도 되는 항목 같은 것들. 수동변속 차량을 운전할 줄 아는 것 또한 필수적이다. 내가 텅 빈 주차장에서 사납게 차를 끌어내는 동안 아버지는 조수석에 죄수처럼 갇혀서도 침착하기 그지없었다. "액셀을 좀 더 살살 밟거라." 타이어에서 연기가 나려는 순간에도 아버지는 차분히 이렇게만 말씀하셨다. 열여섯 살 무렵의 그날 이후로 나는 수동 기어로만 운전한다.

문화적 공유는 좋은 것이다. 메트로폴리탄 미술관의 현재 전시회, 혹은 『뉴요커』에 실린 앤서니 레인(영국의 영화평론가-옮긴이)의 최신 인터뷰에 익숙해지는 것. 하지만 때로는 그것이 미학적 갈등으로 이어지기도 한다. 오랜 세월 동안 아버지와 나는 주변 사람들을 걱정스럽게 만들기에 충분할 만큼 사납게 논쟁의 칼날을 맞부딪치곤 했다.

내가 대학을 졸업했을 때 부모님은 『위대한 개츠비』 초판본을 선물하셨다. 책을 손에 쥐니 놀랍도록 친숙한 느낌이 들었고, 1925년 당시 그 책을 읽는 것이 어떤 경험이었을지 상상할 수 있었다. 그 책이 아직 새것이었고 제이와 닉과 데이지의 미래가 어떠할지 아무도 몰랐던 시절. 그리고 물론, 그날 학교를 졸업한 우리들 모두의 미래도.

아버지는 내게 첫 페이지를 다시 한번 보라고 하셨다. 닉이 자기 아버지의 조언을 회상하는 부분이다. 첫 번째 줄은 기억이 났지만 두 번째 줄은 잊어버린 터였다. 나는 그 문장을 큰 소리로 읽었다. "누군가를 비난하고 싶을 때면 항상 명심하거라. 이 세상 사람들이 전부 너 같은 행운을 누리진 못했다는 걸 말이다."

아버지는 미소 지으셨다. 그분이 의미한 행운이 어떤 것인지 난 잘 알고 있었다.

테니스 코트의 의례

◆

성장기에 나는 토요일 아침마다 아버지와 테니스 시합을 하곤 했다. 아버지는 인생엔 누구든 반드시 할 수 있어야 하는 몇 가지 일들이 있다고 확신하셨는데, 그중에는 첫 번째 서브를 제대로 넣는 것도 있었다. 그러다 보니 아버지는 첫 서브가 먹히지 않았을 때도 곧바로 상대방의 공을 받아칠 수 있게 되었는데, 지금 와서 보니 시합 전략이라기보다는 원칙의 수행이었다.

아버지는 키가 190센티미터나 되었고 운동신경이 뛰어났으며 정면 승부를 좋아했다. 고등학교 농구팀의 촉망받는 포인트 가드였으며(컨버스 운동화를 신고서도 결정적 슛을 넣은 순간의 사진이 『워싱턴 포스트』 1면에 실린 적도 있다) 약체였던 콜로라도대학교 미식축구팀에서 존경받는 쿼터백이기도 했다(볼티모어 콜츠에 지원해보라는 제안을 받기도 했지만, 2학년부터는 선수 생활을 그만두셨다). 나는 아버지와 달리 키도 크지 않고 오른손잡이도 아니다. 왼손잡이인 나는 킥이 없는 킥 서브(스핀을 많이 주어 양옆으로 퍼지거나 높게 튕기는 서브-옮긴이)에 의존했다(마치 통렬함이 빠진 풍자 같은 서브였다). 양손을 잘 써서 순조롭게 첫 서브를 넣었고 가끔씩은 맹렬한 패스로 멋지게 반격도 했다. 이젠 우리 둘 다 거의 테니스를 치지 않고, 나는 스쿼시를 더 즐기게 되었다. 전략적으로 형편없든 말든 공을 마음껏 때리는 만족감을 누릴 수 있는 스포츠니까. 시합이 끝나면 우리는 링컨 델리에 가서 루벤 샌드위치에서 사워크라우트를 뺀 레이철 샌드위치를 주문하여 운동의 효과를 허사로 돌리곤 했다.

지금 와서 생각해보니 아버지의 옷차림은 흥미로웠다. 아버지는 자주색과 검은색 줄무늬가 있는 브이넥 크리켓 스웨터를 입으셨는데, 당시 난 그 옷이 다소 여성스럽다는 생각이 들어 부끄러웠다. 또한 아버지는 손잡이가 튀어나온 캔버스 소재의 목수용 가방에 라켓을 넣고 다니셨다. 나는 마치 투어를 도는 선수처럼 여벌 옷과 여러 개의 라켓과 단백질 보충제가 담길 만한 대형 운동 가방을 썼지만, 사실 내 가방은 텅 비어 있었다.

나는 한참 뒤에야 아버지의 세련된 스웨터와 허름한 가방이 이루는 대조의 진가를 알아보게 되었다. 그 모습은 마치 오래전의 잭 스페이드 가방 광고와도 같았다. 파리에서 유학하던 대학교 1학년 시절 나는 그 기억을 되돌아보곤 했다. 그해 가을 나는 지금까지 계속하고 있는 카페와 바, 레스토랑 순례를 시작했고(정말로 강력하게 추천하고 싶은 습관이다) 거의 매일 밤 센가街의 카페 라 팔레트에 다녔다. 아주 유명하지만 당시 나로서는 잘 몰랐던 장소였다. 그 시절 나는 어찌나 순진

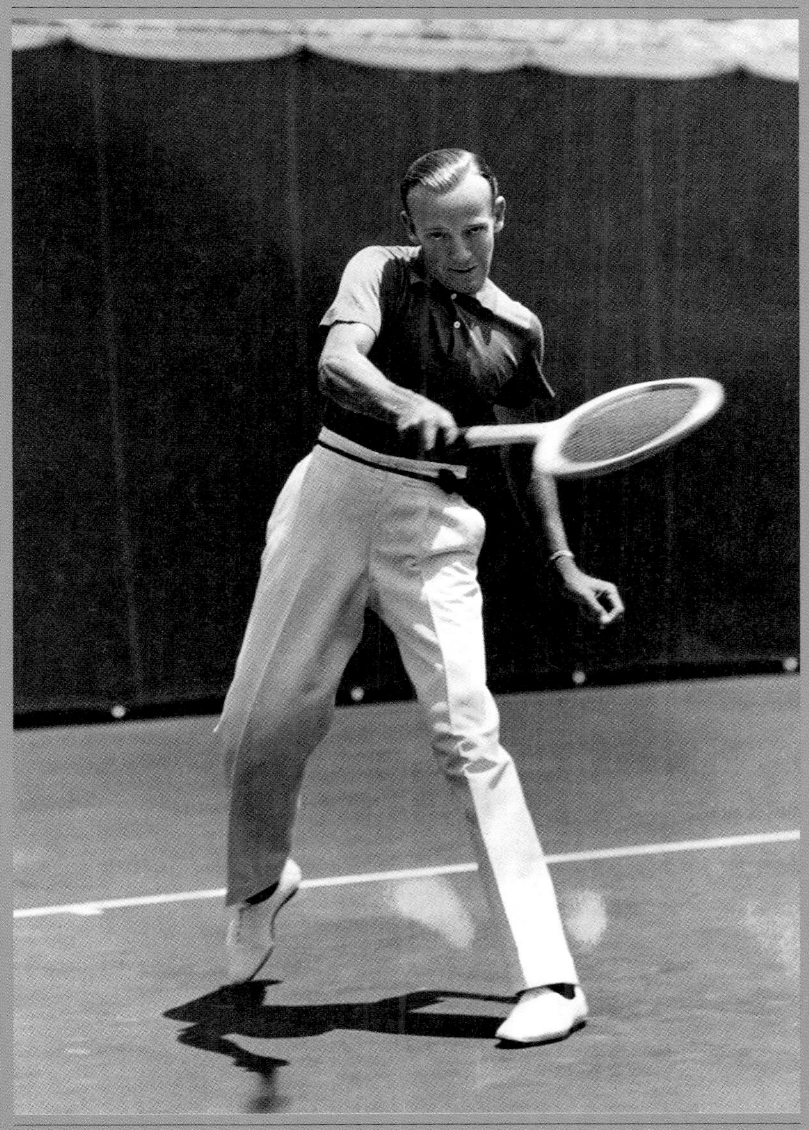

프레드 아스테어

했던지, 바에서 친구들과 저녁 한때를 보낸 뒤 지극히 합리적인 75달러의 청구서를 받고 깜짝 놀랐다. 술값이 그리 비쌀 수 있다고는 상상도 못해봤던 것이다.

수염이 희끗희끗한 카페 매니저는 문간에 서서 지나가는 사람들을 쳐다보고 있었다. 그는 동네 터줏대감처럼 사실상 그 길모퉁이의 통행을 조절하는 한편 이리저리 서성이며 빈 테이블을 찾아 흰 수건으로 훔쳤다. 설사 깨끗한 테이블이라도 말이다. 그는 단골들에게 친절했고 미국인들에게는 무뚝뚝했다. 내게도 한 여덟 번째 저녁까지는 그랬다. 그즈음 나는 카페에 앉아 소설을 읽는 대신 여성 일행을 데려오기 시작했고, 그러자 마침내 그가 내게 말을 걸어왔다. "이름이 뭐요?" 내 어설픈 프랑스어로도 그 정도는 알아들을 수 있었다. "다비드예요." 내가 프랑스식 발음으로 대답하자 그도 대답했다. "프랑수아요. 장 프랑수아."

이렇게 관계를 정립한 후 그는 내게 할 줄 아는 운동이 있느냐고 물었다. 내가 테니스를 친다고 대답하자 그는 눈썹을 치켜세웠다(사실 나는 대학교 테니스팀에서 있으나 마나 한 존재였다. 아마도 일본인 교환학생을 빼면 가장 형편없는 선수였으리라. 마치 병든 군인들이 건강한 군인들로부터 격리되듯, 그와 나는 뛰어난 선수들로부터 가장 멀리 떨어진 코트 한구석으로 추방되었다. 우리의 엉망진창인 그라운드 스트로크가 그들에게 옮기라도 할까 걱정되었던 것처럼).

나는 장 프랑수아와 시합 날짜를 잡고 오페라 광장에서 만나기로 약속했다. 프랑스에 운동복을 가져오지 않았던 나는 U2의 《Achtung

Baby》 티셔츠에 전날 밤 입고 잔 반바지, 그리고 라 팔레트의 바텐더 실뱅이 빌려준 푸른색 벨크로 운동화 차림으로 나갔다. 우리의 시합이 카페에서 엄청난 호기심을 불러일으켰기 때문에 실뱅도 이 대승부에 기여하고 싶어 했다.

45분 뒤 대형 은색 메르세데스가 달려오더니 마치 도주 중인 차처럼 난폭하게 계단 앞에 멈춰 섰다. 검은색 야구 모자를 쓴 장 프랑수아가 모습을 드러냈는데, 모자에는 하필 FBI라고 흰색으로 커다랗게 적혀 있었다. 나는 계단을 뛰어 내려갔다. 프랑수아가 말했다. "지금 서머타임인 건 알고 있나?" 그가 내 앞에서 영어를 쓴 것은 처음이었다. 그의 말인즉 자기가 약속 시간보다 15분 일찍 왔다는 의미였다. "당연히 알죠." 나는 거짓말을 했다. 나를 입양해준 이 도시에 관해 잘 몰랐다는 사실을 인정하기 싫었던 것이다. 나는 그의 차를 타고 페리페리크(파리를 둘러싼 순환도로-옮긴이) 쪽으로 달렸다.

우리는 마침내 프랑수아가 소속된 테니스 클럽에 도착했다. 흰 돔형 건물에 들어서자 그가 내게 시합 전에 에스프레소와 크루아상 좀 들겠느냐고 물었다. 마치 시합 전 그렇게 먹는 것이 세상에서 가장 당연한 일인 것처럼. 나는 아침엔 커피만 마신 지 한 달쯤 되었음에도 좋다고 대답했는데, 그 순간 문득 이 시합이 아버지와의 시합과는 얼마나 다른 의례에 따라 진행되고 있는지 실감했다.

테니스는 어떻게 되었느냐고? 한 세트 반 만에 끝났다. 그의 플레이는 열정적이지만 허술했다. 그는 욕설을 내뱉었다. 우리는 프랑스어로 득점을 기록했고("동점égalité!") 그는 내가 "토끼처럼" 빠르다고 말했다. 프랑스 남자들 상당수가 그렇듯 그 역시 놀랍도록 발이 작았다. 유쾌한 하루였다.

몇 년 후 다시 파리에 갔을 때 프랑수아가 또 한 번 시합을 하자고 요청했다. 나로서는 무척 흐뭇한 일이었다. 이번에는 그의 아파트로 오라고 했다. 좋고말고! 도착해보니 그의 아파트는 아주 잘 꾸며져 있었다(특정 세대의 많은 프랑스인들처럼 그 역시 아프리카 토착 조각품에 관심이 많았다). 내가 정말로 파리 특권층의 일원이 된 기분이었다. 아파트에 들어가 그의 아내와 매력적인 딸에게 인사하려 했을 때, 그가 멈칫하며 돌아보더니 공모자 같은 어조로 물었다. "근데 자네 이름이 알렉스였던가?"

그것이 전략의 일부였다면 효과가 있었다. 그에게 "내 이름은 (에헴) 다비드입니다" 하고 되새겨주면서 나는 완전히 허를 찔린 기분이었으니까. 훗날 카페에서 다른 미국인과 얘기해보니 그 역시 프랑수아와 테니스를 쳤다고 했다. 그것이 나만의 경험이 아니었다는 사실에 살짝 김이 빠졌지만, 장 프랑수아가 그에게도 이름이 알렉스 맞느냐고 물어보는 실수를 저질렀다는 얘기를 듣고서 기분이 조금 나아졌다.

아버지는 어떻게 입으셨나요?

닉 숀버거

우리 아버지에 관한 기억은 옷차림에서 격식이란 걸 무시하셨다는 것이다. 내가 어릴 때 그분은 이탈리아제 양복을 입으셨는데 재킷 뒤판의 실로 꿰매진 트임을 뜯지 않고 내버려두셨다. 말년에 아버지의 취향은 알록달록한 코르덴 바지와 캐시미어 스웨터 쪽으로 옮겨갔다. 그분은 휴가용 복장을 즐겨 입으셨고, 상식에 관한 감각은 있었지만 살짝 규칙을 벗어나길 좋아했다.

로버트 베커

내가 가장 좋아한 것은 아버지의 모자들이다. 내 소년 시절엔 모자는 남자의 필수품이었다. 좁지도 넓지도 않은 챙에 깃털이 하나 점잖게 꽂힌 클래식한 회색 페도라들. 그분은 항상 응접실 거울을 한번 들여다보며 챙 위를 손가락으로 쓸어본 다음 사무실이나 칵테일파티 장소로 향하곤 했다. 그리고 밤에 집으로 돌아올 때면 아버지의 모자는 집을 나설 때보다 살짝 한쪽으로 기울어져 있었다.

앨릭스 빔스

우리 아버지는 슈트를 사주겠다며 날 근사한 가게에 데려갔다. 그분은 나의 옷차림에 관해 매우 강경한 의견을 갖고 계셨는데, 물론 나는 반발했다. 어린아이가 셔츠 단추를 목까지 채우기 싫어하는 건 당연한 일 아닌가? 하지만 이젠 내게도 아들이 있는데(세 살이

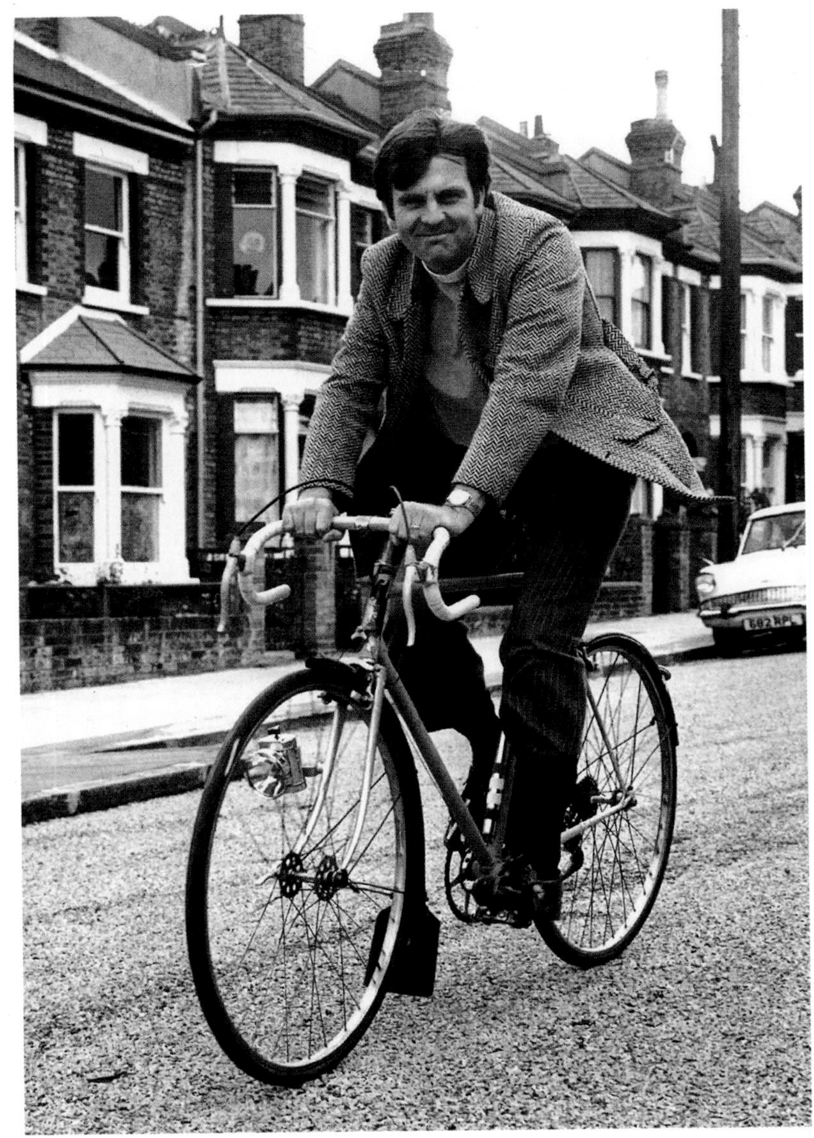

콜린 락우드 목사(댄의 아버지)

♦

한번은 아버지가 살짝 정신이 나갔던지 퀴즈쇼 출연자로 지원했다 (정확한 프로그램 이름은 잊어버렸다). 아버지는 우승은 못했지만 그 근처까진 갔다. 그런데 아차상으로 받은 경품이 다양한 빛깔의 알파카 카디건 여러 벌이었다. 아버지가 그 옷들을 입었는지는 기억이 나지 않지만, 어느 시점에 내가 그 옷들을 물려받아 잘 입고 다녔다. 참 희한한 시기였다. 알파카 카디건 차림의 냉소적인 청년이라니.

가이 트레베이

다) 난 그 애가 입을 옷을 직접 고르길 좋아한다. 나도 우리 아버지와 똑같아진 것이다!

던컨 해나

아버지는 골수까지 아이비리그 취향이었다. 그분은 하버드대학에 진학했고 브룩스 브라더스와 제이프레스에 푹 빠져 있었지만, 말년엔 좀 더 화려한 옷차림을 하셨다. 벨벳 스모킹 재킷이나 반바지, 티롤 모자 등. 아버지는 분명 컨트리클럽에서 레포츠를 즐기는 타입이었고 따라서 릴리 퓰리처(스포츠 및 리조트웨어 브랜드 – 옮긴이)의 바지나 그 비슷한 옷도 많이 입으셨다. 하지만 젊었을 때 프레드 아스테어와 캐리 그랜트의 팬이었고 몽상가 기질이 있었기에 때로는 한결 과감한 시도도 하셨다. 예를 들면 블레이저 가슴에 달린 휘장을 무척 좋아하셔서 목욕가운에까지 그런 것을 붙이곤 했다.

존 브로디

우리 아버지는 은행가였다. 뉴요커로 태어나고 자랐지만 대학은 남부에서 다니셨다. 폴 스튜어트, 제이프레스, 브룩스 브라더스 같은 브랜드를 애용했고 비교적 보수적인 옷차림을 하셨다. 회색 슈트, 옥스퍼드 셔츠, 렙 타이. 평상시 신는 구두는 알든의 태슬로퍼였다. 주말에 나와 아버지가 함께 시간을 보낼 때면 주로 영화관에서 영화를 보았다. 그다음은 그분의 표현에 따르면 "한 바퀴 돌아보는" 다시 말해 폴 스튜어트와 제이프레스, 트리플러스 매장을 구경하는 시간이었다. 당시 뉴욕에는 개성적인 남성복 가게가 지금보다 훨씬 많았다.

스티븐 코츠

아버지에 관한 최초의 기억은 상당히 근사한 1960년대풍 셔츠를 입고 날 굽어 내려보시던 모습이다. 난 영국 랭커셔에서 자랐는데 할아버지는 우리 고향 마을의 유일한 신사복 가게를 운영하셨다. 그곳은 제재소가 있는 공업도시, 노동 계급 지역이었다. 할아버지의 가게에서는 맞춤 슈트를 팔았는데, 런던에서라면 별것 아닌 가게였겠지만 그 마을에는 단 하나뿐인 장소였다.

댄 락우드

우리 아버지는 목사였다. 따라서 거의 항상 목에 빳빳한 흰 칼라를 달았고 일요일마다 긴 예복을 입으셨다. 하지만 평소에는 셔츠와 넥타이 차림이었고, 종종 트위드 재킷에 니트 타이를 하시기도 했다. 업무 시간이 아닐 때면 그분은 언제나 셔츠와 넥타이를 입으셨다. 심지어 휴일에도.

랜디 골드버그

아버지는 항상 옷을 잘 차려입고 계셨다. 출근할 때는 슈트에 스포츠코트를, 주말에 외출할 때는 스웨터에 스포츠코트를 입으셨다. 아버지의 단골 옷가게는 볼티모어에 있는 로스차일드라는 곳이었다. 거기엔 그분의 담당 재단사도 있었다. 아버지는 슈트에 부츠를 신곤 했는데, 항상은 아니지만 때로는 카우보이 부츠를 신기도 하셨다. 그걸 신으면 키가 커 보여서 좋으셨던 모양이다. 아버지는 약간 조직 폭력배 같은 인상이셨다. 그분이 남들과 옷을 좀 다르게 입는다는 건 나도 느꼈지만, 어쨌든 세련되어 보였기에

♦

우리 아버지는 칼라에 단추가 달려서 떼어 다릴 수 있는 셔츠를 입곤 하셨다. 아마도 그런 셔츠를 고집한 최후의 남자들 중 하나였을 것이다.

닉 설리번

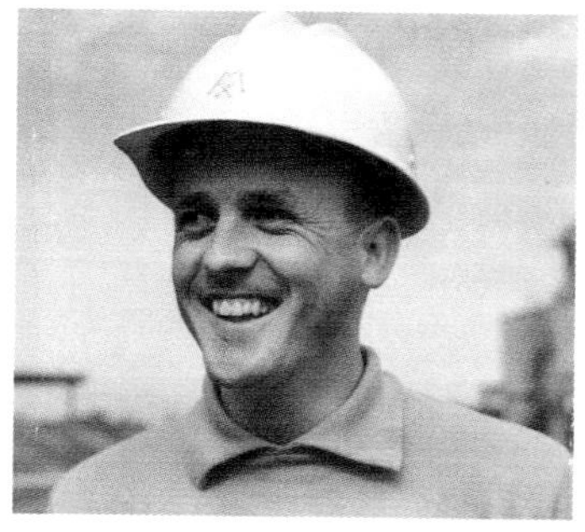

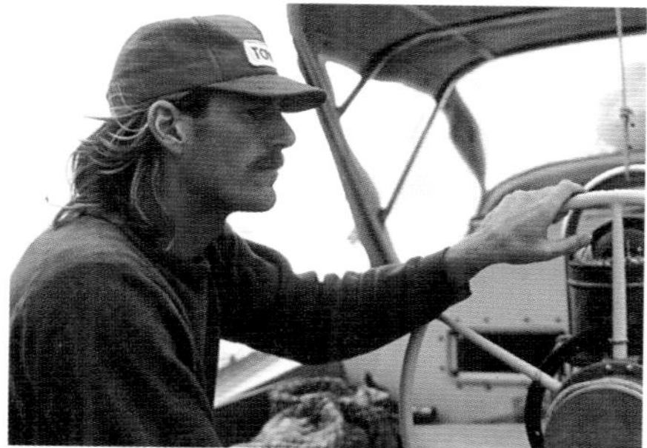

왼쪽에서 오른쪽으로: 제임스 매시번(시드의 아버지), 레인 듀퐁(스테판의 아버지)

◆

아버지가 넥타이 없이 사람들 앞에 나타나는 일은 드물었다. 사실 우리 할아버지는 칼라 달린 셔츠에 넥타이까지 매지 않고서는 절대로 외출하지 않는 분이셨다.

스티븐 코츠

난 아버지의 옷차림이 좋았다. 주위 친구 아버지들 중에서도 옷을 그렇게 입는 사람은 우리 아버지뿐이었다. 장신구도 많이 하셨지만 결혼반지는 끼지 않으셨다. 아버지는 새끼손가락에 반지를 끼셨고 거의 매일 옷에 체인을 달았다. 나중엔 나한테도 똑같은 체인을 만들어주셨는데, 매일 달고 다니다가 결국 잃어버리고 말았다. 이젠 아버지 것을 내가 물려받았다.

월터 컨

우리 아버지는 특허법 변호사로 3M에서 일하셨다. 그분에겐 옷 입는 방식이 두 가지 있었다. 우리는 시내에서 백 킬로미터쯤 떨어진 농장에 살았다. 아버지는 아침에 일어나면 슈트를 입었는데, 한 번도 새것을 산 적이 없었고 항상 세인트폴 시내의 '넥스트 투 뉴'라는 중고품 가게에서 사오셨다. 그래서 그분의 슈트는 항상 헐렁했다. 아버지는 고등학생 시절 뛰어난 미식축구 선수였고 야외활동을 좋아하는 역동적인 남자였다. 그래서 집에 오면 바로 슈트 따윈 벗어던지고 구할 수 있는 가장 낡아빠진 아웃도어 의복을 입으셨다. 저 끔찍한 와플무늬 방한 내복이 아버지에겐 다른 남자들의 셔츠와 바지 같은 것이었다. 아버지는 펜들턴의 거칠거칠한 울 셔츠도 많이 입으셨다. 농장일이나 사냥을 하러 갈 때면 제대로 무장해야 한다고 생각하셨고, 질기면서 오래가는 옷을 좋아하셨다.

애런 리바인

우리 아버지는 정부 일을 하셨기 때문에 매일 슈트 차림이었다. 나도 아버지처럼 옷을 입고 싶었지만 내겐 그럴 구실이 없었기 때문에 불가능한 일이었다. 아버지에겐 더블브레스트 슈트가 하나 있었다. 아버지는 그걸 '나의 닥터 둠(마블 코믹스에 등장하는 악당 캐릭터-옮긴이) 의상'이라고 불렀는데, 아주 근사한 옷이었다. 내 인생 최초의 동창회 댄스파티에 가려고 슈트를 샀던 때가 기억난다. 물론 나는 닥터 둠 스타일의 더블브레스트 슈트를 골랐고, 지금까지도 그 옷을 그렇게 부르고 있다.

마이클 힐

나는 아버지가 옷 입는 방식을 숭배했다. 우리 아버지야말로 세상에서 가장 세련되고 근사한 남자라고 생각했다. 토요일이면 아버지가 모는 차로 런던까지 드라이브하던 일이 기억난다. 나는 아버지의 옷차림에 관심이 많았고 이것저것 여쭤보곤 했다. 우리는 종종 아버지가 토요일에 얼마나 캐주얼한 옷차림을 할 수 있는지 토론하기도 했다. 하지만 대체로 회색 플란넬이나 트위드 재킷, 아니면 블레이저가 한계였다. 아버지는 토요일이라는 이유로 갈색 구두를 신기도 했는데, '시내에선 절대로 갈색 구두를 신지 말라'는 규칙을 어긴 것이었다. 아버지로서는 거의 반란에 가까운 일이었다!

톰 실러

아버지는 편안한 할리우드식 캐주얼 차림을 했다. 상류층 작가 스타일이랄까. 특별한 것은 없었다. 아버지는 드라마 〈왈가닥 루시〉의 각본가였기 때문에 그분의 일터로 따라가는 건 무척 재미난 일이었다. 우리는 촬영장 관중석 맨 위쪽에 앉아서 내려다보면서 눈앞에 펼쳐지는 장면을 구경하곤 했다.

하지만 그 전에 먼저 길모퉁이의 레스토랑 니코델스에서 출연진들과 함께 식사를 했는데, 그럴 때면 데지와 루시와 빌 프롤리와 에델(〈왈가닥 루시〉에 출연한 배우들과 캐릭터들의 이름-옮긴이)을 직접 만날 수 있었다. 빌 프롤리는 과거에 알코올 중독자였기 때문에 몸을 떨었다. 꼬마 리키는 데지와 루시의 실제 아들이 아니라 아역 배우였다.

리허설 시간에 루실 볼을 만나는 건 끔찍한 일이었다. 내가 루실 옆에 가서 사진을 찍어야 할 때면 그녀는 "토미야, 이리 오렴!" 하며 나를 부르곤 했다. 그녀는 목소리가 아주 낮고 굵었지만 루시를 연기할 땐 높은 가성을 썼다. 그녀의 붉은 머리는 무시무시했고, 그녀의 몸에선 체스터필드 담배와 매니큐어 냄새가 풍겼다. 하지만 데지는 괜찮았다.

아르만두 카브라우

나는 열 살 즈음에 넥타이 매는 법을 배웠다. 아버지 덕분이었다. 그분은 항상 슈트와 넥타이를 말쑥하게 차려입었고, 줄곧 곁에 붙어 있던 내게 이렇게 묻곤 하셨다. "자, 내 넥타이 받아라. 이거 맬 수 있겠니?" 아버지는 슈트를 고수하는 전형적인 신사였고 나처럼 키가 무척 크고 마르셨다.

이넉 페레스

우리 아버지의 옷차림은 지극히 평범했다. 그분은 역사를 가르쳤고 교사답게 옷을 입었다. 보통은 바지에 반팔 셔츠였다. 푸에르토리코는 열대 지역이니까. 지금도 다들 과야베라(세로 주름이 두 줄 잡힌 리넨이나 면 셔츠. 무더

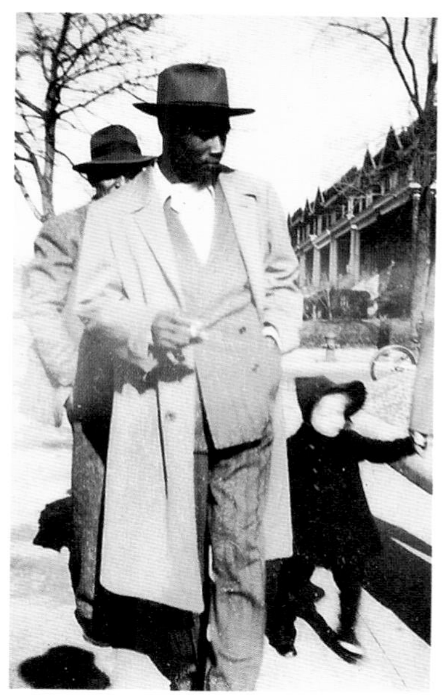

로렌스 헌던(툰데 오예올의 할아버지).

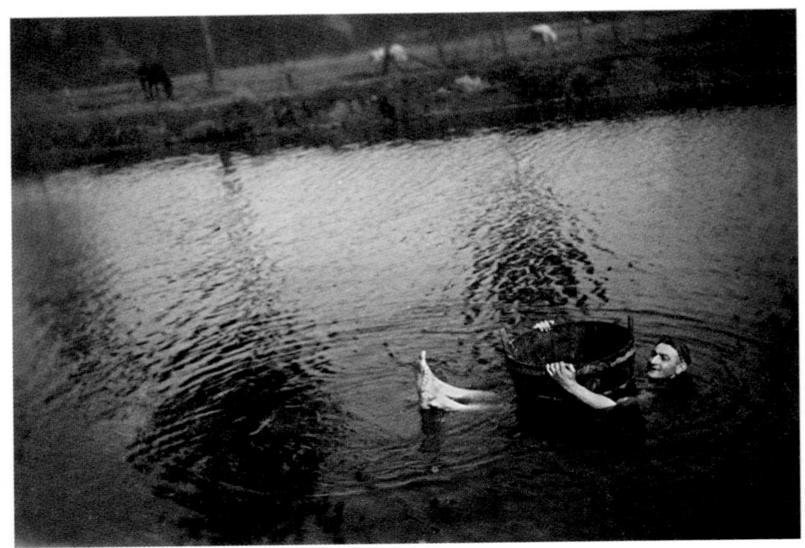

오메르 드네이어(미카엘 보레만스의 할아버지)

운 카리브해 연안에서 애용된다 - 옮긴이)를 즐겨 입지만(나도 훗날 입기 시작했고) 아버지의 옷차림에 풍자적 의미는 전혀 없었다. 남아메리카가 아닌 다른 지역에서 그 셔츠를 입는다면 일종의 선언이 되겠지만 말이다.

마크 맥네리

아버지는 항상 슈트를 입고 출근했다. 다소 이상한 일이었는데, 그분의 직장은 NCR 코퍼레이션(ATM 관련 기기 제조회사-옮긴이)이었기 때문이다. 당시에 현금지급기는 컴퓨터가 아니라 기계로 작동되었고 그분의 일은 기계 수리였다. 윤활유와 공구를 사용하고 기계를 만져야 했다는 얘기다. 그런데도 아버지는 항상 슈트에 넥타이 차림을 하셨다.

맷 흐라넥

우리 아버지는 패션 감각이 무척 뛰어나셨던 듯하다. 뉴욕 북부 취향에 매우 클래식했다. 내 기억 속 아버지의 가장 근사한 모습은 통 좁고 골이 굵

♦

우리 아버지는 방한 내복을 입고 싶어서
날씨가 추워질 때만을 기다리는 타입이었다.

월터 컨

은 코르덴 바지, 검은색 울 터틀넥 스웨터, 황갈색 바라쿠타 골프 재킷에 데저트 부츠 차림으로 1959년형 트라이엄프 TR3A를 운전하시던 때다.

닉 우스터

아버지는 기계공이셨다. 샴브레이(얇은 리넨 옷감-옮긴이) 셔츠에 리바이스 501 셀비지 청바지, 레드윙 부츠에 테 윗부분이 직선인 솔 모스콧 선글라스 모조품을 착용했다. 그것이 내 평생 날마다 보아온 아버지의 옷차림이다. 나는 그분의 정반대 타입이 되기 위해 최선을 다했다.

앤디 스페이드

우리 아버지는 광고업계에서 기획자로 일했다. 항상 스포츠코트에 렙 타이나 클럽 타이(특정한 클럽의 상징색으로 줄무늬를 넣은 넥타이-옮긴이), 그리고 프린스턴 스트라이프 같은 단순한 줄무늬 셔츠와 회색 바지를 입으셨다. 아버지는 네 종류의 회색 바지를 갖고 있었다. 회색, 연회색, 중간 회색, 플란넬 그레이. 우리 가족은 애리조나주에 살았지만, 아버지는 미시건주 출신이었기 때문에 어릴 때부터 그런 옷차림에 익숙했다. 그분은 배스 위준스 로퍼를 신었고 모노그램 버클이 달린 악어가죽 허리띠를 매셨다.

닉 설리번

아버지가 가진 옷들은 아주 간소했다. 슈트와 방수 재킷 몇 벌, 트위드 재킷, 플란넬 바지 정도. 그분은 1950년대와 60년대 사이의 패션을 고집했는데 50년대 말 젊은 군인으로서 베를린에 머물렀던 경험 때문이었을 것이다. 그 후 아버지는 미국에 돌아와 치과의사가 되었지만 여전히 군대에 있는 사람처럼 옷을 입었다. 아버지는 옷차림에 크게 신경 쓰지 않았고 모든 옷가지를 꼭 필요한 정도로만 유지했다.

제이 매키너니

우리 아버지는 진짜 댄디였다. 때로는 신경에 거슬릴 정도였다. 1970년대에 아버지는 더블넥 셔츠(칼라나 목둘레가 이중으로 겹쳐 보이는 셔츠-옮긴이)에 구찌의 흰색 인조가죽 로퍼 차림으로 다녔다. 그분은 사실 70년대 패션을 기꺼이 포용했다고 할 수 있다. 언제나 다양한 색과 무늬를 좋아하셨고 옷에 무척 흥미가 많았던 데다 실제로 옷도 잘 입으셨다. 때로는 좀 지나치게 화려해 보여서 내 신경을 긁어놓았지만 말이다. 나도 분홍색 재킷을 입을 수야 있지만, 입기 전에 신중하게 생각부터 해볼 것이다.

제이 필든

아이들을 가진 이후 아버지의 옷차림은 그다지 멋지다곤 할 수 없었다. 나로서는 그게 무척 아쉬웠던 것 같다. 하지만 예전 사진들을 통해 그분이 한때는 옷에 관심이 많았다는 걸 알게 되었다. 1950년대 청년 시절의 아버지는 심지어 멋스럽다고 할 만한 모습이었고, 게다가 그 당시의 많은 옷들이 옷장에 그대로 있었다. 아버지는 그 옷들을 더 이상 입진 않았지만 버리지도 않으셨던 것이다. 그리고 내가 적당한 나이가 되자 어머니는 그 옷들을 하나씩 내게 건네주기 시작하셨다. 아버지의 옷장 덕분에 나는 옷깃이 칼날처럼 가느다란 재킷과 가운데 주름이 없는 통 좁은 바지, 재즈 뮤지션들이 입었을 법한 코트를 입어볼 수 있었다.

유언 렐리

우리 아버지는 나와 완전히 다른 세대 사람이다. 그분은 비행기를 타러 갈 때도 옷을 차려입어야 한다고 생각하신다. 아버지의 옷 대부분은 런던 새빌로의 웰시 앤드 제프리스에서 산 것이다. 딱히 유복한 형편도 아니었는데 말이다. 아버지는 슈트란 반드시 맞춰 입어야 한다고 생각했고 일요일에도 일어나면 슈트를 입었다. 교회에 가야 했으니까. 아버지는 보통 우리에게도 교회에 가자고 권했지만 강요하진 않으셨다. 보통은 우리 중 한두 명이, 때로는 어머니도 함께 가곤 했다.

토머스 벨러

아버지는 열여섯 살에 미국으로 온 이민자였다. 빈 출신이었던 그분은 훗날 정신분석학자가 되었다. 정신분석학자들의 패션은 다소 딱딱하고 보수적인데, 고리타분한 교수 타입과 좀 더 실용적인 유럽 대륙 타입 두 가지로 나뉜다. 아버지는 후자였고 근사한 구두와 슈트를 착용하셨다. 조끼까지 갖춘 스리피스 슈트가 아니라 재킷과 바지, 그리고 넥타이. 아버지는 검고 숱 많은 머리를 아주 깔끔하게 한쪽으로 빗질해 넘기곤 했다. 그야말로 전형적인 그 시대의 머리 모양이었다. 아버지는 집에 계실 때도 말쑥함을 고수하셨다. 물론 바깥에서와 똑같은 옷을 입진 않았지만 느낌은 비슷했다. 실내복 가운에 슬리퍼 차림이셨으니까.

조시 페시코비츠

우리 형제들은 아버지의 눈꽃 무늬 폴로 스웨터를 훔쳐 입곤 했다. 우리가 고등학생이었던 1990년대에는 폴로의 옷이라면 뭐든 근사하게 보였다.

프랭크 마위티언스

아버지는 외판원이었다. 따라서 내 기억 속 아버지는 항상 흰 셔츠에 넥타이를 매고 재킷을 입은 모습이다. 그분은 옷을 잘 입었다. 내가 기억하기로는 그렇다.

마이클 헤이니

내가 아는 아버지의 옷차림은 주로 그분의 사진을 통해 본 것들이다. 아버지가 일한 시대와 장소는 그야말로 매력적이었다. 1950년대와 60년대 시카고의 신문사라니, 마치 드라마 〈매드멘〉과 영화 〈모두가 대통령의 사람들〉의 세계가 합쳐진 것 같았다! 당시 남자들은 코트에 흰 셔츠와 넥타이 차림이었고 출근할 때면 짙은 색 슈트에 흰 셔츠, 가느다란 넥타이를 착용했다. 아버지가 돌아가신 후 나는 그분이 남긴 사진들을 들여다보곤 했다. 사진 속의 아버지는 지역 신문사 편집실에서 셔츠 소매를 걷어 올리고 넥타이를 느슨하게 푼 모습이 아주 세련되고 모던해 보인다. 게다가 사진들 자체도 무척 근사하다.

마이클 윌리엄스

생산직 노동자였던 우리 아버지는 이런 식으로 말씀하시곤 했다. "내가 멋진 셔츠를 입는다면 가게에서 나오기도 전에 얼룩을 묻히고 말 거야. 그리고 커피에 입도 대기 전에 다 쏟아서 더럽힐걸."

랜디 골드버그

아버지는 셔츠에 넥타이 차림으로 사무실에 나갔다가 집에 돌아오면 재킷을 벗고 트레이닝복 바지로 갈아입으셨다. 하지만 셔츠는 바지 안으로 자락을 집어넣은 채 그대로 입고 있었다. 말쑥한 가죽 슬리퍼에 드레스셔츠, 그리고 트레이닝복 바지. 아버지는 매일 저녁 집에서 그런 차림으로 식사를 하고 휴식을 취했다. 당시 내겐 그것이 지극히 평범해 보였다.

로버트 베커

우리 아버지는 브룩스 브라더스의 가는 줄무늬 스리피스 슈트를 입으셨다. 재킷 옷깃은 좁았다. 아버지에게 넓은 옷깃이란 완전히 생소한 것이었다. 그분이 생각하는 캐주얼한 옷이란 푸른색 블레이저에 회색이나 연한 색 바지, 가끔은 트위드 재킷과 코르덴 바지 정도였다. 여름날 바닷가에서는 라코스테 폴로셔츠에 무릎길이 반바지, 톱사이더(굽이 낮고 바닥이 부드러운 고무로 된 신발-옮긴이) 차림을 하셨다. 그분이 속한 사회의 단순하고 깔끔한 유니폼과 같은 옷이었다.

시드 매시번

우리 아버지는 시멘트 회사에서 화학자로 일하셨다. 그래서 아버지의 구두에는 항상 먼지가 앉아 있었던 게 기억난다. 풀 위의 이슬방울처럼 왁스가 배어나오는 브리들 레더(무두질한 후 기름과 왁스를 먹여 가공한 가죽-옮긴이) 구두를 내가 좋아하는 이유이기도 하다.

에릭 데이턴

내 머릿속의 아버지는 남색 투버튼 슈트에 넥타이 차림으로 출근하시던 모습이다. 하지만 주말에는 항상 똑같은 낡은 청바지에 아마도 플란넬 셔츠와 파타고니아 재킷을 입으셨다. 사실 우리 아버지에게 옷은 그리 중요하지 않았지만, 그분에겐 충분히 잘 어울리는 나름의 스타일이 있었다.

툰데 오예올

어렸을 때 아버지는 내가 원하는 대로 옷을 입게 해주셨다. 그리고 우리와 함께 지냈던 외할아버지는 일요일마다 패션의 기준을 알려주셨다. 그분의 옷차림을 뭐라고 설명해야 할까? 클

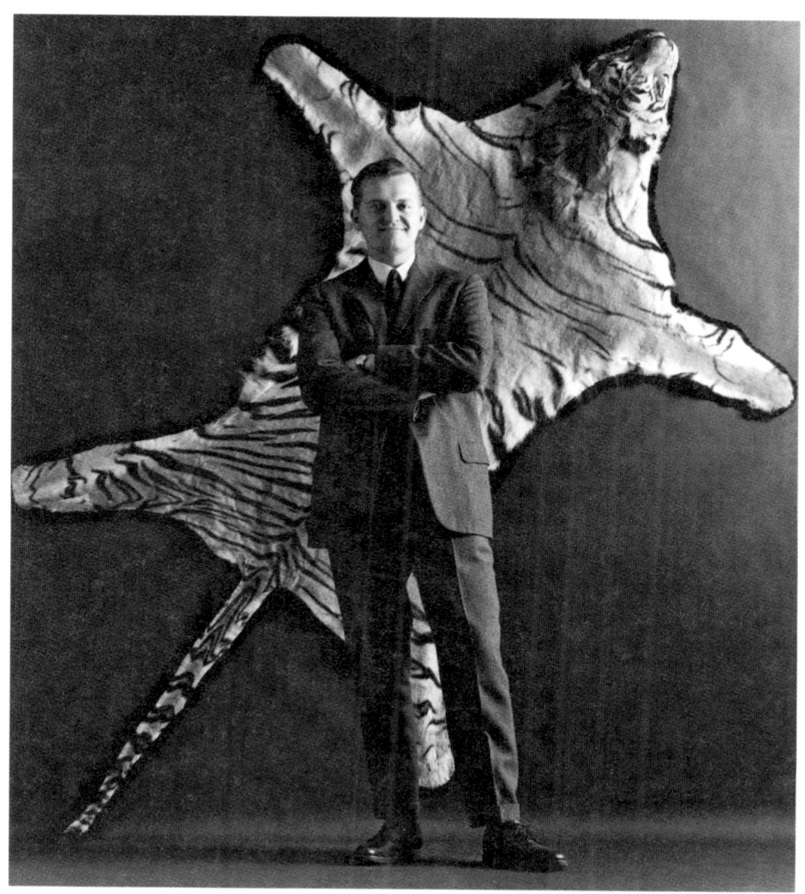

롤런드 윌슨

래식하고 편안하면서도 자신감이 넘쳤다고 해야겠다. 할아버지는 자신의 몸매가 지닌 매력을 잘 아셨고 그것을 거리낌 없이 드러내 보이셨다.

팀 시프터

내가 기억하는 아버지의 옷차림은 대체로 1960년대 이스트햄프턴의 작은 별장에서 보내던 여름 동안의 주말 복장이다. 시어즈에서 산 샴브레이 작업복 셔츠(주머니 속에는 항상 필터가 없는 카멜 담배 한 갑이 있었다), 리바이스 청바지, 인도산 물소 가죽 샌들. 사업가 치고는 상당히 보헤미안적인 옷차림이었다.

크리스 브라운

아버지의 리바이스 셀비지 청바지가 기억난다. 그분은 항상 아주 멋스러운 샴브레이 셔츠에 흰 티셔츠를 받쳐 입었고 머리에는 반다나를 둘렀다. 제임스 딘 같은 아주 클래식한 캐주얼 패션이다. 레드윙 부츠에 카우보이모자도. 나도 지금 그런 차림을 하고 있는데 누구의 영향인지는 굳이 말할 필요도 없겠다.

우리 아버지는 항상 스테트슨의 카우보이모자를 썼다. 1960년대 아이답게 내겐 아버지가 정유소에 나가서 일하는 동안 그분의 베이지색 로열 스테트슨 모자를 써보던 즐거운 기억이 있다. 뜰에서 보낸 많은 날들, 그리고 텍사스 남서부 소나무 숲속의 모닥불 곁에서 야영하며 지낸 여러 주말 밤 동안 땀과 담뱃진 얼룩이 진 모자였다. 아버지와 똑같은 냄새가 나는 그 모자를 쓰고 있으면 마음이 편해졌다. 이젠 내가 그 모자를 가지고 있다.

롬 잔가르디

우리 가족은 항상 '단정한' 옷차림을 중시했다. 지금도 부모님은 내가 단체 사진 속의 유치원생처럼 옷을 입기를 원하실 것이다. 색깔 있는 셔츠를 바지 속에 깔끔하게 집어넣고 머리에 가르마를 탄 차림새 말이다. 마치 끝없는 싸움과도 같다. 그분들은 아직도 내 청바지에 왜 그렇게 구멍이 많이 났느냐고 따져 물으신다.

아버지의 옷차림

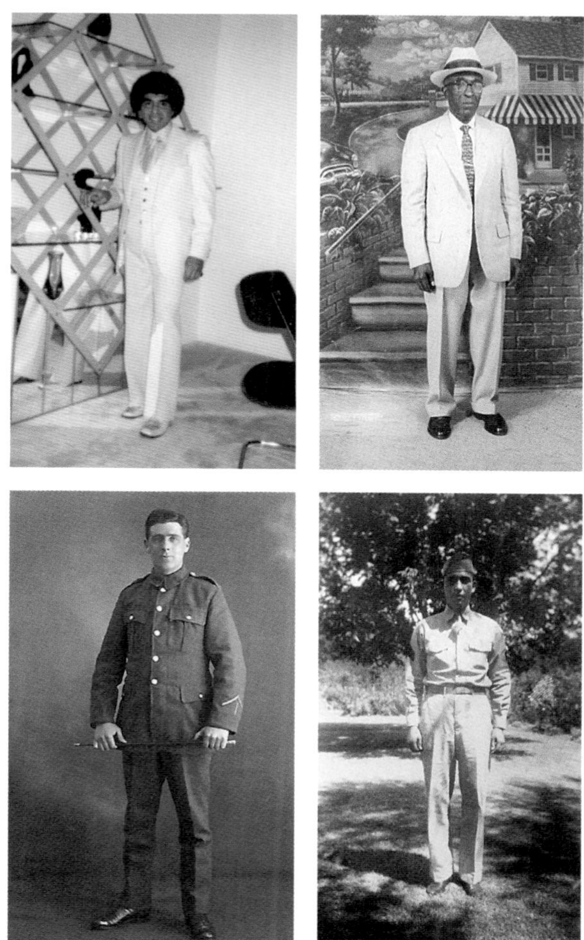

왼쪽 위에서 시계 방향으로: 듀크 골드버그(랜디의 아버지), 실베스터 훅스(글렌 리건의 할아버지), 토머스 켈리(러셀의 할아버지), 윌리엄 보이드(윌리엄의 할아버지)

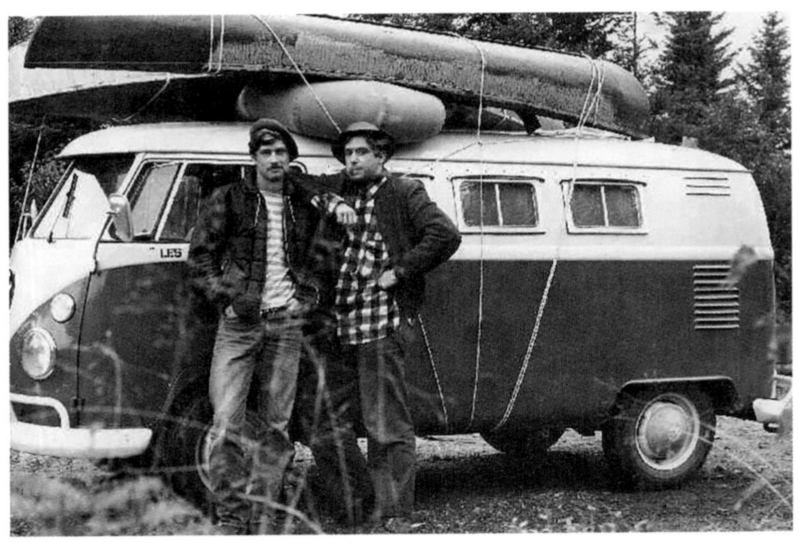

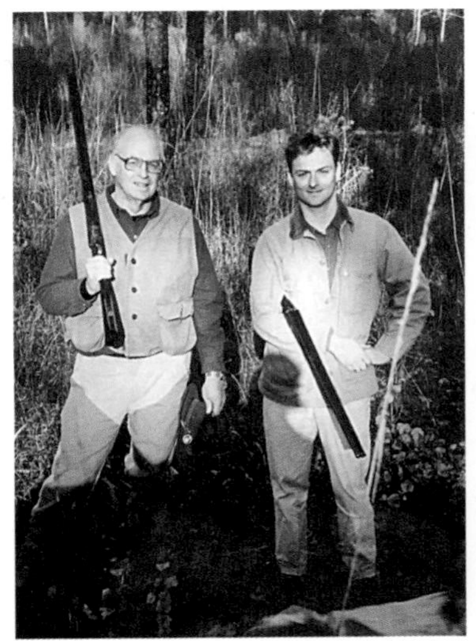

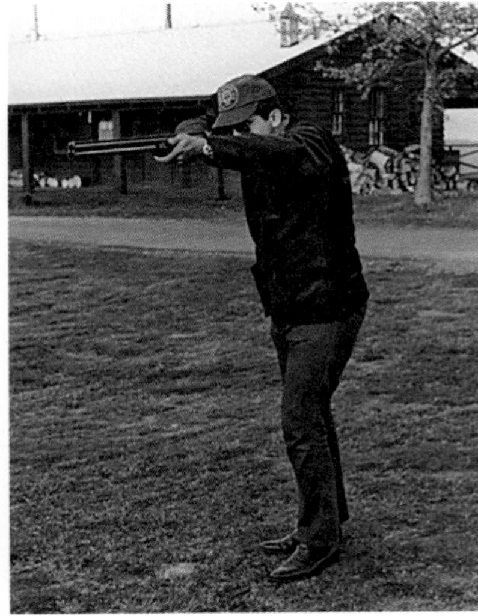

위에서 시계 방향으로: 대니얼과 허버트 하트먼(대럴의 삼촌과 아버지), 론 흐라넥(맷의 아버지), 마클리 보이어 부자

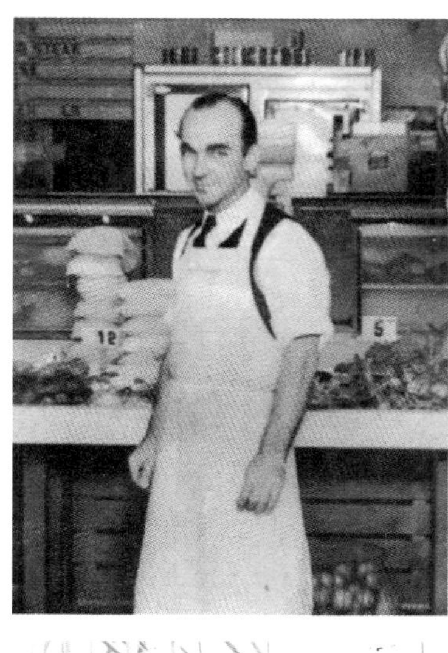

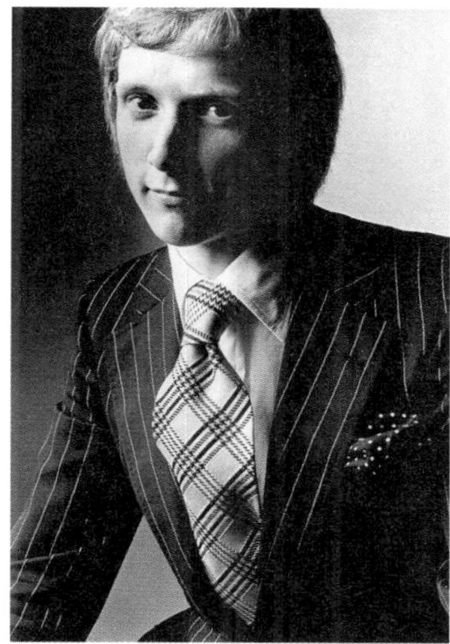

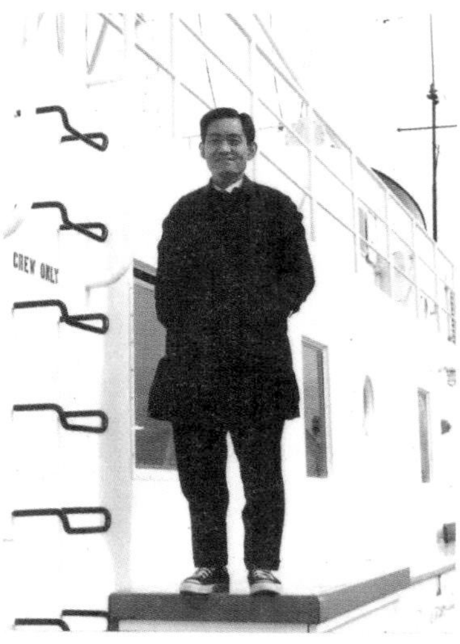

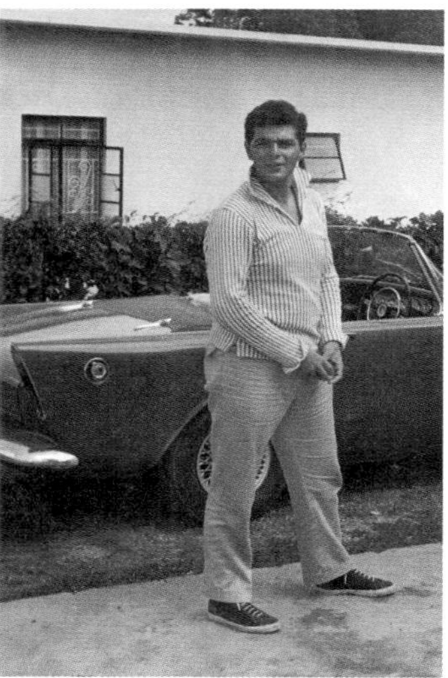

왼쪽 위에서 시계 방향으로: 달 레이 브라운(크리스의 아버지), 찰스 힐(마이클의 아버지), 리처드 블랙모어(러셀의 아버지), 박병학

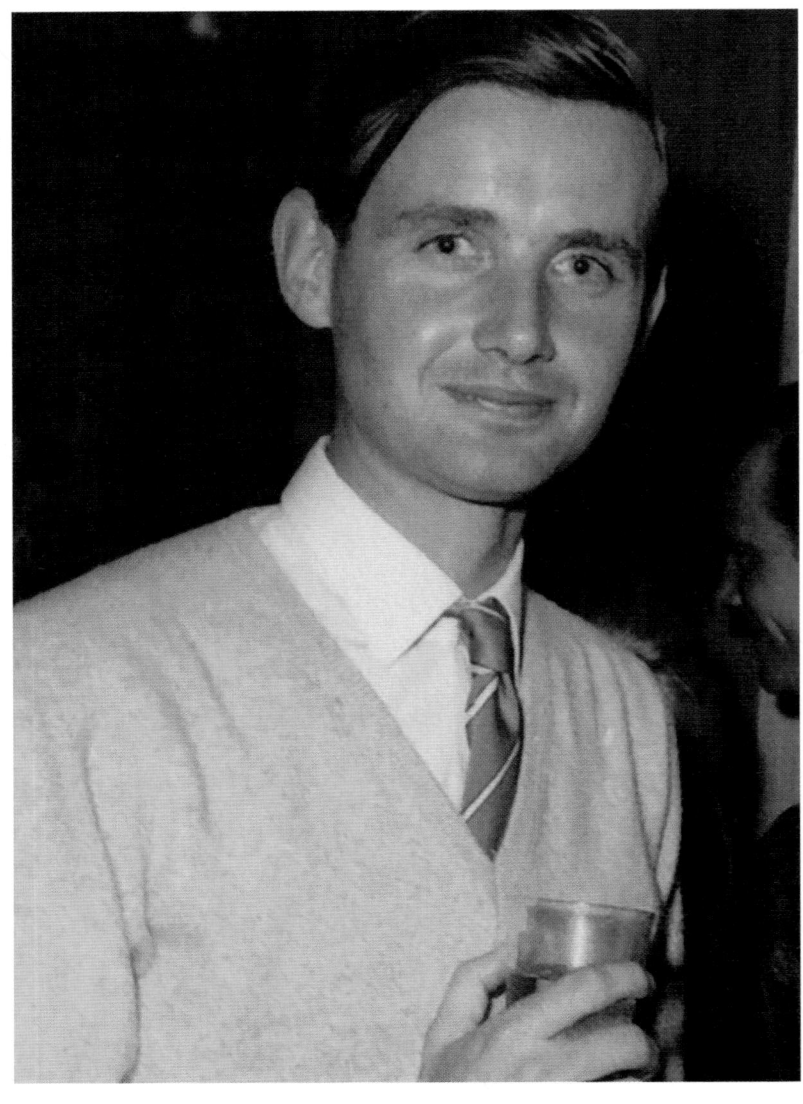

제러미 길크스(알렉산더의 아버지)

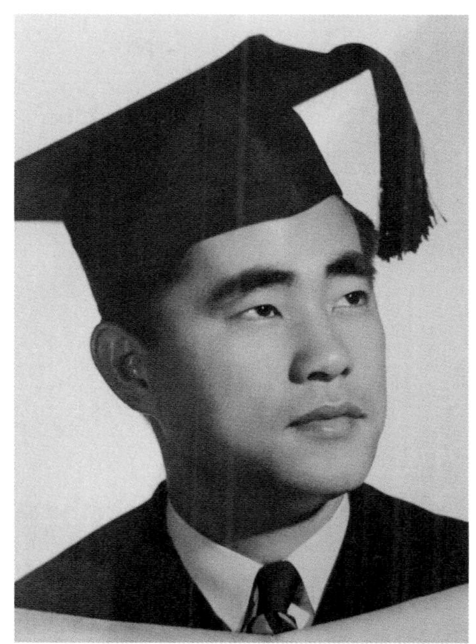

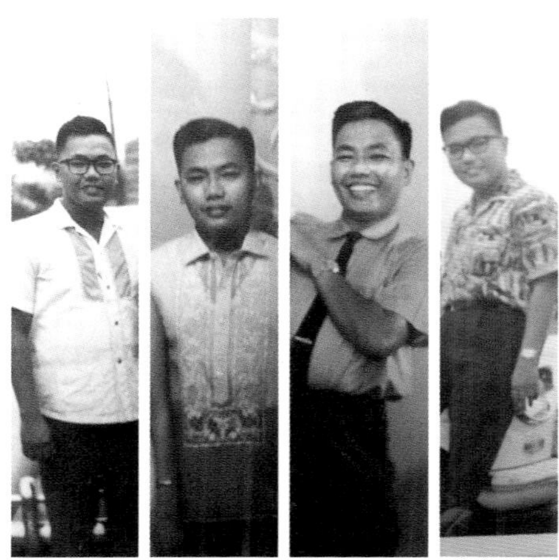

위에서 아래로: 김병목(바이런의 아버지), 아리스턴 아위탄(브라이언의 아버지)

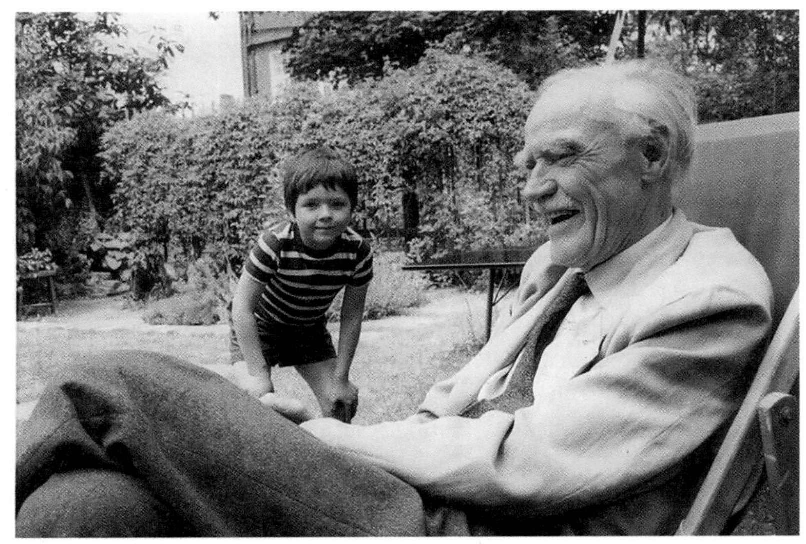

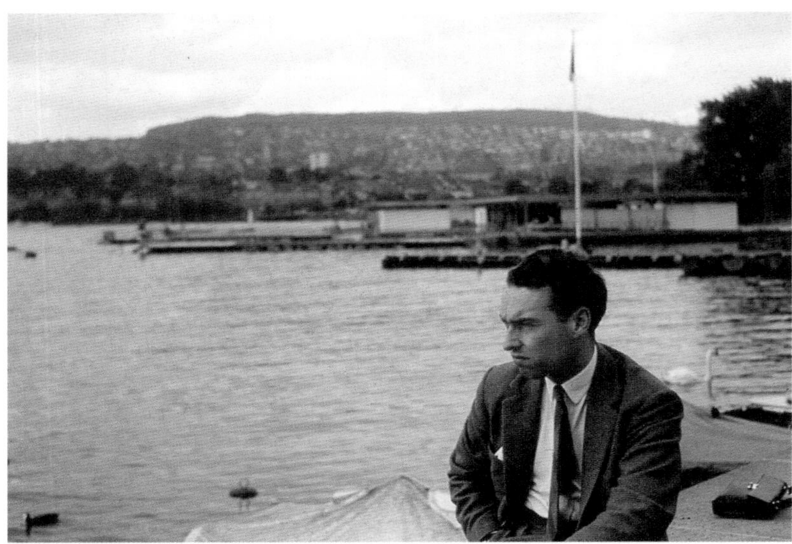

위에서 아래로: 에이드리언 대넛과 그의 할아버지 하월 데이비스, 제임스 설리번(닉의 아버지)

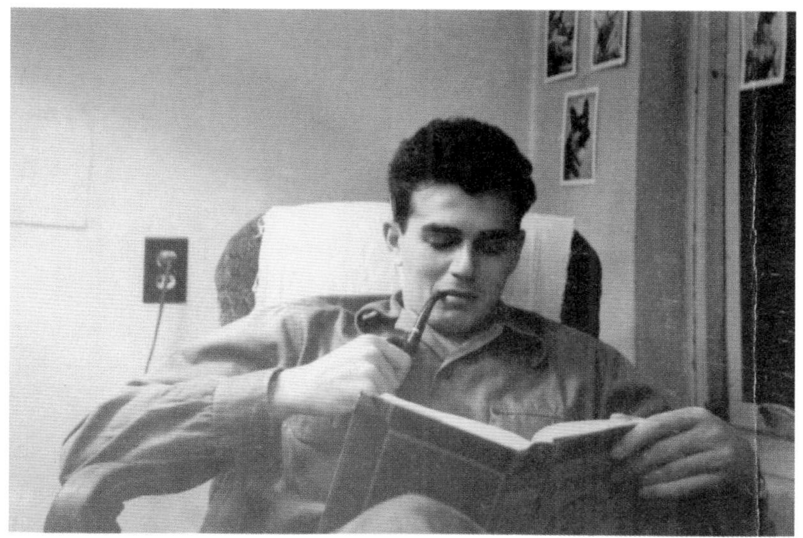

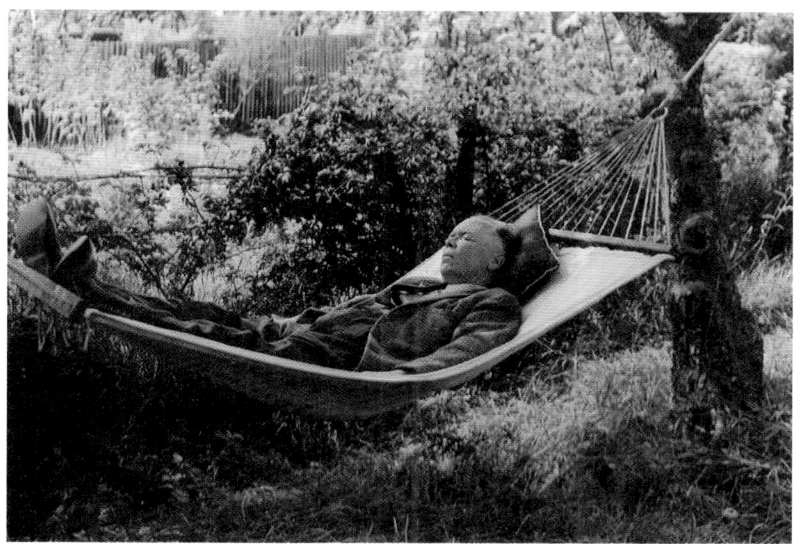

위에서 아래로: 조지프 미콜리(제이 바틀의 할아버지), 펠릭스 설리번(닉의 할아버지)

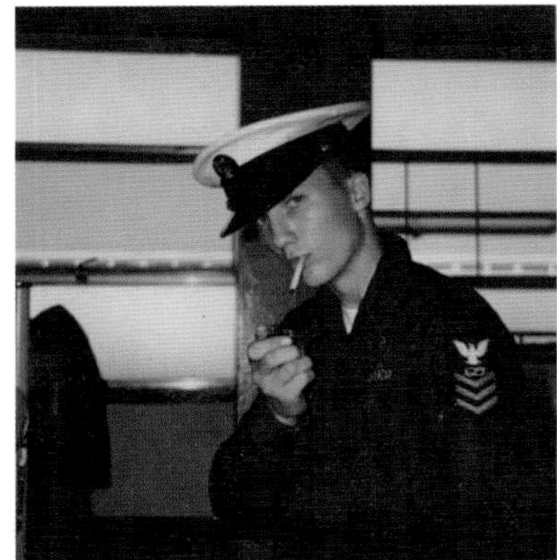
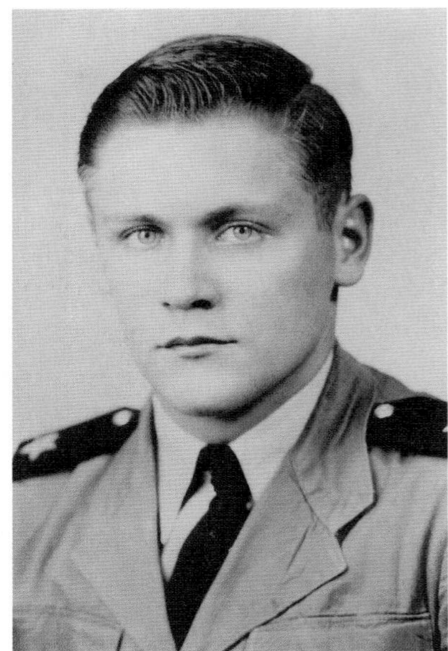
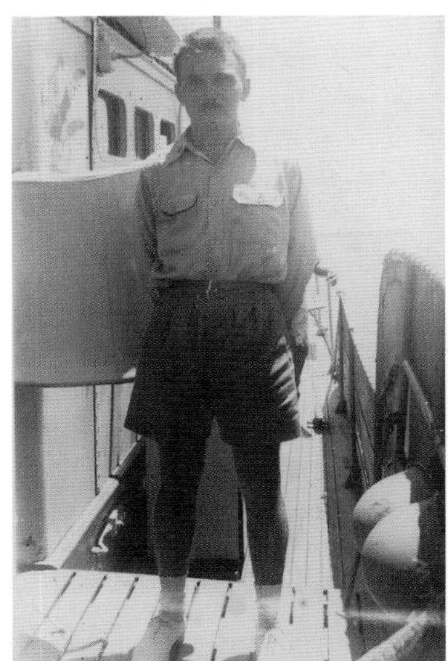
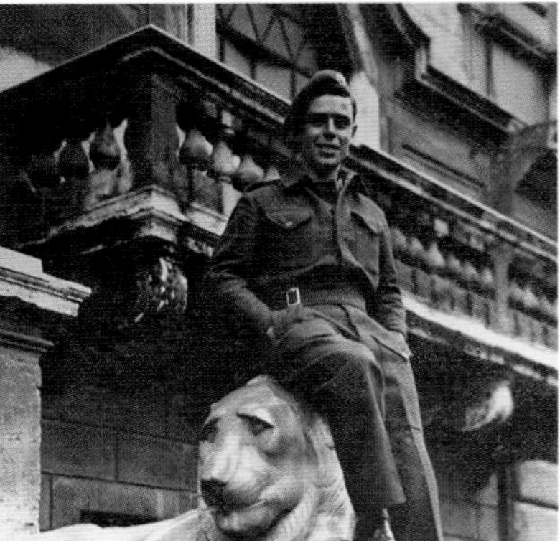

왼쪽 위에서 시계 방향으로: 티모시 베이커, 로버트 베커(로버트의 아버지), 빌 채프먼(그레그의 아버지), 제임스 해나(던컨의 아버지)

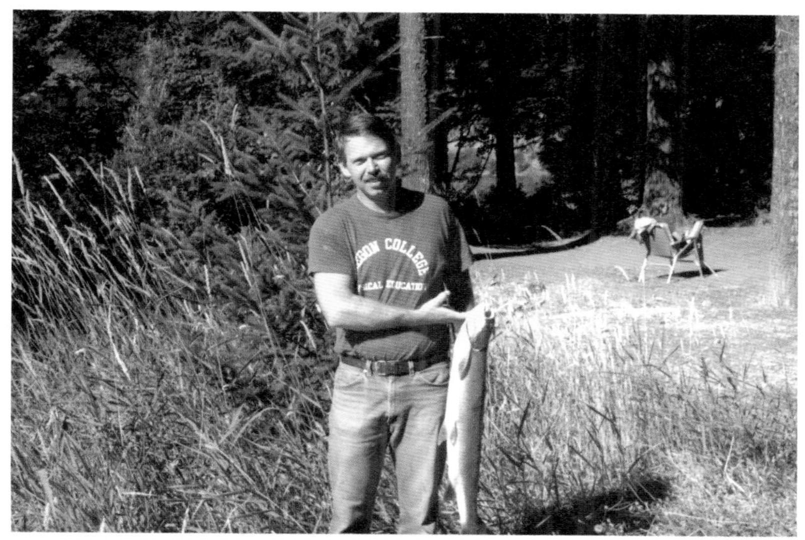

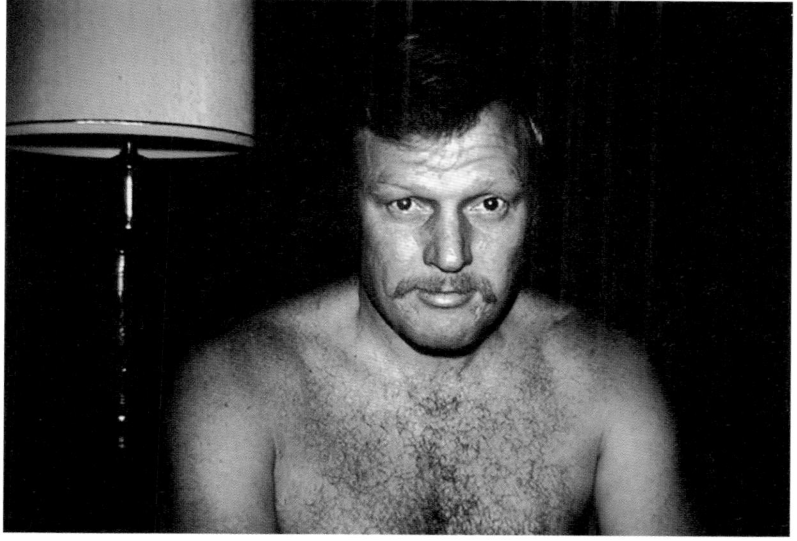

위에서 아래로: 데이브 제임스(앨의 아버지), 로버트 브리지스(숀의 아버지)

남자의 패션

그레고리 펙

아버지의 옷차림은 그분이 사신 인생처럼 무심하고도 섬세했다. 그러니까 그 두 가지 태도가 정확한 비율로 조합된 것이었달까. 아버지에게 옷은 수단도 목적도 아니었다. 하지만 남성이라면 제대로 옷을 입을 줄 알아야 했고 아버지 또한 그러했다. 그분은 어떤 분야에서든 순수한 기량과 뛰어난 장인정신을 애호하셨다. 연기, 회화, 조각, 벽돌 쌓기와 목공, 발레, 샌디 쿠팩스(1950~60년대 메이저리그 최고의 좌완투수-옮긴이)의 강속구, 그리고 그분이 평생 다닌 맞춤 양복점 헌츠맨의 재단사들. 아버지는 윤곽선과 디테일, 품질과 기교에 예술가다운 안목을 지녔고 헌츠맨의 재단에서 이 모든 것을 알아보셨다. 그분은 절대 옷 자체에 시선이 쏠릴 옷은 입지 않았다. 옷은 그분의 본모습을 보여줘야 했다. 인도주의자이며 풍류와 교양을 아는 사람, 예술가이자 이야기꾼, 남편이자 아버지를.

— 앤서니 팩

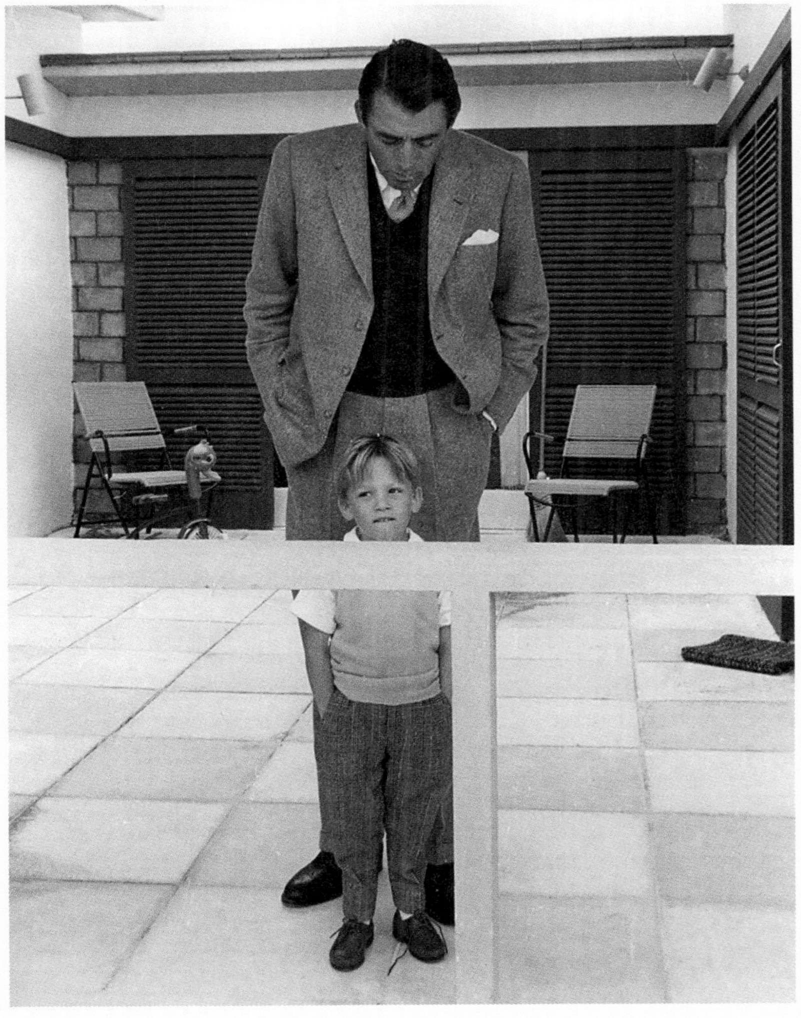

아버지의 목소리, 어조, 자세와 걸음걸이, 사고방식에는 선천적인 우아함이 있었다. 아버지가 실책을 저지르지 않았던 것은 어느 누구보다도 자기 자신에게 충실했기 때문이다. 그분은 뼛속까지 점잖고 친절하며 생기가 넘쳤다. 아버지에겐 내면에 불빛을 지닌 사람에게서만 나올 수 있는 내적인 반짝임이 있었다. 그분을 만나본 사람이라면 내 말을 이해할 것이다.

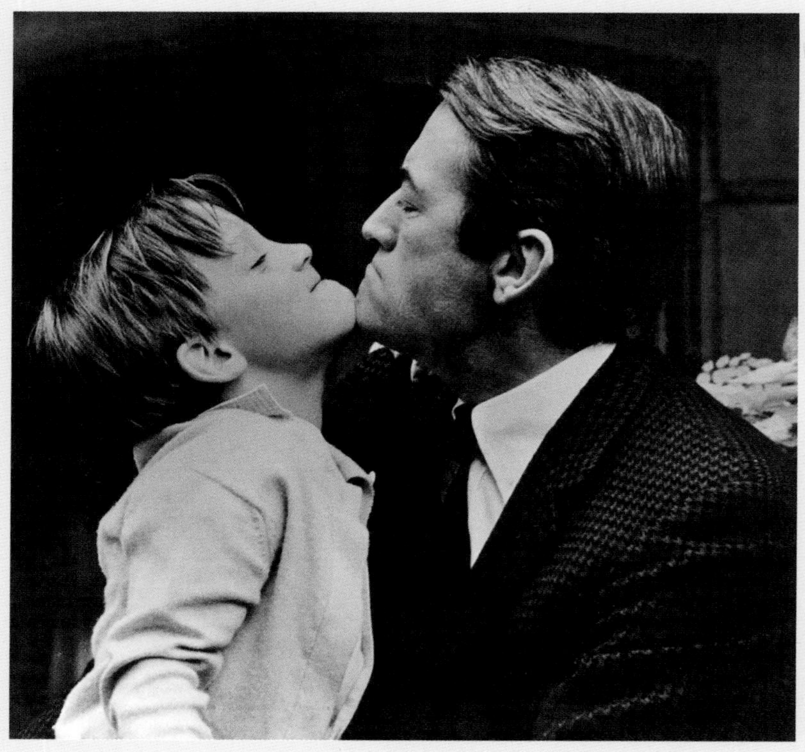

이날이 기억난다. 우리는 말 두 마리처럼 서로 얼굴을 부비고 있었다. 그러다 결국 이렇게 턱과 턱을 맞대고 씨름하게 되었다. 아버지는 헌츠맨의 진녹색과 검은색 하운드투스 체크무늬 캐시미어 트위드 슈트를 입으셨다. 스코틀랜드 이너헤브리디스 제도의 이슬레이섬에 있는, 세계에서 가장 오래된 직물공장 중 하나에서 1960년에 직조한 트위드다. 아버지는 이 트위드 옷을 다저스 스타디움에 야간 경기를 보러 갈 때, 센트럴파크와 샹젤리제를 산책할 때, 스튜디오로 가는 길에 우리를 학교에 데려다줄 때, 그리고 전 세계의 미술관을 방문할 때 입으셨다. 내가 대학 시절 조지 버나드 쇼의 연극에 출연하게 되었을 때 아버지에게 허락을 받고 빌려 입은 옷이기도 하다. 나는 이 옷에 아버지가 영화 〈브라질에서 온 소년들〉에서 쓰셨던 안경을 조합하고서 스스로 아주 교수답게 보인다고 생각했다!

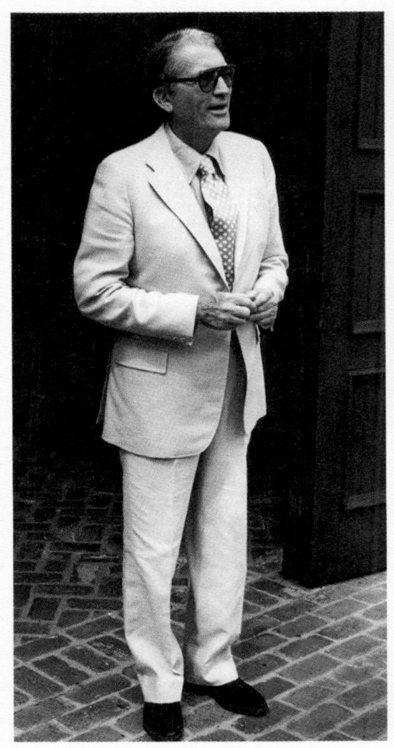

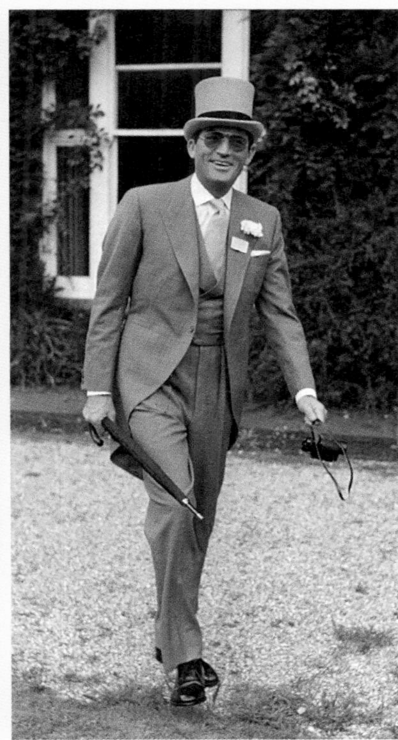

왼쪽: 아버지가 여름에 가장 즐겨 입으셨던 슈트다. 할리우드 볼에서 콘서트가 있거나 스위프티 라자스, 시나트라스에서 만찬이 열릴 때면 이 옷을 입으셨다. 근사한 물방울무늬 넥타이는 일할 때 아버지의 활기 찬 태도를 잘 보여준다. 그분은 결코 '댄디'는 아니었다. 그보다는 꼼꼼한 손길, 세세한 정성, 이 옷을 완성한 재단사의 면밀하고 주의 깊은 작업을 진심으로 존중했다고 해야겠다.

오른쪽: 애스콧 경마 개막식에 가는 아버지의 모습이다. 아버지는 취미 삼아 경마용 말을 기르셨고 친구였던 데이비드 니븐과 함께 경마 구경을 다니셨다. 헌츠맨에서 맞춘 비둘기색 연미복을 입은 아버지는 그날 하루를 한껏 즐기셨으리라. 아버지는 경마장에 적합한 옷차림을 갖춰 입곤 하셨다. 이 행사의 역사와 전통, 여러 사람들의 복장이 이루는 장관에 어울리면서 유머 감각도 있는 고급스러운 옷이었다.

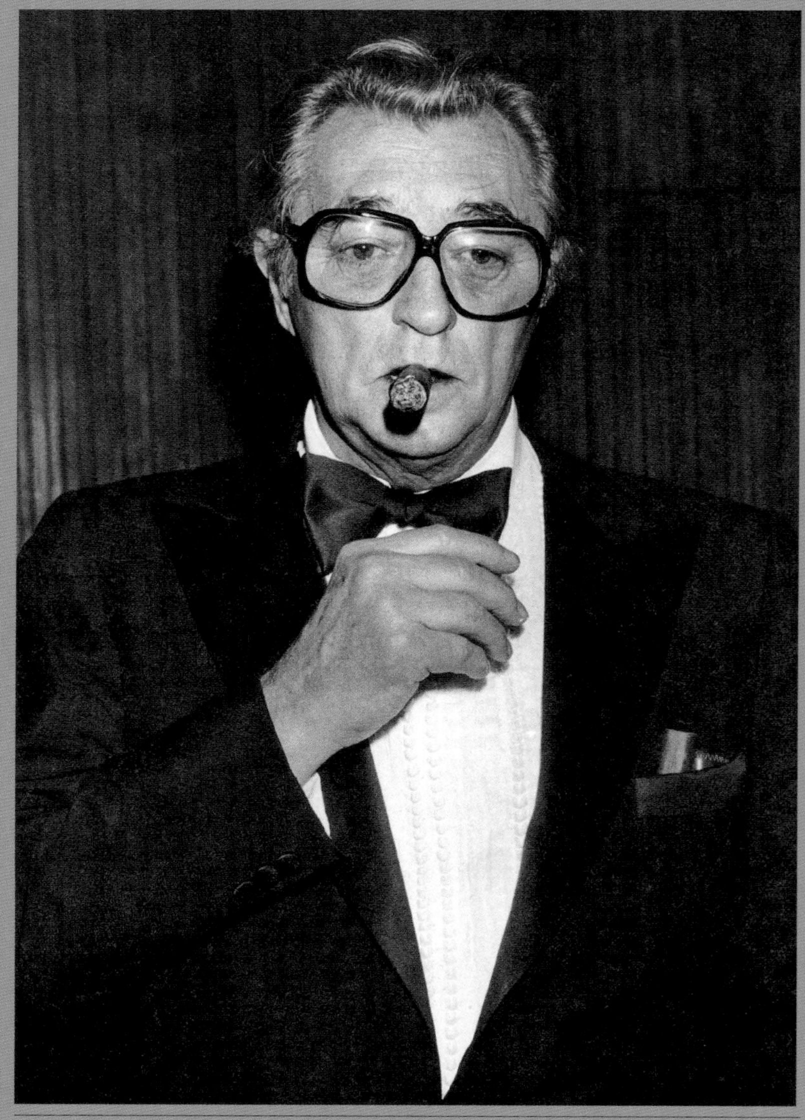

로버트 미첨

드레스 코드: 게임의 법칙

◆

얼마 전『타임스』에 실린 염려조의 기사에 따르면, 여전히 손님들에게 드레스 코드를 요구하는 맨해튼의 몇 안 되는 레스토랑들이(21클럽에 축복이 있길!) 이제는 점잖은 재킷을 대여해준다고 한다. 옷을 제대로 입지 않은 손님들이 너무 흔해졌기 때문이다.『타임스』기자는 "얼룩지고 몸에 맞지 않으며 지난 수십 년 동안의 때가 묻은 싸구려 폴리에스테르 재킷이 아니다"라고 단언한다. 뉴욕의 유명 파인다이닝 페르 세엔 완벽하게 근사한 재킷이 당신을 기다리고 있어서, 격식에 전혀 맞지 않는 옷차림을 길이 1미터의 랄프로렌 재킷으로 가릴 수 있다는 것이다.

레스토랑들의 이 같은 환대에도 불구하고(사실 대니얼 레스토랑은 맞춤 제작 재킷까지 구비했다고 한다) 당신은 점잖은 장소에 셔츠 바람으로 어슬렁어슬렁 들어와 옷을 바꿔 입는 사람들의 복식 계급에 속하고 싶진 않을 것이다. 어쩌면 차라리 턱시도도 함께 빌려주었으면 하고 바랄지도 모른다.

당신이 상식 있는 사람임을 보여주라! 일레븐 매디슨 파크에 걸어 들어갈 때면 가진 옷 중 가장 화려한 줄무늬 슈트를 입는 게 어떻겠는가? 21클럽에서의 정찬에는 더블브레스트 코트를 선보이며 한때 그곳의 단골이었던 『뉴요커』의 댄디 만화가 피터 아르노에게 경의를 표하자.

누구든 이름만 들어도 알 만한 유명인이거나 자기 회사 주식을 상장한 기업인이 아닌 이상 드레스 코드는 우습게 여길 것이 아니다. 당신은 자기 마음대로 할 수 있다고 생각할지 모르지만, 그 자리에서 당신이 가장 허름하게 차려입은 사람이라면 승리자는 누가 되겠는가? 확실히 당신의 데이트 상대는 아닐 것이다.

그러니 좋은 인상을 줄 수 있는 사람이 되도록 노력하자. 그 장소의 스타일을 존중하고, 스스로 좀 더 높은 기준을 가지도록 하자.

넥타이와 사물의 의미

◆

내 기억 속 첫 번째 넥타이는 아직까지 내가 가장 좋아하는 진청색 바탕에 연청색 사선 줄무늬가 있는 실크 넥타이다. 1980년대 말 폴로에서 나온 넥타이로 단순하지만 클래식했다. 요즘 넥타이보다는 살짝 넓었지만, 가는 넥타이 유행이 막 지나간 후라 좀 묵직한 스타일로 복귀하는 것도 괜찮게 느껴졌다. 랄프로렌은 넥타이 판매로 자신의 사업을 시작했고 멋지게 성공을 거두었다.

나는 메인주의 대학교로 갈 때 그 넥타이를 가져갔다. 공식 댄스파티에서 넥타이는 훌륭하게 제 구실을 했다. 그것은 나날이 발전하고 있는 옷차림의 편안함, 성장 과정의 한 부분을 상징했다. 나는 그 넥타이를 편애했다. 그것은 날 안심시켜주는 일상적 물건이 되었다. 믿고 마실 수 있는 스카치위스키나 가장 마음에 드는 더 스미스의 노래처럼.

그러다 이십대 후반에 어떤 사건이 일어났다. 나는 런던에서 많은 시간을 보내게 되었는데, 영국인 여자와 데이트를 시작했기 때문이다. 당

시 내 옷차림은 말쑥했던 걸로 기억하지만, 어쩌면 영국이라는 배경 속의 미국인이 된 것을 지나치게 의식했는지도 모른다. 앤서니 파월의 소설에 푹 빠져 있던 나는 『시간의 음악에 맞춰 추는 춤』 연작 열두 권을 빠른 속도로 연이어 읽어나갔다. 고상한 바에서 술을 홀짝였고, 이스트 인디아 클럽(19세기 런던에 수립된 사교클럽-옮긴이)에서 시간을 보냈다. 아마도 나는 참아주기 어려운 녀석이었으리라.

어느 날 저녁 여자친구의 아버지가 우리를 윌턴스에 데려가주신다고 했다. 저민가街에 있는 오래된 레스토랑으로, 저명인사들이 유리잔에 따른 돔페리뇽과 열두 개씩 담겨 나오는 콜체스터산 굴을 음미하는 곳이다. 나는 가장 좋은 슈트와 세련된 셔츠, 그리고 물론 내 소중한 넥타이를 꺼냈다. 우리는 식당으로 가기에 앞서 여자친구의 집에서 모였다. 그녀의 아버지는 힘차게 내 손을 맞잡더니 내 옷차림을 꼼꼼히 뜯어보았다. 충분히 예상하고 준비했던 일이었다.

그때 그분이 말했다. "자네가 이튼 출신인 줄은 몰랐구먼." 그분은 아들들과 마찬가지로 진짜 이튼 졸업생이었다. 그리고 내가 1440년에 설립된 그 학교의 전설적인 담장 근처에도 가본 적 없다는 걸 아주 잘 알고 있었다.

랄프가 어쩜 내게 이럴 수 있단 말인가? 어떻게 이튼의 전통인 넥타이 무늬를 그대로 베껴 올 수 있었단 말인가? 하지만 물론 내 잘못이었다. 내가 전통과 격식의 바다를 헤매다 그의 영국적 자부심과 충돌한 최초의 미국인이 아니란 것은 분명했다. 나의 우상 앤서니 파월이

소설 속에서 풍자한 캐릭터와 마찬가지로, 결국 나 자신이 자초한 일이었다. 그런 교훈은 한번 배우고 나면 결코 잊히지 않는 법이다. 그러니 확신이 안 설 땐 그냥 니트 타이를 매자.

인터뷰

아버지의 스타일에는 원칙이 있었나요?

◆

아버지는 턱시도 재킷을 입으면 반드시 광택 있는 에나멜 가죽구두를 신어야 한다고 생각하셨다. 그분의 말씀은 이러했다. "미국인들은 옷을 머리부터 발끝까지 맞춰 입길 좋아하지. 넌 영국인이니 항상 옷차림에 조금씩 충돌하는 부분이 있도록 해라."

유언 렐리

앤디 스페이드

아버지는 남성복 가게에 항상 날 데리고 가셨다. 그중 하나가 애리조나주에 있던 캡틴스 쿼터였다. 아버지는 날 그곳에 데려가서 적당한 셔츠와 넥타이를 사주셨다. 그리고 나와 동생들에게 우리 집안의 모노그램 허리띠 버클을 맞춰주셨다. 우리가 어릴 때 그분은 우리를 데리고 쇼핑하러 가는 걸 좋아하셨다. 부모님이 이혼한 뒤였기에 아버지는 차로 우릴 마중 나와 공놀이를 하러 가곤 했다. 그런 다음엔 캡틴스 쿼터에 가서 우리에게 뭔가를 사주셨다. 그러고 나선 해피아워에 맞춰 술집에 가서 우리는 퐁 같은 비디오 게임을 하도록 놔두고 여자들에게 수작을 걸었다. 아버지는 칵테일을 몇 잔 마시고 나서 우릴 집에 데려다주며 이렇게 말씀하셨다. "너희 어머니한테 칵테일 얘긴 하지 말거라."

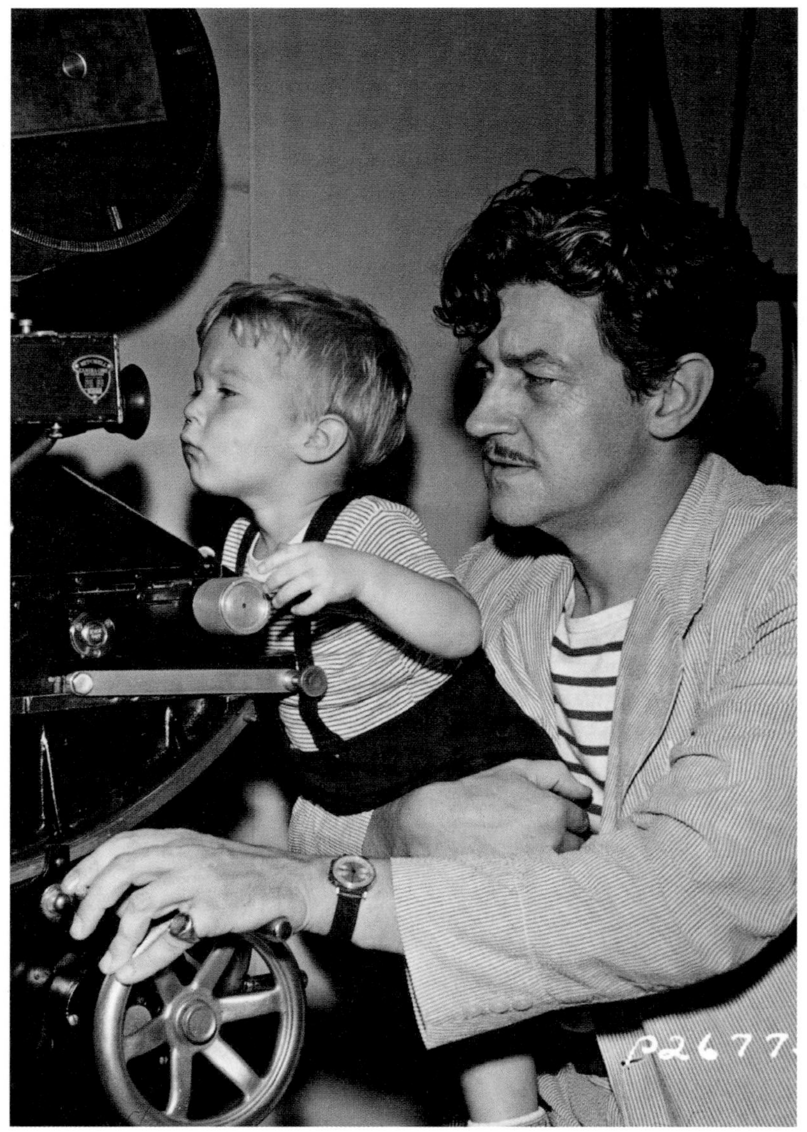

프레스턴 스터지스

앨릭스 빔스

우리 아버지는 사람들의 옷차림에 관해 단호한 견해를 가지고 계셨다. 그리고 나는 아버지가 무슨 말씀을 하시든 사사건건 반대했다. 우리가 가족 행사 같은 걸로 외출할 때면 나는 십중팔구 옷차림 때문에 아버지와 말다툼을 하곤 했다. 나는 항상 내가 보기에 멋진 옷을 입어보려 했지만 아버지의 반대에 부딪치게 마련이었다.

랜디 골드버그

아버지가 내게 들려주신 말씀 중 가장 기억에 남는 건 없어서는 안 될 인물이 되어 남들이 날 원하게 만들라는 얘기였다. "주위를 한번 둘러보고 스스로 물어봐라. 사람들이 이 일에 널 필요로 할까? 만약 아니라고 생각된다면 넌 충분히 노력하지 않은 거다. 너 자신이 꼭 필요한 사람이 되도록 애써야 한다." 내 생각에 이 말은 스타

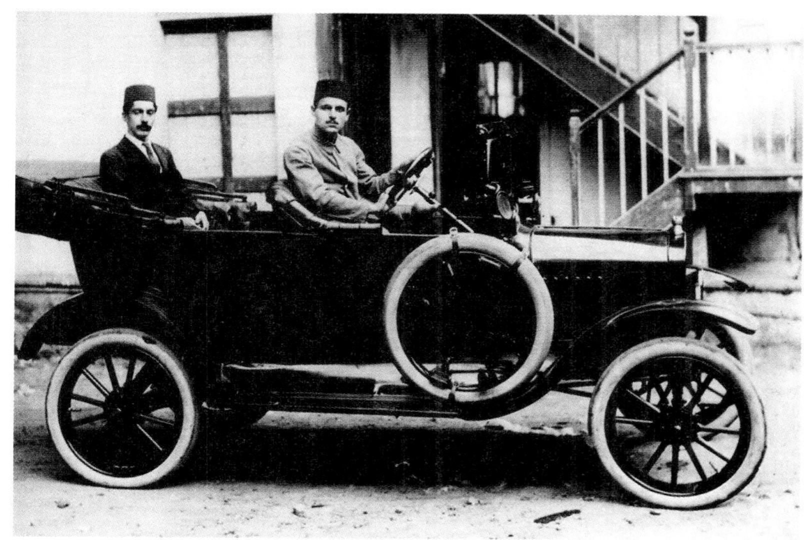

모함마드 모시르 알 토아르 (칼루즈 아람의 증조부, 왼쪽)

◆

아버지는 1980년대에 내가 했던 장발을 끔찍이 싫어하셨다.
하지만 사실 그걸 좋아한 사람은 아무도 없었다.

이녁 페레스

일에도 적용되는 것 같다. 절도 있는 처신, 남들에게 보이는 내 모습에 신경 쓰고 그것을 내 행동의 일부로 만드는 것, 시간을 정확히 지키는 것, 사람들과 악수를 나누는 것. 진부하게 들릴 수 있지만, 이 모든 건 사실 내가 입은 재킷의 재질이나 형태보다는 내가 남자로서 어떻게 처신하는가와 관련된 것이다.

톰 실러

아버지는 내게 군대식으로 셔츠에 주름 잡는 방법을 알려주셨다. 앞판에 구김이 없도록 뒤판을 아주 팽팽하게 당겨야 한다. 그분은 항상 내 셔츠 칼라를 빳빳하게 펴주시며 모양이 제대로 잡혔는지 확인하셨다. 아버지는 군인 출신이었기 때문에 나도 깔끔하게 보이길 바라셨다.

던컨 해나

아버지는 예법에 엄격하셨다. 항상 허리띠를 착용해라. 갈색과 검은색을 섞어 입지 마라. 상황에 맞는 구두를 신었는지 확인해라 등등.

댄 락우드

"언제나 조금이라도 초라하게 입는 것보다는 살짝 지나치게 차려입는 편이 낫다." 외할아버지와 친할아버지는 모두 옷차림에 엄격했던 전시戰時 세대셨고, 아버지도 그런 관점을 물려받아 나에게까지 전해주셨다. 구두는 광택을 내고, 넥타이는 셔츠 칼라에 딱 맞게 졸라매고, 재킷은 솔질하고 머리는 깔끔하게 빗어야 했다. 모든 게 제자리에 있어야만 했다.

제이 매키너니

우리 아버지가 날 데리고 첫 슈트를 맞춰주러 브룩스 브라더스에 갔던 일

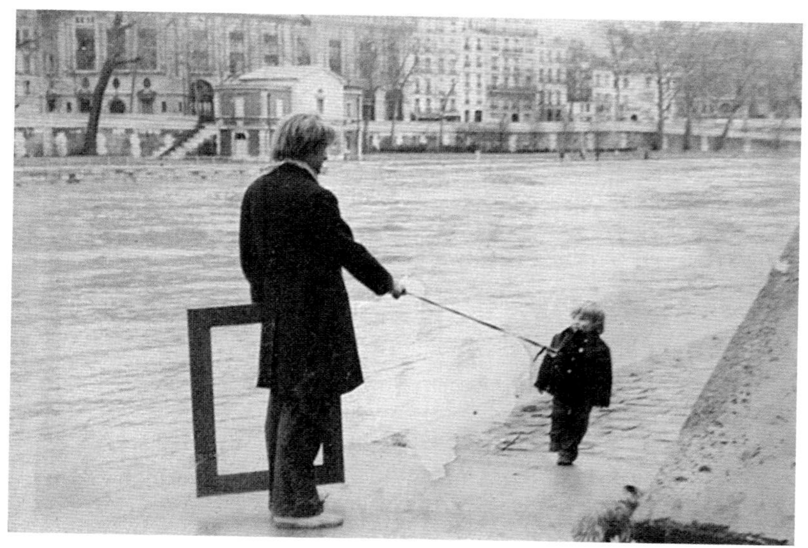

이 생각난다. 하지만 당시엔 체격이 날씬한 사람을 데리고 브룩스 브라더스에 가면 문제가 생길 수 있었다. 그곳의 슈트 재단은 아랫배가 나온 사업가에게 맞춰져 있었으니까. 셔츠도 마찬가지로 천이 엄청나게 남아돌았다. 완성된 옷을 입은 내 모습은 결코 완벽하다고는 할 수 없었다.

조시 페시코비츠

나는 십대 시절에 힙합 음악만 들었다. 아버지는 내 취향을 고쳐보려고 여러 가지로 노력했고 내게 소울과 레게를 들려주심으로써 어느 정도는 성공했다. 그 음악들은 랩의 기초와 같으니까. 하지만 아버지는 결국 날 랩에서 떼놓지 못했다. 충분히 예상할 수 있는 결과지만, 그분도 랩을 좋아하게 된 것이다. 1991년에 형이 아버지의 차를 훔쳐 탔을 때 카세트플레이어에 〈주스〉(할렘의 흑인들을 다룬 영화로 투팍 샤커가 출연했다-옮긴이)의 사운드트랙 앨범이 꽂혀 있는 걸 발견했다. 그렇다고 아버지가 랩에 열광했던 것은 아니지만.

포기

아버지는 아주 근엄한 분이다. 그분은

내게 괴상한 옷을 입거나 후줄근한 차림새로 외출하지 말라고 말씀하셨다. 그러면 난 옷 사게 돈 좀 빌려달라고 여쭤보곤 했지만 아버지는 이렇게 대꾸하셨다. "절대 안 돼."

앤디 스페이드

아버지에겐 나로서는 동의할 수 없는 규칙이 있었다. 아버지는 절대로 바지 밑단을 접어 입지 않았다. 나나 아버지나 키가 크지 않은데, 바지를 접어 입으면 확연히 다리가 짧아 보인다는 게 아버지의 생각이었다.

시드 매시번

가장 중요한 규칙이라면 내 곁에 있는 사람들과 내가 가는 자리를 존중해 그에 맞는 옷을 입어야 한다는 것. 아버지는 항상 내가 고른 옷들을 보며 놀라워하고 즐거워하셨다. 1970년대 초 미시시피주의 작은 마을에 사는 아버지치고 그분은 내 비딱함을 상당히 존중해주셨다.

부활절마다 나는 새 슈트를 선물로 받곤 했다(그중 몇 벌은 친척 형제들에게 물려받은 것이었다). 한 해는 케이 누나와 함께 맥래스라는 옷가게에 가서 가는 줄무늬가 있는 갈색 더블브레스트 슈트에 갈색과 흰색의 스펙테이터 슈즈(코와 뒤꿈치만 다른 색으로 된 구두-옮긴이)를 골랐다. 부모님은 그것들을 환불하라고 말씀하시진 않았지만, 거의 그럴 뻔하긴 했다.

제러미 해킷

아버지는 내게 이렇게 말씀하신 적이 있다. "싸구려 신발을 사기엔 난 너무 가난하단다." 내 가슴 깊이 새겨진 조언이다. 지금도 내 신발장은 질 좋은 신발들로 가득하다.

당신의 스타일에도 원칙이 있나요?

◆

절대 앞머리는 자르지 않는다.

마이클 헤이니

휘트 스틸먼

내 원칙을 얘기하자면, 2002년에 아내와 별거한 이후 본질적으로 방랑자가 되었기 때문에 트렁크 하나에 들어갈 만큼의 물건만 보관한다. 따라서 난 매우 적은 수의 옷가지만 가지고 있으며 입었던 옷을 계속 입는 편이다.

G. 브루스 보이어

내 원칙은 몇 개 되지 않는다. 하나, 나이에 맞게 입을 것. 사람은 얼마나 나이를 먹든 근사해 보일 수 있다. 60세 남성이 서핑을 즐기는 자기 아들 녀석처럼 보이려고 한다면 우스꽝스럽지 않겠는가. 둘, 여유가 되는 한 최고로 질 좋은 물건을 살 것. 그리고 같은 맥락에서 최대한 오래 입을 것. 이것이야말로 당신이 할 수 있는 최고의 다이어트다.

스티븐 코츠

서른 살 넘은 남자라면 좋은 구두를 신어야 한다고 생각한다. 서른다섯 살 넘어서도 운동화를 신고 다니는 남자들에겐 호감이 가지 않는다. 흠, 이렇게 말하니 무척 거만하게 들리는군.

가이 트레베이

내 관심사는 결정해야 할 일을 최대한 줄이는 것이다. 밀라노에서 내가 묵는 호텔이 있는 거리에는 가게가 하나 있다. 전형적인 밀라노식의 맞춤 양복점이다. 수천 번을 그냥 지나쳤다가 마침내 들어서게 된 그곳에서 나는 맞춤 셔츠를 입는 즐거움을 깨닫게 되었다. 그곳엔 이제 내 신체 치수가 보관되어 있으니 셔츠가 필요하면 그냥 주문만 하면 된다.

마크 맥네리

버켄스탁 샌들. 제발, 제발 그것만은 신지 말자.

닉 우스터

스타일에 있어서 내게 엄청난 영향을 미친 책 하나가 생각난다. 정말 민망하게도 『성공을 위한 옷 입기』라는 책이다. 1970년대에 나온 책인데, 키가 작다면(그러니까 나처럼 말이다) 항상 머리부터 발끝까지 한 가지 색으로 맞춰 입으라는 내용이 있었다. 난 실제로 그렇게 하고 있다. 그렇게 하면 몸 중간에서 시선이 끊겨 땅딸막하게 보이는 것을 막을 수 있는 데다 옷 입기도 더 쉬워진다. 비즈니스 캐주얼이 허용되는 직장에 다니고 말쑥해 보이길 원하는 사람이라면 머리부터 발끝까지 남색이나 진회색으로 맞춰 입도록 하자. 그러면 자동으로 남들보다 백만 배는 더 근사해 보일 것이다.

글렌 오브라이언

요즘 남성들은 예전보다 대담해진 것 같다. 아주 좋은 일이다. 시시한 머저리처럼 보이는 것보다는 허영심 많은 유행의 희생양처럼 보이는 쪽이 훨씬 낫다고 생각한다. 뭐든 일단 시도해보자.

조시 페시코비츠

나는 아직도 셔츠와 신발 색깔을 맞추려는 경향이 있다. 완전히 똑같은 색이어야 한다는 건 아니지만, 오늘도 흰 셔츠에 살짝 흰색이 들어간 신발을 신고 있지 않은가. 어쩌면 이 자리에 다윗교(미국의 종교단체로 제7일 안식일 예수 재림교회에서 나온 분파이다 - 옮긴이)의 우두머리 같은 꼴을 하고 나올 수도 있었다. 하지만 그러려면 주황색과 노란색이 서로 아주 비슷한 색조여야 했다. 난 절대 부딪치는 색들을 함께 입지 않는다.

존 브로디

고등학교 8학년 때 졸업파티에서 면박을 당했다. 내가 푸른색 블레이저에 푸른색 옥스퍼드 셔츠, 붉은색 리넨 넥타이에 아주 현란한 무늬의 마드라스 바지를 입었기 때문이다. 내가 가장 좋아했던 선생님 한 분이 이렇게 말씀하셨던 게 생각난다. "너 제정신이니?" 그 마드라스 바지가 정말로 현란하긴 했다. 게다가 다른 아이들은 전부 남색 면바지를 입었고. 하지만 난 그 옷을 입어야만 했다.

마이클 힐

내게 무엇이 어울리는지, 내가 무엇을 입어야 편한지 파악해야 한다. 그것을 파악하려면 많은 시간이 걸릴 수도 있다. 나는 참신하면서도 시의적절한 스타일을 좋아한다. 무대 의상을 입은 것처럼 보여서는 안 된다. 하지만 나 역시 아직도 배우는 중이다. 멋스러운 남성들 중엔 육십대 이상이 많은데, 자기만의 스타일을 개발하는 데엔 시간이 들기 때문이다.

토머스 벨러

지금은 캐주얼의 세상이다. 예전과는 기준이 다르다.

닉 우스터

재킷 한 벌이면 온갖 허물들을 가려버릴 수 있다.

아르만두 카브라우

사람들은 내게 묻곤 한다. "왜 항상 웃고 있나요?" 내가 웃는 건 웃으면 행복해지기 때문이다. 웃음은 선물과 같고 전염성이 강하다. 게다가 돈도 전혀 들지 않는다.

롭 잔가르디

튼튼하고 클래식한 전형적인 미국식 옷을 선호하는 것이 나의 규칙이다. 내가 어릴 적에 부모님은 항상 클래식하고 관습적인 옷들을 사주셨지만, 나는 어떻게든 그 옷들을 망가뜨려 최대한 '내 것으로' 만들려고 했다.

토머스 벨러

지난 15년 사이 내가 읽은 인상적인 패션 기사 중 하나는 『뉴욕』지에 애덤 스턴버그가 '그럽grup'들(성인grown-up

◆

푸른색 블레이저, 플란넬이나 카키 바지(본래 군복 바지였으나 2차대전 이후 아이비리그 학생들이 착용하면서 캐주얼 의복이 되었다-옮긴이), 셔츠와 넥타이면 어디든 충분히 갈 수 있다. 내게 이 사실을 반박해 보인 사람은 아직까지 아무도 없다.

닉 우스터

의 줄임말이다)에 관해 쓴 것이었다. 그 기사의 결론은 '난 똑똑하고 교육도 잘 받은 데다 돈도 좀 있는지 몰라. 하지만 출근은 굳이 할 필요가 없지'라는 부류의 전반적인 패션 특징이 있다는 것이었다. 그리고 그런 패션 안에서도 특정한 스펙트럼이 있다. 말하자면 비격식적인 패션인데 티셔츠, 트레이닝복, 후드 티, 운동화, 청바지나 그 비슷한 종류다. 똑똑하고 심지어 유복할 수도 있지만 출근은 하지 않는 사람들. 오랫동안 나 역시 그런 부류에 속하는 노동자였다. 하지만 '그럽'의 핵심은 성인이 되어서도 여전히 어린애같이 옷을 입는다는 점이다. 스턴버그의 글은 내게 큰 영향을 미쳤다. 난 이제 예전과 달리 뉴욕에 있을 때도 블레이저를 입는다. 한동안 내가 아는 사람들 중 블레이저를 입는 이는 데이비드 버먼뿐이었다. 그는 블레이저를 두꺼운 가죽 팔찌와 함께 착용한다. 그리고 롭 빙엄 같은 사람들도 있다. 그들은 살짝 미쳤지만 멋스럽고 약간 남부 스타일인데, 바로 그 점이 그들에게 말하자면 좀 더 여유로운 느낌을 준다. 어쩌면 남부 스타일이 아니라 그냥 사립학교 스타일인지도 모르겠다. 하지만 그런 일들, 그러니까 블레이저를 입는 것 같은 일은 내가 최근까지는 하지 않았던 행동이다.

글렌 오브라이언

나는 카프탄(이슬람 문화권의 전통의상처럼 발목까지 길게 내려오며 넓은 소매가 달린 상의-옮긴이)을 입으면 바보 같은 기분이 든다.

인터뷰

교복을 입어보셨나요?

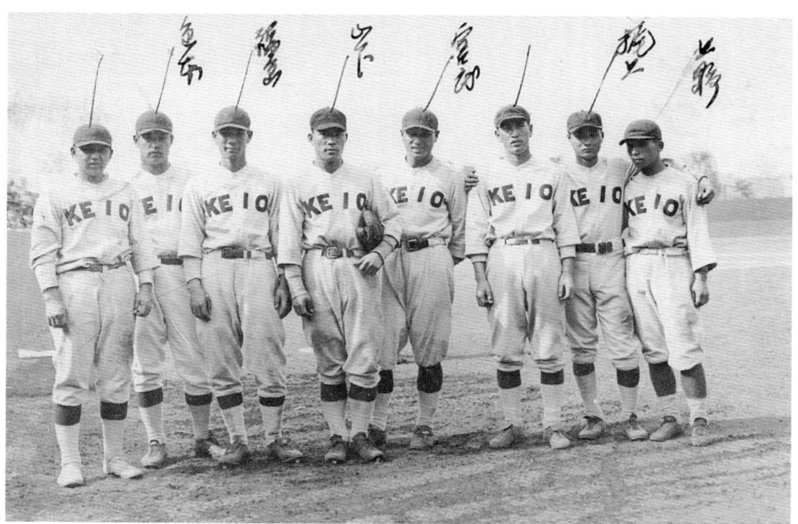

일본 게이오 대학교 야구팀

♦

**아내가 다닌 중학교에서는 회색 슈트라면 투피스나 스리피스,
아니면 더블브레스트라도 입을 수 있었다. 중간 색조의 회색 말이다.
진회색까지는 허용되었지만 검은색은 절대 안 되었다.
6학년이 되어야 검은색 슈트를 입을 수 있었다.
하지만 난 6학년 때도 결코 검은색 옷을 입지 않았다.**

닉 설리번

글렌 오브라이언

우리 학교에서는 청바지 입는 걸 허용하지 않았던 것 같다. 하지만 사실 그 당시엔 청바지를 입고 학교에 오는 아이들이 존재하지도 않았다. 내게 처음으로 복장 규정이 생긴 것은 예수회에서 운영하는 고등학교에 입학하면서부터였다. 그곳 학생들은 넥타이를 매야 했다. 하지만 그게 전부였다. 우린 심지어 넥타이를 매고 그 위에 터틀넥 스웨터를 입기도 했다. 그러면 예수회 수도사들이 와서 스웨터 목 부분을 잡아 내리고 우리가 교칙을 지켰는지 확인하곤 했다.

던컨 해나

나는 6학년에서 10학년까지 사립학교에 다녔다. 그곳에서는 재킷과 넥타이를 착용하고 머리를 짧게 잘라야 했다. 우린 나름대로 교칙을 어기지 않고 멋 부릴 방법을 모색하곤 했다. 나는 내가 구할 수 있는 가장 화려한 넥타이를 맸다. 형광 녹색에 페이즐리 무늬가 있는 것이었다. 신발은 옆에 지퍼가 달린 부츠를 신었는데, 내 레슬링 지도교사가 그걸 보고 무척 성을 냈다.

휘트 스틸먼

내가 유니폼을 좋아했던 건 옷을 고를 필요가 없어졌기 때문이다. 나는 내 형도 다녔던 뉴욕의 콜리젯 사립 고등학교에 갔는데 그곳엔 교복이 있었다. 플란넬 바지와 푸른색 블레이저, 흰 셔츠와 넥타이, 로퍼. 편안하고 유용한 복장이었다. 교복에는 한 가지 좋

◆

우리 학교는 복장에 엄격했다. 무조건 갈색 옷이어야 했다.
성직자였던 교장 선생님은 교문에 버티고 서서
우리 바지를 걷어 올리고 양말 색을 확인하곤 했다.

스티븐 코츠

은 점이 있는데 일상에서 걱정거리를 크게 덜어준다는 것이다. 옷 걱정에서 자유로워질 수 있다.

가이 트레베이

1970년대에 앤디 워홀이 발행한 잡지 『인터뷰』에 일하러 갔을 때 내겐 유니폼이라 할 복장이 있었다. 나는 스포츠머리를 하고 백금발로 염색했다. 거기에다 쫄티에 가까운 〈미트 더 비틀즈〉 티셔츠와 끈을 졸라매는 작업용 부츠에 올리브색 군복 바지를 입었다.

댄 락우드

나는 리버풀의 블루 코트라는 학교에 다녔다. 우리 교복은 금색 밧줄 모양 테두리가 둘러진 남색 블레이저였다. 아마도 과거의 해군 스타일이었을 것이다. 리버풀의 선적항은 그 도시가 지도에 실린 원인이었으며 당시에도 세계적으로 유명했는데, 그 학교도 항구와 연관이 있었다. 블레이저 디자인이 끔찍해서 입고 다니기가 고역스러웠다. 그보다 더 큰 이유는 그 옷 탓에 경쟁 학교 깡패들에게 한층 더 눈에 띄는 사냥감이 되었기 때문이지만.

마이클 힐

나는 형과 다른 학교에 다녔다. 가족들과 함께 형네 학교 운동회를 보러 갔던 기억이 난다. 등교할 때는 옷을 잘 차려입어야 했지만 나름대로의 자유가 있었다. 어떤 해는 타탄체크무늬 슈트만 줄곧 입기도 했다. 정말 대단한 무늬였다! 오직 그 원단이 너무 마음에 들어서 슈트를 맞추고 싶었던 것이다. 실제로 무척 즐거운 경험이었고, 그 옷을 입고 다닌 동안 내가 너무 튄다고 느낀 적은 한 번도 없다.

◆

누구나 그랬겠지만 우리도 교복을 조금씩 고쳐 입곤 했다.
학생들이란 어느 정도 비딱해 보이길 원하게 마련이니까.

앨릭스 빔스

롭 잔가르디

사립학교에 다닐 땐 교복을 입었다. 하지만 쌍둥이 형제와 함께 자라다 보면 학교에 다니지 않아도 종종 유니폼을 입는 기분이 들게 마련이다. 우리가 어릴 때 부모님은 우리 둘에게 똑같은 옷을 입혔지만 색깔은 서로 구분했다. 한번은 이웃집 아이가 와서 문을 두드린 다음 파란색 아이가 나와서 같이 놀 수 있는지 물어보기도 했다.

바이런 김

라호이아 사립학교 학생들은 금요일마다 교복을 입어야 했다. 하필 금요일에 교복을 입어야 한다는 게 희한했다. 대체 이유가 뭐였을까? 난 그게 정말 싫었다. 남학생 교복은 푸른색 블레이저, 회색 바지, 검은색 구두였다. 여학생 교복도 바지 대신 치마인 것 외에는 똑같았다. 버튼다운 셔츠와 넥타이 대신 흰 터틀넥 스웨터도 허용되었고, 나는 물론 후자를 택했다. 나머지 요일에는 서핑 복장을 입고 다니는 게 유행이었다. 실제로는 전혀 서핑을 하지 않아도 말이다. 그 '유니폼'은 파스텔 색조의 터틀넥 셔츠와 코르덴 반바지, 아니면 긴 바지였다. 나는 대체로 연노란 셔츠에 리바이스의 하늘색 코르덴 바지, 혹은 더울 땐 OP 바지를 입었던 것 같다. OP의 반바지를 기억하는가?

톰 실러

나는 1년간 사립학교에 다녔는데 그곳이 정말 싫었다. 산타바버라에 있는 케이트 학교였다. 푸른색 블레이저, 흰 셔츠, 학교 공식 넥타이, 회색 바지, 검은 구두를 맞춰 입어야 했다. 난 그 옷들이 너무 싫었지만 내심 사립학교 교복을 입는다는 것이 으쓱하기도 했다.

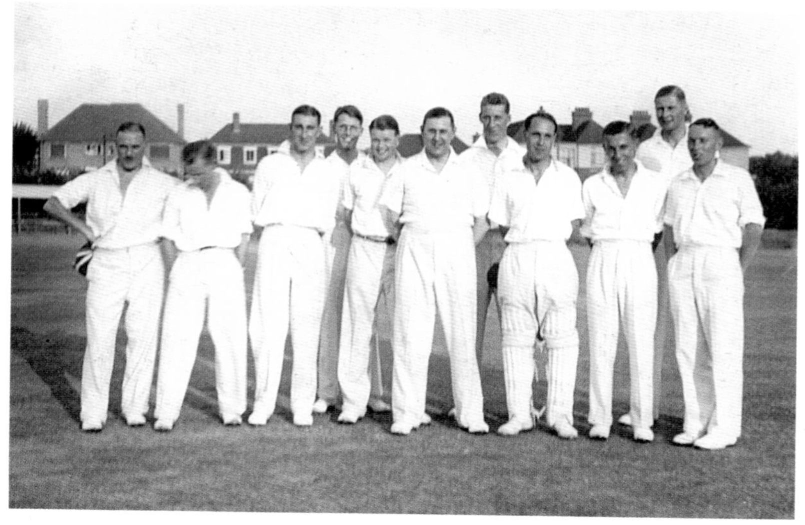

브라이턴 크리켓 팀: 키스 스크레이스(닉 설리번의 할아버지, 오른쪽에서 세 번째)

자습실에서 내 자리는 라디에이터 바로 옆이었다. 나는 교복 재킷을 벗어 라디에이터 위에 판판하게 펴놓기도 했다. 멍청하게도 그러면 옷에 불이 붙을 거라고 생각했기 때문이다.

아르만두 카브라우

포르투갈 학생들은 겨울엔 긴 바지, 여름엔 반바지를 입되 1년 내내 양말을 신어야 한다. 그리고 발랄라이카라는 셔츠를 입는데, 아프리카 지역의 대통령들이 흔히 입는 것과 비슷하게 주머니가 잔뜩 달린 쿠바풍 셔츠이다.

닉 숀버거

우리 중학교의 복장 규정은 '블레이저, 셔츠, 넥타이'였다. 아니면 '블레이저와 터틀넥 스웨터', '스웨터, 셔츠, 넥타이'도 가능했다. 어째서 터틀넥 스웨터가 셔츠와 넥타이만큼 적절한 복장으로 간주되었는지는 나도 모른다. 당연하게도 거의 모든 아이들이 항상 터틀넥 스웨터만 입고 다녔다.

리처드 크리스천

우리 집 아이들은 별종이었다. 어머니는 온갖 물건들을 맞춤 제작해주셨고 우리는 그로 인한 남들의 시선을 즐겼다. 어머니는 아침마다 반드시 우리 셔츠를 다려주셨고, 우리의 양말은 언제나 구김살 하나 없었다. 우리는 잘 차려입고 스티커를 잔뜩 붙인 조그만 도시락 통을 들고 다녔다.

닉 우스터

니만 마커스 백화점의 남성복 매장 디렉터로 있던 동안 그곳의 복장 규정에 맞게 옷을 입어야 했다. 복장 규정이란 걸 따르지 못하는 나로서는 난감한 일이었다. 누군가 내게 이런저런 옷을 입어선 안 된다는 말이라도 하면 나는 곧바로 그자에게 엿을 먹이기 위해 할 수 있는 모든 일을 했다. 교복을 입고 학교에 다니는 아이들은 대체 어떻게 그럴 수 있는지 모르겠다. 내가 교복을 입어야 했다면 정신병원 신세를 지게 되었을 것이다.

스티븐 코츠

우리 학교 교복 재킷은 밝은 갈색과 노란색에 테두리 장식이 있었다. 사실 꽤 근사한 재킷이었고 갈색과 노란색 넥타이도 딸려 있었다. 살짝 구식이긴 했다. 가톨릭교도 남학생들에게 성직자가 되기를 종용하는 사립학교였으니까. 하지만 졸업생 중 아무도 그러지 않은 걸 보면 그곳이 성직자 양성에 뛰어난 학교가 아니었던 건 확실하다. 그곳 선생들은 교복에 아주 깐깐하게 굴었다. 그들이 남학생들의 바지를 걷어 올리고 양말을 확인하던 기억이 나는데, 그런 짓은 아마도 불법일 것이다.

그래도 학생들은 자아 표현을 위해 창의성을 발휘했다. 넥타이 매듭 너비 같은 것에 신경 쓸 정도였다. 당신 같으면 넥타이 매듭 너비를 늘릴 수 있겠는가? 거기서는 그래야만 다른 아이들과 달라질 수 있었다. 물론 일단 선생들이 그 사실을 알아내고 넥타이 매듭 너비를 늘리기를 금지하자 학생들은 정반대 방향으로 갔다. 넥타이를 길게 늘어뜨리고 완두콩만큼 작게 매듭을 지은 것이다.

앨릭스 빔스

우리 학교 교복은 블레이저, 회색 반바지, 무릎 양말, 모자였다. 앞쪽에 챙이 있고 붉은색 십자가가 그려진 부드러운 검은색 모자가 나는 마음에 들었다. 열한 살까지는 반바지를 입다가 그 후로는 긴 바지를 입게 되었다. 나는 안전핀을 좋아했다. 대체 왜 그랬는지는 모르겠지만, 바지 옆 솔기를 뜯어내고 안전핀을 써서 통을 좁히곤 했다. 그런 짓은 물론 일체 금지되어 있었다. 가장 중요한 것은 넥타이였다. 뒤쪽은 굉장히 길게 늘어뜨리고 앞쪽은 최대한 짧게 빼는 게 유행이었다. 그런 일들은 어느 정도 반항기를 드러내는 방법이었다. 분리독립주의자들 수준의 반항까진 아니었겠지만, 나름대로 그런 운동에 영감을 받은 것이었다.

닉 설리번

초등학교에서는 플란넬 반바지를 입어야 했다. 허벅지의 4분의 1 정도까지 내려오는 반바지였다. 여름이든 겨울이든, 비가 오든 눈이 오든. 의사가 진단한 의학적 사유 없이는 긴 바지를 입는 게 허용되지 않았다. 반바지 위에는 개버딘 코트를 입었다. 아주 격식 있는 교복이어서 금색 술이 둘러지고 휘장이 달린 모자까지 있었다. 야구모자가 아니라 영국 학교에서 쓰는 그런 모자 말이다. 흰 셔츠, 노란색 줄무늬 넥타이, 블레이저와 긴 모직 양말도 있었다.

마이클 헤이니

내 경우 재킷과 넥타이, 점잖은 옷차림이라는 체계 안에서 나름대로 저항할 공간을 찾아낼 수 있었다. 티셔츠와 청바지는 결코 내게 허용되지 않았지만, 교복은 나라는 개인의 정체성을 뛰어넘는 그 무엇이었다. 나는 그 체계 안에서 편안함을 느꼈다.

로버트 베커

초등학교 시절엔 교복이 있었다. 밤색 재킷에 회색 플란넬 바지, 흰 버튼다운 셔츠, 회색과 밤색 줄무늬 넥타이였다. 고상함이라고는 요만큼도 없는 옷차림이었다. 재킷 가슴 주머니에 꿰매어 붙어 있던 우리 학교 휘장도 기억난다. 늑대와 화살, 왕관이 수놓여 있었다. 이후 사립학교에 가서도 재킷과 넥타이를 입긴 했지만, 드레스셔츠 대신 폴로셔츠를 입는 등 약간의 자유를 누릴 수 있었다. 적어도 수업 시간에는.

브루스 패스크

우리 형제는 고등학교 친구들과 함께 잭 인 더 박스(미국의 햄버거 프랜차이즈-옮긴이)에서 일했다. 정말 즐거운 시간이었다. 가게 유니폼은 붉은색과 남색 체크무늬가 있는 현란한 폴리에스터 스웨터였다. 잭 인 더 박스 청바지도 있었는데, 솔기를 따라 붉은 테두리 장식이 있고 뒷주머니에 로고가 수놓인(진짜 '브랜드 청바지'였다!) 그 바지는 교대 근무를 마칠 때면 온통 기름투성이가 되어 있곤 했다.

웨슬리 스테이스

나는 열세 살부터 열여덟 살까지의 학생들이 다니는 사립학교인 캔터베리 킹즈스쿨에 다녔다. 그곳의 교복은 엄청났다. 장의사 느낌의 가는 줄무늬 양복과 조끼, 그리고 문자 그대로 풀을 먹여 다려야 하는 윙 칼라(남성 슈트용 셔츠에 달려 있는 높고 빳빳한 칼라-옮긴이)도 있었다. 심지어 그 칼라는 셔츠에 붙어 있는 것이 아니라 단추로 고정시켜야 했다. 검은색 넥타이는 이후 옥스퍼드로 가면 진청색, 케임브리지로 가면 연청색으로 바뀌었다. 가장 끔찍한 점은 나처럼 장학금을 받는 학생들의 경우 아침마다 가운을 입어야 한다는 것이었다. 게다가 일요일이면 삼각모와 일종의 중백의 같은 것도 걸쳐야 했다. 정말이지 상상 가능한 최악의 교복도 가뿐히 뛰어넘는 미친 옷이었다. 그보다 더한 것이 있다면 크라이스트 호스피털 학교의 교복뿐일 것이다. 어떤 옷인지는 직접 찾아보길 바란다.

불완전함이라는 것

◆

흰색 신발이 세상에 관한 통찰력을 줄 수 있을까? 오랫동안 나는 흰 벅스(사슴가죽이나 섀미로 만든 캐주얼한 구두 – 옮긴이), 스펙테이터(스포츠나 여행을 할 때 신는 부드러운 가죽이나 고무바닥의 편안한 여성화 – 옮긴이), 크리켓화, 그리고 또 벅스에 열광해왔다. 나는 초봄에서 늦가을까지 계속 흰색 신발을 신는 데 대찬성이다(내겐 한겨울에도 그런 신발을 근사하게 소화해낼 친구들이 있긴 하지만). 처음 구했을 때 흰색 신발은 당연하게도 세상의 때가 묻지 않고 세월의 흔적이 없는 완벽함을 상징한다. 새 신발을 며칠 동안, 심지어 몇 주 동안 감상한 뒤에 신는다 해도 전혀 문제될 건 없다. 내게도 옷장 속에 몇 년이나 모셔만 두고 신지 않은, 마치 참을성 있게 대관식을 기다리는 왕자와 같은 흰색 신발이 있으니까.

하지만 이 같은 플라톤적 상태에서 흰색 신발은 의복의 신들이 의도했던 방식으로 존재하지 않는다. 신지 않아 때가 묻지 않은 신발은 진정으로 나의 것이 아니다. 당연하지만 흰색 신발은 영원히 흰색일 수

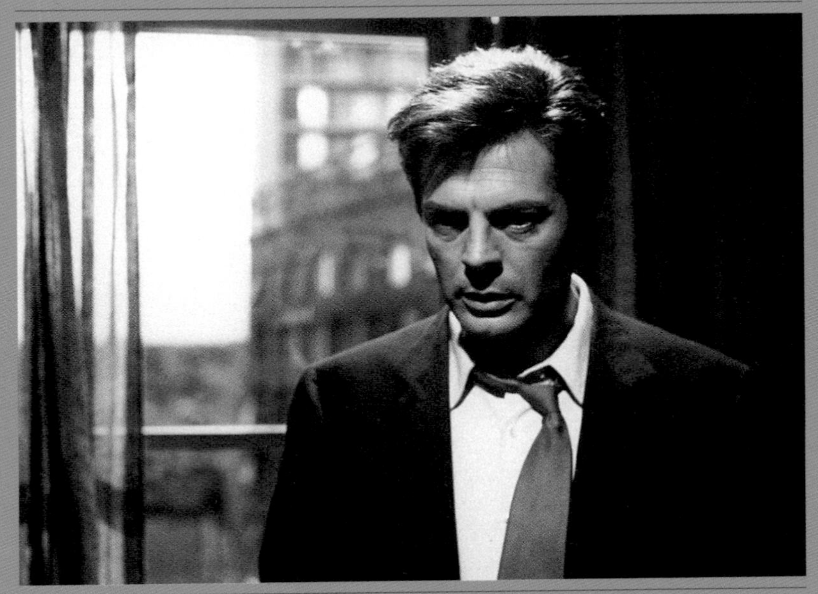

영화 〈밤〉의 마르첼로 마스트로얀니

없고 또한 그래서도 안 된다. 뉴올리언스로의 여행, 예상치 못한 소나기를 맞았던 날, 잔디밭 볼링을 하며 보낸 한나절의 풀 얼룩을 드러내 보여야 한다. 거꾸로 말하면 흰색 신발은 그렇게 된 후에야 그들 고유의 열반에 다다르는 것이다.

나는 이 이론을 몇 년 전 한여름 날 특별히 옷을 잘 입는 한 친구와 마주쳤을 때 확인하게 되었다. 회색 슈트에 노란색 넥타이, 흰색 벅스 차림의 그는 그야말로 완벽해 보였다. 하지만 가까이 다가가자 그의 흰색 신발 한 짝에 묻어 있는 거무스름한 발자국이 보였다. 놀라웠다. 그 얼룩, 다른 모든 것들이 완벽한 그 맥락 속 하나의 흠집은 거의 감동적이었다. 그는 무엇이 중요한지 알았던 것이다. 예기치 못했던 효과를 포용하는 게 중요하다는 사실을.

우리는 자신의 이력을 솔직히 드러내는 존재들에 끌린다. 권투선수의 부러진 코뼈, 약점을 지닌 영웅들, 나이 들어가는 가수의 목소리. 그렇다. 프레드 아스테어는 새 옷 티가 안 나도록 슈트를 벽에 내던지곤 했다지 않는가(혹은 집사에게 그러도록 시켰거나). 이 거물은 슈트란 새 옷이 아니라 입고 지낸 옷처럼 보여야 함을, 그것을 만든 재단사가 아니라 입은 사람을 반영해야 함을 알았던 것이다(물론 본명이 프레더릭 아우스터리츠였던 그는 재창조의 위력 또한 잘 알고 있었으리라).

우리는 잘 차려입은 사람이 명백하게 드러내는 허점들을 신뢰한다. 그가 자신의 셔츠 칼라가 닳았다는 사실에 아랑곳하지 않는다면 우리도 그리하게 되는 것이다. 요리사의 경우도 마찬가지다. 줄리아 차일드가 말하길, 만찬을 주최한 사람은 부엌에서 요리가 어떻게 만들어져 나오든 사과해선 안 된다고 했다. 사람들은 결과물이 의도한 그대로일 거라고 생각하기 마련이며, 어쨌든 우리 모두 살짝 꺼진 수플레 정도는 용납할 수 있지 않은가. 내가 방금 내온 스테이크가 너무 덜 익었다는 누군가의 말을 듣고 야외 그릴로 되돌아간 일이 몇 번이었던가? 상관없다. 우리는 어차피 즐기려고 그 자리에 온 거니까. 바깥에 또 한 번 나갔다 온다고 전혀 문제될 건 없다. 오는 길에 와인 잔만 다시 채울 수 있다면.

이는 결국 완벽함의 추구와 특별한 취향의 개발을 구분하기는 아주 어렵다는 얘기다. 나는 나이가 들수록 관습적으로 완벽한 스타일보다는 좀 더 특이하면서도 독특한 쪽에 끌린다. 하지만 그런 스타일은 하루 만에 이루어지는 게 아니다. 빈티지 가공을 한 청바지 한 벌로는 그런 효과를 만들 수 없으며, 우선 당신 내면의 뭔가를 깨뜨려야 하리라. 이베이에서, 혹은 남들에게 알려주지 않은 도쿄의 어느 옷가게에서 희귀한 물건을 찾아낼 수도 있다. 하지만 그런다고 나만의 스타일이 완성되는 것은 아니다. 우리 모두 마음속으로는 그 사실을 알고 있다. 그렇다. 어쨌든 우리 모두는 길지만 가치 있는 자신만의 여정을 따라 힘겹게 개성을 얻어내야 하는 것이다. 그 개성에 따르는 모든 결점들과 함께.

내 영역이 사라져갈 때: 끝없는 진정성의 추구

♦

진정성은 포르노그래피처럼 한눈에 알아볼 수 있다. 그것은 통용 화폐 같은 가치를 지닌다. 다만 돈으로 살 수 없을 뿐이다. 하지만 그렇다고 해서 진정성을 포착하려는 디자이너들이나 진정성을 판매하려는 마케터들이 포기하진 않는다. 참신하지만 알아볼 수 있는, 모방되지만 되풀이할 순 없는 그것은 곧바로 클래식이 된다.

한 가지 더 말하자면 진정성은 사람들을 분노하게 만들 수 있다. 진정성과 가식의 경계는 아주 미세하기 때문이다. 이 모든 것은 끝없는 충돌로 이어지며, 바로 이 충돌이 문화의 윤곽을 형성한다. 나무꾼 복장의 도시인들과 열렬한 로컬푸드 애호가들, 온몸이 문신투성이인 사람들과 얼리어답터들, 조숙한 예술 석사학위 소지자들과 아날로그 순수주의자들 사이에 결탁과 투쟁이 벌어진다. 그들 모두가 정상에 오르진 못하지만, 그들 모두 누가 왕좌를 노리는 사기꾼인지 알아볼 만큼은 영리하다.

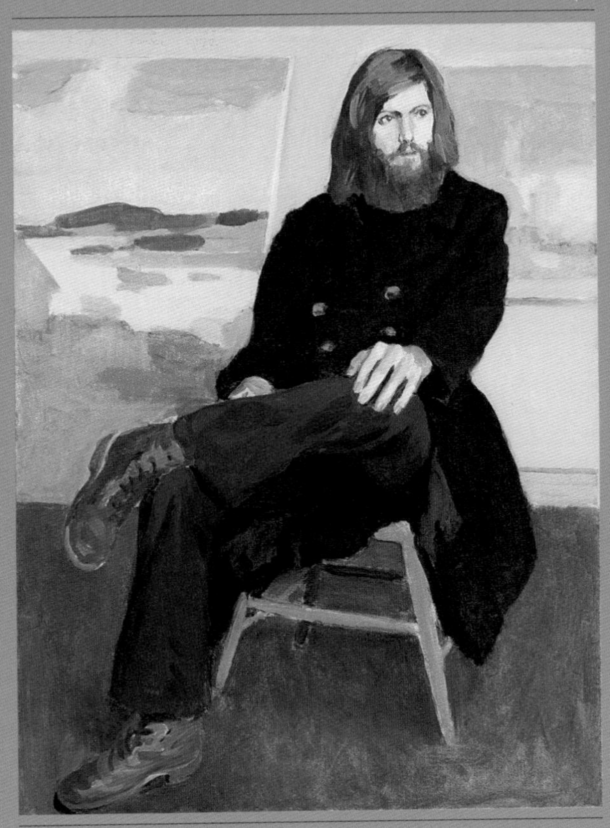

페어필드 포터, 〈존 맥위니의 초상〉

그렇다. 당신은 바로 그 영역의 주민이었다. 그곳에 바리스타가 존재하기 전, 바bar는 고사하고 현금지급기도 거의 없던 때부터 말이다. 당신은 전시회를 연 적 없는 아티스트를 알았고 레코드 계약도 안 된 밴드의 음악을 들었으며 주류 판매 허가를 받지 못한 레스토랑에서 식사했다. 당신은 최전선에 있었다. 그건 아주 짜릿하지만 한편으로 위험한 일이기도 하다.

아직 전화번호도 나오지 않은 신규 레스토랑의 테이블을 차지하는 데 (인정하고 싶은 것보다 더 자주) 자존심을 걸게 되면 당신의 기준은 높아지고, 그 뒤로 계속 높아지기만 한다. 스코틀랜드 시골에서 식재료 채집 방법을 배워 온 또 다른 셰프가 등장할 테고, 피츠제럴드가 마셨던 모든 칵테일들의 제조법을 마스터한 또 다른 바텐더가 나타날 테니까. 그러면 또다시 진정성에 접근하기 위한 여정이 시작되는 것이다.

당신은 꽤 괜찮은 성적을 유지해왔다. 마파(폐점한 뉴욕의 레스토랑 - 옮긴이)가 아직 있던 시절에 거기에 가보았고, 페이브먼트의 재결성 공연에서 무대 뒤에도 들어갈 수 있었다. 하지만 이제 당신은 장인들의 최전선에서 벗어나 서서히 게임에서 물러나고 싶어 한다. 쉽지 않을 것이다. 당신 뒤에서 새로운 파도가 밀려오고 있으니까. 항상 그런 식이다. 그들은 점점 안달을 내며 그들의 픽시 자전거로 더욱더 먼 곳까지 달려가려 한다.

'새로운 것'의 미묘한 차이를 먹고 자라난 당신은 오직 끝없는 추적 속에서만 그 차이를 인식할 수 있다. 사람들의 수고는 당신에게 대체로 투명하게 비쳐 보이리라. 왜 사람들은 이 밴드나 저 배우에 열광하는가? 왜 사람들이 굳이 저 레스토랑 앞에 줄을 서는가? 그 모든 일들이 이미 예전에 좀 더 나은 방식으로 일어났는데. 하지만 당신은 그 사람들을 스스로 바라는 것보다 좀 더 가까이에서 들여다보게 되리라. 그들이 당신의 영역으로 이사해 들어오고 있기에.

당신은 안전할 거라고 생각했는가? 사람들이 당신의 비밀을 찾아내지 못하리라고? 천만에. 그들은 굶주려 있다. 그리고 인터넷은 생소한 것들을 더욱더 빨리 익숙하게 만든다. 이젠 누구든 실시간으로 절판 도서에 접근할 수 있다. 하지만 분노하진 말지어다. 누구나 레코드를 수집할 자격은 있다. 이제 모두가 샐린저를 발견하고 있듯이.

진정성이 우리들 각자에게서 시작된 게 아님을 잊어버리기란 쉽다. 마찬가지로 진정성은 1920년대의 '잃어버린 세대'에서, 비트족에서, 혹은 폴 뉴먼에서 시작한 것도 아니다. 이 시대에 우리 모두는 다른 것들과 구별되는 뭔가를 찾아다닌다. 우리 각자의 취향이 온전히 자기만의 것으로 남는다 해도, 우리 모두는 남들과 구별되고 싶다는 욕망에 의해 정의된다.

대학생활은 어땠어요?

◆

그냥 머리카락을 올려붙인 다음 그대로 있어주기만 바랐다.
아직 헤어스프레이 같은 건 나오지 않았으니 비누를 썼다.
비라도 오면 머리에 비누거품이 생기기 시작했다.
뒤통수에는 머리를 몇 갈래로 땋아 내렸다. 아주 실험적인 스타일이었다.
아마도 우리 어머니는 몇 년 동안 골치깨나 썩었을 거다.

프랭크 마위티언스

제이 필든

대학 시절 나는 랄프로렌 마니아였다. 샌안토니오가 엄청 흥미로운 도시인 것처럼 말하고 싶은 생각은 없지만, 어쨌든 그곳은 미국에서 최초로 폴로 공식 매장이 생긴 지역 중 하나였다. 난 그 매장에 반해서 직원 모집에 지원하기로 결심했다. 그때 난 아직 고등학교 졸업반이었으니, 내가 무엇을 바랐는지 너무나 투명하게 드러내 보인 셈이다. "전 실제로 여기서 일하진 않고요, 그냥 옷을 할인받아 사 입고 있을 뿐이죠. 아, 근데 뭘 물어보셨던가요, 손님?"

대학에 들어갔을 즈음엔 내겐 30퍼센트 직원 할인을 받아 산 옷들이 가득했다. 2주마다 받는 급여를 모두 거기에 썼다. 우리 직원들이 가게에서 가장 우선시했던 일은 뭔가 근사한 물건이 자기 사이즈로 들어오면 얼른 따로 빼놓았다가 구입하는 것이었으니 말이다. 마침내 그 사실을 알게 되었을 때 매장 소유주는 동맥류 증세를 일으켰다. 정말로 폴로용 나무망치 모양의 장식용 소품을 내 목에 휘감고 조르려 했다니까.

휘트 스틸먼

내 친구인 캠벨 첸과 보스턴 시내의 브룩스 브라더스 매장에 갔던 기억이 난다. 우리는 그곳에서 파는 짧은 각반들을 꼼꼼히 살펴보았다. 떼었다 붙일 수 있는 셔츠 칼라라든지 칼라 단추 같은 것들이 우리에겐 무척 생소하게 느껴졌다. 그때 그것들을 사두었어야 했는데.

이넉 페레스

나는 프랫 미술대학에 다녔다. 그곳에선 모두들 나름의 스타일이 있었다. 정말로 자기만의 스타일이라기보다는 고스(펑크 이후 1980년대에 나타난 음악 및 패션 문화. 짙은 화장과 검은색 옷차림이 대표적이다-옮긴이)처럼 하나의 전형에 가까웠지만. 나로서는 어떡해야 할지 막막했다. 난 그냥 서핑 티셔츠를 입은 평범한 남자애였으니까. 그러다 보니 스타일이라든지 코트나 스웨터 같은 기본 아이템에 관해 생각해볼 필요가 있었다. 하지만 1986년에 겨우 열아홉 살이었던 내겐 그런 옷들이 하나도 없었다. 당시 내가 제일 먼저 옷을 사러 간 곳은 브로드웨이에 있던 앤티크 부티크였다. 파자마 윗도리를 잔뜩 산 게 기억난다. 지금 같아선 절대 남들 앞에서 입지 않을 옷이다. 하지만 어쨌든 난 그걸 많이 샀다. 한 벌에 겨우 5달러밖에 안 했기 때문이다.

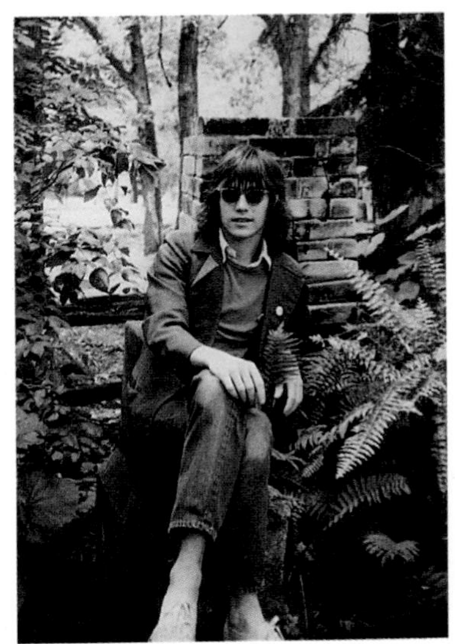

던컨 해나

토머스 벨러

나는 1983년에 뉴욕의 세인트앤 고등학교를 졸업했다. 그곳에 다닌 기간은 겨우 1년이었지만 그로 인해 내 인생이 달라졌다. 그전에 다녔던 학교는 시내에 있는 평범한 사립학교였고 거기서 접한 취향도 진부했다. 세인트앤이 내 삶을 바꿔놓았다. 레드 제플린과 롤링 스톤스, 비틀스, 더 후를 듣던 나는 완전히 다른 것들을 접하게 되었다. 런-DMC(1980년대에 랩과 힙합을 주류 음악계로 끌어올린 뉴욕의 3인조 그룹-옮긴이)가 내 삶에 들어왔다. 나는 힙합에 푹 빠진 백인 아이들과 어울려 다녔고 월스트리트 은행가처럼 옷을 입었다. 그러고 나선 안 어울리는 것들을 한데 모으려는 괴상한 짓도 해보았다. 근사한 결과가 나올 수도 있었겠지만 내겐 그럴 만한 재능이 없었다. 마치 푸른색 교복 블레이저에 『플레이보이』 야구 모자를 조합하려는 것과 같았다. 하지만 모르겠다. 그때 난 열일곱 아니면 열여덟 살이었는데 갑자기 블레이저를 입고 프레드페리 폴로셔츠 단추를 목까지 채우게 되었으니까.

던컨 해나

대학 시절 나는 완전히 난장판이었다. 내가 입학한 곳은 뉴욕의 바드 대학이었다. 데이비드 보위가 막 《지기 스타더스트》 음반을 냈을 무렵이다. 나 역시 보위 풍의 옷차림을 하고 있었는데 그 주변의 목가적 풍경 속에서는 우스꽝스럽게 보였다. 커다란 검은색 페도라를 썼고 종종 여성복도 입었다. 우드스톡에 구제 옷가게가 있었는데 근사한 조앤 크로퍼드 풍의 코트를 팔고 있었다. 그 코트를 보자마자 나는 "완벽해"라고 외쳤다. 내겐 그게 1940년대 우주복처럼 보였다. 그 옷을 입고 미니애폴리스로 돌아올 때마다 공항 보안 요원은 날 붙잡고 몸수색을 하곤 했다. 공항 밖에서 기다리던 불쌍한 우리 아버지는 날 보고서 이렇게 말했다. "세상에, 대체 이게 뭐냐, 〈밀드레드 피어스〉(조앤 크로퍼드가 출연한 1940년대 누아르 영화-옮긴이)냐?"

스티븐 코츠

나는 열다섯 아니면 열여섯 살이었다. 상당히 세련된 학교를 다니다가 정반대에 가까운 볼턴 공과대학으로 옮겼다. 퇴학당했거나 어딘가 살짝 이상한

◆

나는 대학 시절 매일 청바지를 입었고, 졸업하고 나자 두 번 다시 청바지를 입지 않기로 했다. 그리고 실제로 지금까지 입은 적이 없다.

휘트 스틸먼

아이들이 가는 학교였다. 하지만 적어도 그곳에선 마음대로 옷을 입을 수 있었다. 나는 히피 같은 옷차림을 했다. 아프간 코트(가장자리에 긴 털이 달린 양가죽 코트-옮긴이)를 입고 머리를 아주 길게 길렀다. 유감스럽게도 턱수염은 제대로 기를 수가 없어서 (당시 내 표현에 따르면) '권태로운 여배우' 같은 스타일을 지향하기로 했다. 좀 괜찮은 옷을 사려면 맨체스터로 나가야 했다. 볼턴은 결코 의복의 메카라고 할 순 없는 곳이었다.

휘트 스틸먼

대학 시절 내 옆방에 있던 학생감(사립학교에서 학생들의 사무를 처리하는 직책-옮긴이)은 윌리엄 베넷이었다. 훗날 『미덕의 책』을 쓴 그 사람 말이다. 커다란 부츠에 가죽 재킷 차림이었고 법대에 다니던 베넷은 아주 터프한 남자처럼 보였다. 그는 유쾌하고도 고지식한 조언을 하나 들려주었는데 알고 보니 그건 우리에게 꼭 필요한 내용이었다. "하버드 스퀘어에 드나드는 여고생들에게 넘어가지 말 것."

월터 컨

어떤 이유에선지(나는 대학에 들어가기 전까지 알베르 카뮈의 사진조차 본 적이 없다) 1979년에서 1980년의 나는 대학생이 된다는 건 줄담배를 피워대며 우울하고 그늘진 인물이 되는 것이라고 생각했다. 그래서 멋진 레인코트를 장만했다. 버버리는 아니지만 그 비슷한 브랜드였고 황갈색이 아니라 좀 더 짙은 색이었다. 난 그 옷을 삼십대 후반에 이르기까지 계속 입었다. 우스운 일이다. 난 작가가 되고 싶었고 열일곱 살부터 스스로 작가라고 생각해왔다. 하지만 작가가 되는 데 유니폼 같은 것은 없다. 세상에는 여러 가지의 잠재적 유니폼이 존재하지만, 우리는 스스로를 어떻게 원하는 모습으로 드러낼지 모른다. 나의 레인코트도 그런 것의 일환이 아니었나 싶다.

애런 리바인

플란넬 셔츠, 코르덴 바지, 버켄스탁 샌들, 해적 모자, 피츠버그 파이어리츠의 야구 모자. 그게 전부였다. 매우 건전한 패션이었고 지금 내 옷차림과도 크게 다르진 않다. 난 그동안 한 바퀴를 돌아온 셈이다.

쿠리노 히로후미

나는 고등학생 시절 이미 머리를 기르기 시작했다. 선생님들은 질색했다. 1960년대 후반, 즉 국제적인 학생운동의 시대였다. 나 역시 베트남 전쟁에 반대하는 남자 고등학생 단체에 가입했다. 당시 사람들은 무척 화려하게 옷을 입었다. 그러다가 나는 브라이언 페리를 좋아하게 되었다. 진청색 슈트에 물방울무늬 넥타이 차림의 그는 전혀 록 뮤지션처럼 보이지 않았다. 그의 그런 스타일에 무척 매력을 느꼈다. 관습적 옷차림을 하면서도 반항적 태도를 취할 수 있음을 깨달은 것이다. 어떤 면에선 클래식한 옷차림 내면에 전위적 정신을 갖는 것이 더 흥미롭기도 하다. 그래서 나는 슈트를 입기 시작했고 머리를 짧게 잘랐다. 친구들은 내게 이렇게 말했다. "너 변절했구나!"

닉 숀버거

나는 당시 유행했던 높고 길쭉한 서라운드 오디오 시스템과 휴대용 MD 플레이어를 샀다. MD 플레이어는 싱가포르에 다녀오면서 산 것이다. 그걸 갖게 되면 무척 멋질 거라고 생각했다. 그러다 1년쯤 지나자 아이팟이 나왔고 MD 플레이어는 퇴물이 되었다.

앤디 스페이드

대학 시절 나는 매일 데저트 부츠를 신었다. 육상과 철인 3종 경기를 했기 때문에 파타고니아의 운동복 반바지를 입고 다녔다. 그때도 내가 지금 입은 것 같은 라코스테 폴로셔츠와 옥스퍼드셔츠를 많이 입긴 했다. 하지만 그곳은 애리조나였기 때문에 반바지가 많이 필요했다. 긴 바지는 항상 통을 좁혀서 입었다. 대학에 다니는 동안 러프 휸이라는 회사에서 워커 맥윌리엄(2000년대 리바이스 남성복 부서의

◆

조지타운에서의 첫 달 동안 나는 지금까지 친구로 지내는 사람들을 여럿 만났다. 그들은 한 번도 청바지를 가져본 적이 없다고 했다. 청바지를 가져본 적이 없다는 건 나로서는 전혀 알지 못하는 세계에서 왔다는 의미였다. 그들은 뉴포트에서 자라 세인트폴 학교에 다녔고, 따라서 청바지가 필요했던 적이 없었다. 나로선 상상도 못할 일이었다!

랜디 골드버그

부대표였다-옮긴이)과 함께 일하기도 했다.

제이 매키너니

나는 윌리엄스 대학에 다녔고 그곳의 다른 학생들과 비슷한 옷차림을 했다. 유럽에서 왔거나 사립학교 출신인 일부 학생들은 독특한 발상을 보여주기도 했다. 내가 윌리엄스를 졸업한 지 얼마 후 『공식 프레피 핸드북』이 출간되었는데, 그 책은 프레피 룩 전반을 조롱하며 속되고 조악하게 만들어버렸다. 그때쯤엔 프레피 룩이 더 이상 흥미롭지 않게 되었다.

프랭크 마위티언스

대학에 들어가니 남들을 따라잡을 필요가 있었다. 당시 런던은 매우 재미난 시절을 맞고 있었다. 스팬도 발레와 듀란듀란 때문에 뉴로맨틱 패션이 유행했고 우리 중 상당수가 그런 분위기에 빠져들었다. 나는 형광펜으로 머리카락을 염색했다. 형광색으로 반짝이던 머리칼은 그다음 날엔 붉은색으로, 또 그다음 날엔 금발로 변했다. 당시 난 비비안 웨스트우드에도 열광했다.

토머스 벨러

나는 바사 대학에 다녔다. 규모가 큰 학교였던 바사에선 다양성이 막 화두로 떠오르던 참이었다. 하지만 그것이 정말로 진지하게 받아들여진 건 아니었고, 남학생들의 경우 더욱 그랬다. 이렇게 말하려니 좀 민망하지만 바사에서의 처음 몇 해 동안 나는 '미스터 힙합'이라는 별명으로 통했다. 내 기숙사 방에서 턴테이블 두 개를 돌려댔기 때문이다. 나중에는 좀 정신을 차렸지만 말이다.

러셀 켈리

대학 1학년 때 쇼핑몰에서 파트타임 아르바이트를 시작했다. 그곳 이름이 뭐였더라? 익스프레스 계열사인 그 끔찍한 남성복 브랜드. 쇼핑몰 맨 끝에 인터내셔널 메일인가 뭔가 하는 괴상한 가게가 있었는데 값비싼 블레이저, 발끝이 뾰족한 부츠, 꽃무늬 셔츠 같은 물건을 팔았다. 난 거기서 쇼핑하길 즐겼다. 큼직한 흑백 하운드투스 체크무늬가 있는 끔찍한 블레이저를 샀는데, 그 속에는 실크 느낌의 매끄러운 셔츠를 목까지 단추를 채워서 입곤 했다.

휘트 스틸먼

대학 시절 나는 머리를 길게 길렀다. 그러다가 졸업앨범 사진을 찍었는데, 내 모습이 어찌나 끔찍해 보였던지 그 후론 절대 머리를 기른 적이 없다.

브루스 패스크

대학에 다니던 어느 해 여름 조지타운의 위스콘신 애비뉴에 있는 갭 매장에서 일했다. 나는 무척 꼼꼼한 성격이었고 바지 접는 솜씨도 완벽했다. 그래서 아침이면 종종 청바지가 진열된 거대한 벽면을 정리하는 일을 맡았다. 폐점 후에도 그 자리에 가서 한두 시간 청바지를 접곤 했다. 그 일은 체계적이었고 지극히 만족스러웠다.

다음 해 여름에는 유행의 절정에 있던 에스프리 매장에서 일했다. 그곳은 갭 매장에서 한 블록 아래 있었다. 우리는 에스프리 직원 로고가 찍힌 밝은 형광색 캠프 셔츠(브이자 형태의 칼라와 가슴 주머니 두 개가 달린 반소매 셔츠 - 옮긴이)를 입었다. 난 그 옷이 무척 멋지다고 생각해서 가끔은 가게 밖에서도 입었다.

남자의 패션

게이 탤리즈

나는 밤마다 술을 마신다. 낮에는 술을 마시지 않으며 어떤 술이든 손도 대지 않는다. 하지만 저녁 7시 반, 혹은 8시가 되면 레스토랑에 가서 항상 드라이 진 마티니만 마신다. 만약 일행도 마티니를 마신다면 나는 한 잔을 더 시켜 그와 나누어 마실 것이다. 그러니까 도합 한 잔 반이다. 절대 그 이상은 안 마신다. 나는 절대로 술에 취하지 않는다.

소년 시절

아버지가 내게 물려주신 것은 재단과 옷에 대한 존중, 옷이 나라는 개인의 바탕을 이루는 일부라는 인식이었다. 외관은 나 자신과 직결되며, 나를 보는 다른 사람들뿐만 아니라 나에 관한 스스로의 느낌에 영향을 미친다는 점에서 더욱 중요하다.

나는 걸을 수 있게 된 지 얼마 지나지 않아서 이미 훌륭한 재단의 중요성을 인식하기 시작했다. 내가 여섯 살, 일곱 살, 여덟 살 때의

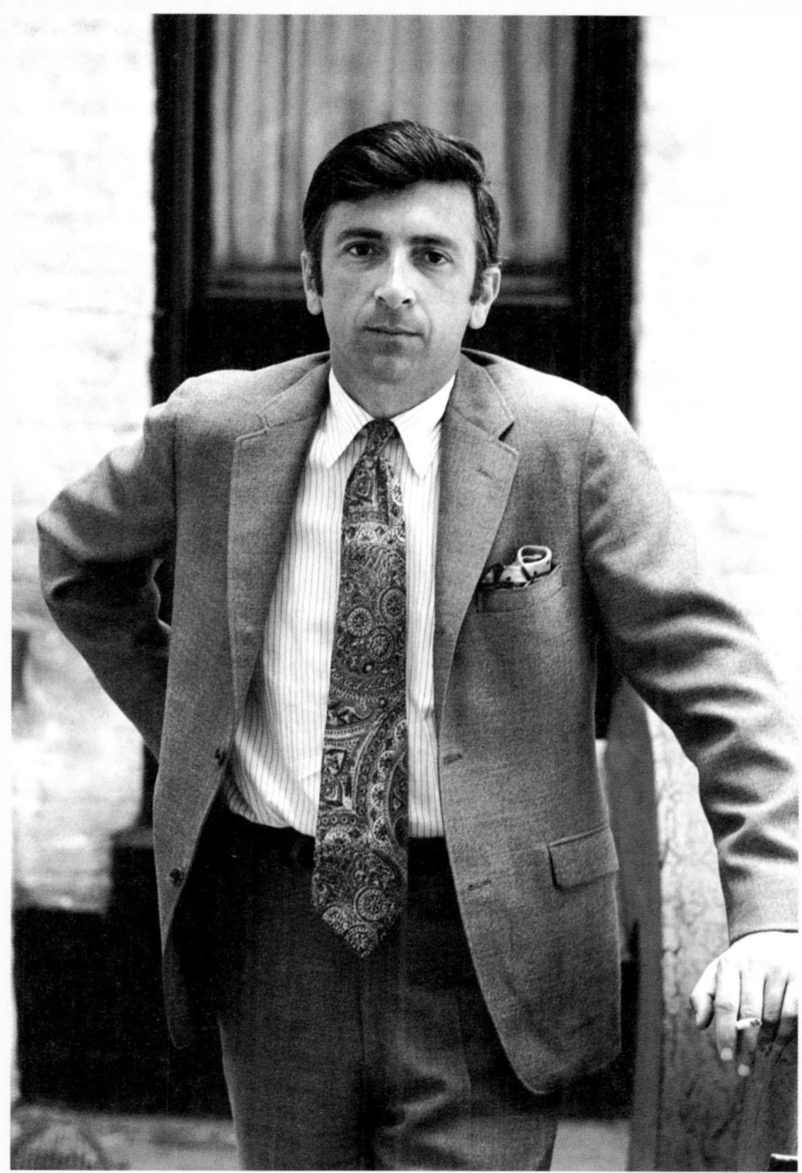

사진들을 가지고 있는데, 전부 아버지가 맞춰준 옷들을 입은 모습이다. 슈트뿐만 아니라 재킷에 코트까지 갖춰 입었다. 아버지는 모자를 맞춤 제작했을 뿐만 아니라 여름이든 겨울이든 항상 쓰고 다니셨고, 나 역시 그렇게 했다. 아홉 살인가 열 살 때 페도라를 쓰고 어머니와 동생과 함께 애틀랜틱시티의 목조 산책로를 따라 걷는 내 모습이 담긴 사진들을 지금도 갖고 있다.

젊은 기자

1956년『뉴욕 타임스』의 기자가 되었을 때 나는 항상 남다르게 잘 차려입고 다녔다. 당시엔 사람들이 지금보다 훨씬 잘 차려입었다. 1930년대와 40년대의 양키 스타디움 관중은 슈트에 모자와 넥타이 차림이었다. 내가 기자였을 때 지인들 중 유일하게 잘 차려입었던 이는『헤럴드 트리뷴』에서 일하던 톰 울프였다. 나는 그와 잘 아는 사이였다. 우리 둘 다 그땐 매우 젊었다. 나는 누군가를 인터뷰하러 가서 그 집 현관문을 두드릴 때면 근사한 인상을 남기는 것이 무척 중요하다고 믿었다. 잘 차려입으면 내 옷차림과 나의 스타일 감각에 자신감이 들었고 내가 인터뷰할 사람에게도 존경을 표하는 것처럼 느껴졌다.

장례식이나 결혼식, 성인식이나 세례식에 갈 때면 초청해준 사람에게 존경을 표하게 마련이다. 즉 옷을 잘 차려입는 것이다. 별 네 개짜리 값비싼 레스토랑에 가면 여성들의 경우 신경을 썼지만 남성들은 복장이 엉망인 경우를 너무나 많이 보았다. 심지어 재킷조차 걸치지 않

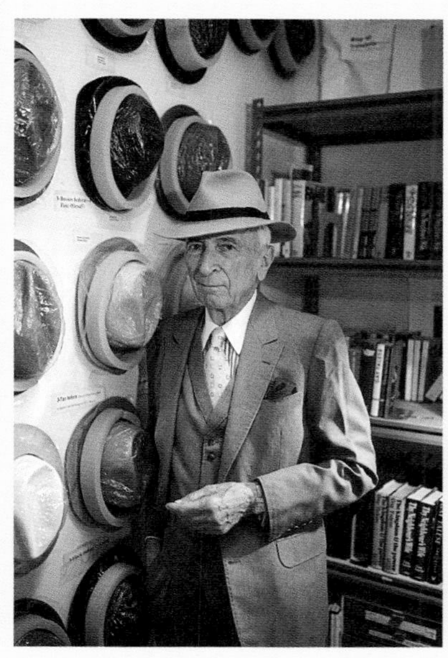

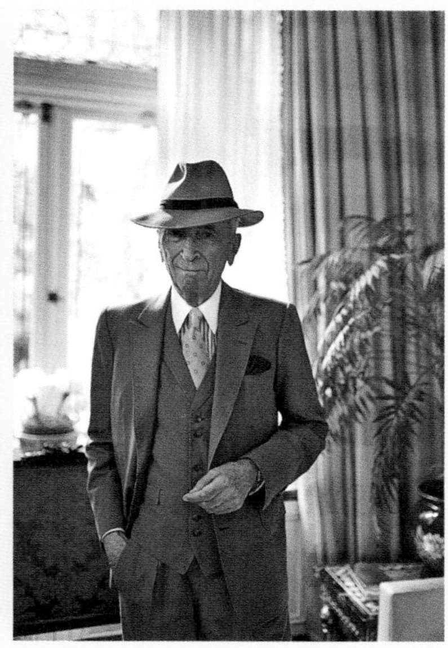

은 남성들도 있다. 왜 그러는지 나로선 도무지 모르겠다.

노란색

노란색은 푸른색이나 검은색 슈트에 아주 잘 어울린다. 특히 노란색이 섞였거나 지금 내가 입은 것처럼 줄무늬가 있는 셔츠, 아니면 흰색 셔츠도. 내 셔츠들은 대부분 흰색 칼라와 소맷부리가 달려 있다. 내 슈트는 항상 짙은 색이고 특히 밤에는 더 짙은 색으로 보이니까. 난 장례식에 가는 사람처럼 보이고 싶진 않지만 붉은색이나 붉은 줄무늬, 밤색, 자줏빛 등의 슈트에는 완전히 다른 색의 셔츠가 필요하다. 대체로 너무 요란하지 않고 줄무늬도 거의 없는 단순한 셔츠 말이다. 나도 그렇게 입지만, 여름이라면, 슈트가 좀 더 가벼운 느낌을 주어야 한다. 그런 옷은 내 얼굴과 대조를 이룬다. 노란색은 내 마음에 드는 특유의 반짝임이 있고 좀 더 점잖은 슈트와 대비 효과를 낸다. 노란색은 밝고 환하고 경쾌하다,

가족

군 입대 후 나는 프랑크푸르트에 주둔했다. 장군 수하에서 대위로 복무했는데, 유럽에 가본 건 처음이었다. 당시 난 스물두 살이었다. 우리 가문의 본고장인 이탈리아 남부의 칼라브리아에도 가보았다. 장화 모양 이탈리아 반도의 가장 남쪽 끄트머리다. 아버지의 친척 중에는 아주 유명한 재단사들이 있다. 지금 내가 입은 옷들은 모두 안토니오 크리스티아니라는 나보다 연상의 사촌뻘 친척분이 만든 것이다.

아버지는 어느 작은 마을에서 크리스티아니의 아버지에게 훈련받으셨다. 그들은 다섯 세대에 이르는 재단사 가문으로 나폴레옹이 이탈리아 남부를 호령했던 시대까지 거슬러 올라간다. 1804년에도 크리스티아니 가문의 재단사들이 있었던 것이다. 남자들은 구애를 위해 옷을 차려입었다. 여자들을 함부로 유혹했다간 살해당했지만, 일요일에는 마을 광장을 돌며 산책할 수 있었다. 작은 마을마다 분수가 있는 광장이 있었고 주말에는 남자들이 옷을 빼입고 서로 팔짱을 낀 채 시가를 피우며 대화하곤 했다. 마을 광장은 사면이 발코니로 둘러싸여 있었으며 그 위에서 여자들이 남자들을 구경하곤 했다. 마치 수컷 공작새의

행렬과 같은 남자들의 이런 행렬을 '파세자타passeggiata'라고 불렀다.

나는 이 모든 이야기들을 처음으로 파리에 가서 사촌들을 만났을 때 들었다. 라페가街의 가게에 가서 크리스티아니가 게리 쿠퍼와 찍은 사진들을 보았고, 1940년대에 프랑스 최초로 유대인 수상이 되었던 레옹 블룸의 사진도 보았다.

한번은 뉴욕의 어느 양복점에 갔다가 재단사 롤런드 멜레단드리를 만났다. 당시 그의 가게는 이스트 56번가 74번지였다. 내게도 그가 만든 슈트가 한 벌 있는데 붉고 가는 줄무늬가 들어간 근사한 진청색 슈트다. 1960년대 중반에 맞춘 그 옷을 나는 아직도 자랑스럽게 입는다. 2016년 신년 파티에도 입고 갔다! 내가 그를 만난 것은 1964년 엘레인스에서였는데, 그가 말해주길 그보다 10년 전쯤 가게를 냈을 때 젊은이 하나가 넥타이를 팔러 왔기에 몇 개를 진열했다고 했다. 그 넥타이를 만든 사람은 당시엔 아직 젊었던 랄프로렌이었다.

질감

나는 글에서 분위기를 찾으려고 한다. 한 사람의 글에서, 옷차림에서, 생활방식 전반에서 살짝 특별한 질감을 찾는다. 문학계 사람들은 작품이 작가를 대변한다고들 말한다. 하지만 그뿐만이 아니다. 작품이 작가를 대변할 수도 있겠지만, 내 생각에 그것은 단순히 한 사람의 작업이 아니라 그가 사는 방식이다. 당신의 행동과 태도는 어떤 개인적 스타일을 드러내는가? 당신이 아침에 집에서 걸어 나가고 저녁에 들어오는 방식, 식당에 걸어 들어가는 방식, 바로 그런 것들이 당신의 삶 전체를 드러내 보여준다. 인간은 자기 행동의 스포트라이트와 그림자 안에서 살아간다. 자의식이 없는 사람의 옷차림엔 자존심이 결여되어 있다. 옷이 사람을 입는 셈이기 때문이다. 사람이 옷을 입어야 한다.

숙취

숙취를 겪은 지는 아주 오래되었다. 『에스콰이어』에서 런던에 있는 피터 오툴을 인터뷰해달라는 의뢰를 받았다. 런던에 가서 그를 만나보니 무척 좋은 사람이었다. "제가 더블린에서 꼭 처리해야 할 일이 있는데 혹시 함께 가시겠습니까?" 피터가 이렇게 말하자 나는 기꺼이 동의했다. 음, 그는 정말 술고래였다. 그때까지 나는 아일랜드의 펍에 가본 적이 없었다. 그들은 절대로 술에 얼음 따위를 넣지 않는다!

인터뷰 기사를 끝낸 후 난 그와 연락하는 사이가 되었고, 그는 가끔씩 내게 전화를 걸어 묻곤 했다. "우린 P. J. 클락스에 있는데 당신도 오겠소?" 대략 1975년쯤의 일이다. P. J. 클락스는 이미 폐점 시간이 지나서도 우릴 위해 계속 열려 있곤 했다. 나는 제이슨 로버즈와 피트 해밀과 함께 있었고 시간은 새벽 세 시쯤이었다. 나는 시내 중심가에 있는 P. J. 클락스를 나와 3번가를 따라 걸었다. 이 구석 저 구석 부딪치며 걷다가 정신을 잃고 마침 눈에 띈 소파 위에 쓰러졌다. 하지만 그런 일은 아주 드물다.

드라이 마티니

나는 드라이 마티니를 직접 만든다. 지금 이곳에도 셰이커가 있다. 위층에 바를 만들어놓았다. 셰이커에 얼음을 채우기만 하면 된다. 드라이 베르무스를 조금(프랑스산 부아지에르 베르무트를 딱 요만큼만, 그러니까 골무 하나만큼만 넣는다), 그리고 진을 마음껏 넣는데, 마티니 딱 한 잔만 마시려고 할 때도 셰이커를 가득 채운다. 잘 흔들어 레몬을 한 번 짜 넣는다. 그리고 항상 냉동실에 차가운 마티니 잔을 준비해둔다. 진은 봄베이 레귤러를 쓴다. 봄베이 사파이어는 안 된다. 사파이어는 어딘가 마음에 안 드는 구석이 있다. 뭔가 향수 같다고 할까. 당신도 진을 마시겠지?

마티니를 좋아하게 된 것은 아마도 1980년대, 아니면 그보다 더 전의 일이다. 스카치위스키도 마시긴 하지만 별 감흥을 받지는 못한다. 내가 대규모 만찬을 주재해야 할 때면(아내가 가끔 이곳에서 저자 사인회를 열면 손님이 백여 명은 온다) 스카치위스키를 한두 잔 마시겠지만, 아무 생각 없이 편하게 있을 때 마시고 싶은 술은 진이다.

처음으로 멋지다고 생각한 남자는 누구였죠?

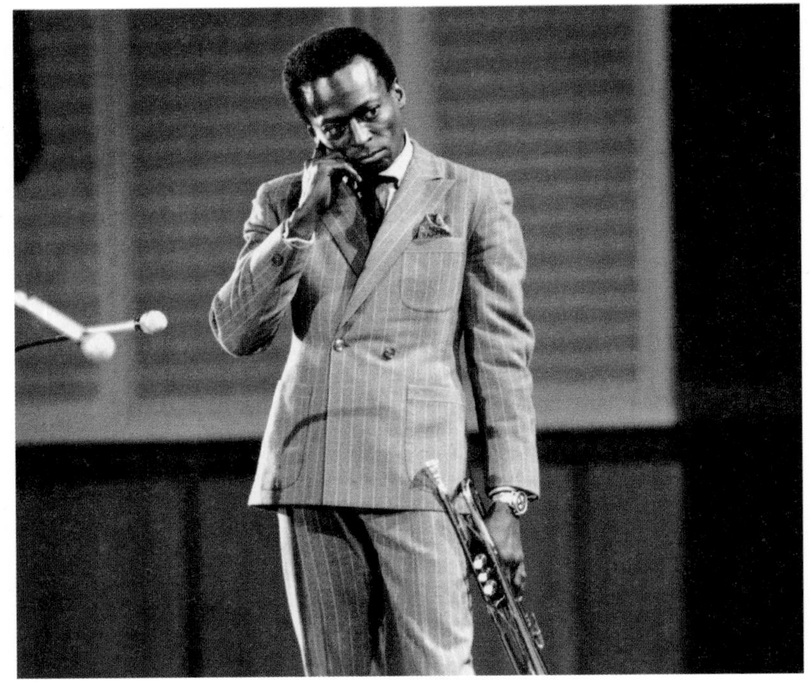

마일스 데이비스

◆

리처드 머킨은 이렇게 말하곤 했다. 흰색 구두와 허리띠를 착용하는 것을 완벽한 클리블랜드 스타일이라 부른다고. 그는 항상 그같이 영문 모를 말들을 마치 당연한 상식인 것처럼 늘어놓았다. 그는 완전히 다른 시대에 살았지만 스스로는 그 사실을 전혀 모르는 듯했다.

던컨 해나

스티븐 코츠

세르주 갱스부르, 특히 1960년대 무렵의. 나는 그의 패션에 완전히 반했다. 맨발로 로퍼를 신는 끔찍한 습관에도. 원칙적으로는 불쾌한 짓이지만 청바지 차림의 갱스부르에겐 그것이 아주 잘 어울렸다. 하지만 60년대의 아이콘을 딱 한 명만 꼽자면 마이클 케인이다. 그의 60년대 모드족 느낌 피코트(선원복에서 유래한 두꺼운 모직 더블코트-옮긴이)는 최고였다.

글렌 오브라이언

내게 큰 영향을 끼친 패션 아이콘은 프레드 휴스다. 그는 앤디 워홀의 심복이자 사교적인 비서, 미술 평론가이자 장식가였다. 프레드는 미국 역사를 통틀어서도 손꼽히게 옷을 잘 입은 우아하기 그지없는 남자였다. 그는 기이한 삶을 살았다. 휴스턴의 가난한 가정에서 자랐지만 어쩌다 보니 드 메닐가家(미술 수집으로 유명한 프랑스계 미국인 가문. '현대미술의 메디치가'라고도 불린다-옮긴이)의 지원을 받게 되었다. 그는 가장 아름다운 카키 바지와 영국제 구두를 가지고 있었다. 그야말로 흠잡을 데 없이 멋스러웠다.

바이런 김

우리 삼촌은 항상 멋스러운 모습이었다. 내가 알기로 그분은 JFK 공항을 통해 『뉴욕 타임스』를 일본에 발송하는 일로 생계를 꾸렸다. 하지만 어떻게 해선지 옷은 바니스에서 사곤 했다. 삼촌은 보통 페니 로퍼에 흰 셔츠 차림이었다. 한때는 뉴욕에서 코리아 하우스라는 한식집을 운영하기도 했다. 그분은 날 오페라극장에 있는 이탈리아 레스토랑에 데려가곤 했다. 그러면 웨이터들이 일제히 "어이 김, 노래 좀 불러보게!"라고 요청했고 그분은 뭔가 이탈리아어로 된 노래를 부르곤 했다. 이탈리아어는 전혀 몰랐고 영어도 거의 못하셨는데도. 처음 뉴욕에 왔을 때 삼촌은 줄리어드 음악대학에 들어갔지만 결국 퇴학당했다. 다른 학생들이 듣는 수업을 전혀 들으려고 하지 않았기 때문이다. 그분의 대학 동기였던 플로렌스 헨더슨은 이후 〈브래디 번치〉에서 어머니 역할로 유명해졌다. 나의 뉴욕 삼촌이 그립다. 정말 대단한 분이었다.

가이 트레베이

우리 부모님의 지인들은 무척 화려했다. 내 대모는(유감스럽게도 내 세례식 이후로는 한 번도 본 적이 없지만) 플라자 호텔 총지배인의 딸이었다. 부모님은 아기였던 나를 플라자 호텔에서 열린 파티에 데려가 모피 코트들로 침대를 만들어 눕혀 놓았다고 한다. 아마 두 분에겐 베이비시터를 고용할 돈이 없었던 모양이다.

외할아버지는 아주 멋스럽고 키가 2미터나 되셨다. 올백 머리를 하고 콧수염은 깔끔하게 다듬으셨다. 외할머니에게 그분과 결혼하는 것은 도전이었는데, 가장 큰 이유는 외할머니의 키

◆

우리 할아버지는 2차대전 당시 육군 병장이셨고 런던 북쪽 외곽에서 병원을 관리하셨다. 전쟁이 끝난 뒤엔 고향에 돌아와 가업인 배관용품점을 물려받으셨다. 그분은 아주 꼬장꼬장했다. 깨끗하게 면도하고 옆머리는 밀고 정수리는 짧게 깎았으며 표정은 근엄했다. 하지만 은퇴하고 나자 머리와 턱수염을 길러서 거의 히피가 다 되셨다. 진짜 히피는 아니었지만 꼭 히피처럼 보였다. 게다가 카우보이모자를 쓰고 볼로 타이(금속 고리로 고정시키는 끈 타이-옮긴이)까지 매곤 하셨다. 할아버지를 숭배했던 나 역시 카우보이모자를 쓰기 시작했다.

조시 페시코비츠

가 하이힐을 신어도 165센티미터밖에 안 되셨기 때문이었다. 두 분이 함께 찍힌 사진을 보면, 외할머니는 플랫폼 슈즈를 신고 실크해트 같은 걸 쓰셨는데도 외할아버지의 겨드랑이에 간신히 닿을 정도다.

톰 실러

우리 할아버지는 새크라멘토에 사셨고 여성복 업계에서 일하셨다. 그분에게는 스튜디오 패션이라는 브랜드가 있었는데 정말로 할리우드 스튜디오를 위한 게 아니라 이름만 그런 거였다. 할아버지는 모델을 데리고 캘리포니아 해안 지역을 돌아다니며 자신이 디자인한 망토와 슈트를 입혀 선보이곤 했다. 난 이렇게 물었다. "망토가 뭐예요?" 그분의 대답은 이랬다. "그냥 코트를 근사하게 부르는 이름이야." "왜 모델을 데리고 다니세요?" "음, 옷을 그냥 옷걸이에 걸어놓으면 그리 멋져 보이지 않거든. 하지만 모델이 옷을 입고 고객 앞을 뽐내며 걸어 다닌다면…."

앤디 스페이드

우리 할아버지 웨인 스페이드는 아주 멋스러운 분이었다. 크리스마스마다 브룩스 브라더스와 라코스테의 옷에 내 이름 머리글자를 넣어서 선물로 보내주셨다. 할아버지는 증권 중개인이었고 플로리다의 벨레이 비치에 살았으며 지극히 전통적인 미남이었다.

제이 필든

우리 외가에는 뭔가 의도하지 않은(혹은 직업에 따른) 멋스러움이 있었던 것 같다. 외삼촌 한 분은 진짜 가족 농장을 운영하셨다. 텍사스주 한가운데 있었고 바위와 선인장이 가득한 장소였다. 외가 사람들은 1890년경에 거기 정착했다고 한다. 그 농장에서 자란 어머니는 영화 〈자이언트〉의 한 장면처럼 말을 타고 다니던 기억을 소중히 간직하고 계신다. 그리고 우리 멋진 외삼촌은 평생 독신으로 지내며 죽을 때까지 농장에 머무르셨다. 그분의 옷차림과 생활방식은 정말로 단순했는데 당시 그 지역의 여러 다른 농장주들도 크게 다를 바 없었다.

난 아직도 그분의 옷차림이 남자가 입을 수 있는 최고의 유니폼 중 하나라고 생각한다. 기본적으로 두 가지 옷차림이다. 하나는 시어즈 로벅에서 생산한 머리부터 발끝까지 카키색인 두꺼운 군용 의류. 카키 바지와 셔츠, 그리고 공구 주머니와 이중 버클이 달린 가죽 웨스턴 벨트. J. R. 유잉이 〈댈러스〉에서 하고 나온 허세스러운 물건과 달리 가느다란 벨트였다. 다른 하나는 청바지와 샴브레이 셔츠, 그리고 똑같은 허리띠와 부츠였다. 안장용 가죽으로 만든 낡은 레드윙 부츠 말이다. 참, 그리고 스테트슨의 로드스터 모델 카우보이모자도. 내가 기억하는 빌 삼촌은 항상 말끔한 차림이었고 텍사스의 무더운 열기 속에서도 쿨해 보였지만, 언제든 방울뱀을

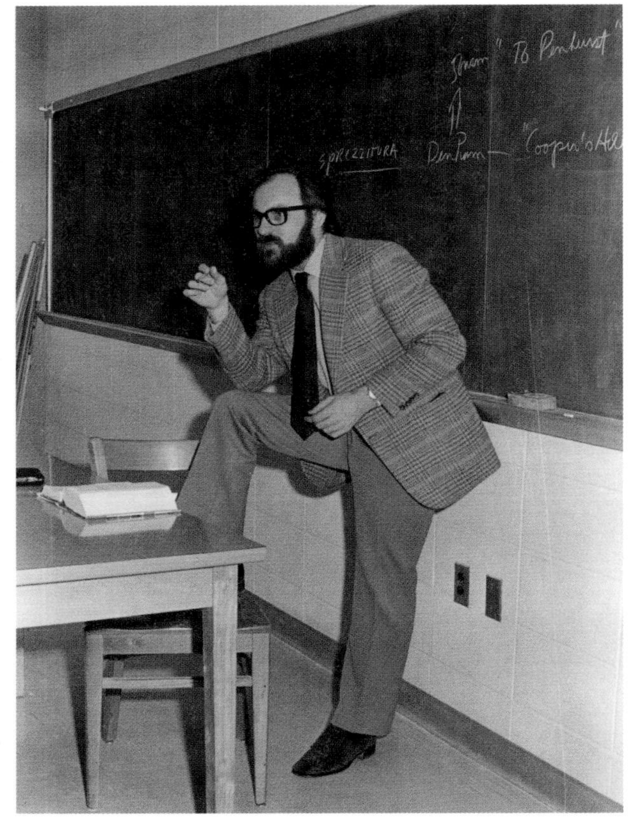

G. 브루스 보이어

잡아 죽이거나 황소를 거세할 준비가 되어 있었다.

앨릭스 빔스

우리 할아버지는 판사였다. 아주 세련된 분이었고 옷에 무척 신경을 쓰셨다. 어린 시절 할아버지의 침대에 앉아 그분이 꼼꼼하게 만찬 복장을 차려입는 걸 구경하던 기억이 난다. 할아버지는 양말 데님도 사용했다. 한번은 내가 실수로 그분 구두를 밟았더니 정말로 버럭 화를 내셨다.

할아버지는 우크라이나 출신 유대인이셨다. 그러니 영국 신사라는 역할에 적응하여 영국인보다 더 영국인다워질 필요를 어느 누구보다도 간절하게 느끼셨으리라. 따라서 그분은 옷에 심혈을 기울이셨고 아버지도 그 부분을 이어받았으며 나 역시 그렇게 되었다.

할아버지는 놀라운 휴가용 의복을 갖고 계셨다. 그분은 프랑스를 사랑했고 해외여행과 더위를 사랑하셨다. 하늘색 사파리 재킷과 반바지에 샌들을 신으신 할아버지의 모습이 아직도 눈앞에 선하다. 그분은 완벽한 댄디였다. 각각의 상황에 딱 알맞으면서 조금씩 다른 옷차림을 하실 수 있었다. 할아버지는 시골을 좋아하지 않으셨지만, 만약 일요일에 교외로 나가거나 하게 되면 예전엔 한 번도 못 본 신발이나 런던에선 본 적 없는 파나마모자를 선보이셨다. 멋진 일이라고 생각한다. 상황에 맞는 옷차림이란 아주 유쾌한 것이니까.

우리가 물려받은 유산들

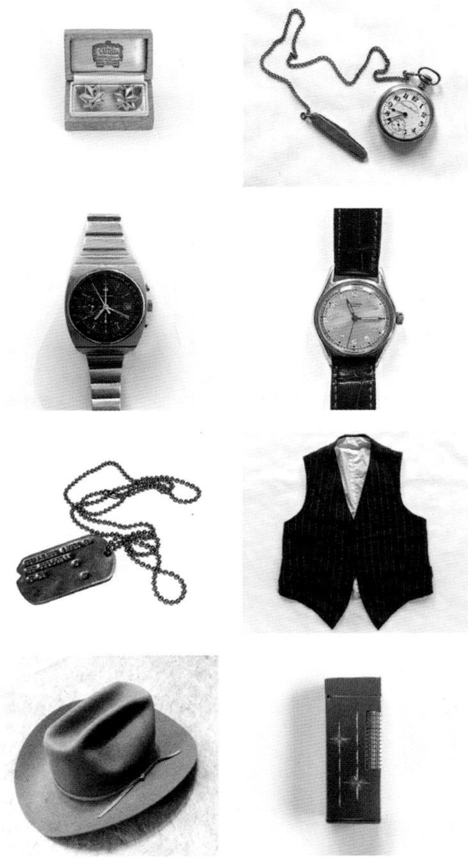

왼쪽 위에서 시계 방향으로: 에릭 데이턴의 할아버지가 해군 장교 시절 착용한 배지, 제이 배틀의 아버지가 쓰던 회중시계, 닉 우스터의 아버지가 차던 손목시계, 제이 배틀의 아버지가 입던 조끼, 러셀 켈리의 할아버지가 쓰던 라이터, 크리스 브라운의 아버지가 쓰던 카우보이모자, JP 윌리엄스의 아버지가 달았던 인식표, 브라이언 아위탄의 아버지가 차던 손목시계

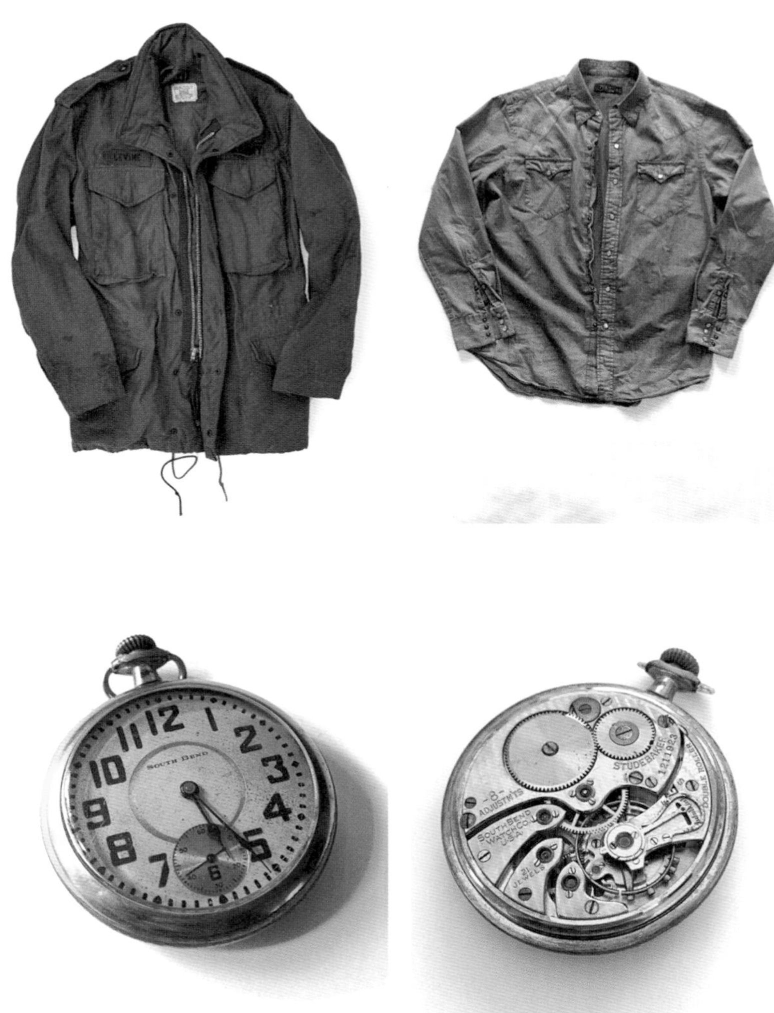

왼쪽 위에서 시계 방향으로: 애런 리바인의 아버지가 입던 군복 재킷, 제이 필든의 아버지가 입던 웨스턴 셔츠, 돈 위어의 증조부가 쓰던 회중시계

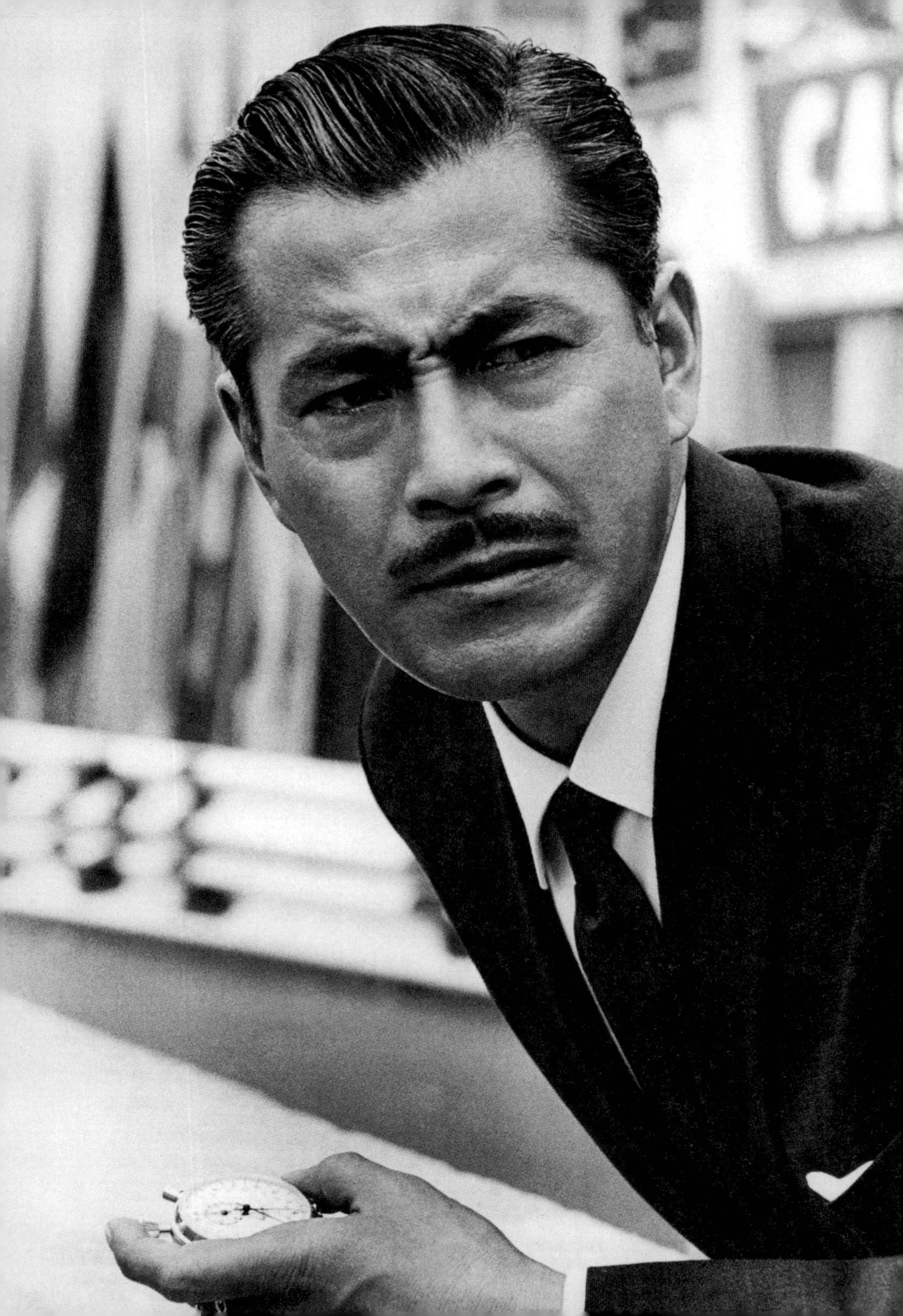

2
옷차림의 복잡성: 머리부터 발끝까지

◆

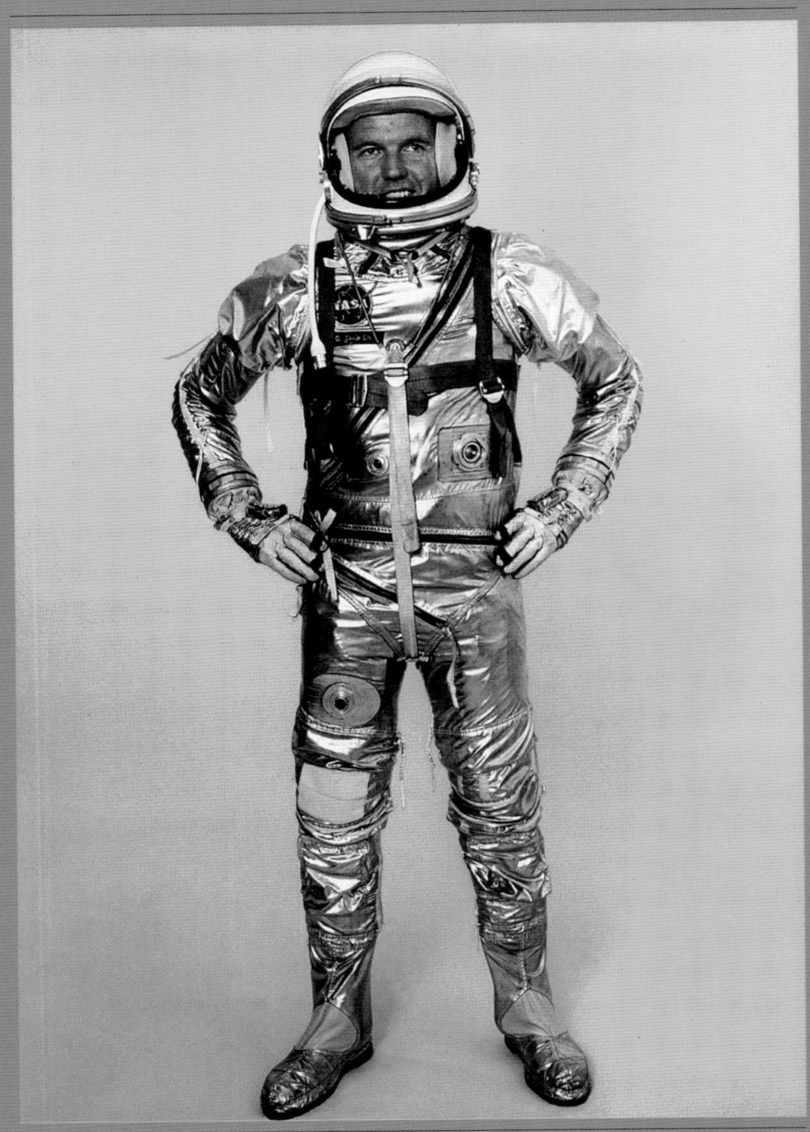

고든 쿠퍼

옷을 잘 입는 게 중요하냐고요?

◆

당연히 중요하다.

누군가의 옷차림은 그가 스스로 세상에서 어떤 자리를 차지한다고 여기는지 보여준다. 옷은 자기인식과 관계가 있으며 드물게는 자기실현과도 관계가 있다. 우리는 옷차림의 원칙을 찾아내길 원하며, 그 원칙을 아는 것은 중요하다. 하지만 가장 옷을 잘 입는 사람들은 나름의 내적 논리와 절제된 무정부주의가 있는 그들만의 복식 세계를 창조한다. 그들은 가능성과 표현, 예기치 못함의 새로운 원칙을 만들어낸다. 문화의 모든 공간에서 끊임없이 일어나는 낙인찍기에 저항하는 이들을 우리는 찬양한다. 그런 이들은 결국 옷이란 각자의 개성을 드러내는 도구임을 알고 있으며, 당당히 앞으로 나아가서 우리 인식의 경계에 영향을 미친다.

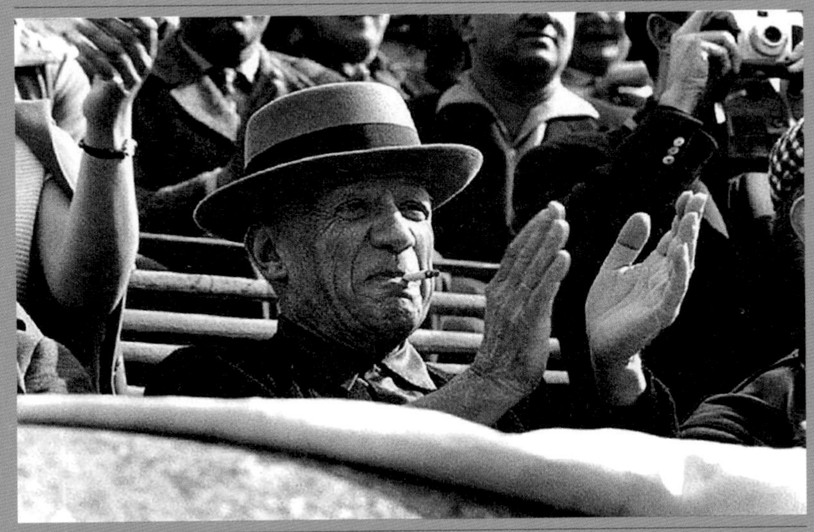

파블로 피카소

모자가 드러내는 것들

◆

문화적 바로미터로 모자만큼 적당한 것도 드물다. 모자를 쓴 남자의 사진을 흘끗 보기만 해도 그의 직업과 그가 처한 상황과 살았던 시대를 알아낼 수 있다. 여기서 '모자'라는 말은 비유가 아니라 홈버그(챙이 좁은 펠트 중절모-옮긴이), 트릴비(꼭대기가 움푹한 중절모-옮긴이), 페도라, 중산모, 심지어 실크해트까지의 실제로 모자를 말한다. 모자를 쓴다는 것은 하나의 입장을 취하는 것, (어쩌면 여전히 그를 따라잡으려 애쓰고 있을) 대중 앞에 자신의 감성을 드러내는 것이다. 중립적인 모자란 없다. 오늘날 남자는 세상에서 자신의 독자적인 위치를 보여주기 위해 모자를 쓴다. 그는 회사원도, 보이그룹 멤버도, 교주도 아니다. 그저 트릴비를 쓰고 홀로 걸어가는 것이다. 그것만으로 훌륭하다.

우리는 모자를 썼던 남자들을 안다. 시나트라, 카포네, 보거트. 그리고 모자를 쓰지 않았던 남자들의 대표적 인물도 안다. 존 케네디, 그리고 비교적 최근까지 살아 있던 유명인 중에는 우리가 존경한 리처드 머킨도 있다. 예술가이자 열렬한 댄디였던 그는 중산모를 쓰고도 개성적으로 보일 수 있는 드문 남자들 중 하나였다. 그는 어느 자리에서든 가장 기발하게 옷을 입는 남자였지만 동시에 다른 사람들이 스스로를 의식하게 했다. 그만의 비결과 노하우는 우리가 사교에 관해 알고 있던 것들을 의문해보게 만들었다. 바로 그런 이가 옷을 잘 입는 남자다.

케네디는 수십 년 동안 상류사회에서 모자가 자취를 감추게 만들었지만, 다시 유행이 바뀌면서 패션쇼 무대를 벗어난 곳에서도 모자를 쓴 남자들이 늘어나고 있다. 주의할 것은, 야구 모자나 웨스트 할리우드의 삼류 배우들이 머리에 얹고 다니는 조그만 밀짚모자는 안 된다는 것이다. 좀 더 단호한 모자여야 한다. 트릴비를 쓰고 오페라극장에 걸어 들어가며 지휘자만큼이나 격식 있게 옷을 입었다는 자신감을 드러내는 것. 페도라를 쓰고 파티에 가서 당신의 귀한 시간을 투자할 가치가 있는 자리인지 확인해보는 것. 홈버그를 쓰고 경매장에 도착해 입찰을 시작하는 것.

모자를 쓰는 데 지침 같은 건 없다. 매력적인 인격을 갖는 지침서 따위가 없는 것과 마찬가지다. 모자가 한 개 이상 있다면 모자를 잘 쓰는 데 더욱 도움이 되겠지만 말이다. 모자 쓰기의 비결은 (의복에 관련된 다른 여러 도전에서 그렇듯) 자기만의 방식대로 쓰는 것이다. 타협 같은 건 존재하지 않는다. 모자는 당신의 개성을 표현하고 세상에서 당신이 차지한 위치를 드러내야 한다. 모자를 쓰지 않았을 때보다 썼을 때 더욱 당신답게 보여야 한다.

페도라에서는 자유분방한 갱단 분위기가 느껴진다. 채플린의 상징처럼 여겨지는 중산모는 극적이며 유쾌하고 희극적이지만 도발적인 느낌도 줄 수 있다.

남자들이 다시 모자를 쓰는 것은 그들이 이전 세대가 애호했던 의복들로 회귀하고 있기 때문이기도 하다. 스모킹 재킷, 벨벳 슬리퍼, 더블브레스트 코트, 묵직한 트위드. 이런 옷들은 클래식한 신사의 옷장을 이루는 기둥과도 같다. 하지만 이들을 새롭게 조합하면 관습적인 것과는 전혀 다른 차림을 만들 수 있다. 오히려 지금 이 시대의 익스트림 클로즈업 같다고 할까. 당신은 단순히 이전 세대에게서 물려받았기 때문이 아니라(그것도 편하긴 하겠지만) 당신이 세상에 요구하는 것, 세상이 당신에게 요구했으면 하는 것을 보여주기 때문에 그 옷들을 선택한 것이다.

트릴비를 쓰고 앞으로 나아가자. 남성복이 과거에 어떠했으며 앞으로 어떨 수 있는지 당신의 생각을 보여주자. 세련되고 흥겹고 진보적이며 대담하게. 당신은 옷을 한껏 빼입으면서도 일반 상식에 맞출 수 있다. 대용품 따위는 거부하자. 아무리 좋은 모자라도 누가 그것을 쓰기 전까지는, 누군가와 한 몸이 되기 전까지는 아무것도 드러내지 못한다. 실크해트를 쓰기가 두렵다고? 듀크 엘링턴은 두려워하지 않았다. 실크해트는 그가 얼마나 대담하고도 격식 있는 남자인지 강조해주었다.

하나의 모자는 무한한 의미를 지닐 수 있다. 모자를 살짝 기울여 써보자. 낡아서 너덜너덜해지도록 쓴 모자에 슈트를 입어보자. 내 친구

하나는 파나마모자를 뒤로 돌려쓰기도 했는데, 그에겐 그것이 딱 어울렸다.

모자는 쓴 사람의 머리를 가리지만 동시에 그 사람의 진정한 모습을 드러낸다.

존재의 이유: 슈트

◆

맞춤 슈트의 장점은 잘 알려져 있으며 반박하기 어렵다. 백 퍼센트 수제 슈트는 뛰어난 장인적 기술의 마지막 보루이다. '비스포크(개인 주문 제작 - 옮긴이)'는 마케터들에게 남용당해 거의 무의미한 말이 되었지만, 당신 하나만을 위해 재단되고 맞춤 제작된 진짜 비스포크 슈트는 그 무엇으로도 대체 불가능하다. 새빌로에서 만든 슈트 한 벌에 투입되는 지식은 그야말로 역사적 자산이다. 당신을 담당한 재단사는 윈스턴 처칠의 슈트를 재단했던 사람에게서 배웠을 수도 있다. 원단의 선택 범위만 해도 경이로울 정도다. 당신은 트위드에 관해 모르는 게 없다고 자부할지 모르지만, 다시 한번 생각해보자. 스코틀랜드의 어떤 트위드 제조소들은 1년에 딱 몇 필밖에 생산하지 않는다. 당신의 옷은 그런 트위드 중 한 필로 만들어져야 한다.

한번 옷장 안을 살펴보라. 좋은 슈트를 제외하면 필요한 게 거의 없다는 사실을 알게 될 것이다. 당신이 뭔가를 구입한다면 중요한 물건이어야 한다. 옷을 잘 입는 내 지인들은 모두 질 좋은 슈트 몇 벌이면 된다고 말할 것이다. 물론 예외사항도 있다. 예를 들어 변형이 가능한 오버코트라든가, 질 좋은 영국제 브로그(무늬가 새겨진 튼튼한 가죽 구두 - 옮긴이)라든가. 하지만 일단 배경의 잡다한 소음들이 사라지고 나면 당신이 태어나기 전부터 존재했으며 남성복의 천국으로 올라간 후에도 존재할 유서 깊은 재단 솜씨에 더욱 집중할 수 있으리라. 그러니 옷을 살 때는 장기적 관점에서 자문해보자. 과연 10년 전에도 이 옷을 입을 수 있었을까? 아니라면 그 옷은 몇 년 후엔 시대에 뒤떨어져 보일 것이고, 누군가 당신 이름을 구글로 검색했을 때 더 이상 업데이트되지 않는 어느 길거리 패션 블로그에 올라온 당신의 사진이 나오지 않기만을 기도해야 하리라.

그렇다고 해서 청구서가 왔을 때 받아들이기가 더 쉬워지진 않는다. 엄청난 금액이겠지만, 남자답게 받아들여야 한다. 아마도 당신은 슈트 가격을 남들에게 알리고 싶진 않을 것이다. 당신이 사는 뉴욕 웨스트빌리지의 아파트 월세를 동네방네 떠들고 싶지 않듯이. 그리고 만약에 당신의 월세가 얼마인지 아는 동거인이 있다면, 그녀는 당신이 자기에게도 슈트 값을 말해주지 않으려 한다는 사실에 경악하리라. 잠행에 의존하는 남자들은 어둠을 틈타 옷장 속에 슈트를 슬쩍 숨기곤 한다. 하지만 그것만으로는 충분하지 않다! 그녀가 당신의 끝내주는 슈트를 알아보고 한마디 할 때도 무관심을 가장해야 한다. 날씨 얘기를 하듯 무심하게 대꾸하자. "흠, 옷깃이 근사하게 접힌 이 회색 플란넬 슈트

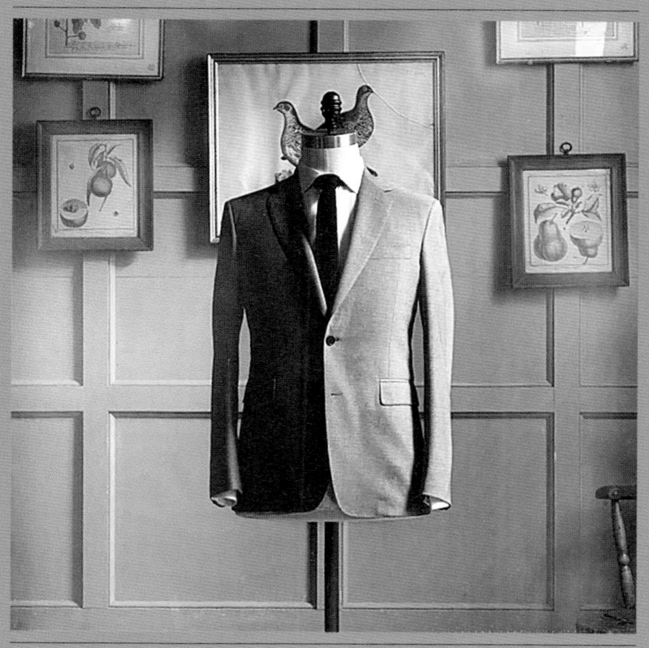

말이야? 한참 전부터 갖고 있던 건데. 원단이 얼마나 가벼운지 한번 만져봐." 그녀는 거짓말임을 알겠지만 넘어가줄 것이다. 그녀도 당신이 하이힐을 구분하지 못한다는 걸 알고 똑같은 거짓말을 한 적이 있을 테니까.

이것은 위태로운 비탈길이다. 하지만 일단 맛을 들이면 불평하는 사람은 거의 없다. 근사한 슈트를 딱 한 벌만 가진 남자는 드물다. 두 번째 슈트를 사기 위해서라면 가능한 한 뭐든 할 테니까. 하지만 적어도 그 돈은 면세점에서나 파는 향수 광고에 쓰이는 것이 아니라, 자신의 직무에서 전문가가 되기 위해 오랜 세월 수련해온 재단사들에게 돌아가는 것이다. 사실 새빌로의 재단사들이 남기는 이윤은 놀랄 만큼 적어서 이미 여러 사람들이 폐점하거나 아예 그 거리를 떠났다.

런던이나 나폴리까지 순례를 떠날 생각이 있다면 그리해도 좋다. 하지만 이젠 여러 재단사들이 바다 건너편의 우리 미국인 애호가들을 직접 찾아와서 그들이 마땅히 받아야 할 영웅적 대접을 받는다. 그들은 보통 눈에 띄지 않는 호텔의 스위트룸에 묵는데, 물론 당신이 사는 지역에서는 한낮에 호텔 방을 찾아가는 것이 괴상하게 보일 수도 있다. 혹시라도 문을 열었다가 고급 콜걸과 마주치는 건 아닐까 하는 기이한 두려움이 존재하니까.

당신이 호텔 방에 들어설 때 또 다른 고객이 모습을 드러낼 수도 있다. 그는 여름 슈트나 한 벌 맞추러 왔다가 블레이저, 코트, 그리고 여름 슈트와 어울리는 겨울 슈트까지 주문해버린 사람의 민망한 표정을 짓고 있으리라. 그것은 마치 어마어마하게 비싼 유명 보르도 생산지들의 이름이 나오는 부분까지 정독한 뒤 와인 목록을 소믈리에에게 돌려주는 사람의 살짝 불안한 표정과도 흡사하다.

남성복이라는 고속도로의 교통정체에서 벗어난다는 것은 충분히 가치 있는 일이다. 의류 재단에 관심이 있고 몇 달 혹은 1년까지 술을 끊을 수 있다면, 형편이 되는 한 최고의 재킷을 사서 게임에 복귀하자. 당신은 상상도 못했던 말쑥함을 획득할 것이며, 나중엔 뒤를 돌아보며 한때 다른 가치관을 가졌다는 사실을 믿지 못하는 시점에 이를 것이다. 만약 옷을 너무 빼입은 것 아니냐는 말을 듣게 된다면, 명심하라. 당신이 옷을 제대로 입기만 했다면 그 말은 그저 당신이 그 자리에서 최고로 옷을 잘 입었다는 뜻이다. 그리고 그 정도의 부담은 당신이 기꺼이 견뎌야 할 몫이다.

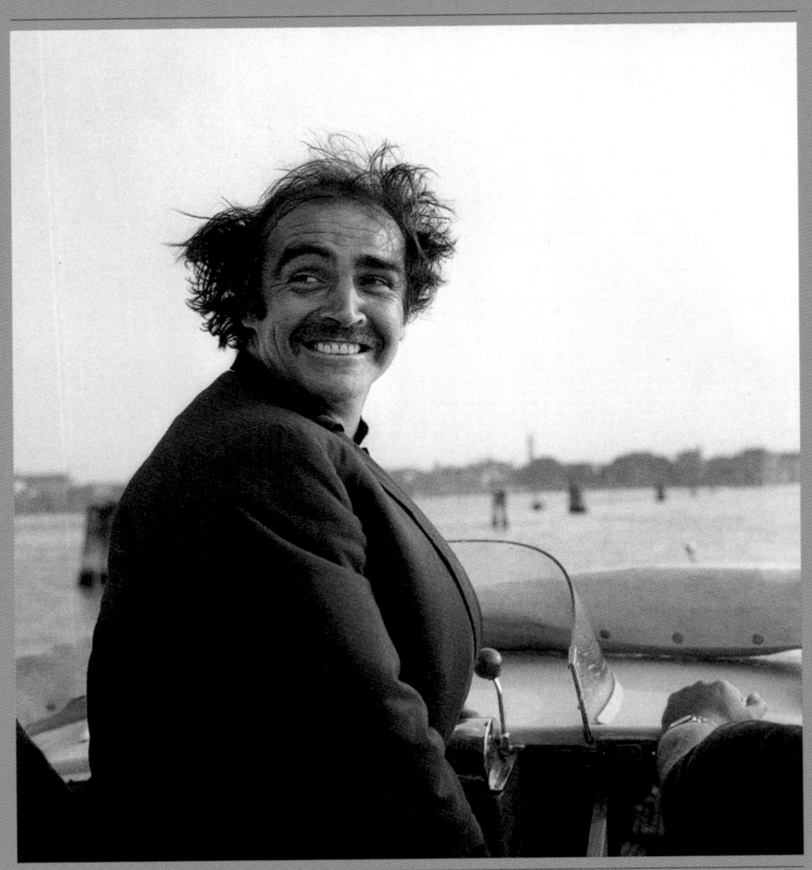

숀 코너리

변치 않는 매력: 블레이저

◆

블레이저는 가장 좋은 의미에서 남성복 클래식의 상징이다. 블레이저의 매력은 역사적인 동시에 동시대적이다. 블레이저는 의심할 여지없는 남성복의 이상으로서 유용한 한편 입은 사람을 돋보이게 하는 필수 아이템이다. 당신이 제대로 만들 줄 알아야 하는 단 하나의 칵테일이 진 마티니라면, 반드시 당신의 옷장에 걸려 있어야 하는 단 한 가지 옷은 잘 재단된 푸른색 블레이저다. 그것은 당신이 우아하게 사교계에 드나드는 데 도움이 되는 한편 당신의 매력적인 개성이 드러날 무대를 만들어줄 것이다.

많은 남자들이 블레이저를 보면 트라우마에 가까운 유년기의 추억을 떠올리지만, 그럼에도 블레이저의 매력은 여전히 건재하다. 블레이저는 종종 소년의 삶에서 최초의 예복이 된다. 당신은 거짓말에 넘어가거나 자기 의지에 반하여 억지로 브룩스 브라더스나 랄프로렌에 끌려가고, 뭔가 어른의 세계에 들어온 것처럼 느끼게 해주는 옷 속에 집어넣어진다.

하지만 남자들은 나이가 들고 현명해질수록 그런 기억을 극복하며, 블레이저는 단 한 가지 이유로 다시 사랑받게 된다. 입으면 끝내주게 멋지니까. 우리의 주인공은 쾌활한 걸음걸이로 랄프로렌 매장에 돌아간다. 이제 단골 고객이 된 그는 캐시미어 혼방 더블브레스트 블레이저를 입어보고 점점 늘어가는 소장품에 그 옷을 추가한다.

일단 몸에 잘 맞는 블레이저를 고르기만 하면 활용 방법은 무궁무진하다. 창의적인 분야에서 신뢰감 가는 모습을 보이길 원한다면 청바지와 함께 입자. 유럽 감성의 소유자라면 니트 넥타이를 착용하자. 자신이 프레드 아스테어와 동류라고 느낀다면 회색 플란넬 바지와 함께 입자. 심지어 반바지와 함께 입어도 좋다. 당신이 톰 브라운(남성 슈트의 재해석으로 유명한 미국 패션 디자이너 - 옮긴이)이라면 말이다(하지만 반드시 톰 브라운 본인이어야만 한다).

일단 좋은 블레이저를 구하고 나면 얼마나 자주 입게 되는지, 그리고 얼마나 많은 칭찬을 받는지 깜짝 놀랄 것이다. 아직도 드레스 코드를 고수하고 있는 레스토랑 21클럽에 당당하게 걸어 들어갈 때 적당한 무장을 갖추기 위해서만 해도 좋은 블레이저를 살 이유는 충분하다. 안 그러면 당신은 셔츠 바람으로 그곳에 들어섰다가 코트 보관소에서 '식당에 구비된' 재킷 중 하나를 입어달라는 요청을 받을 것이다. 만약 그곳에서 사업상의 약속이, 예를 들어 잭 도나히(미국 시트콤 〈30 락〉에 등장하는 사업가 캐릭터로 알렉 볼드윈이 분했다 - 옮긴이)라도 만날 일이 있다면 그는 잘 맞지 않고 아마 얼룩도 있을 당신의 재킷을 보고 단박에 누가 우위에 있는지 알아차릴 것이다. 혹시 데이트 약속이라도 잡고 왔다면, 당신의 상대는 이미 자리를 떠나버렸으리라.

블레이저는 어떻게 지금과 같은 위치를 차지하게 되었을까? 다른 여러 남성복 전통처럼 블레이저도 영국에서 왔다. 하지만 제일 먼저 알아두어야 할 것은 원래 블레이저의 기본 색은 푸른색이 아니라 붉은색이었다는 사실이다. 블레이저는 1825년 케임브리지의 세인트존 칼리지에서 조정부원들이 입던 새빨간 재킷에서 유래했다. 세인트존 학생들은 그들이 붉은색 블레이저를 독점한다고 여겼던 것 같지만, 이후로 다른 색의 스포츠 재킷도 블레이저로 불리게 되었다.

그리고 블레이저는 정말로 유명해졌다! 본래 특정 클럽 회원의 상징이었던 이 옷은 색과 줄무늬, 가슴의 휘장에 따라 변주되며 엄청나게 증식했다. 블레이저는 스포츠를 관람할 때뿐만 아니라 직접 스포츠를 할 때도 착용되었다. 이 재킷을 입는 것은 명백한 메시지를 전달한다. 위대한 루치아노 바르베라(이탈리아의 동명 고급 남성복 브랜드 소유주 - 옮긴이)가 한 말이 떠오른다. "재킷 차림으로 테니스나 골프를 치는 남자를 보면 그와는 친구가 될 수 있겠다는 확신이 든다." 루치아노, 내 친구! 우리 함께 코트에서 땀을 흘리고 네그로니를 마십시다.

반짝이는 금색 단추가 달린 더블브레스트 재킷이 너무 요트 운전수나 영화 〈화려한 사기꾼〉의 에밀 샤프하우젠 박사처럼 보인다 싶으면, 〈007 살인번호〉에서 숀 코너리가 입었던 좀 더 점잖은 짙은 색의 투버튼 재킷을 고려해보자. 이것도 너무 컨트리클럽 분위기라고 느끼는가? 그렇다면 조너선 에임스가 블레이저의 활용도와 요긴함에 관해 남긴 말을 들어보자. "스포츠코트가 한 사람의 내장만큼 중요하다면, 푸른색 블레이저는 그중에도 허파라고 할 만큼 필수적이다. 예를 들어 재킷 중의 비장脾臟이라 할 시어서커(여름용의 얇은 무명 - 옮긴이) 재킷 없이는 살아갈 수 있지만, 어디 한번 블레이저 없이 지내려고 해보라!" 정말 그렇습니다. 에임스 형제여.

그러니 재킷을 걸치고 과감하게 나아가 정복하자. 〈찰리 로즈 쇼〉(동명의 앵커가 진행하는 토크쇼 - 옮긴이)에 초청받았을 때 블레이저를 입자. 리비에라의 나이트클럽에서는 흰 데님 바지를, 가석방 공판에서는 점잖은 넥타이를 곁들이자. 남자의 성공을 거들어왔던 클래식한 전통의 한 부분이 된다는 자신감을 가지고 블레이저를 입자.

넥타이: 기준의 정립

◆

몇 년 전 제이슨 키드가 브루클린 네츠 농구팀 감독이었을 때 그는 팀이 잘나갈수록 옷을 편하게 입는 것으로 화제가 되었다. 『뉴욕 타임스』는 이 습관이 팀의 성적보다도 더 흥미를 끌고 있다고 적었다. "미학적 관점에서 볼 때 키드의 변화에는 상당히 희끗희끗한 턱수염을 길렀다는 것도 포함된다." 우리는 항상 지도자 위치에 있는 사람의 턱수염을 좋아한다. 심지어 재계의 거물들인 경우에도 말이다(물론 그들의 턱수염은 찬성해도 투자 전략에는 찬성하지 않을 수도 있다).

나아가 이 기사는 언급하길, 연승하는 동안이면 키드는 시합 중에 넥타이도 매지 않는데 그 모습이 꽤 잘 어울린다고 썼다. 그럼에도 불구하고 이 기사를 보고 처음 든 생각은 이것이 비격식으로 내려서는 또 한 걸음이 아닌가 하는 것이었다. 21클럽이 점심식사 손님에 한해서 넥타이 착용이라는 드레스 코드를 포기했던 저 슬픈 날처럼.

왜 그럴까? 넥타이는 전념의 선언이다. 멋진 넥타이는 사회에 관한, 자신의 사회적 위치에 관한 이해도를 나타낸다. 넥타이를 매지 않았을 때도 그 문화적 힘은 여전하다. 바로 그래서 지휘권을 지닌 사람이 넥타이를 매지 않으면 유독 눈에 띄는 것이다. 당신이라면 플란넬 셔츠만 입은 회계사를 고용하겠는가? 톰 랜드리에서 빌 벨리칙까지 이어지는 하강 나선을 생각해보라. 두 사람 다 뛰어난 미식축구팀 감독이다. 그러나 한쪽은 위엄 있고 말쑥했던 반면 다른 한쪽은 탈의실에서 선수들이 쓴 타월이나 갈아주고 있어야 할 것처럼 보인다.

물론 모든 남자가 반드시 넥타이를 매야 한다는 건 아니다. 그런 시대는 이미 한참 지났다. 하지만 넥타이를 매지 않으려면 누가 봐도 합당한 근거가 있어야 한다. 당신도 고급 레스토랑에서 쫓겨나 어디 텔레비전이 있는 술집 없나 하고 배회하는 사람처럼 보이고 싶진 않을 테니까.

소년들은 원하지 않아도 넥타이를 맬 것을 강요당한다. 남자들은 그 자리의 분위기를 이해하고 자발적으로 넥타이를 맨다. 어쨌든 간에 넥타이를 매야 할 때가 있으며 당신은 그럴 때를 알아차릴 수 있어야 한다. 뉴욕 미식가들이 사랑하는 프렌치 레스토랑 대니얼에서 식사를 한다면, 오페라 공연을 보러 간다면, 혹은 공판에서 구형을 받는 입장이 되었을 때 강한 위치에 있고 싶다면 넥타이를 매자. 그런 상황이 아닐 때 넥타이가 영 불편하다면 다른 방식을 찾아보자. 하지만 그 방식은 합당한 것이어야 한다.

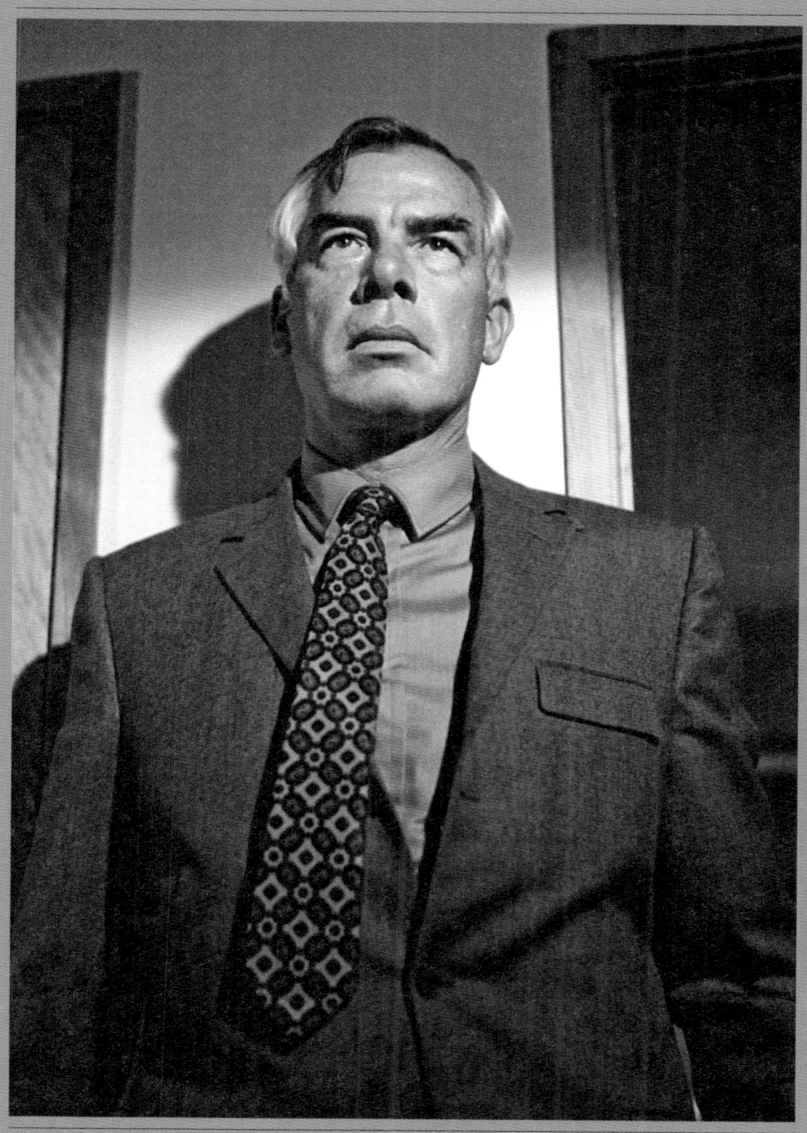

영화 〈포인트 블랭크〉의 리 마빈

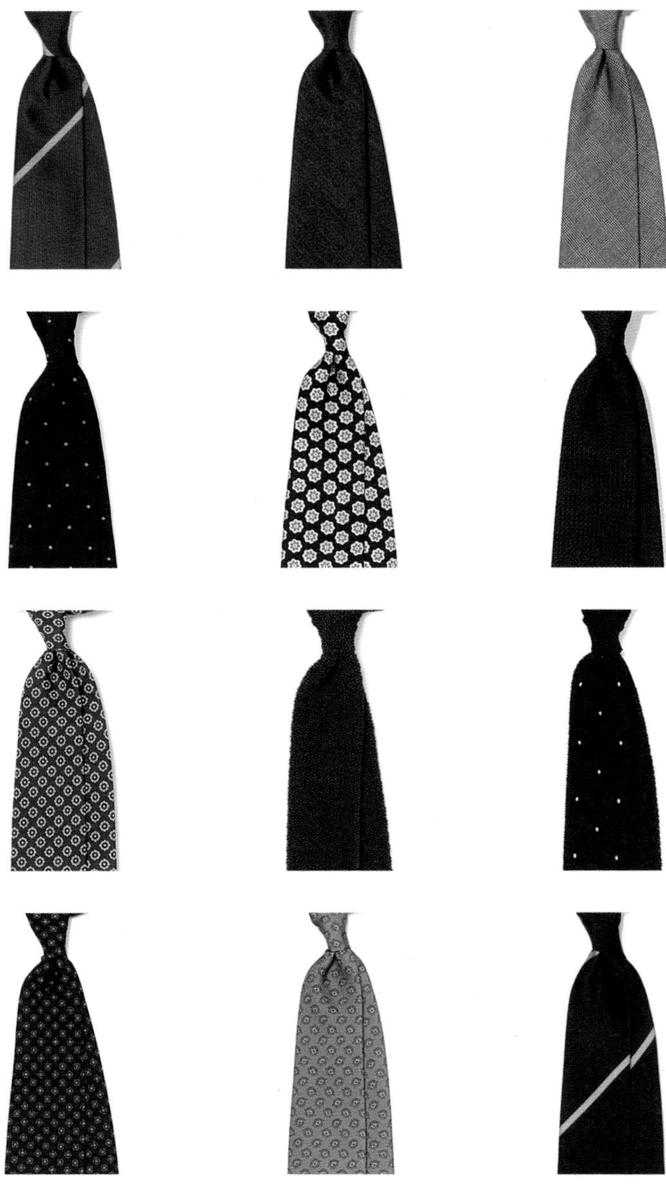

갖고 있는 넥타이가 몇 개죠?

앨 제임스
대답하기 쉽지만 민망한 질문이다. 하나.

크리스 블랙
다섯 개. 하지만 결혼식과 장례식에
갈 때만 맨다.

J. C. 매켄지
여덟 개.

토머스 벨러
열두 개라고 말해야 할 듯하다.

이넉 페레스
아마도 열두 개.
그중 다섯 개는 할아버지께 받았다.

브라이언 아위탄
열세 개. 모두 선물로 받은 것들이다.

프랭크 마위티언스
스물다섯 개쯤. 생겼다 없어졌다 한다.

러셀 블랙모어
서른 개. 이젠 그리 자주
넥타이를 매지 않다 보니
거의 한 재산처럼 느껴진다.

알렉산더 길크스
서른 개 정도. 하지만 항상
그중 세 개만 맨다.

리처드 크리스천슨
서른 개쯤. 하지만 이상한 건
내가 그중 두 개만 맨다는 사실이다.
다른 걸 매야 하는 상황이 되어도
무늬 있는 넥타이는 맬 용기가 안 나서
단색을 고른다.

JP 윌리엄스
넥타이 서른세 개, 보타이 네 개.

제이 배틀
넥타이 각각의 개성을 파악할 수 있을
만큼만 가지고 있다.

댄 락우드
쉰세 개.

닉 설리번
예순 개 정도. 그중 두 개를 맨다.

로버트 베커
대략 백 개.

러셀 켈리
백 개가 넘지만 꾸준히 매는 건 열 개도 안 된다.

앤디 스페이드
백여섯 개.

마크 맥네리
엄청나게 많다.

닉 우스터
엄선 끝에 백서른일곱 개가 남았다.

에이드리언 대닛
말 그대로 셀 수도 없다.

제이 매키너니
쉰 개 정도를 열심히 돌아가며 맨다. 나머지 백여 개는 옷장에 처박혀 있다.

글렌 오브라이언
어젯밤 세어보니 백일흔아홉 개인 듯하다. 아무래도 내 캐빈 커티스 달러 넥타이가 오스카의 방에 있는 것 같으니 백여든 개라고 해야겠다.

게이 탤리즈
거의 이백 개.

던컨 해나
이백 개 정도 되지 않을까.

G. 브루스 보이어
한 이백 개 가지고 있다. 몇 년마다 나름대로 추려내지만 어째선지 계속 늘어난다.

데릭 밀러
삼백오십 개, 혹은 그보다 더 말하기 민망한 개수일 것이다.

마이클 힐
오백 개 내외일 것이다. 우리 아버지와 증조할아버지가 맞췄던 것들까지 포함해서. 내 옷장에 넣어두고 매는 것만 세자면 아마 스물네 개 이상은 아닐 테고.

특별히 수집하는 게 있나요?

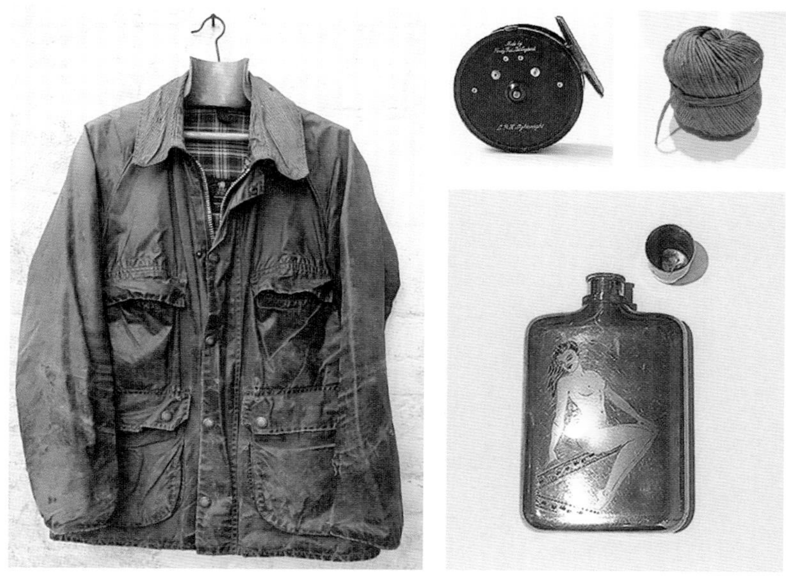

왼쪽부터 시계 방향으로: 맷 흐라넥의 바버 재킷, 앨 제임스의 낚시 릴, JP 윌리엄스의 노끈 뭉치, 브라이언 아위탄의 휴대용 술병

◆

나는 사실상 카우보이부츠 컬렉션의 수집가가 된 셈이다.
다른 카우보이부츠 수집가들이 그 취미에 싫증을 내면
내가 그들의 수집품을 인수한다.

월터 컨

◆

나는 커프스단추 중독자이다. 엉뚱하거나 다소 기이한 디자인도 있는데,
퀴즈쇼 진행자거나 힙합 스타가 아닌 이상 고급 남성복에서
좀처럼 허용되지 않는 그런 매력이 있다.

제이 매키너니

제이 필든

난 니트 넥타이가 아마 백 개쯤 될 것이다. 샤르베에만 가면 사족을 못 쓴다. 파리에 들를 때면 항상 그 가게로 간다. 그곳의 온갖 희한한 색깔들이 좋다. 정말로 프랑스적이다. 쪽빛, 연노랑, 귤빛, 청사과색 등. 빨간 머리인 나로선 절대 착용할 수 없는 색들이지만 그래도 여전히 가끔은 그 넥타이들을 산다. 그놈들은 내 옷장 속의 망할 걸고리에 가지런히 매달려 있다. 아마도 공짜 에어컨 바람을 즐기고 있겠지.

앨릭스 빔스

나도 넥타이가 엄청나게 많다. 슈트도 여러 벌 있다. 셔츠도 너무 많다. 신발이라면 이젠 더 안 사도 충분하다. 하지만 어쨌든 좀 더 사들이지 않겠나.

G. 브루스 보이어

나는 트위드 재킷을 좋아한다. 아내는 나더러 전부 똑같이 생기지 않았냐고 한다. 갈색 아니면 녹색. 나는 그런 이끼 같은 색이 좋다. 내가 보기엔 각각 아주 다른 디자인이지만, 모두에게 그리 보이진 않겠지.

스티븐 코츠

나한테는 싱글브레스트 스리버튼 슈트가 너무 많다. 사실 서로 그렇게 다르지도 않아서 다 가지고 있을 구실이 없다. 아무래도 다섯 벌로 확 줄여야겠다.

가이 트레베이

난 브루넬로 쿠치넬리의 패딩 조끼를 필요한 것보다 더 많이 갖고 있는 듯하다. 물론 정가에 사진 않는다. 뉴욕에 살아서 좋은 것 중 하나가 샘플 세일 아닌가.

쿠리노 히로후미

내겐 옷도 너무 많고 신발은 셀 수도 없다. 하지만 나의 가장 방대한 수집품은 레코드다. 만 장은 될 텐데도 계속 사들인다. 초등학교 시절엔 레코드를 사려고 용돈을 모으곤 했다. 부모님은 매달 용돈으로 3백 엔을 주셨는데 미국 돈으론 3달러쯤 된다. 3달러면 아이에겐 충분한 돈이었지만 문제는 싱글 레코드 한 장이 370엔이었다는 거다. 그래서 두 달간 용돈을 모아 싱글 한 장을 샀다. 여섯 달 용돈을 모으면 앨범 한 장을 살 수 있었다.

마크 맥네리

아디다스, 나이키, 컨버스 등의 운동화가 2백 켤레 있었다. 그것들을 내 방네 모서리에 깔끔하게 줄 세워 놓곤 했다. 스포츠용품점에서 일하던 때와 농구팀에서 운동화를 가져오던 때부터의 습관이다. 그때 나는 열여섯 살도 안 되었기 때문에 사실 법적으론 그곳에서 일할 수 없었지만.

닉 손버거

내겐 입지 않는 티셔츠들이 잔뜩 있다. 이사 갈 때마다 티셔츠들을 가방에 넣어 창고에 맡긴다. 내 삶의 각 단계에서 중요했던 티셔츠들은 대부분 가방 안에 보관되어 있다.

로버트 베커

용돈을 받는 나이가 되면서부터 수집을 시작했다. 벼룩시장에서 처음 산 물건을 아직도 가지고 있다. 중국인 서커스 곡예사가 그려진 담뱃갑 카드를 액자에 넣은 것이다. 현재 내가 빠져 있는 건 19세기 일본의 앰브로타이프 사진이다. 붓글씨로 장식된 섬세한 오동나무 상자 안에 작은 유리 사진들이 들어 있다.

앤디 스페이드

나는 코도반(윤이 나게 무두질한 염소 가죽이나 말 엉덩이 가죽 - 옮긴이) 로퍼, 코도반 브로그, 코도반 옥스퍼드 단화를 사곤 한다. 튼튼해서 몇 년은 가지만 한번 망가지면 손을 쓸 수가 없다. 클락스의 데저트 부츠도 사는데 항상 한 가지 색깔만 사곤 한다. 브룩스 브라더스의 흰색과 푸른색 옥스퍼드 셔츠도 계속 사들인다.

닉 설리번

1930년대와 40년대 인도의 기념품 재떨이들을 사 모으기 시작했다. 당시에는 금속 공방에서 아이들이 만든 물건인데 영국 식민지 공무원들이 구입해서 귀국 선물로 돌리곤 했다. 놀랍게도 전부 똑같이 생겼고 인도 반도의

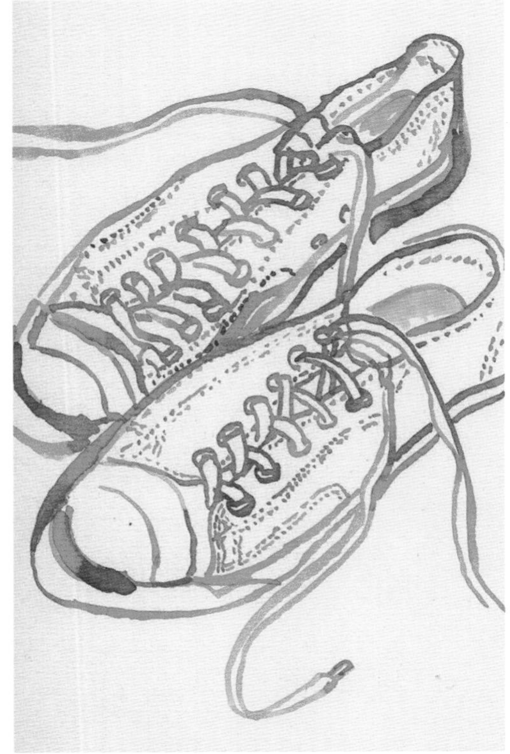

〈캔버스 운동화〉, 데이비드 코긴스(저자의 아버지)

◆

나는 2만 장의 레코드를 가지고 있다. 할머니 집 잔디를 깎아드리고 20달러를 받으면 자전거를 타고 시내로 나가 몽땅 레코드 사는 데 쓰곤 했다. 당시엔 음악을 들으려면 레코드를 사는 것밖에 방법이 없었다. 음악이 마음에 들지 않으면 난로에 얹어 구부러뜨린 다음 재킷에 도로 넣고 음반점에 가져가서 다른 걸로 교환해달라고 했다. 원래 교환은 똑같은 음반으로만 가능했지만, 난 그 전날 미리 그 가게에 있는 재고를 전부 재즈 코너에 숨겨놓곤 했다. 스쿨 키즈 레코드는 히피 가게였는데 그곳에서는 그런 짓을 하지 않았다. 시내에 있던 체인점인 레코드 바에서만 그 짓을 했다.

마크 맥네리

지도가 그려져 있는데, 지역명 표기를 보면 1947년 인도 독립 이전의 물건을 구별할 수 있다. 사실 대부분이 인도 독립과 2차대전 이전 것이긴 하지만. 그런 재떨이를 8, 9파운드에 사서 보석상 거리의 은공예사에게 가져가면 깔끔하게 손봐준다.

조시 페시코비츠

내겐 코트가 지나치게 많다. 날 가장 약하게 만드는 아이템이다. 난 패딩을 입는 게 싫다. 보시다시피 파카 정도는 갖고 있지만, 캐나다구스 따위를 입느니 코트를 두 벌 껴입겠다. 혹시라도 내가 캐나다구스를 입은 걸 본다면 날 쏴 죽여도 좋다.

프랭크 마위티언스

샴브레이 셔츠. 빈티지 옷가게에서 사는데 다소 헐렁하지만 그게 마음에 든다. 또 하나 질리지 않고 사들이는 건 프랑스산 빈티지 리넨 셔츠다. 일본에 가서 사곤 한다.

마이클 헤이니

종이를 모아두는 편이다. 옷은 모으지 않지만 사람들이 내게 보낸 편지나 내 메모장은 전부 보관한다. 사실상 내가 쓴 건 전부 다. 당신이 내게 쪽지 하나라도 보낸다면 그것 또한 보관할

◆

내가 지나치게 많이 가진 물건은 딱히 없다.

닉 우스터

것이다.

마이클 윌리엄스

가방들. 가방은 아주 실용적이라 어떻게 보면 도구에 가깝다. 적절한 상황이나 적절한 여행을 위한 적절한 가방이라면. 메인주에 갈 때면 항상 필슨 가방에 짐을 싼다. 도쿄에 간다면 검은색 포터 가방을 꺼낸다. 메모장도 비슷한 상황이다. 내겐 평생 더는 구입해선 안 될 모든 물건들의 목록이 있다. '절대로 가방은 사면 안 돼, 메모장도 사면 안 돼. 내겐 메모장이 더 필요 없고 가방도 더 필요 없어.'

롭 잔가르디

지금 내겐 입생로랑의 청바지가 열여섯 벌 정도 있다. 난 가끔씩 청바지에 탐닉하는 시기를 거친다. 입생로랑 전에는 A.P.C.였다. 마음에 쏙 드는 청바지를 발견하면 최대한 여러 벌 사둔다. 제임스 퍼스 티셔츠(한 50벌쯤 갖고 있다), 캘빈 클라인 속옷, 폴 스미스 양말, 메종 마르지엘라 데님 셔츠, 제이크루 스웨트 셔츠, 애크니 스웨터도 마찬가지다. 내 옷장은 마치 만화 캐릭터의 옷장처럼 보인다. 날마다 똑같은 옷만 입으니까.

웨슬리 스테이스

난 너무 많은 것들을 모은다. 온갖 것들을 다 수집한다. 레코드도 엄청나게 많고, 로렌스 스턴이 쓴 책이나 그에 관한 책도 많다. 초판본도 여러 권 있다. 특히 패트릭 해밀턴, 에드워드 리어, 앤젤라 카터, L. P. 하틀리, 앤서니 파월의 책들. 내겐 『포티언 타임스』(19~20세기에 초자연 현상을 다루어 유명했던 잡지 - 옮긴이)도 여러 부 있는데 혹시 갖고 싶으면 가져가도 좋다.

스카프: 의미심장한 감싸임

◆

오래전 내가 파리의 유학생이었던 시절 이야기다. 가을이 왔고, 스무 살이었던 나는 날씨가 점점 쌀쌀해지자 어떤 스카프를 두를지 고민하기 시작했다. 하지만 너무 멋부린 것처럼 보이긴 싫었고, 철 이른 스카프를 두르고 바크가街를 거니는 첫 번째 사람이 되고 싶지도 않았다. 알고 보니 걱정할 필요가 없었다. 좀 쌀쌀해졌다 싶던 그날부터 남녀노소 할 것 없이 온갖 다채로운 스카프를 두르고 나왔던 것이다. 화사한 색의 스카프를 무심하게 두른 그들은 당연하게도 지극히 우아했다. 스카프는 액세서리인 동시에 품격 있는 자기표현이기도 했다.

스카프는 단순한 보온용품이 아니다. 스카프는 색채의 터치를, 패턴의 불꽃을 세상에 전시한다. 솜씨 있는 손길을 거치면 그것은 심지어 천재의 붓 자국이 될 수도 있다. 내 동생과 부모님은 스카프를 경건하게 착용하며 서로에게 잔뜩 선물도 한다. 하지만 선물한 다음 다시 '빌려 가곤' 하는데, 때로는 물어보지도 않고 한참 동안을 빌리기도 한다. 아버지가 내 동생에게 이렇게 묻는 건 흔한 일이었다. "그 스카프 근사한데, 혹시 내 것 아니냐?"

이런 습관은 온화한(가끔은 좀 덜 온화하지만) 실랑이로 이어지곤 한다. 지금까지 우리 가족을 가장 많이 다투게 만든 물건이라면 드리스 반 노튼 스카프가 아닐까 싶다. 그런 광경을 보면 나는 어이가 없어 눈을 굴리곤 하지만, 사람들이 자신의 스카프에 갖는 유대감은 나 역시 이해한다. 왜 그럴까? 날마다 착용하는 물건에는 애착이 생기기 마련이다. 옷장의 다른 옷들은 계속 바뀌지만, 완벽한 스카프는 우리의 계절감을 완벽히 포착하기에 그것이 없으면 벌거벗은 기분이 들 수도 있다.

나는 짧은 스카프를 애용한다. 재킷 속으로 목에 두를 수 있는 종류의 것들. 하지만 이런 스타일은 아직 유행이 되지 않았다. 친분 있는 디자이너들에게 날 위해 짧은 스카프를 만들어달라고 설득한 적은 있지만 말이다. 난 아직도 그 유행을 기다리고 있다.

궁극적으로 스카프는 옷 입는 습관에 기분 전환의 계기를 제공한다. 스카프는 사람들의 흥미를 모으며 충분히 그럴 가치가 있다. 시각적이고 보온성이 있으며, 스타일에 관심 있는 모든 사람의 심장 가까이에 존재한다. 파리지앵에게 한번 물어보라.

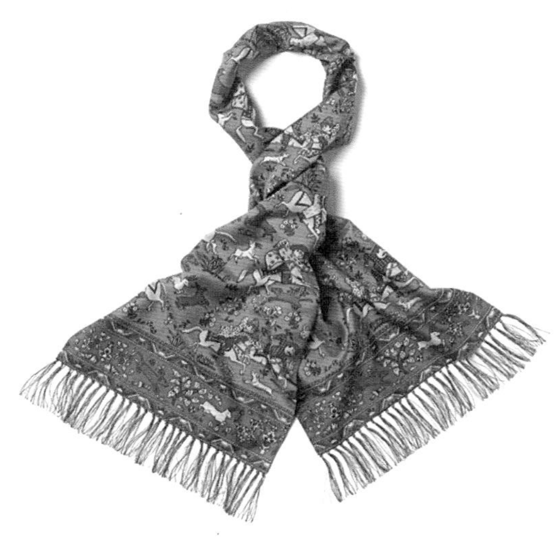

놀라운 디테일: 포켓 스퀘어

♦

모든 재킷의 한쪽 가슴에 주머니가 있는 데엔 그럴 만한 이유가 있다. 슈트에는 포켓 스퀘어가 장식되어야만 하기 때문이다. 그것은 백 년도 더 전부터 존재해왔으며 당신이 자랑스럽게 이어가야 할 복식 전통이다.

슈트가 클래식 스타일에 대한 당신의 충성도를 대변한다면, 포켓 스퀘어는 당신의 개성을 드러낼 절대 놓쳐선 안 될 기회라고 하겠다. 일단 포켓 스퀘어가 주는 즐거움을 깨닫고 나면 그것이 없는 코트는 뭔가 모자란 것처럼 보인다. 마치 단 한 번도 최고 속도로 달린 적 없는 포르셰 자동차처럼.

포켓 스퀘어를 즐기는 가장 쉬운 방식은 돈 드레이퍼 스타일이다. 도서관의 색인 카드처럼 빳빳한 흰색 포켓 스퀘어 말이다. 이런 근엄한 방식은 옷깃이 좁은 코트와 얼음처럼 차가운 마티니, 타협 없는 세계관에 가장 잘 어울린다. 이 스타일의 또 다른 장점은 대부분의 흰색 실크 포켓 스퀘어가 처음부터 이 형태로 접혀서 판매된다는 것이다.

그냥 사서 바로 가슴 주머니에 넣고 광고업계를 접수할 준비만 해라.

턱시도 또한 포켓 스퀘어를 시도해볼 좋은 계기다. 철저한 흑백 대비를 이루는 예복 상의인 턱시도는 당신에게 더욱 과감해질 기회를 준다. 당신이 이 옷의 마스터임을 보여주라. 그런 다음 턱시도를 입었다는 것 자체를 과감히 잊어버려라. 턱시도에 끌려 다니는 것처럼 보이긴 싫을 테니까. 턱시도를 입은 당신에겐 그보다 더욱 중요한 걱정거리들이 있을 것이다. 예를 들어 데이타임 에미 수상식에서 평생공로상을 수상하는 것 말이다.

포켓 스퀘어는 모든 슈트에 역동성을 더할 수 있는 기회다. 오페라 〈라 보엠〉 관람 중에 데이트 상대가 감동해서 울기 시작한다면 그녀에게 포켓 스퀘어를 건네주어도 좋다. 하지만 절대로 그 실크 천에 당신의 코를 풀어서는 안 된다. 알겠나, 친구, 우리가 손수건을 갖고 다니는 건 바로 그런 용도를 위해서니까.

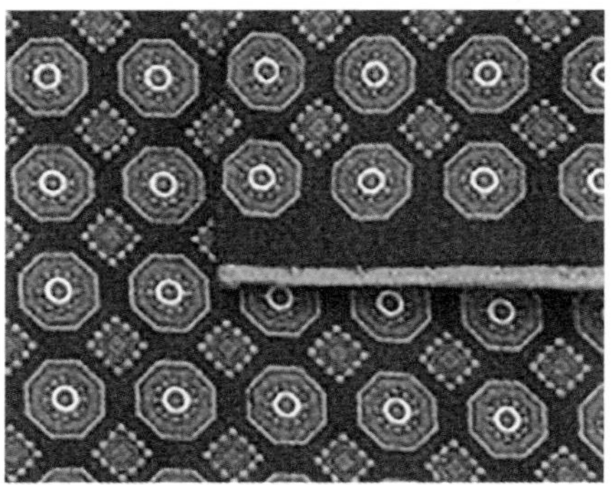

양말 없는 남자들

◆

우리는 한 남자를 만나면 그의 복식과 사회적 단서들을 관찰한다. 그의 굳건한 악수를, 어쩌면 독특한 에르메스 넥타이를, 혹은 찻잔 받침접시만큼 커다란 손목시계 문자반을. 하지만 현대 남성을 정말로 머리부터 발끝까지 꼼꼼히 뜯어본다면 또 다른 한 가지 사실을 발견하게 될 가능성이 점점 더 늘어나고 있다. 그가 양말을 신지 않았다는 사실 말이다.

반스 운동화를 신고 해변에 있는 남자, 톱사이더를 신고 요트를 탄 남자, 에스파드리유를 신고 생트로페의 골목길을 걷는 남자 얘기가 아니다. 알록달록한 운전용 모카신을 신고 베스파에 걸터앉은 남자 이야기도 아니다. 지금 얘기하는 것은 도시에서 슈트 차림을 하고 브로그 속에 아무것도 신지 않은 남자들이다. 남자들의 발목은 점점 더 맨살을 뽐내도 괜찮은 부위로 자리 잡고 있다. 한때 남자들은 자신의 복장에 유희 감각을 도입하기 위해 화사한 폴 스미스 양말을 신었지만, 이제는 발목의 맨살을 드러내고 활보하는 경우가 늘어났다.

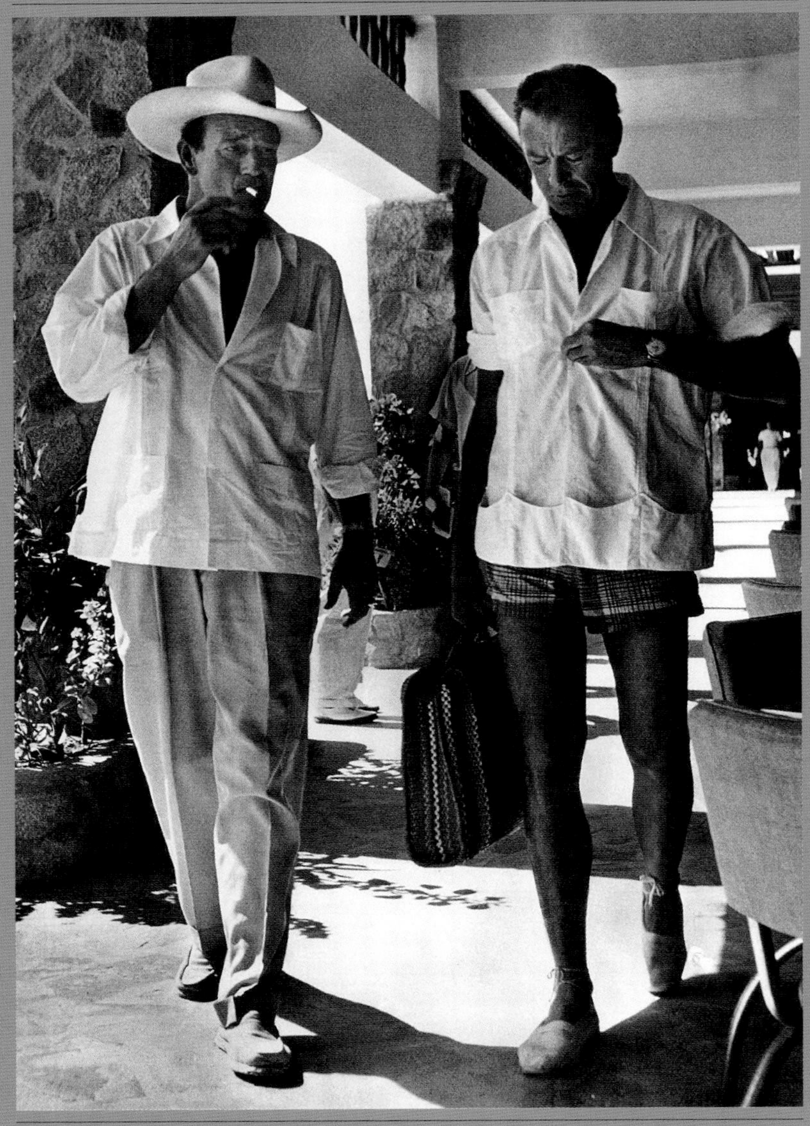

존 웨인과 게리 쿠퍼

어떻게 이런 상황이 온 걸까? 여름 휴가철의 느긋한 관습이 현대적 슈트 재단의 똑 떨어지는 실루엣과 함께 도시로 옮겨왔다. 똑 떨어지는 실루엣이란 다시 말해 구두가 드러나는 짧은 바지다. 때로는 정말 짧아서 거의 반바지에 가까워지기도 한다. 오늘날의 젊은이들은 재단사(아마도 그의 바짓단은 발목 주위로 여유 있게 내려와 있으리라)를 향해 '기장을 넉넉하게' 해달라고 중얼거리는 일이 결코 없을 것이다.

이러한 유행은 톰 브라운의 엄청난 영향력 때문이다. 남학교 교복 스타일의 거장인 그의 슈트는 그 자신에게는 끝내주게 어울리지만, 그의 감성에 충분히 경도되지 않았거나 체격과 신체 비율이 적절하지 않은 사람에겐 살짝 쪼그라든 옷처럼 보일 수 있다. 브라운 씨의 바지 기장은 발목 중간 딱 아래에서 끊어지며(그가 반바지를 입지 않았을 때는 말이다) 거기에 견고한 윙 팁(코끝에 날개 모양의 바늘땀 장식이 놓인 가죽 구두-옮긴이)이 더해진다. 그는 사업가들의 예복을 안에서부터 뒤집어버렸고 시스템의 내적 파괴에 성공했다.

브라운 씨가 발목 노출의 기술을 마스터했다고 해서 당신도 꼭 그리해야만 할까? 딱히 패션업계 사람이 아닌 이들도 이런 유행을 열성적으로 수용하고 있어 보는 사람을 불안하게 만든다. 드러난 발목은 전문가답지 않다는 의견들도 있으며, 따라서 일부 회사들은 여름이 아닌 이상 반드시 양말을 신으라는 복장 규정을 도입하기에 이르렀다.

하지만 많은 남자들이 그저 명목상으로만 맨발이라는 점은 인정해야겠다. 사실 그들은 아름다운 구두 속에 페이크 삭스를 신고 있기 때문이다. 발목 부분에 무심하고 캐주얼한 분위기를 풍기는 한편 발가락의 위생적 권리는 지킬 수 있는 짧은 양말 말이다. 최근 패션업계 남자들 몇몇이 참석한 미드타운의 칵테일파티에서, 나는 함께 있던 대여섯 명 중에 나만이 보수적으로 긴 양말을 신었음을 알아차렸다.

멋쟁이 남자들에게는 각자 나름의 페이크 삭스 전략이 있다. 컨트리클럽의 골프용품점에서 최고급 물건을 사는 사람도 있고, 캘리포니아의 마트에서 묶음 판매하는 3달러짜리 대체품에 만족하는 사람도 있다. 양말은 빨면 줄어들기 마련이니 애초에 큰 사이즈를 사는 사람도 있고, 그냥 몇 번만 신고 내다버리는 사람도 있다. 하지만 내가 보기에 그들 모두는 발가락 주위로 벌어지는 이 변화에 잘 적응해 있었다. 그리고 아직 이런 관습에 물들지 않은 줄무늬 양말 차림의 나는 무릎 아래만 보면 그중 가장 보수적인 남자였다.

나보다 젊은 친구 하나는 1년 중 양말을 신는 날이 닷새도 안 된다. 나는 그의 이런 습관을 직접 목격하고 상당한 감정적 변동을 겪었다. 처음에 느꼈던 호기심은 어느덧 그의 완벽한 무관심, 나아가 의도적 태만에 대한 은근한 반감으로 변했다. 하지만 결국 나의 감정은 (장기적으로는 양말 미착용자의 무심함에 대한 가벼운 염려가 섞인) 질투 섞인 부러움에 이르렀다. 그건 마치 매년 새해 첫날 찬 바닷물에 뛰어드는 북극곰 클럽 회원에게 느끼는 불건전한 흥미와도 같았다.

궁극적으로 이 맨살 노출의 놀라운 점은, 본래 느긋함의 표현이었던 것이 이젠 일종의 공식 규범을 나타내게 되었다는 것이다. 격식

없고 느긋하게 보이는 데도 상당한 전략이 필요해진 것이다. 이는 궁극적으로 현대 남성의 패션에 대한 관점 변화를 보여준다. 그는 액세서리나 현란한 색채를 배격하는 엄격한 미니멀리스트가 아니다. 사실 양말을 버린 남자들의 상당수는 알록달록한 포켓 스퀘어나 계절별로 바뀌는 화려한 스카프를 즐긴다. 맨발의 댄디는 실험하고 표현하며 때로는 살짝 도발하는 것도 두려워하지 않는다. 그리고 어쩌면 이 역시 중요할 텐데, 이 유행은 그가 여성을 더 잘 이해할 수 있게 해준다. 어느 여성이 구두를 신은 발이 아프다며 불평할 때 이젠 그 역시 그녀의 고통에 공감할 수 있을 테니까.

흰 구두에 바치는 찬사

◆

날씨가 마침내 따스해지면 이 계절 특유의 낙관주의에 빠져들고픈 본능적 욕구가 솟는다. 당신은 맹렬하게 네그로니를 들이켜고, 아직 낚시 철이 시작되지 않았음에도 낚싯대의 먼지를 턴다. 심지어 지역 야구팀의 시합을 보러 가기까지 한다(해마다 반복되는 순위 폭락이 시작되기 전에). 봄은 자기표현의 시기이며 따라서 흰 구두에 지극히 잘 어울리는 계절이다. 다만 주의하라, 진짜 구두 말이다. 반스 운동화나 테니스 코트에서 신는 신발이 아니다. 벅스, 구두코만 다른 색으로 된 옥스퍼드 단화, 크리켓화, 심지어 윙 팁까지도 포함된다. 몇 년 전 크로켓 앤드 존스는 사슴가죽으로 만든 우아한 흰 구두를 선보였다. 가격이 그야말로 터무니없긴 했지만.

흰 구두는 제대로만 신는다면 컨트리클럽에 한정되지 않으며, '프레피의 현대적 재정의' 따위의 헛소리와는 아무 상관도 없다. 흰 구두는 벨기에 구두(발등에 리본이나 태슬이 달린 단화-옮긴이)와 마찬가지

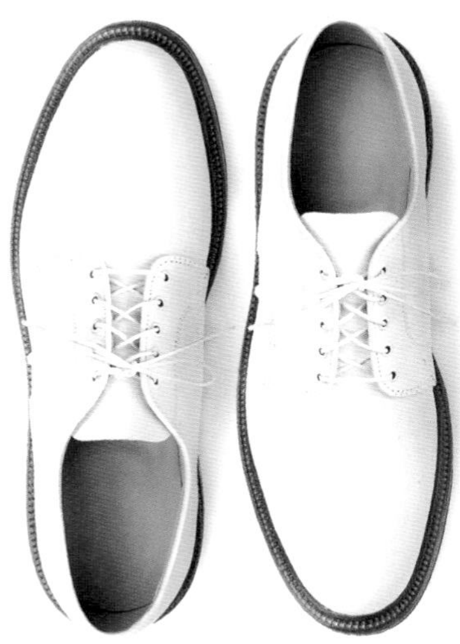

로 댄디즘에 가깝지만 결국 클래식의 자리를 유지하며, 더 이상 전복적이진 않다 해도 여전히 유쾌한 느낌을 준다. 마치 평범한 스테이크 대신 생고기에 날계란을 깨뜨려 섞어 먹는 스테이크 타르타르처럼.

프레드 아스테어는 영화 관람객들이 그의 현란한 발놀림을 보고 따라 하기 쉽도록 흰 구두를 신곤 했다. 내 친구 JP 윌리엄스는 1년 내내 흰 구두를 신는데, 어느 정도는 그가 남부 출신이기 때문이지만 그의 인습 타파적 기질 때문이기도 하다. 흰 구두가 계속 흰색일 수는 없으며 그래서도 안 된다. 흰 구두의 얼룩은 명예의 훈장으로 간주해야 마땅하다. 해진 셔츠 칼라나 닳아빠진 코트 팔꿈치가 그렇듯, 흰 구두의 더러움은 남성 패션의 자랑스러운 흉터다. 흰 구두를 신은 남자는 자신의 개성을 드러내고 자유로운 감각을 전달한다. 그는 계절을 환영하되 속박되지 않는다. 그는 불확실성을 이해하며 나아가 한껏 반긴다. 그리고 가장 중요한 점인데, 그는 이렇게 묻는다. “바로 지금 삶을 찬미하지 않는다면 대체 언제 그러겠는가?”

경매장의 남자: 입찰 전쟁

◆

몇 년 전 어퍼이스트사이드의 도일 경매장에서 열린 더글러스 페어뱅크스 주니어의 유산 경매는 할리우드 효과의 영향을 톡톡히 보았다. 더그는 엄청난 영국 마니아였고 대담한 옷차림을 즐겼지만 만년에는 유감스럽게도 카프탄 애호가가 되었다. 하지만 조앤 크로퍼드와의 결혼생활을 잘해낼 수 있다면 갈색 벨벳 디너 재킷도 무리 없이 소화할 수 있게 마련이다.

내 목표는 여러 가지였으나 그중에도 묶음으로 나온 구두 일곱 켤레가 중요했다. 특히 당대엔 런던의 도버가街에 있었던 헨리 맥스웰스의 섀미 구두가 탐났다. 나는 1년 내내 섀미 구두를 신는 나폴리식 관습을 고수하고 있었다. 게다가 카탈로그에 따르면 그 구두 사이즈는 정확히 내 사이즈인 275였다. 하지만 그렇다 해도 구두를 신어보지 못하고 사야 한다는 건 도박이었다. 내 발에 잘 맞는다면 내 평생 최고의 승리가 될 터였지만, 안 맞는다면 별수 없이 나보다 키는 크지만 그걸

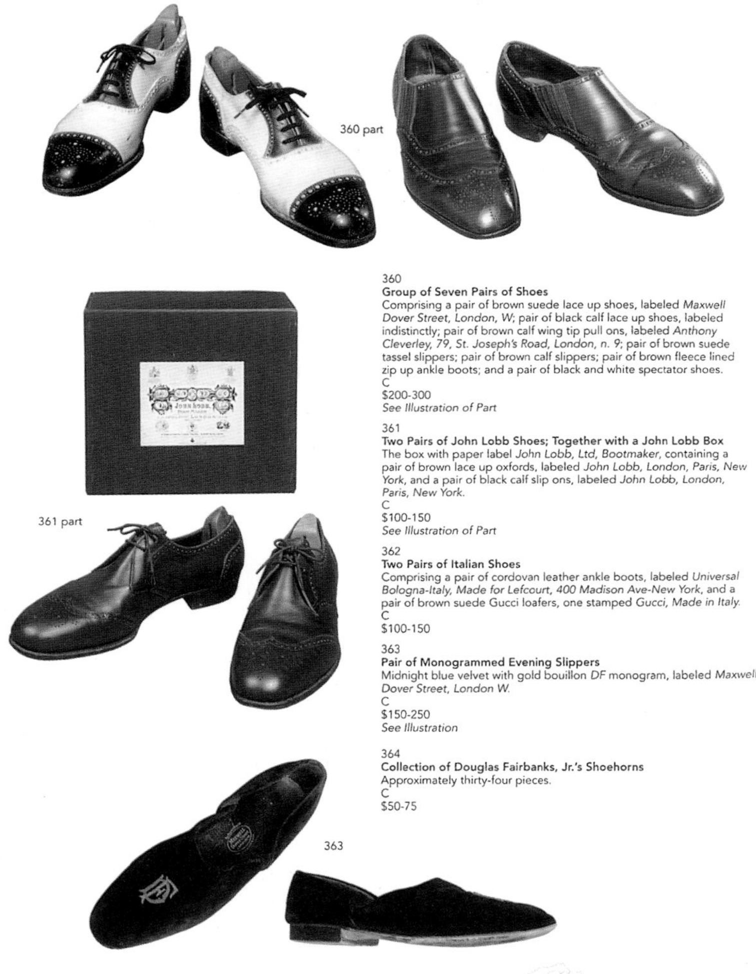

360 part

361 part

363

360
Group of Seven Pairs of Shoes
Comprising a pair of brown suede lace up shoes, labeled *Maxwell Dover Street, London, W*; pair of black calf lace up shoes, labeled indistinctly; pair of brown calf wing tip pull ons, labeled *Anthony Cleverley, 79, St. Joseph's Road, London, n. 9*; pair of brown suede tassel slippers; pair of brown calf slippers; pair of brown fleece lined zip up ankle boots; and a pair of black and white spectator shoes.
C
$200-300
See Illustration of Part

361
Two Pairs of John Lobb Shoes; Together with a John Lobb Box
The box with paper label *John Lobb, Ltd, Bootmaker*, containing a pair of brown lace up oxfords, labeled *John Lobb, London, Paris, New York*, and a pair of black calf slip ons, labeled *John Lobb, London, Paris, New York.*
C
$100-150
See Illustration of Part

362
Two Pairs of Italian Shoes
Comprising a pair of cordovan leather ankle boots, labeled *Universal Bologna-Italy, Made for Lefcourt, 400 Madison Ave-New York*, and a pair of brown suede Gucci loafers, one stamped *Gucci, Made in Italy.*
C
$100-150

363
Pair of Monogrammed Evening Slippers
Midnight blue velvet with gold bouillon *DF* monogram, labeled *Maxwell Dover Street, London W.*
C
$150-250
See Illustration

364
Collection of Douglas Fairbanks, Jr.'s Shoehorns
Approximately thirty-four pieces.
C
$50-75

116 DOYLE NEW YORK **THE ESTATE OF DOUGLAS FAIRBANKS, JR.** SEPTEMBER 13, 2011

도일의 더글러스 페어뱅크스 주니어 유산 경매 카탈로그 중 한 페이지

받을 가치가 없는 친구들에게 선물해야 할 터였다.

더그의 머리글자가 들어간 금빛 양말대님은 놀랍도록 많은 입찰자가 있었고, 마침내 거금 3천 달러에 낙찰되었다. 내가 노리던 구두들이 나오자 나는 어느새 태연하게 번호판을 쳐들고 있었다. 지금까지 한 번도 해본 적 없는 일이었는데 말이다(파자마 차림으로 이베이 사이트 경매에 입찰하는 것과는 전혀 다르니까). 계속 번호판을 흔들어대는 동안 귓가에 피가 확 솟구쳐서 최종 경매가는 제대로 듣지도 못했다. 3백 달러 정도였으니 잘 맞는다면 횡재일 터였고, 그렇지 않다면 이 사연을 편안히 얘기할 수 있게 될 5년쯤 뒤까지는 두고두고 날 고통스럽게 할 액수였다.

다음 날 낙찰 품목을 찾고 나서 나는 곧바로 한 켤레를 신어보았다. 시내로 달리는 택시 뒷좌석에서 나는 말 그대로 빽액 소리를 질렀다. 살짝 놀란 택시 운전사가 무슨 일인지 확인하러 뒤를 돌아보았지만, 그는 아마도 그것이 기쁨의 환성이란 건 몰랐으리라.

인터뷰

중요한 소장품과 사치

◆

내 최초의 비스포크 구두 한 켤레는 1990년대 초 조지 클리버리에서 맞춘 것이었다. 발트해에서 발견되었다는 난파선의 화물에 관한 기사를 나도 읽은 터였다. 그 배는 19세기 중반 그 자리에 가라앉았는데, 어째선지 무두질한 가죽 화물이 그대로 보존되었던 것이다. 기사를 읽자마자 나는 그 가죽을 손에 넣어야겠다고 생각했다. 값이 얼마나 비싸든 충분히 살 가치가 있는 물건처럼 보였지만, 그 순간 내가 막 아파트를 구입한 참이라는 게 기억났다. 안 되겠어, 무리야, 하고 생각하면서도 나는 런던에 갔다. 다른 핑계도 있었지만, 사실 거의 그 구두를 사기 위해서 간 셈이었다.

제이 매키너니

브루스 패스크

나는 굉장히 오랫동안 볼보를 사랑해 왔다. 특히 영화에도 종종 등장하는 각진 240 스테이션왜건을. 영화 속에선 보통 진보적인 대학 교수나 가족 모임에 나타난 (살짝 보헤미안 성향인) 주인공의 형제가 그 차를 몬다. 그야말로 개성이 넘치고 아주 견고해 보이는 차다. 당시에, 그러니까 2000년대 초반에 나는 애니 리버비츠의 스타일리스트로 일하며 〈배니티 페어〉를 비롯한 여러 상업적인 프로젝트의 사진

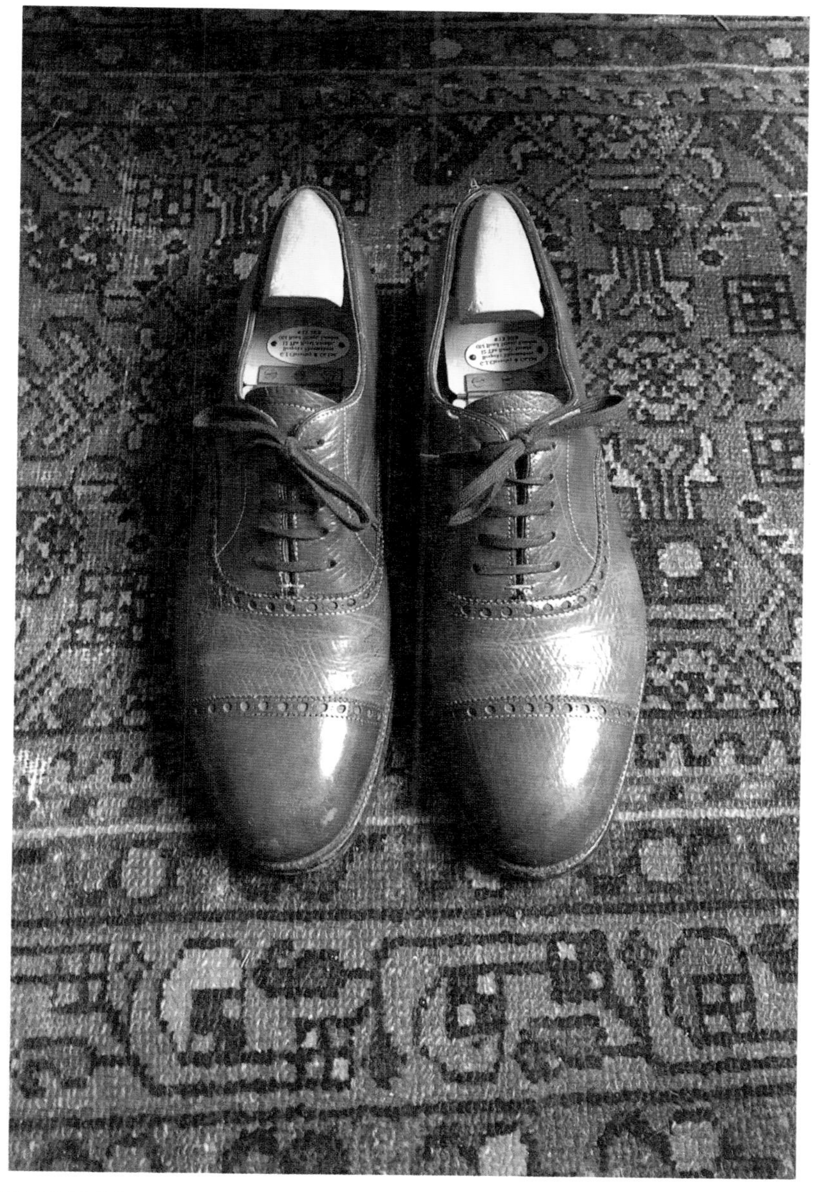

들을 찍고 있었다. 드라마 〈소프라노스〉의 홍보사진 촬영도 했는데, 그 일을 당시 내가 맡은 가장 큰 일 중 하나였다. 촬영을 마치고 나가서 나 자신에게 주는 선물로 1993년형 진녹색 볼보 240 스테이션왜건을 샀다. 내부 인테리어가 캐러멜 빛깔로 꾸며진 그 차는 말 그대로 바퀴 달린 구두 상자처럼 보였다. 난 첫눈에 반하고 말았다. 그 차는 아직도 내 손에 있으며 항상 잘 달려준다. 우리는 지금까지 오랜 시간을 함께해왔다.

쿠리노 히로후미

나는 대체로 같은 안경 하나만 계속 쓴다. 내 첫 번째 안경은 1977년 일본 하쿠산시의 안경점에서 맞추었다. 4만 엔, 그러니까 4백 달러 정도였으니 당시로선 꽤 비싼 안경이었다. 내 월급의 반이 넘는 가격이었지만, 그곳에서만 만드는 유일무이한 형태의 안경이었다. 그래서 나는 첫 번째 월급을 받자마자 거기로 가서 그 안경을 샀다. 20년 사이 안경을 하나 더 맞추었다. 내 아내의 안경을 본뜬 것이다. 둘이 함께 살기 시작했을 때 우연히 아내가 청소년 시절 썼던 안경을 발견했다. 조정이 좀 필요해 보여서 안경점에 가져갔더니 내게 딱 맞게 고쳐줘서 한 10년간 잘 썼다. 그 안경이 너무 마음에 든 나머지 결국엔 복제품을 하나 맞추었다. 이후로 계속 그걸 써오고 있다.

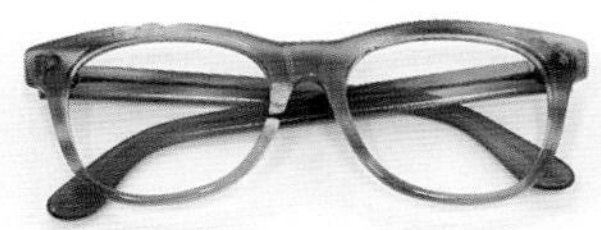

쿠리노 히로후미 안경

닉 숀버거

학교를 졸업한 후 경매로 J. 웰스 헨더슨의 소유였던 궤짝 하나를 샀다. 그는 필라델피아의 인디펜던스 시포트 박물관을 설립한 사람이다. 웰스의 소장품 모음집인 『선원』에는 그 궤짝이 문신 도안 보관용이었다고 적혀 있었다. 뉴햄프셔주 포츠머스의 노스이스트 경매장에서 그 물건을 샀는데, 지금껏 내가 산 가장 비싼 물건이다. 몰랐지만 당시 경매에서 내 경쟁자는 바로 그 박물관이었고, 그러니 난 이 물건에 관해 그곳에 빚을 진 셈이다.

닉 설리번

내가 아끼는 소장품 상당수는 이베이에서 산 것들이다. 관심 분야가 생기면 검색해서 관련된 물건을 50가지 살펴본 다음 일단 보류한다. 그러고 나면 사진만 봐도 내가 원하는 물건인지 아닌지 알 수 있다. 어제는 1950년대 프랑스 노동복인 셔츠재킷을 샀다. 좀 낡았어도 사이즈는 꼭 맞을 듯싶다. 소매는 좀 짧을지도 모르지만 그 정도는 손볼 수 있다. 그 물건도 비슷한 품목을 50가지 살펴보고 난 다음 구매한 것이다.

제이 매키너니

처음으로 진짜 재단사가 있는 양복점에 간 건 1990년대 초였다. 헌츠맨에 갔는데 무척 겁이 났다. 거기 가려면 반드시 옷을 잘 차려입어야만 할 것 같았으니까. 그리고 맞춘 옷이 몸에 딱 맞지 않으면 어쩌나 걱정되기도 했다. 비스포크 양복점에 몇 차례 갈 때까지는 계속 그렇게 안달복달했다. 헌츠맨과 앤더슨 앤드 셰퍼드에 다녔는데, 매번 겁이 났고 갑자기 내 억양이 유난히 투박한 것처럼 느껴졌다. 그리 오래전 일도 아니다.

♦

처음으로 영국에 갔을 때 나는 대학을 갓 졸업했고 스물한 살이었다. 유럽 여기저기를 배회하며 여름 한철을 보냈다. 저가 항공권을 샀고 바닷가에서 잠을 잤으며 히치하이킹을 했다. 아일랜드에서 암스테르담까지 갔다가 이탈리아를 왕복 횡단한 뒤 마침내 영국에 이르렀다. 나는 맞춤 양복점에 갔다. 리전트가街에 있는 베일리 앤드 웨더릴이란 곳이었는데 아주 제대로였다. 회색 플란넬 원단의 스리피스 싱글브레스트 슈트를 맞추었다. 진짜 영국식으로 뒤판 옆트임이 허리까지 올라왔다. 일주일 동안 세 번 피팅을 했는데 정말 즐거웠다. 재킷 소매의 단춧구멍도 진짜로 열렸다. 그래, 바로 이거야, 내 인생에 이보다 좋은 순간은 결코 없을 거라는 생각이 들었다. 실제로 그랬다!

G. 브루스 보이어

마이클 헤이니

뉴욕으로 왔을 무렵 브로드웨이에 가게가 하나 있었다. 13번가와 14번가 모퉁이였던 거 같은데 칩 잭스 아니면 그 비슷한 이름이었다. 내겐 돈이 별로 없었다. 『스파이』 잡지사에서 일하며 주급 50달러를 벌고 있었으니까. 하지만 그 가게는 직장 가까이 있었기 때문에 거기 가서 근사한 하운드투스 무늬 스포츠코트를 하나 샀다. 오랫동안 그 옷을 입었다. 사실 구제 옷이었는데(남이 입었던 옷을 입으면 편안한 남자의 성향이 여기서도 드러나지 않는가?) 입을 때마다 많은 칭찬을 받았다.

나는 옷에 애착을 갖는 편이다. 노스탤지어랄까. 내게 잘 어울리는 옷은 좀처럼 버리기 힘들다. 그래서 그 옷도 한참 동안 갖고 있었다. 아내와 만나기 시작했을 무렵 그녀가 내 옷장 구석에서 그 옷을 찾아내곤 "이게 뭐야?"라고 물었던 기억이 난다.

마이클 윌리엄스

스물다섯 살 때 IWC 매장을 둘러보고는 홀딱 반해서 정말로 하나를 갖고 싶어졌다. 어느 날 다시 그 시계를 하나 갖고 싶다는 생각이 들었고, 결국 그리로 돌아가서 포르투갈제 시계를 하나 샀다. 오래전 내가 바라보았던 바로 그 시계였다. 순간적 충동이 아니었다. 뭔가 근사한 물건을 소유하고 싶었던 것이다. 내가 제대로 된 시계를 산 건 그날이 처음이었으니 그런 점에서도 무척 뜻깊은 일이었다.

가이 트레베이

지금껏 경매로 산 가장 이상한 물건은 남인도 체티아의 대저택에서 온 2.4미터 높이의 티크 목제 기둥 한 쌍이다. 팜비치 옥션에서 모바일 구매로 샀다. 카탈로그에 있던 그 품목을 언뜻 잘못 보고서 흥미로운 물건이라고 생각했던 것이다. 물론 이젠 그것들을 카탈로그에 그냥 내버려뒀어야 했다는 걸 알고 있지만.

당신에게도 패션 흑역사가 있었나요?

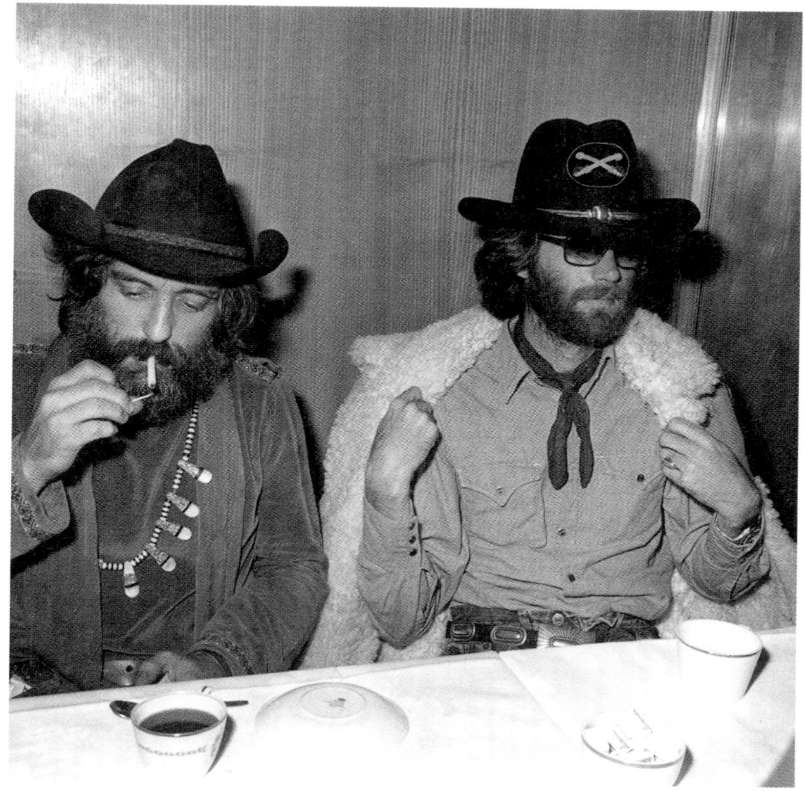

데니스 호퍼와 피터 폰다

앤디 스페이드

어머니는 계부와 재혼한 뒤 투손과 피닉스 사이의 카사그란데라는 동네로 이사 갔다. 계부는 사냥이 취미여서 나도 아침 일찍 일어나 스키트 재킷(가죽 어깨심이 든 사격용 재킷-옮긴이)을 입고 클레이 사격을 하곤 했다. 그곳 날씨가 너무 더워서 나는 계부가 사준 프라이 부츠(무릎까지 올라오는 단단한 가죽 부츠-옮긴이)를 반바지 아래 신었다. 언젠가 친아버지에게 이런 말을 듣기도 했다. "지난번에 널 만나러 그 집에 들렀는데 네 옷차림이 너무 형편없지 뭐냐. 그래서 그냥 돌아왔단다. 그런 차림인 너랑 같이 외출할 순 없었거든."

월터 컨

데이비드 보위에 열광했던 글램 시기가 있었다. 뉴욕에 아직 스튜디오 54(1970년대에 유명했던 나이트클럽. 1986년에 문을 닫았다-옮긴이)가 열려 있던 1980년에 내겐 남자친구에게 화장해주길 좋아하는 여자친구들이 많았다. 그래서 나도 보위처럼 화장을 하고 뉴욕 시내에 나가곤 했다. 뉴욕에는 우리와 친한 부유한 여자애들이 많아서 그 애들 집에 가서 섹스를 하곤 했다. 종종 마약도 했고, 그러다 평생 그런 밤을 벗어나지 못하게 되는 사람들도 있었다. 남자들이 귀를 뚫고 아이섀도를 칠했으며 어떤 종류의 중성성이 인기를 끌었던 시기였다. 티셔츠를 입어야 했고 옷을 많이 걸치지 말아야 했다. 하지만 그건 겨우 두 해 정도, 그러니까 1980년에서 81년 사이의 일이었다. 내가 뉴욕의 디스코텍에서 한껏 즐기던 시절이다.

◆

젊은 시절에 형편없는 머리 모양을 했던 기억들이 있다. 한번은 프린스 밸리언트(1997년의 동명 영화 등장인물로 앞머리가 있는 짧은 단발을 하고 있다-옮긴이) 같은 머리를 했는데 내게 전혀 어울리지 않았다. 난 아마도 키스 에머슨처럼 보이고 싶었던 모양인데 생각대로 되지 않았던 것이다.

던컨 해나

G. 브루스 보이어

나는 주트 슈트를 입곤 했다. 보통 슈트에 원단이 3.5미터쯤 들어간다면 주트 슈트에는 5, 6미터쯤 들어간다. 바지는 겨드랑이 바로 아래서부터 발목 주변에 겹겹이 접힐 만큼 넉넉하게 떨어지며, 재킷은 허벅지 중간까지 내려온다.

스티븐 코츠

젊었을 때 한동안 크로스드레서로 지낸 적이 있다. 1990년대 초반 런던 소호에서 여장을 하고 다녔던 것이다. 완벽한 여장은 아니었다. 처음엔 그냥 머리를 길게 기르고 화장을 하는 정도였을 거다. 당시 나는 뉴욕 돌스(미국의 글램 펑크록 밴드 - 옮긴이) 풍의 글램룩을 좋아했고 래드브로크 그로브에 살면서 소호에 자주 나갔다. 나중에 그때 일을 다시 생각해봤지만 나도 잘 모르겠더라. 그저 한때 그랬다가 지나가버린 시기였으니까. 에로틱한 면은 없었다. 섹슈얼리티나 젠더와는 관련이 없었던 것 같지만, 내가 여장에 강하게 끌렸던 건 확실하다. 당시엔 그런 글램 클럽 신이 있었다. 하지만 낮에는 여장을 해본 적이 없다. 밤에만 한정된 습관이었다.

랜디 골드버그

샌드라 데이 오코너(미국 최초의 여성 대법관 - 옮긴이)와 함께 찍은 사진이 있다. 사진 속 나는 자주색 데님 바지에 정말 흉측한 럭비 셔츠를 입고 있다. 아마도 스트럭처(시어즈의 남성복 브랜드 - 옮긴이)에서 산 것이리라. 그 사진은 지금껏 아무에게도 보여주지 않았다.

J. C. 매켄지

열한 살 무렵 1년 정도 여자 옷을 즐겨 입었다. 분홍색 타프타 드레스와 스타킹을 찾아 어머니 옷장을 뒤지며 오후 한나절을 보내곤 했다. 심리적으로 억압된 약제사였던 우리 아버지는 어느 날 오후 일찍 귀가했다가 나일론 스타킹에 금발 가발과 하이힐 차림으로 발기해 있는 나를 발견했다. 아버지는 얼른 왕립 오타와 정신건강센터에 내 정신 감정을 의뢰했고, 그렇게 나의 짧은 '보위 시기'가 끝났다.

가이 트레베이

나는 아주 명확하고도 열광적인 히피

시기를 겪었다. 그땐 머리를 땋아 등 가운데까지 늘어뜨리고 다녔다.

던컨 해나

1980년대 초에 용돈 벌이를 시작하면서 어깨에 패드가 든 재킷을 사곤 했다. 지금 생각하면 끔찍할 뿐이다.

마클리 보이어

1970년대 뉴잉글랜드에는 살짝 낡은 것에 관한 미적 취향이 있었다. 시내에서 가장 부유한 가족도 낡아빠진 구형 볼보를 몰았고, 팔꿈치에 구멍이 나지 않은 스웨터는 다소 천박하게 여겨졌다. 바로 그런 태도로 인해 내가 구제 옷가게 쇼핑에 취미를 붙인 것 같다.

같은 이유로 한동안 군수품에 열광한 시기도 있었다. 우리 아버지는 미 해군 특수부대 소속이었는데 당시엔 수중폭파대라고 불렸다. 그 부대의 로고는 선원 모자를 쓰고 입에 시가를 문, 살짝 괴상하고 호전적인 모습의 개구리였다. 한번은 아버지가 입던 녹색 군복 재킷을 내게 주었는데(요즘 칼하트에서 나오는 단순한 재킷과 비슷했다) 주머니에 아버지 이름이 수놓여 있었다. 나는 그 옷을 몇 년이나 입었다. 고등학교 졸업식에도 아버지의 흰색 해군 정복을 입고 갔다.

톰 실러

〈400번의 구타〉 속 앙투안 두아넬. 그 영화를 봤을 때 나는 열다섯 살이었고 정말로 간절히 그 프랑스 소년이 되고 싶었다. 나는 유럽과는 전혀 다른 로스앤젤레스에서 자랐지만, 그럼에도 검은색 터틀넥 스웨터를 입고 카페에 가서 에스프레소를 마시곤 했다.

내가 〈새터데이 나이트 라이브〉 공연장에서 찍었던 사진들을 지금도 들여다보곤 한다. 당시의 커다란 셔츠 칼라 유행 쪽으로 살짝 기울어진 모습이다. 그렇게 심하진 않았지만 근접은 하고 있었다. 끝까지 가지 않은 게 천만다행이다.

이넉 페레스

미국에 올 때까진 내가 푸에르토리코 사람이라는 자각이 없었다. 나는 푸에르토리코에서 자랐고 거기선 모두가 푸에르토리코 사람이었다. 하지만 미국에 오니 내가 바니스에 들어가면 보안요원이 날 따라다닌다는 걸 알게 되었다. 그래서 대학을 졸업한 뒤로는 내 혈통을 오히려 과시해 보이기로 마음먹고 금시계를 차기 시작했다. 금시계만큼 히스패닉다운 것도 없으니까. 나는 스물세 살이었고 대학 졸업 후엔 헌터 칼리지로 가서 박사 과정을 밟았다. 그때부터 과야베라를 입기 시작했다. 센추리 21에서 산 우스꽝스러운 돌체 앤드 가바나 바지와 함께.
내가 속해 있던 무리는 가난하지만 패셔너블했다. 사람은 패셔너블하면서도 동시에 가난할 수 있다. 바로 그게 스타일의 근사한 점이다.

마크 맥네리

가장 민망했던 시기는 고등학교 졸업 반 때와 대학교 초기 몇 년이었던 듯하다. 뉴웨이브 유행 때문이다. 발목이 좁은 청바지, 카페치오의 재즈 옥스퍼드 단화. 그 무렵이 최악이었다.

닉 숀버거

스물다섯 살 전에 했던 모든 일들. 스물다섯부터 서른까지는 자신을 파악하는 기간이다. 그리고 그 후로는 평생 똑같은 옷만 입게 된다.

리처드 크리스천슨

내가 베네통에서 일하던 때 최선의 방식으로 완전히 미친 사람이었던 올리베리오 토스카니(이탈리아의 사진가로 1980~90년대 논란을 불러일으킨 일련의 베네통 광고를 제작했다 - 옮긴이)가 우리에게 본드 걸 느낌의 흰색 점프슈트를 입혔다. 예외 없이 모든 직원들에게. 종이 비슷한 재질로 만들어진 그 옷이 찢어지기라도 하면 바로 새것을 받았다. 그는 베네통을 '아이디어 실험실'이라고 불렀다. 거기서 일하며 별별 사람들을 다 만날 수 있었는데 정말 재미있었다.

닉 우스터

뉴욕으로 왔던 1983년에 나는 여전히 대학생 때와 똑같은 옷차림을 하고 있었다. 말하자면 프레피 스타일이었다. 뉴요커다운 옷을 사야겠다고 생각한 기억이 난다. 당시엔 소호의 옷가게 패러슈트가 인기였고 나 역시 역삼각형 실루엣을 갖기를 간절히 원했다. 하지만 현실적으로 그럴 돈이 없었기에 나는 일단 광고업계에 뛰어들었다. 패션 쪽으로 온 것은 몇 년 후의 일이다. 내겐 실패로 끝난 광고업계 경력이 있다.

닉 설리번

내 옷차림에 있어 가장 결정적이었던 시기는 종조부의 옷을 활용하기 시작했던 열대여섯 살 무렵이다. 드라마 〈다시 찾은 브라이즈헤드〉의 방영은 구제 옷가게를 애용하는 완전히 새로운 세대의 형성을 알렸다. 당시에는 1940~50년대 옷을 꽤 쉽게 살 수 있었고, 그로 인해 할아버지의 셔츠와 흰 넥타이 차림으로 나이트클럽을 찾는 세대가 생겨났다.

제이 매키너니

뉴욕으로 오면서 시내에 살게 되었는데, 해리스 트위드 재킷에 면바지와 독사이드(세바고에서 만드는 보트 슈즈 브랜드-옮긴이) 차림은 그곳에 아무래도 어울리지 않았다. 마침 펑크의 태동 시기였기에 나는 결국 검은 가죽 재킷과 블랙 진을 선택했다. 나로서는 불안한 전환기였다. 올리브빛과 갈색에서 뉴욕 시내를 지배하던 무채색으로의 이동은 꽤나 큰 변화였으니까.

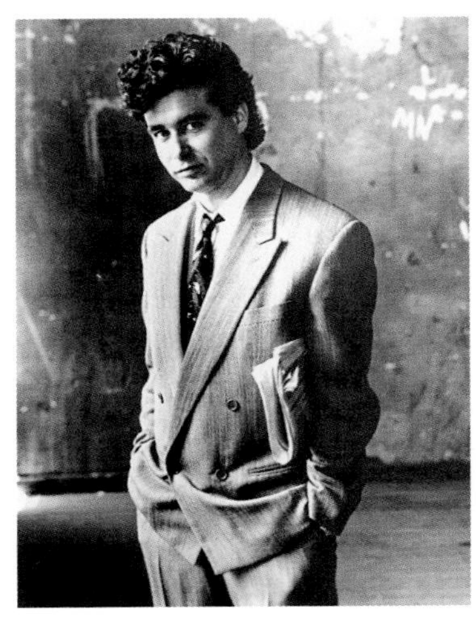

제이 매키너니의 1980년대 프로필 사진

토머스 벨러

플래너리 오코너의 소설 『현명한 피』를 보면 한 남자가 남부 침례교 사회를 이탈하여 그곳에 저항한다. 하지만 그의 저항 수단이란 바로 '그리스도 없는 교회'를 시작하는 것이다. 그는 자신이 속한 세계의 언어가 아닌 다른 언어로 그 세계에 저항할 수 없다. 나는 한때 희한하게도 경제학에 몰두한 적이 있다. 프라이 부츠와 군복 재킷을 버리고 슈트에 서류가방을 들고 다니며 금융업자 흉내를 냈던 것이다. 세인트앤 고등학교에 다니던 시절 종교에 대한 내 최초의 저항은 증권업자가 되어 『월 스트리트 저널』을 들고 다니며 증권 거래표를 읽는 것이었다. 지금 와서 그때를 돌아보면 대체 그 슈트가 어디서 났는지 궁금하다. 아마 아버지 것이었겠지만.

마클리 보이어

1977년에 섹스 피스톨스의 〈갓 세이브 더 퀸〉이 나왔고, 런던에 갔다 온 친구 하나가 그 노래 얘기를 해주었다. 나도 어떻게 싱글 레코드를 구해서 과학 실험실 작업대 위에 있던 레코드플레이어로 듣기 시작했고 이후로 5, 6년간 펑크 음악에 많은 관심을 갖게 되었다. 당시 보스턴엔 랫Rat이라는 클럽이 있었는데(독일어로 지하 술집을 뜻하는 '라츠켈러Ratskeller'의 줄임말이었다) 훌륭한 보스턴 록밴드들을 항상 볼 수 있던 그곳에서 많은 시간을 보냈다. 따라서 당시 내 스타일의 상당 부분은 교외 중상류층 펑크록 뮤지션이라는 픽이나 요상한 위치에서만 제대로 이해할 수 있는 것들이었다. 하지만 그럼에도 난 그 스타일을 무척 좋아했다. 가죽 재킷, 귀걸이, 자줏빛 염색 머리.

조시 페시코비츠

열다섯 살 무렵 불법으로 베이글 제빵사 일을 하던 기억이 난다. 열여섯 살이 된 날부터는 업 어게인스트 더 월에서 일하기 시작했는데, 요즘 말로는 도회풍이라고 할 동부 연안의 남성복 프랜차이즈 매장이었다. 거기서 일하기 시작한 이유는 폴로의 트레이닝복 바지가 갖고 싶었는데 돈이 없어서였다. 그 옷은 85달러였는데 당시 스투시 티셔츠는 30달러였다. 거기서 일하며 돈도 벌고 직원 할인도 받을 수 있었다.

당시 내 사진들을 보면 가장 먼저 드는 생각은 '와, 그때는 정말 말랐구나' 하는 것이다. 그게 핵심이었다. 하지만 지금 내가 입는 옷들도 대부분 고등학생 때 입던 옷과 직결되어 있다.

글렌 오브라이언

처음 뉴욕에 왔을 때는 어퍼웨스트사이드에 살았다. 히피 시대에 대학을 다녔기 때문에 내 모습은 프레피 옷차림을 한 히피 같았다. 머리와 턱수염을 여기까지 기르고 트위드 재킷을 입은.

프랭크 마위티언스

뉴욕에 와서 나는 우선 쇼핑몰들을 돌아보고 다녔다. 모든 게 궁금했다. 심지어 정크 푸드조차. 사람들은 내게 이렇게 묻곤 했다. "오레오 쿠키가 뭔지 모른단 말이야?" 클럽들도 전부 가보았다. 당시엔 클럽들이 호황이었다. 레스토랑에도 큰 인상을 받았다. 내가 항상 다녔던 곳은 오데옹이다.

크리스 블랙

자신에겐 흑역사가 전혀 없었다고 말하는 사람은 거짓말쟁이가 분명하다. 십대 시절 내 패션은 대체로 헐렁한 바지에 하드코어나 펑크 밴드 티셔츠, 그리고 온갖 괴상한 구슬 목걸이들이었다.

유언 렐리

우리는 런던 클래펌 정션의 구제 옷가게에 가곤 했다. 거기서는 주트 슈트 비슷한 옷과 2차대전 후 살아남아 귀가한 병사들에게 지급된 슈트를 구할 수 있었다. 당시엔 동원 해제 후 남자들이 민간인 생활에 적응할 수 있도록 슈트를 배급했었다. 동원 해제복이라고 불리던 이 옷은 몸에 잘 맞지 않고 촌스러운 체크무늬 슈트였다.

던컨 해나

1960년대 후반에 내가 마리화나를 피우는 반체제적 부적응자가 되자 아버지는 크게 낙담하셨다. 그전까지 나는 줄곧 아버지의 궤적을 잘 따라왔기 때문이다. 그러던 내가 갑자기 분홍색 코르덴 바지에 세일러복을 입기 시작한 건 티렉스와 데이비드 보위, 록시 뮤직 때문이었다. 아버지가 보기엔 그중 누구도 내게 좋은 영향을 미치진 못했다.

어느 날 밤 아버지와 나는 각자 파티에 가려고 옷을 차려입었다. 나는 차를 태워줄 친구를, 아버지는 우리 어머니를 기다려야 했다. 우리 둘은 나란히 거실에 앉아 서로를 쳐다보았다. 열여덟 살 정도였던 나는 세일러복을 입고 있었다. 한때 해군 장교였던 아버지가 보기에 내 옷차림은 지극히 부적절한 것이었다. 아버지가 물었다. "대체 그 옷은 어디서 났니?" 내가 대답했다. "굿윌(기증받은 물품 판매액으로 장애인을 돕는 비영리업체 - 옮긴이)에서요", "대체 왜 가난뱅이들이 가는 가게에서 옷을 사는 거냐?", "거기선 근사

◆

어느 가게에서 자주색 슈트를 보고 "흠, 저걸 입으면 시나고그(유대교 회당-옮긴이)에서 확 튀겠어"하고 중얼거렸다. 그 옷을 입으면 엄청 반항적으로 보일 거라고 생각했다. 내가 슈트를 입는 건 시나고그에 갈 때뿐이었는데 1년에 단 두 번이었다.

랜디 골드버그

한 빈티지 옷들을 10달러로 살 수 있거든요!"

브라이언 아워탄

사실 패션에 있어서는 내 평생이 흑역사였다고 생각한다. 하지만 마흔다섯 살이 되고 나니 과거를 돌아봐도 점점 더 덤덤히 받아들일 수 있게 된다. 후회는 별로 없다. 내 희한한 선택들도 당시 나의 정신 상태를 반영하고 있을 테니까. 말하자면 편지의 발송일이 찍혀 있는 타임스탬프 같은 거다.

월터 컨

1970년대 초반에 우리 아버지는 지극히 관습적인 패션에서 완벽한 모드족 패션으로 넘어가셨다. 갑자기 콧수염을 기르고 터틀넥 스웨터를 입기 시작한 것이다. 아버지는 내가 아는 한 가장 초기의 헬스클럽 가입자 중 하나였다. 소위 유러피언 헬스 스파라는 곳에 가입하셨는데, 그곳 로고는 지구를 들어 올리고 있는 아틀라스 비슷한 근육질 남자였다. 지금 와서 보니 아버지는 자신이 게이 문화의 선구적 장소에 있다는 걸 미처 몰랐던 모양이다. 아버지는 몸에 꼭 맞는 합성섬유 터틀넥 스웨터를 입었는데, 아버지가 섹시해 보이려 한다는 걸 나는 그때 처음으로 인식했다.

그래서 나도 터틀넥 애호가가 되어야겠다고 생각했다. 70년대였으니 짙은 주황색 등 온갖 알록달록한 터틀넥들이 나와 있었다. 내겐 노란색 터틀넥도 한 무더기 있었다. 신축성이 아주 좋았지만 촉감은 끔찍했는데 그래도 한참 입고 다녔다. 목과 얼굴을 액자처럼 둘러싸주는 터틀넥 특유의 느낌이 있다. 그런 차림을 하면 머리 모양에 무척 신경 쓰게 된다. 그래서 무척 자연스럽고 복슬복슬한 머리 모양이 유행하던 80년대 초에도 나는 헤어 제품에 몰두했다. 비탈리스나 그 괴상한 브릴크림 같은.

서 솔직하게 다루어진 경우도 있긴 하다. 캔디스 부시넬이 남자들과 자전거에 관해 『옵저버』에 쓴 칼럼이 있다. 조지 플림턴(문학잡지 『파리 리뷰』의 편집자-옮긴이), 헨드릭 허츠버그(미국의 저널리스트-옮긴이), 그리고 당시 문학

♦

**열서너 살 무렵 문득 자기표현 욕구를 느꼈다.
당시 내 또래의 모든 소년들이 원했던 윙클피커라는 부츠가 있었다.
발끝이 아주 뾰족한 짧은 가죽 부츠였는데 런던에서는 하이가街를 따라
켄싱턴 마켓으로 가면 살 수 있었다. 아니면 보통 섀미 재질로 만들던
바틀크리퍼(닥터마틴처럼 밑창이 두꺼운 고무로 된 단화-옮긴이)를 살 수도 있었고.
나도 윙클피커와 바틀크리퍼를 갖고 싶었지만 어머니는 "절대 안 돼"라고 하셨다.
내게 그런 끔찍하고 천박한 잿빛 가죽 구두는 사주지 않겠다는 거였다.
내겐 엄청난 트라우마였다.**

유언 렐리

토머스 벨러

나는 말하자면 은밀한 사람, 공공생활과 거리를 두는 인물이 되고 싶었다. 난 자전거를 타고 돌아다녔는데 어떤 면에서 그것은 유니폼의 대립항이었다. 자전거는 내게 상당히 중요한 문제였다. 내 이동 수단이었으니까. 자전거를 탈 때면 아무 옷이나 입을 수 없다. 자전거가 감상적인 액세서리로

에이전트였던 내 친구 킵 코츤도 그 칼럼에 등장한다. 아직도 거기 인용된 코츤의 말이 기억난다. "난 지금 나의 자전거 핸들을 잡고 있다."

롭 잔가르디

'가죽 바지', 이 두 마디면 족하다. 처음 뉴욕에 와서 패션업계 일을 할 때 뭔가 좀 더 패셔너블한 옷차림을 해야

◆

1990년대의 몇 년간이 흑역사였던 것 같다.
모두가 어깨에 심을 넣은 이탈리아제 슈트를 입던 시기다.
난 아직도 그게 팻 라일리(미국의 농구 감독 출신의 구단주-옮긴이) 탓이라고 생각한다.

글렌 오브라이언

할 것 같았다. 그리하여 2000년대 초의 모든 끔찍한 패션을 시도하게 되었다. 남색 터틀넥 스웨터와 남색 가죽 바지에 뱀가죽 카우보이부츠라든지, 그 밖에도 십대 패션잡지 화보에서나 용서될 온갖 실험적 조합들. 아무리 애써 봐도 난 결국 클래식 패션으로 돌아가게 된다. 패셔니스타가 되는 건 아무래도 내겐 어울리지 않나 보다.

마크 맥네리

당시엔 레미니슨스(뉴욕의 구제 옷가게-옮긴이)가 엄청난 인기였다. 기억하는가? 그 가게는 아직도 영업 중이다. 품질 나쁜 바스코(바니스 뉴욕의 의류 브랜드-옮긴이)와 비슷하지만 그래도 근사한 옷들을 팔았다. 『GQ』에 항상 실리던 카키색 면바지들이 잔뜩 쌓여 있었다. 18번가 모퉁이를 돌면 바로 나오던 그 가게는 이 도시에 와서 제일 먼저 찾아간 곳이었다. 케네스 콜의 검은색 부츠 한 켤레를 샀는데 한쪽에 여섯 개씩 달려 있는 버클이 걸을 때마다 짤랑거렸다. 그때 난 그게 끝내주게 멋지다고 생각했다.

프랭크 마위티언스

미술학교에 다닐 때 친구들과 휴가를 갔는데 바닷가에서 내 옷차림에 모두들 경악했다. 주황색과 붉은색 줄무늬 셔츠, 붉은색 바지, 그리고 해적 부츠였다.

리처드 크리스천슨

런던에 살 때 얘기다. 킹스크로스의 한 술집 밖에 모여 있는 남자들을 보았는데, 내가 어울리고 싶던 바로 그런 남자들이었다. 그 술집에 들어가서 일자리가 있느냐고 물어보았다. 당시 나는 키 크고 금발에 몸매도 좋았으니까. 얼마 후 술집 안의 몇몇 남자가 셔츠와 바지를 벗었고 갑자기 모두가 팬티 바람으로 춤을 추기 시작했다. 그런 식으로 일주일에 나흘씩이 지나갔다. 나는 팬티 속에 원더브레드 식빵을 채워 넣곤 했다. 손님들에게 팁을 받고 싶었기 때문이다. 바에서 일하던 어느 젊은 여자 말로는 스타일리스트들이 모델의 딱 붙는 흰 팬티 안에 식빵 조각을 뭉쳐서 채워 넣는다기에 나도 '한번 해보자!' 싶었던 것이다.

톰 실러

1970년대 중반 뉴욕에 돌아와 보니 마치 〈토요일 밤의 열기〉를 보는 듯했다. 모두가 넓은 검은색 옷깃이 달린 흰 슈트를 입고 있었다. 난 그게 바보 같다고 생각해서 기존의 옷차림을 고수했다. 청바지와 흰 셔츠, 그리고 옷깃에 조그만 배지를 단 코르덴 재킷.

유언 렐리

한때 어쩌다 보니 파자마를 입는 버릇이 생겼다. 내겐 페이즐리 무늬 파자마가 있었는데 어디든 그걸 입고 다녔다. 지하철을 타고 말이다.

러셀 켈리

나는 록밴드 마니아였다. 미식축구 선수도 너끈히 통과할 만큼 커다란 플래카드를 만들어 공연을 보러 가곤 했다. 나 자신도 관악대에서 튜바를 연주했는데 역사상 가장 말라깽이 튜바 연주자였을 것이다. 그러다 관악대의 바리톤 색소폰 연주자가 되었고, 재즈 밴드에서 업라이트 베이스와 베이스 기타도 연주하기 시작했다.

에어리어(1980년대 중반 뉴욕의 인기 나이트클럽–옮긴이)에 처음 갔을 때 나는 고등학교 졸업식 때 브룩스 브라더스에서 산 흑백 해리스 트위드 재킷을 입고 있었다. 들어가서야 내 옷차림이 그곳에 전혀 어울리지 않는다는 걸 깨달았다. 애초에 어째서 날 들여보내줬는지도 모르겠다.

제이 매키너니

브루스 패스크

1980년대 후반 대학생 시절 내겐 재킷에 넣는 어깨심이 세 쌍 있었다. 주간용, 저녁용, 야간용. 뒤로 갈수록 점점 더 심하게 두꺼워졌다. 내겐 빈티지 디너재킷이 있었는데 바나나라마(80년대 영국의 여성 팝 그룹 - 옮긴이) 스타일로 소매를 말아 올려 입곤 했다. 낮에는 비교적 티가 덜 나는 어깨심을 썼지만, 밤 외출을 할 때면 두툼한 어깨심을 넣어 한껏 어깨를 과장하곤 했다.

타보 소메르

내가 펜실베이니아주의 채즈퍼드에서 고등학교를 다니던 시절엔 모두들 프레피였고 록밴드 그레이트풀 데드의 팬이었다. 그들은 닳아빠진 야구 모자를 쓰고 스키를 탔으며 그레이트풀 데드 스티커가 붙은 낡은 볼보 스테이션 왜건이나 레인지로버를 몰았다. 내 야구 모자를 전기 사포로 손질하고 탈색해서 더 낡아 보이게 하려던 기억이 난다. 하지만 난 낸터킷에서 여름을 보내진 않았다. 파티에서 내 마음에 든 여자들은 "난 잡지 중에 『제이크루』가 가장 좋더라!"고 말하곤 했고, 난 이렇게 대답해주었다. "있지, 그건 잡지가 아니라 카탈로그야. 진짜가 아니라고. 실제 사람의 삶을 찍은 다큐멘터리 화보가 아니야." 하지만 그녀들의 대답은 이랬다. "상관없어. 어쨌든 그게 내가 가장 좋아하는 잡지야."

숀 브리지스

나는 복식 사상 최악의 흑역사를 겪은 사람이다. 남성용 볼레로 재킷이 유행하던 시절 말이다. 더 말할 필요가 있을까?

웨슬리 스테이스

내겐 흑역사가 있었던 것 같기도 없었던 것 같기도 하다. 심란했던 시대들도 나는 제법 무난히 넘겨왔다. 하지만 확실히 끔찍한 머리 모양을 했던 시기는 있었다. 예를 들어 세미 모호크(머리통 가운데에 세로로 한 줄 머리칼을 남기고 깎는 스타일 - 옮긴이)라든가.

구제 의류, 실내 가운과 물려받은 옷들에 관한 독백

나는 절대 옷을 세탁하지 않는다. 아니, 적어도 거의 세탁하지 않는다.

내겐 너무 커서 입을 수도 없는 셔츠가 한 무더기 있다. 하지만 샤르베나 설카의 셔츠를 5파운드에 파는 걸 발견하면 사이즈가 얼마든, 어떤 스타일이든 살 수밖에 없다. 내 몸보다 다섯 배는 큰 해괴한 설카 셔츠도 하나 갖고 있다. 내가 가진 몇몇 셔츠는 오직 라벨만 보고 산 것들이다. 나이트워커(여성복 브랜드 – 옮긴이)의 남성용 셔츠도 있다. 대체 어디서 온 물건인지는 모르지만 '나이트워커'라는 커다란 대문자 글씨 아래 '남성용'이라고 적혀 있다. 올드 맨의 셔츠도 하나 있는데, 이것 역시 무조건 살 수밖에 없었다.

나는 구제 옷가게에 가서 라벨들을 훑어본다. 아주 빨리 훑어볼 수 있다. 나는 엄청나게 인색하다. 정말로 인색하다. 최근 런던에서 어떤 옷을 보고 '오, 이거 재미있네' 싶었던 적이 있다. 하지만 좀 더 찾아보지도 않고 5파운드를 쓰긴 싫었다. 그래서 얼른 그 옷 라벨을 메모하

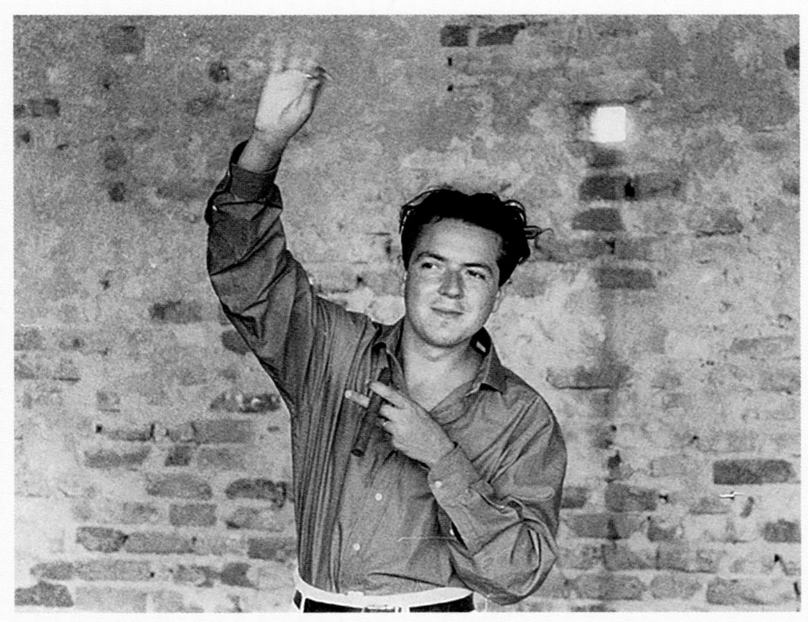

고 찾아보았지만, 나중에 인터넷에서 확인한 결과 결국 돈을 쓸 가치가 없다고 판단 내렸다.

엄청난 손자수가 놓인 인도산 셔츠도 하나 있는데(혹시 내가 입은 걸 본 적 있나?) 그걸 만든 사람 이름이 미국 초현실주의 화가 로버트 그레이엄과 같았다. 너무 아름다운 셔츠라서 한번 인터넷을 뒤져보았더니 그나마 그 사람 본인의 웹사이트에서 가장 싸게 팔았고 무려 350파운드였다! 그래서 '음, 중고 가격은 10파운드면 적당하겠군' 하고 얼른 돌아가서 사 왔다. 때로는 찍어둔 옷이 이미 팔리고 없을 수도 있는데 그러면 정말 짜증난다.

런던에 내가 특히 애용하는 구제 옷가게가 하나 있지만 아무에게도 알려주지 않는다. 나는 물건을 미리 선별해놓는 가게엔 절대 안 간다. 소위 빈티지라면서 판매하는 물건을 사는 건 질색이다. 그래서 구제 옷가게나 자선단체 매장에만 간다. 하우징 워크스(기증받은 물품 판매액으로 에이즈 환자와 노숙자를 돕는 비영리업체 - 옮긴이)에는 안 간다. 그곳은 이미 너무 고급스러워졌다. 기증받은 물건들을 살펴보고 골라놓기 때문이다. 나는 그 어떤 선별도 원치 않는다. 선별은 절대 사양이다.

뉴햄프셔의 포츠머스에 있는 구세군 매장이 딱 좋다. 거기서 러시아 디자이너 프린스 올레그 카시니의 셔츠를 샀다. 카시니는 실제로 왕자가 아니었을 수도 있지만 왕자였어야 마땅할 사람이다. 그 셔츠는 1970년대의 정수를 담고 있다. 흉측하면서도 근사하며 2백 퍼센트 아크릴 재질이다. 그걸 입으면 기이한 작은 불꽃들이 몸에서 뿜어 나오는 기분이 든다.

내 옷들을 세탁해 입느냐고? 천만에! 미쳤나? 그 옷들은 문화유산이다! 세탁에는 돈이 든다. 게다가 내 옷들이 조금이라도 더 닳을까 봐 무섭다. 하지만 사실 내 수집품 3분의 1은 이미 많이 낡았다. 말이 나왔으니 말인데, 내 킬고어 셔츠를 모트가街에 가져가서 드라이클리닝 했다가 세탁비가 그렇게 비싸지 않다는 걸 깨달았다. 9달러밖에 안 나왔다. 그래서 이런, 다른 것들도 좀 세탁해야지 하고 나의 다른 카시니 옷을 가져갔다가 또 한 번의 끔찍한 경험을 겪었다. 세탁소 직원은 희한한 표정을 짓더니 곧바로 내게 셔츠를 돌려주며 라벨을 가리켜보였다. 안감은 레이온 백 퍼센트, 겉감은 폴리에스테르 50퍼센트와 지금껏 들어본 적도 없는 어떤 화학물질 50퍼센트로 이루어져 있었다. 그 셔츠는 버려졌던 게 분명하다. 아마도 불법적인 물질이었을 테니까.

그러니까 내 옷은 세 가지로 구분된다. (이런 얘기를 하는 건 정말 즐겁다!) 첫 번째로 구제 옷가게에서 온 물건들, 이들이 중요한 부분을 차지한다. 두 번째로 내가 사랑하는 유명인들(적어도 내 세계에서는 유명한 사람들)이 소유했던 옷들. 나는 유가족 혹은 변호사의 의뢰로 그들 중 상당수의 부고를 썼다. 마지막으로 내 셔츠 수집품의 중요 구매처인 저민가街의 한 가게에서 온 물건들. 실제 턴불 앤드 애서 매장의 반대쪽 거리 끝에 있는 그 가게 뒤곁에는 턴불 앤드 애서의 셔츠로만 이루어진 코너가 있는데, 벽감 비슷한 구석에 엄청나게 방대한 양이 진열되어 있다.

"이게 뭐죠?" 하고 물어봤더니 가게 직원이 이렇게 대답했다.

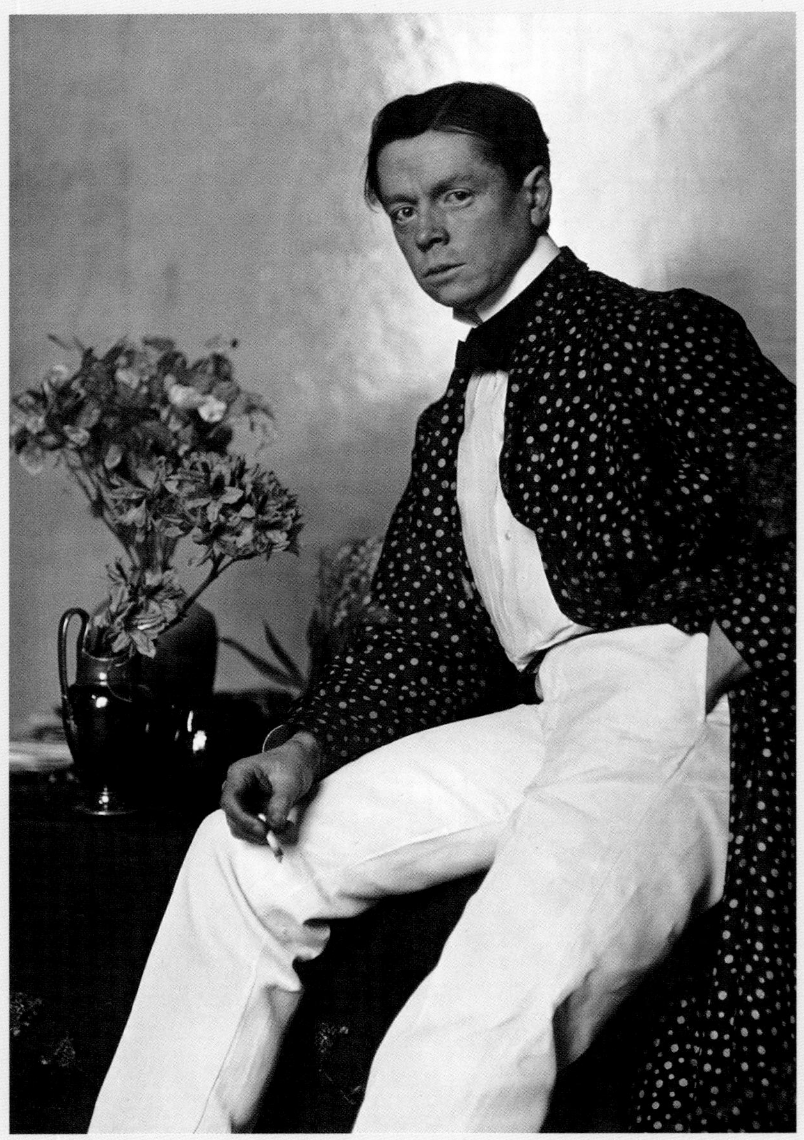

윌리엄 니컬슨

"턴불 앤드 애서에서 지금까지 손님을 위해 만든 옷들입니다. 그러니까 너무 부유하고 거만한 나머지 옷을 주문한 뒤 찾으러 오지도 않은 손님들 말이죠." 그리고 그 셔츠들은 전부 한 벌에 5파운드였다. 내가 거기서 한 40벌 정도를 사왔을 것이다. 그러다 문득 천재적인 발상이 떠올랐는데, 턴불 앤드 애서에서 셔츠를 주문한 뒤 찾으러 가지 않으면 저 가게에서 5파운드로 살 수 있겠다는 거였다.

유감스럽게도 그렇게는 안 되었다. 내가 턴불 앤드 애서에 가서 셔츠를 맞추겠다고 하니 직원들이 무척 반가워했다. 하지만 "선금이 얼마죠?" 하고 물으니 "음, 먼저 셔츠 값의 75퍼센트를 내시되 한 번에 다섯 벌 이상 맞추셔야 합니다"라는 대답이 나왔다. "뭐라고요?" 물론 선금 75퍼센트는 평소에 내가 쓰던 셔츠 값 5파운드에 비해 좀 지나치게 비쌌다.

하지만 내 5파운드짜리 셔츠들 일부는 정교한 휘장과 독특한 금빛 몰, 근사한 머리글자들이 붙어 있다. 그중 하나의 휘장은 정말 엄청나다. 어느 왕가의 휘장 같은데 어디인지는 도무지 모르겠다. 젖꼭지 바로 위에 무슨 네오나치 단체나 아주 거창한 루마니아 왕가의 것 같은 괴상한 휘장이 붙어 있다. 언젠가 어느 술집에 들어갔다가 알바니아의 조구 왕자가 "아니, 친구! 어떻게 내 조부님의 셔츠를 입고 있나?" 하고 외치는 걸 듣는 날이 오기만을 기다리고, 아니, 간곡히 고대하고 있다. 그렇게 되거나, 아니면 내가 쿠데타의 인질로 잡힐 수도 있겠지. 어느 쪽이든 가능한 일이다!

내 최고의 소장품 몇 가지는 미구엘 아브레우(포르투갈의 축구 선수-옮긴이)의 부친인 장 클로드 아브레우가 남긴 것이다. 그는 역사상 가장 완벽한 인물들 중 하나였고 지극히 절제된 생활을 했다. 이 클래식한 과야베라는 라틴아메리카의 사탕수수 농장 노동자들을 위해 만들어진 옷인데, 그는 이 옷을 사서 파리의 단골 재단사에게 가져가서는 똑같은 디자인으로 여러 벌 맞추었다.

나는 이런 과야베라를 여럿 가지고 있다. 지금 입고 있는 이 과야베라는 슬림 애런스의 포르토피노(이탈리아의 유명한 항구 관광도시-옮긴이)에 관한 책에도 등장했다. 바로 이 옷을 입은 장 클로드의 최고로 근사한 사진이 있다. 어찌나 멋진 사진인지! 사진 속의 그는 심지어 당시 새로 산 루이비통의 콩코드 가방도 들고 있다.

내가 장 클로드에게 물려받은 또 다른 물건은 H. 해리스의 여름 슈트다. H. 해리스는 아주 유명한 인물이었다. 존 케네디의 재단사였으니까. 입은 게 느껴지지 않을 정도로 편안한 데다 나보다 더 오래된 슈트다. 1961년에 만들어졌으니까. 놀라운 것은 해리스가 장 클로드를 위해 그 옷을 만들고 받은 돈이 4천 달러였다는 거다. 눈이 튀어나올 액수다. 당시에 집 한 채가 7천 달러 정도였을 거다.

우리 할아버지는 웨일스 출신의 SF 소설가 하월 데이비스다. 나는 할아버지가 1차대전 당시 왕립 웨일스 화승총단에 복무할 무렵 착용했던 샘 브라운 벨트(군인이 칼과 권총 등을 소지할 때 쓰는 넓은 가죽 허리띠-옮긴이)를 가지고 있다. 그분이 장교가 되었을 때 찍은 근사한 사진도 하나 있다. 할아버지는 로버트 그레이브스의 자서전『모든 것들에 안녕』에서 작가 본인이 부상을 입는 대목에 등장한다. 그레이브스는 웨일스에 살았고 할아버지에 관해 언급했는데, 이후 할아버지는 그의 담당 편집자가 되었다. 나는 옷과 과거 역사의 이런 연결들을 사랑한다.

나는 특히 구식 사치품들을 사랑한다. 내가 쓴 시가 하나 있는데 첫 줄은 이렇게 시작한다. "내 삶의 너무 많은 부분이 실내 가운에 바쳐졌나니." 나는 정말로 지나치게 많은 시간을 실내복 차림으로 보낸다. 그 시 제목은 「뉴욕의 발코니에서」다. 나는 발코니를 사랑하고 실내복도 사랑하지만 그 둘이 함께할 때가 최고다. 발코니는 집의 연장이고, 외부 세계의 일부인 동시에 집의 일부다. 그러니 발코니에 있으면 집 안에 머물면서도 거리와 연결되는 셈이다. 마찬가지로 실내 가운도 집에서 가장 편하게 입는 옷이지만 입은 채 밖에 나갈 수도 있다.

그런 종류 중에 내가 처음으로 입고 외출했던 옷은 아마 파자마 바지였을 것이다. 그런 습관에는 느리지만 확실하게 길이 들어야 한다. 허세가 넘쳤던 청소년 시절 나는 어머니를 졸라 그분의 재단사에게 제임스 본드 풍의 금색과 검은색 기모노를 맞추었다. 세상에, 지금 생각해보니 정말 민망한 일이다. 그 옷을 입고 밖에 나가기도 했다. 당시엔 그 옷을 너무 좋아했으니까.

나는 여름마다 영국 서퍽주의 월버스윅에 가는데, 내가 지내는 오두막에서 7분만 걸어가면 바닷가다. 그래서 실내 가운만 입고 물가로 나가서 헤엄친다. 보통 커피 잔도 들고 간다. 내 실내 가운은 아주 두툼하기 때문에 그것만 걸치고 남들이 일어나기 전 북해(혹은 예전 명칭으로는 독일해)를 보러 나가는 걸 좋아한다.

내 옷들은 전부 구제품이고, 따라서 나는 이렇게 자문해보아야 했다. 정말로 다른 사람이 입던 실내 가운을 입어도 전혀 거리낌이 없을까? 그렇다. 물론 나도 속옷만은 새것을 입는다. 하지만 다른 사람의 속옷도 기꺼이 입을 수 있다. 정말로 멋진 사람의 것이었다면 말이다!

— 에이드리언 대닛

패션 철학이 있나요?

◆

나는 마드라스를 사랑한다. 지금도 마드라스 셔츠를 입고 있다. 1962년에 제작된 근사한 마드라스 재킷들이 기억난다—결국엔 너무 낡아서 버렸지만. 내가 옷을 사던 가게 중 하나가 시내에 있었지만 나는 무척 구두쇠라 좀처럼 돈을 쓰고 싶지 않았다. 여름 내내 할인 판매를 하던 그곳에는 랄프로렌 재킷이 하나 있었다. 가격이 한 네 번째 내려가서 공짜나 다름없어졌을 때 나는 그 근사한 마드라스 재킷을 샀다. '대체 왜 아무도 이걸 안 사지?' 하고 생각하면서.

휘트 스틸먼, 마드라스에 관하여

앨릭스 빔스

— 영국 패션에 관하여

영국 패션 역사는 풍부하고 다양하며 부족적이다. 1970년대, 80년대, 심지어 90년대까지도 계속 빠르게 변했다. 이젠 그렇게 빨리 변하진 않는 듯하지만. 브릿팝이 변화의 마지막이었다. 뭔가를 사서 일주일 입고 그다음 주에 다시 입으면 이미 한물간 거였다. "이런 젠장, 나만 지난주 옷을 입고 있잖아"라고 말하게 되는 것이다. 영국인들을 묶어주는 것이 두 가지 있다. 축구와 나이트클럽이다. 토요일이면 사람들은 다른 지역으로 많이 이동하는데 축구 시합을 보기 위해서다. 리버풀에 가서 축구를 보고 밤까지 머물러 있다 나이트클럽에 가는 것이다. 이런 식으로 두 가지 요소가 뒤섞인다.

영국 패션은 지역적이다. 리즈 남자의 옷차림은 리버풀 남자의 옷차림과 완전히 다르다. 지역을 구별하는 방법도 있다. 이런 식이다. '아, 저 남자는 맨체스터에서 왔군. 저자가 입은 옷 브랜드는 런던에선 전혀 쿨하지 않게 여겨지거든.' 북부 사람들은 항상 런던 사람들이 너무 요란하다며 얕보는 경향이 있다. 한편 런던 사람들은 북부 사람들의 차림새가 멍청하다고 생각한다. 하지만 그뿐만이 아니다. 심지어 리즈 사람들도 셰필드 사람들의 패션은 완전히 엉망이라고 생각하니까.

던컨 해나

— 댄디에 관하여

내 생각에 댄디란 규범에서 벗어나려는 사람, 전철에 탔을 때 남들이 눈썹을 치켜뜨게 만드는 사람이다. 다른 사람들의 주의를 자신에게 집중시키는 것은 대담한 행동이다. 댄디는 아웃사이더일 수밖에 없다. 그의 진가는 즉시 인정받지 못하고 시간이 지나야만 드러나기 때문이다. 하지만 그는 그런 데 익숙해질 수밖에 없다. 바로 그런 게 자기 자신이니까. 처음에는 우스꽝스러워진 기분이 든다. 대부분의 사람들이 유행에 따라서 옷을 입는다는 걸 새삼 실감하기 때문이다. 하지만 댄디는 유행과 타협하지 않는다. 그는 자신의 판타지나 예전 세상의 방식을 구현하려고 한다. 지금도 내가 트위드 슈트를 입고 다니면 남들에게 복고적이라는 말을 듣는다. 하지만 1935년 런던의 화가는 항상 트위드 슈트를 입었을 것이며, 가장 가난한 보헤미안조차 트위드 슈트를 입었을 것이다. 나는 멋쟁이가 되겠다고 선언하거나 부티 나게 보이려는 게 아니다. 그저 화가들의 옷차림이 높이 평가받던 시절에 그들의 옷차림이 어떠했을지 고려하는 것뿐이다.

랜디 골드버그

— 핼러윈에 관하여

나는 핼러윈을 무척 좋아한다. 제정신인 사람은, 특히 뉴요커라면 대부분 핼러윈을 경멸한다는 건 안다. 내 생각에 가장은 잘만 한다면 무척 재미있다. 괴상한 차림새를 해도 허용되는 시간이 있다는 건 좋은 일이다.

한번은 고양이처럼 가장한 적이 있다. 동물 얘기가 아니라 브로드웨이 뮤지컬 〈캐츠〉의 무대 의상을 입었다는 이

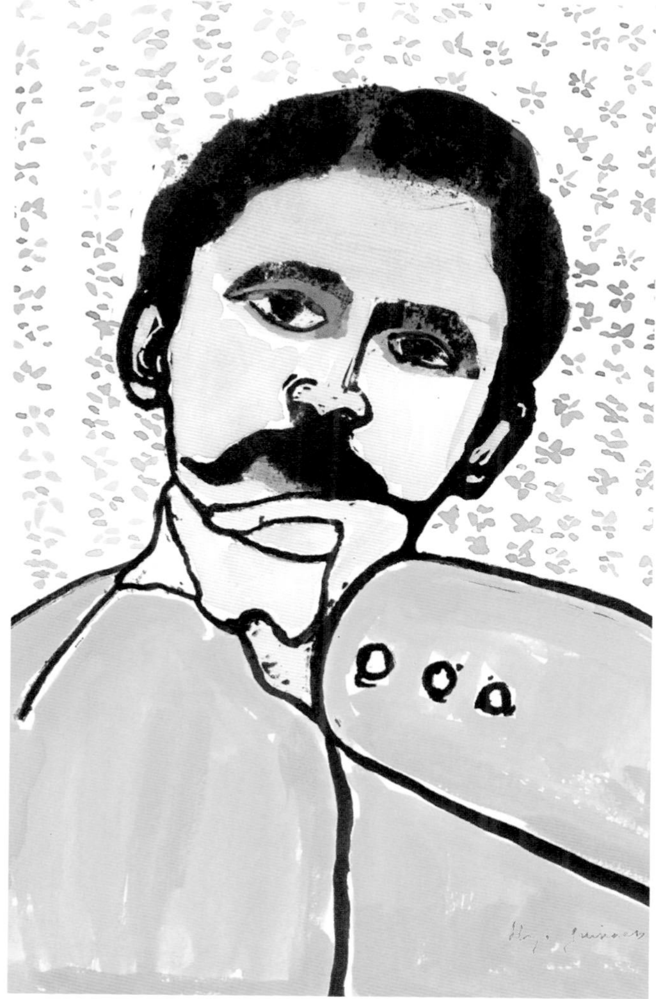

〈무엇을 입을지 고민하는 마르셀 프루스트〉, 휴고 기네스

야기다. 의상을 네 벌 빌렸더니 엄청나게 큰 상자가 배달됐다. 가발과 타이츠도 있었다. 내 전 여자친구가 화장을 해주었다. 우리는 커플 파티에 갔다. 우리가 간 곳은 박스였는데 그런 행사를 하는 곳이 거기밖에 없어 보였기 때문이다. 오래전 일이다. 우리 의상 때문에 내 친구 중 한 명은 주드 로와 시비가 붙기도 했다. 희한한 밤이었다.

휘트 스틸먼

— 교회에 관하여

시내에 내가 다니는 아름다운 교회가 있다. 프랑스어로 예배를 보는데 대체로 아이티 사람들이 온다. 그곳의 예배는 완벽하게 전통을 지키며 너무도 훌륭하다. 그곳에 오는 사람들 상당수는 나이가 많고 아주 잘 차려입은 아이티인이다. 무척 격식 있는 자리라 그곳에 갈 때면 뭘 입어야 할지 염려가 된다. 내 생각에 옷에는 뭔가 신학적인 구석이 있다. 그리고 전통 의상에는 예의바르고 민주적인, 그리고 능력주의적인 느낌이 있다.

쿠리노 히로후미

— 일본 패션에 관하여

1970년대 말에서 80년대에는 일본 디자이너 패션이 번성했다. 겐조, 요지 야마모토, 이세이 미야케, 콤데가르송 등. 내가 구매자로서 해외에 나오기 전까지는 이런 옷들에 딱히 감흥을 느끼지 못했다. 80년대 파리에 갔을 때 비로소 일본 패션이 얼마나 독립적인지 깨달았고 그 새로움을 새삼 인식할 수 있었다. 유럽의 패션 문화는 역사와 직결된다. 장 폴 고티에나 조르조 아르마니처럼 창의적인 사람들도 클래식의 역사에 기반하고 있다. 하지만 일본 디자이너들은 대체로 완전히 다르기 때문에 패션사에 그토록 큰 충격을 던질 수 있었던 것이다. 나는 전통과 창조의 균형에 관심이 있었기 때문에 디자이너 의상과 클래식한 맞춤복의 조합을 시도했고, 지금까지도 양쪽을 골고루 입고 있다. 이제는 무척이나 다양한 선택지가 존재한다. 슈트를 유니폼으로서가 아니라 개인의 선택에 따라 입을 수도 있다. 가게, 인터넷, 이베이에서 옷을 살 수도 있다. 선택의 시대다. 패션에 있어서 일본 남성들은 사회적 위계질서로부터 자유롭다. 입고 싶은 대로 옷을 선택할 수 있는 편이다.
서구 복식은 우리에겐 여전히 신선하다. 일본이 개방된 것은 겨우 150년 전이다. 우리가 기모노를 벗고 서구 의상을 입기 시작한 게 그리 오래전 일이 아닌 것이다. 2차대전 이후 일본은 외국 문화에 좀 더 개방되었고 사회 전반적으로 변화가 찾아왔다. 따라서 소비자들은 맞춤 슈트라는 새로운 복식이 비싼 이유, 옷깃이 특정한 모양인 이유, 리넨은 봄여름에 어울리고 트위드는 겨울에 어울리는 이유를 직접 생각하고 이해해야 했다. 이는 서구인들에겐 기본 상식일지 몰라도 우리에겐 아직 새로운 지식이다. 게다가 일본인들은 '연구'하길 좋아하니까.

존 브로디

— 오버코트에 관하여

뉴욕에서 오버코트는 로스앤젤레스에서의 자가용과 같은 존재다.

마이클 힐

— 연미복에 관하여

연미복을 입는다는 걸 한 5분 정도는 이상하게 생각했던 듯하다. 하지만 그걸로 끝이었다. 일단 연미복을 입어보고 나니 입지 않으면 이상하게 느껴졌다. 우리 형의 연미복은 뉴 앤드 링우드에서, 내 연미복은 빌링스 앤드 에드먼즈에서 맞추었다. 모자도 써야 했

◆

이튼에는 기숙사마다 사감이 있다. 매년 한 기숙사에 50명이 배정되고 그들이 다시 열 명씩 나뉜다. 우리 기숙사 사감 마틴 화이틀리는 내 아버지와 함께 군 복무를 했던 분이다. 나는 태어난 지 겨우 6개월 만에 마티가 담당한 이튼 기숙사에 배정되었다. 마틴은 우리 아버지에게 이렇게 말했다. "자네 아들을 이렇게 늦게 등록시키다니 정말 무책임하군, 알렉스. 하지만 자넨 오랜 친구니 어떻게 자릴 마련해보지." 내 동생 둘은 배 속에서부터 이미 이튼에 자리를 배정받았지만, 출생 후 여자아이임이 확인되자 명단에서 삭제되었다.

유언 렐리, 이튼스쿨에 관하여

다. 약간 보트용 밀짚모자와 비슷하지만 좀 더 운두가 높은 것이었다. 저녁이면 우리는 방 안에 앉아서 모자에 접착제를 발라 보강하곤 했다. 학교에서 지낼 5년 동안 끄떡없도록 말이다. 지금 생각해보면 다소 근엄하고 너무 영국적으로 느껴지는 옷차림이긴 하다. 어머니는 내가 오래 입을 수 있도록 세 사이즈 정도 큰 옷을 사주곤 했고 내 모자의 경우도 마찬가지였다. 다행히도 졸업반 즈음이 되자 마침내 모자가 내 머리에 맞게 되었지만, 나와 형은 지금까지도 어머니가 사주신 옷들 상당수가 결국 끝까지 우리에게 너무 컸다는 얘기를 하며 웃곤 한다.

프랭크 마위티언스

— 미국의 프레피에 관하여

나는 미국에서 자라지 않았기 때문에 문화적 참고자료를 찾아다니곤 했다. 나 자신은 한 번도 프레피가 아니었지만 항상 그 문화를 외부에서 관찰하고 살짝 가감하여 받아들일 수 있었다. 그것은 각자 나름대로 재기를 발휘할 수 있는 그런 문화의 일부분이다.

유언 렐리

— 신중함에 관하여

영국인들은 겸손하다는 고정관념이 있지만, 새빌로의 재단사들은 일부러 가장 유명한 고객들의 맞춤 슈트에 그들의 이름을 붙여 전시하곤 했다. 당시에는 웨스트민스터 공, 영국 황태자, 클라우스 폰 뷜로(덴마크 출신 법률가. 아내를 독살한 혐의로 유명해졌으나 결국 무죄 판결을 받았다 - 옮긴이) 같은 사람들이었다.

제이 매키너니

— 단골 양복점에 관하여

요즘 가장 즐겨 찾는 곳은 치포넬리다. 난 영국식 재단을 무척 좋아하지만 그래도 증권 인수업자보다는 좀 더 화려한 옷차림을 할 수 있다. 물론 힙합 뮤지션들보다는 항상 덜 화려하겠지만 말이다.

유언 렐리

— 이발소에 관하여

어린 시절 나는 해로즈 백화점의 아동 이발소에 다니곤 했다. 하지만 열두 살이 되자 한 단계 진급해서 올드 본드가街의 트루핏 앤드 힐에서 일하던 홀게이트 씨를 찾아가게 되었다. 우리 아버지가 머릿기름을 살 때마다 홀게이트 씨는 이렇게 말하곤 했다. "코와 귀 손질을 해드릴까요, 렐리 씨?" 그럼 아버지는 이렇게 대답했다. "감사합니다, 홀게이트 씨." 두 분은 서로 존대하는 관계였고 난 그게 좋았다. 그 무렵부터 영국인의 삶에서 지켜야 할 예의범절을 인식하기 시작했던 것이다.

존 브로디

— '검은 결사'에 관하여

내가 다닌 학교에서는 일주일에 나흘은 재킷과 넥타이 차림으로 저녁 식사에 참석해야 했다. 여학생들은 드레스를 입어야 했다. 각자 지정된 자리에 앉았고 상석에는 교장 선생이 앉았다. 어느 정도는 사교계 만찬의 예비실습이었다. 지정된 자리에서 식사를 끝내면 식당 밖의 특정 구역에서 흡연도 할 수 있었다. 열너덧 살 된 남학생들은 부모 허락하에 흡연이 가능했다. 나는 담배를 안 피웠기 때문에 그곳에 별 매력을 못 느꼈지만.

남학생들 사이에는 '검은 결사'라는 비밀 모임이 있었다. 지정된 자리에서 저녁 식사를 하는 날이면 회원들은 검은색 넥타이를 매야 했다. 함께 마리화나를 몇 대 피우고 술도 한잔 걸친 다음 식당에 가곤 했다. 정보에 밝은 아이들이라면 모두 검은색 넥타이를 맨 남학생들이 취한 채로 앉아 있다는 걸 잘 알았다.

휘트 스틸먼

— 단골 양복점에 관하여

우리 아버지에게는 런던에서 이따금 찾아오는 재단사가 있었다. 윌슨 메이페어라는 사람이었다. 그들 일행이 와 있을 때 아버지가 내게도 슈트를 한 벌 사주겠다고 하셨다. 그때는 도로시 세이어스의 추리소설을 훌륭하게 각색한 연극이 상영 중이었다. 이언 카마이클이 피터 윔지 경 역을 맡은, 1920년대 런던을 무대로 한 〈살인은 광고된다〉였다. 아버지는 칼라 달린 조끼가 있는 스리피스 슈트를 입으셨다. 난 그게 그때까지 본 가장 근사한 옷이라고 생각해서 우선 그것과 똑같은 옷을 샀다. 일종의 갈색 체크무늬 슈트였다. 그다음엔 좀 더 진지하게 숙고해서 가는 줄무늬가 있는 잿빛 슈트와 푸른색 슈트를 한 벌씩 샀다. 그 옷들을 입으면 정말로 세련되어 보였다.

참고자료: 리바이스 광고

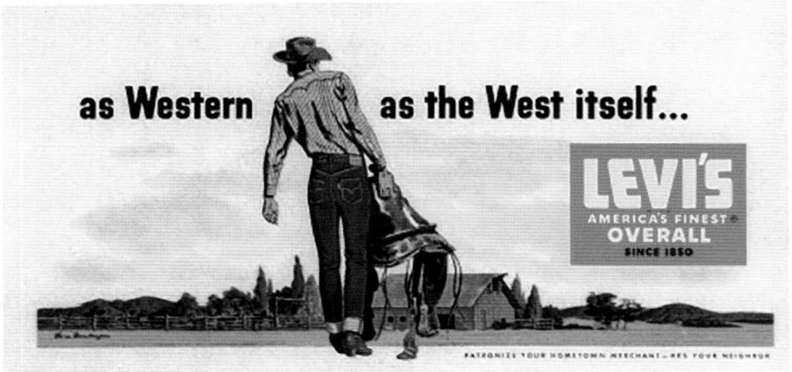
as Western
as the West itself...
LEVI'S
AMERICA'S FINEST
OVERALL
SINCE 1850

참고자료: 리바이스 광고

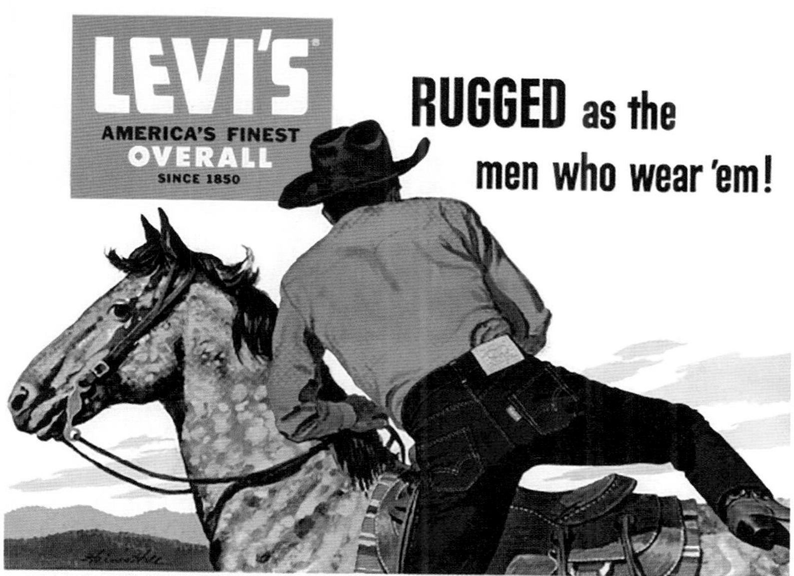
LEVI'S®
AMERICA'S FINEST
OVERALL
SINCE 1850
RUGGED as the
men who wear 'em!
GO TO YOUR RODEO–AMERICA'S OWN EXCITING SPORT

안경: 조던 실버의 선택

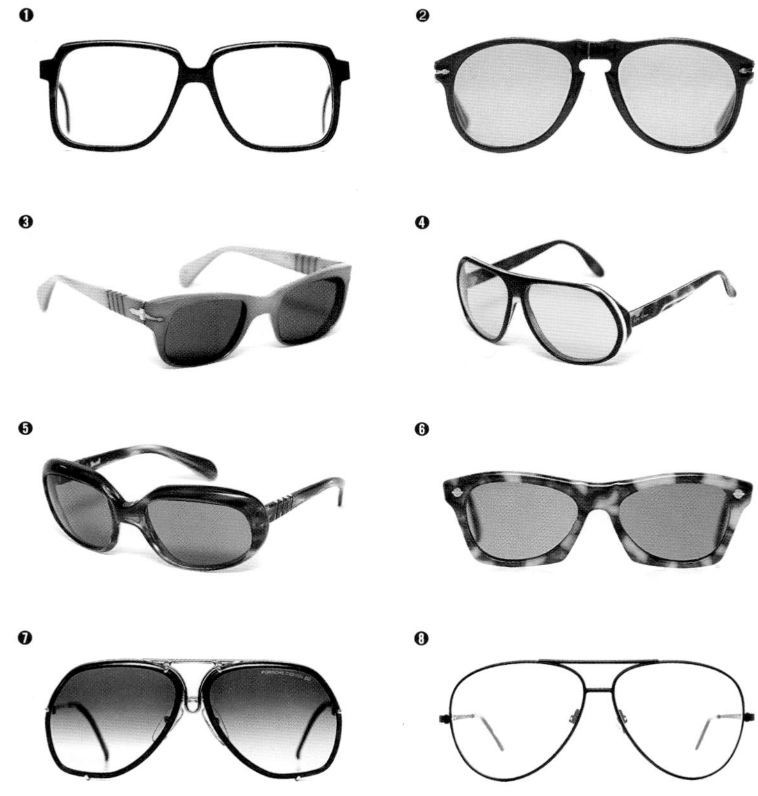

❶ 브랜드 표시가 없는 1960년대에 제조된 진짜 거북껍질 안경. 거북껍질 사용이 전면 금지된 오늘날에는 생산 불가능한 물건이다. 내 생각에 이 안경이 근사한 이유는 프랑스어로 '독일제'라고 표기되어 있기 때문이다.

❷ 전형적인 페르솔 649. 소위 스티브 매퀸 모델을 살짝 변형한 것. 1980년대 디자이너들은 빛을 받으면 색깔이 변하는 페르솔 특허 렌즈에 진한 붉은색 안경테를 조합하는 대담한 시도를 했다.

❸ 페르솔은 1980년대에 이런 디자인의 흰색 안경테를 지나치게 많이 만들었고, 전 세계의 안경사들은 창의성을 발휘하여 그것들을 최대한 검은색으로 물들였다. 그 결과물이 이 자주색 안경테다. 내가 가장 좋아하는 디자인 중 하나로, 이후에도 페르솔에서 20년 넘게 다양한 버전으로 제작되었다.

❹ 1970년대 말 레이밴 안경으로 빛과 온도에 따라 색이 변하는 특허 렌즈를 사용했다. 나는 대체로 합성 아세테이트 안경테를 좋아하지 않지만 이 안경의 경우 갈색, 흰색, 거북껍질 무늬의 레이어와 커팅이 물소 뿔로 만든 듯한 느낌을 준다.

❺ 미국에서 최초로 페르솔을 유통한 업체인 아트 옵틱에서 구한 1960년대 페르솔 안경. 어쩌면 미국에서 가장 먼저 판매된 페르솔 안경 중 하나일지도 모른다는 게 마음에 든다. 도드라진 렌즈가 대담하고 미래주의적이다.

❻ 뷔아르네에 관해서는 나일론을 안경테 재료로서 실용화한 브랜드란 것만 알고 있었다. 하지만 이 아세테이트 안경테는 지금껏 본 중에서도 손꼽히게 마음에 드는 형태를 하고 있다. 나는 항상 이처럼 렌즈 모양과 다른 형태의 안경테에 끌리곤 한다.

❼ 포르셰 디자인은 카레라와 함께 이제 상징적 존재가 된 렌즈 교체형 애비에이터 안경 모델을 여럿 만들었다. 이 안경은 비교적 덜 알려졌지만 렌즈 모양 때문에 내겐 무척 흥미로운 물건이다.

❽ 1980년대 이탈리아의 세렝게티 킬리만자로가 제조한 안경. 코닝 옵틱스 특허의 유리 렌즈를 사용했다. 클래식한 애비에이터 안경의 전형이라고 할 수 있다.

미치 엡스타인: 아버지의 서류가방

아버지는 저녁 식사를 마치면 안락의자에 자리 잡고 텔레비전으로 야구 시합과 지역 뉴스를 시청하시곤 했다. 아버지의 무릎 위에는 서류가방이 놓여 있었다. 가방 걸쇠가 탁 하고 둔중하게 열리는 소리는 아버지가 다시 업무를 시작했다는 뜻이었다. 설사 그분이 가정에서 우리들 가운데 있어도 말이다. 아버지는 그 가방에 최대한 많은 서류를 쑤셔 넣어 집에 가져오곤 했다. 지불 가능하거나 외상인 거래 자료들, 온갖 종류의 가구와 가재도구 상품 카탈로그, 고객과 임차인의 편지들. 아버지는 열심히 일하면 잘살 수 있다고 믿는 사람들의 세대에 태어나셨고, 일은 그분을 가족의 감정적 요구로부터 보호해주었다.

2000년에 엡스타인 가구가 매각된 직후, 아버지의 서류가방은 그 회사의 텅 빈 전시실 하나에 놓인 채로 사진에 담겼다. 그 사진은 내가 '가업家業'이라고 이름 붙인 프로젝트의 일부가 되었다.

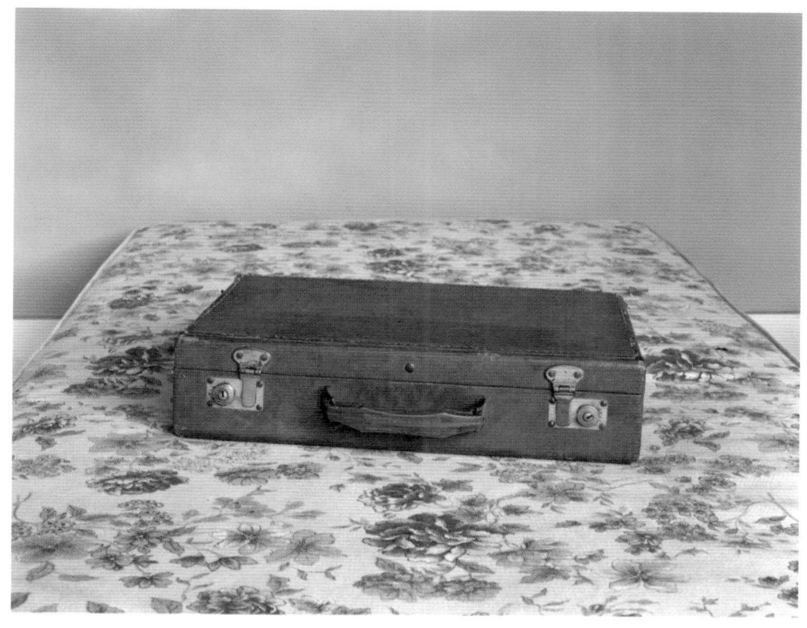

또 다른 유산들

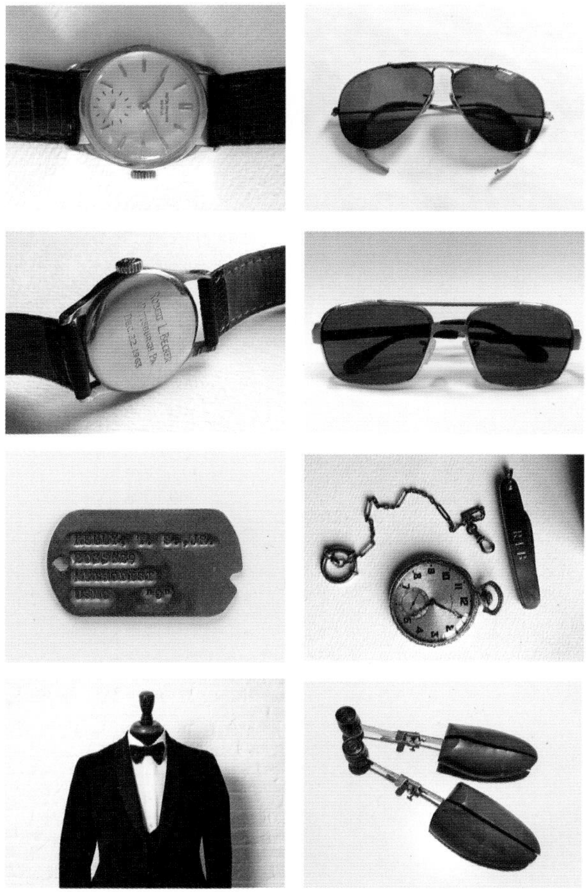

왼쪽 위에서 시계 방향으로: 로버트 베커의 아버지가 차던 손목시계, 제이 필든의 레이밴 선글라스, 러셀 블랙모어의 아버지가 쓰던 선글라스, 로버트 베커의 아버지가 쓰던 회중시계, JP 윌리엄스의 아버지가 쓰던 구두 골, 패트릭 그랜트의 아버지가 입던 디너 재킷, 러셀 켈리의 할아버지가 차던 인식표, 로버트 베커의 아버지가 차던 손목시계(뒷면)

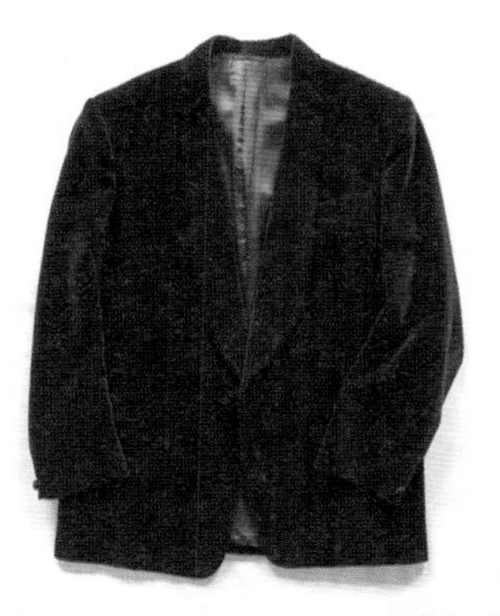

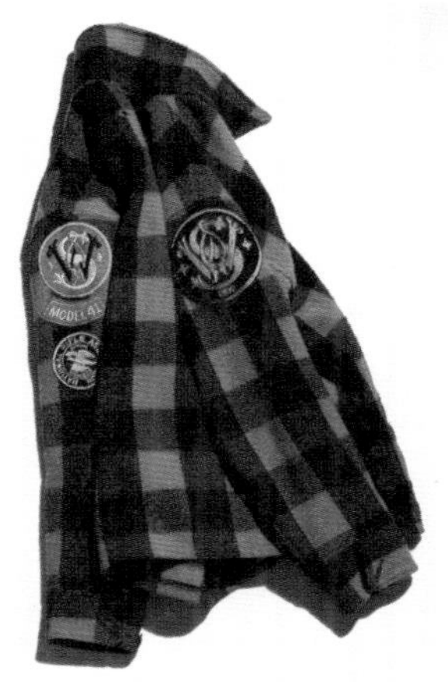

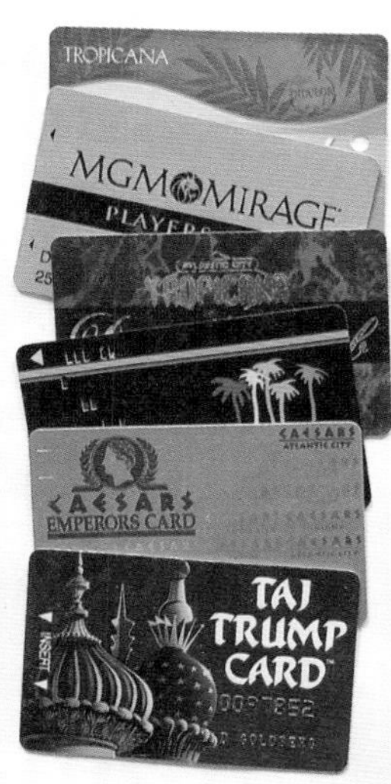

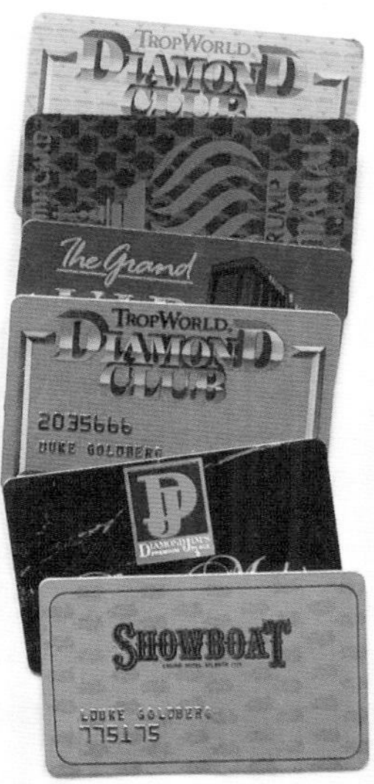

왼쪽 위에서 시계 방향으로: 제이 매키너니 아버지의 벨벳 재킷, 맷 흐라넥의 아버지가 입던 헌팅 재킷, 랜디 골드버그의 아버지가 소장했던 카지노 VIP 카드

시계: 벤 클라이머의 선택

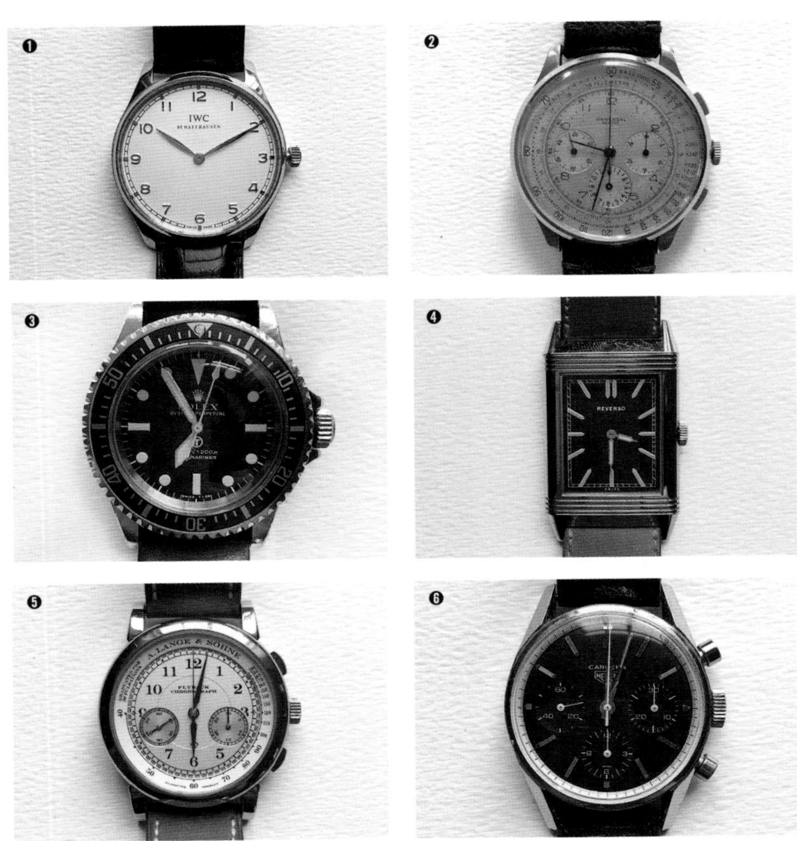

❶ 2010년형 IWC 포르투기즈 퓨어 클래식. 유명한 포르투기즈 시계의 이 한정판은 너무 희귀해서 카탈로그에도 실리지 않았다. 시침과 분침만으로 이루어진 43밀리미터 초박형 시계판을 쓴 이 모델은 1940년대의 오리지널 포르투기즈 시계에서만 느낄 수 있던 순수주의 느낌을 재현한, 모두가 탐내는 모던 클래식이 되었다.

❷ 1939년형 유니버설 제네바 컴팍스. 2차대전 초기로 거슬러 올라가는 매우 희귀한 대형 크로노그래프 모델이다. 이 거대한 주간용 시계는 전투기 조종사와 신사 계급 운전자들 두 부류를 위해 제작되었으며, 양쪽 다 소매 바깥쪽에 시계를 착용했다.

❸ 1976년형 롤렉스 서브마리너. 영국 국방부를 위해 제작되었다. 20세기 중반 롤렉스의 최신 기술을 반영하여 무척 견고한 자동 태엽장치, 아주 튼튼한 시계 딱지, 판매용 방수시계로서는 찾기 어려울 만큼 가독성이 뛰어난 문자반과 시곗바늘을 사용했다.

❹ 1931년형 예거 르쿨트르 리베르소. 최초의 운동선수용 시계로 여겨지는 리베르소는 인도 식민지의 영국인 폴로 선수들이 애용하면서 유명세를 얻게 되었다. 시합 중에 유리가 깨지지 않도록 시계 딱지를 180도 돌릴 수 있었는데, 나중에는 비어 있던 시계 딱지 뒤쪽에도 유럽 왕실과 한량들의 가문 문장이 새겨지게 되었다.

❺ 2005년형 A. 랑에 운트 죄네 1815 크로노그래프. 아마도 역사상 가장 정교한 크로노그래프일 것이다. A. 랑에 운트 죄네는 지극히 정교하고 아름다운 기계식 무브먼트로 시계 제작에 혁명을 일으켰으며, 곧 모든 스위스 시계 회사들이 그들을 모방하게 되었다.

❻ 1963년형 태그호이어 카레라. 크로노그래프의 발전 계기가 된 남미의 유명 자동차 경주 이름을 따 온 이 시계는 수십 년간 모든 포뮬러원 선수들에게 사랑받아왔다. 이와 함께 선보였던 롤렉스 데이토나 또한 자동차 경주에 큰 영향을 미쳤으며, 지금도 전 세계 카레이서들의 손목에서 이들 두 종류의 시계를 볼 수 있다.

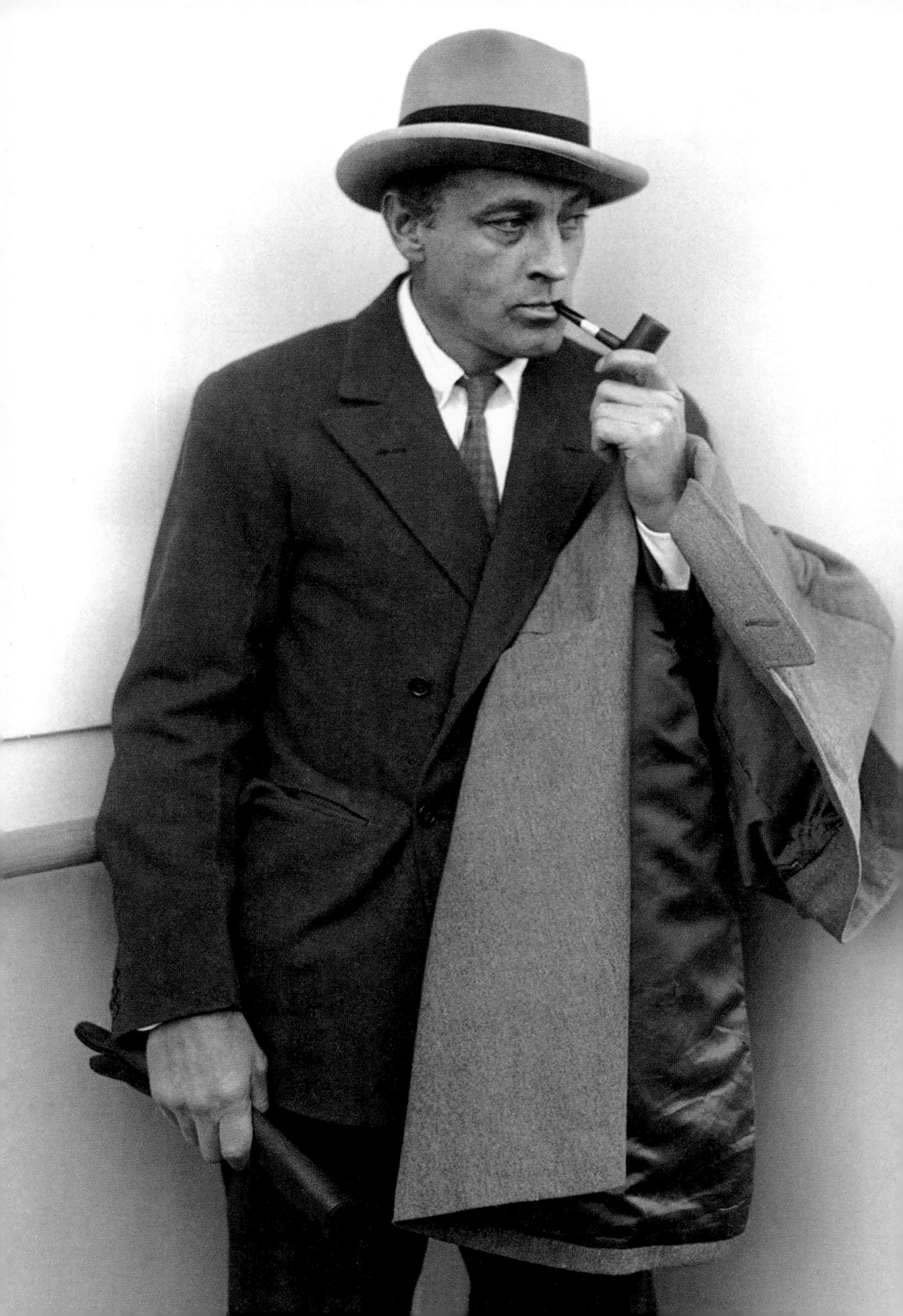

3

매너와 무례: 미묘한 차이

◆

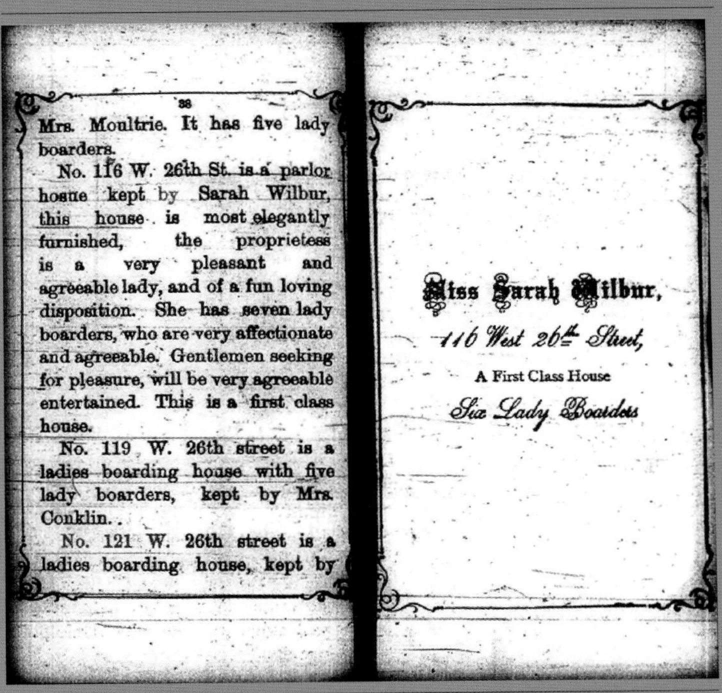
38

Mrs. Moultrie. It has five lady boarders.

No. 116 W. 26th St. is a parlor hosue kept by Sarah Wilbur, this house is most elegantly furnished, the proprietess is a very pleasant and agreeable lady, and of a fun loving disposition. She has seven lady boarders, who are very affectionate and agreeable. Gentlemen seeking for pleasure, will be very agreeable entertained. This is a first class house.

No. 119 W. 26th street is a ladies boarding house with five lady boarders, kept by Mrs. Conklin.

No. 121 W. 26th street is a ladies boarding house, kept by

Miss Sarah Wilbur,

116 West 26th Street,

A First Class House

Six Lady Boarders

『신사를 위한 안내서』의 한 페이지

풍부한 정보: 『신사를 위한 안내서』

◆

현대의 대중매체가 너무도 많은 비행을 생생히 전달하고 있는 판국에, 아직도 작은 책 한 권이 우리를 경악시킬 수 있다는 것은 놀라운 일이다. 얼마 전 『뉴욕 타임스』에 소개된 문제의 책은 1870년의 맨해튼 사창가를 상세하게 안내한 가이드북이다. 『신사를 위한 안내서』는 이 멋진 지역의 유곽들을 샅샅이 알고 싶은 사람들에게 꼭 필요한 지침서였다. 문체는 지극히 신중하지만, 알려져야 하되 대놓고 논의할 순 없는 이 세속적 주제를 향한 암묵적인 경의가 느껴진다.

안내서는 "이보다 더 유쾌하게 한 시간을 보낼 수 있는 곳은 없다"며 휴스턴가街의 해리 힐스를 특별히 언급한 반면, 그린가街는 "그야말로 죄악의 하수구"라고 비난한다. 책 속의 지도를 통해 뉴욕에서 당신의 거주지가 혹시 과거에 유곽이었는지도 알아볼 수 있다. 하지만 휴스턴가 웨스트 27번지나 소호의 몇몇 특별한 블록에 사는 사람만이 그런 행운의 대상이며, 설사 당신이 그 주소에 산다고 해도 대부분의 건

물은 오래전에 사라지고 없다.

이 모든 건 아주 먼 옛날이야기처럼 들리지만, 20여 년 전 맨해튼 초창기의 어느 날 저녁 있었던 일을 떠올리게 한다. 여러 가지 이유로 인해 나는 일부러 사르디스(타임스스퀘어 근처의 전설적인 레스토랑 겸 술집)에 가서 술을 마시고 있었다. 그러다가 무척이나 상냥한 두 여자와 말을 섞게 되었다. 사실 그들이 좀 지나칠 정도로 사근사근해서, 살짝 수상하게 느낀 나는 직업이 어떻게 되시느냐고 물어보았다. 두 여자는 말을 멈추고 서로 마주보더니 웃음을 터뜨리며 입을 모아 대답했다. "우린 간호사예요."

그들의 눈빛은 내가 무슨 생각을 하는지 훤히 안다는 듯했고, 이어진 그들의 침묵은 지극히 명확한 의미를 전달하고 있었다. "도시에 온 걸 환영해요, 애송이."

『플레이보이』: 최고의 기대감

◆

소년 시절 『플레이보이』만큼 특별히 유혹적이고 동시에 은근히 두려운 것도 없었으리라. 모든 불법적 존재들이 그렇듯 그 잡지도 흥분과 위험의 균형점에 자리 잡고 있었다. 이 경우 문제는 지극히 매력적이지만 온전히 이해할 수 없는 그 무언가를 받아들이는 것이었다. 우리는 그 잡지를 찾아내려 궁리했고, 혹시라도 한 권을 얻는다면(아, 행복한 날이여!) 이젠 그것을 숨길 궁리를 했다. 그 무렵에 글로 된 기사는 사진들 사이의 방해물일 뿐이었다.

내가 알기로 성인 잡지를 점잖은 잡지 사이에 슬쩍 꽂아두는 행위를 가리키는 동사는 영어에 존재하지 않는다. 어쩌면 프랑스어에는 있을지도 모르지만 말이다. 내가 살던 동네의 구석진 책방에서는, 그리고 미국 전역에서는 그런 일이 수도 없이 일어났다. 약간의 날랜 손재주만 있으면 짜증스러운 비닐 포장이 벗겨져나간 『플레이보이』를 찾아낼 수 있었다. 한 동네에 사는 어느 공모자의 선물이었다. 잡지는 종종 너덜너덜해진 채 전혀 예상치 못한 곳에 숨겨져 있기도 했지만, 그 존재 자체를 예상치 못한 사람은 없었다. 마치 금주법 시대의 무허가 술집처럼, 그것이 대략 어디쯤 있으리라는 비공식적 소문은 다들 들었던 터였으니까. 그렇게 나도 『미드웨스트 배스 낚시』 한 부 뒤에 숨겨져 있던 그 잡지를 찾아냈다.

일단 찾아냈다면 그것의 두께를 감당할 만한 다른 잡지 속에 끼워 넣어야 했다. 내가 실제로 살 법한 잡지를 활용하는 것이 비결의 일부였다. 그러니 『이코노미스트』 같은 건 안 되었고 내 경우 『스포팅 뉴스』나 『인사이드 스포츠』가 그럴싸할 터였다. 이 두 잡지 모두 이젠 슬프게도 신문 잡지들의 천국으로 올라가버렸지만 말이다. 몇 번 접혀 있는 대형 화보는 구간별로 감상해야 했기에 하나의 도박이었지만, 우리는 그 도박에 응할 준비가 되어 있었다. 친구와 함께 간다면 설사 도중에 문제가 생겨도 다른 날을 기약하며 각자 흩어져 도망갈 수 있었다. 하지만 두 명 이상의 열세 살 소년들이 히스테릭한 깔깔 소리나 노골적인 웃음을 터뜨리지 않고서 함께 『플레이보이』를 즐기기란 무척 어렵다는 것이 문제였다.

기술은 발전하지만 욕구는 그때나 지금이나 변함없다. 1996년 프로비던스의 여름학교에서 나는 운 좋게도 인터넷에 접속할 수 있었다. 인터넷이 뭔지 몰랐고 아직 이메일 주소도 없었던 때였다. 하지만 인터넷에 관해서 들은 얘기는 있었다. 그것을 통해 온갖 시각자료에 접근할 수 있는데 상당수가 에로틱한 것이며 패멀라 앤더슨에 집중되어

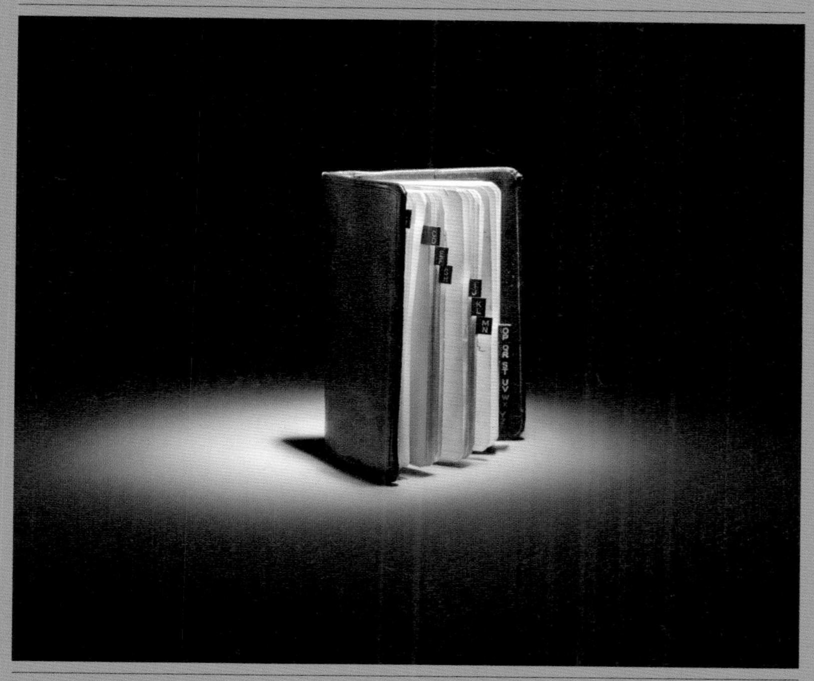

『플레이보이』 창립자 휴 헤프너의 주소록

있다는 얘기였다. 전화선 접속이라 주소에 연결되는 동안 끼익끼익 소리가 들렸던 기억이 난다. IBM 싱크패드의 흑백 화면을 노려보고 있자니 픽셀로 된 사진이 한 줄씩 화면에 떠올랐다. 가슴을 드러낸 패멀라의 모습이 한 줄 한 줄 점들로 나타나는 동안, 나는 눈을 가늘게 뜬 채 최초의 도트 프린터와 같은 해상도였던 그 화면을 바라보고 있었다. 사진이 다 뜰 때까지 15분 정도 걸렸다.

물론 이제 우리는 원하면 뭐든 바로 찾아낼 수 있다. 대부분의 소년은 패멀라는 물론 훨씬 더 많은 여성들의 사진을 보았으리라. 도덕적 설교를 하려는 건 아니지만, 내가 하고 싶은 말은 모든 게 반드시 곧바로 얻어지고 항상 접근 가능해야 하는 건 아니라는 점이다(어른들의 경우에도 똑같은 위험이 존재한다. 어디든 공짜 술이 제공되는 파티에 가보면 알 것이다). 과거의 열세 살 소년들이 남자 친지들의 은닉처를 찾아내는 데 엄청난 뇌 용량을 소모했던 건 사실이다. 이젠 더 이상 그럴 필요가 없다는 건 다행인지도 모른다. 하지만 우리가 어린 시절 아주 가끔 운이 좋아야만 찾아낼 수 있었던 것들에 대한 현재의 방만한 접근에는 뭔가 중요한 것이 빠져 있다. 노련한 스트립 댄서라면 누구나 동의하듯, 가장 중요한 요소는 바로 기대감이기 때문이다.

『플레이보이』를 찾아본 적이 있나요?

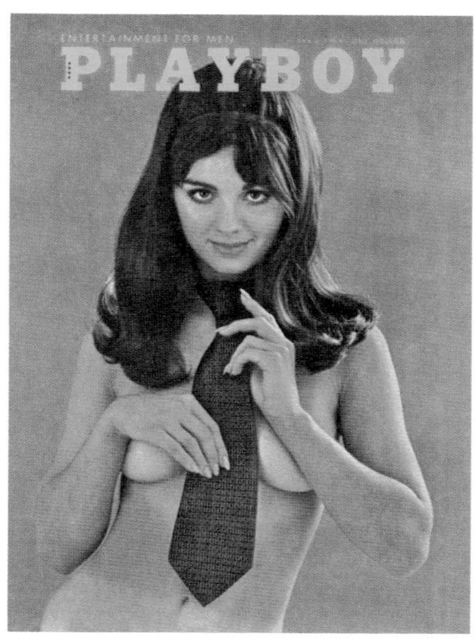

◆

나는 포르노가 악마의 짓거리라고 믿도록 길러졌다.
그러니 내가 『플레이보이』에 매혹된 건 당연한 일이다.

댄 락우드

마크 맥네리

아버지의 서랍에 숨겨진 『플레이보이』를 처음 발견했던 날이 기억난다. 그러다 운전을 시작했고 직접 가게에 가서 살 수도 있게 되었지만, 그건 너무 민망한 일이었다. 차를 타고 세븐일레븐에 갔다가 꽁무니를 뺐던 일이 생각난다. 들어갔더니 계산대에 여자

점원이 있었던 것이다. 그래서 껌만 한 통 사고 나왔다. 내겐 『플레이보이』 한 권 달라고 요구할 배짱이 없었다. 이젠 인터넷이 있으니 뭐든 원하는 대로 찾을 수 있지만.

G. 브루스 보이어

내가 본 첫 『플레이보이』 표지에는 마릴린 먼로가 실려 있었다. 안에도 먼로의 누드 사진이 둘 있었는데 너무 근사했다. 나는 『플레이보이』의 매력에서 비교적 빨리 벗어났다. 스트립쇼를 일찌감치 안 보게 된 것과 비슷한 이유에서였다. 나랑 함께 잘 수도 없는 알몸의 여성을 보는 게 무슨 의미가 있나 싶었다.

랜디 골드버그

우리 아버지는 『플레이보이』를 사지 않으셔서 우리 집엔 그게 한 권도 없었다. 내가 집 안 구석구석을 샅샅이 뒤졌으니 만약 있었다면 찾아냈을 거다. 하지만 난 그 잡지에 무척 흥미를 느꼈다. 그런 걸 보면 머릿속이 펑 하고 터지는 기분이 드니까.

토머스 벨러

우리 건물 8층에 살던 하인스 씨가 『플레이보이』를 구독했다. 나로선 허락도 받지 않고 빌려본 셈이다. 아마도 그분은 다른 사람들보다 조금 늦게 잡지를 배달받았을 것이다.

휘트 스틸먼

내가 열너덧 살 무렵엔 『플레이보이』가 무척 중요한 존재였다. 말하자면 『플레이보이』의 시대였다. 어떻게 구했는지 모르겠지만 친구들은 그 잡지를 무더기로 갖고 있었다. 우리는 아직도 밀브룩 사립학교에서 장난감 병정과 주사위로 윈스턴 처칠 놀이를 하고 있었으니 발달이 조금 늦은 셈이었다. 유년기와 성과 사춘기 사이의 경계선은 무척 희미했다.

애런 리바인

『플레이보이』를 보려면 우리 집 밖으로 나가야 했다. 내 친구들 중 둘, 지미 코스탄사와 알렉스 퓨처의 아버지가 그 잡지를 사곤 했다. 알렉스 퓨처의 집이 특히 기억나는데, 우리는 그 애네 차고 다락에 임시 요새 같은 것을 만들고서 그 애 아버지가 보관해둔 잡지들을 탐독하곤 했다. 그 애는 배트맨 피규어에 집착했고 우리한테 절대로 포장을 뜯지 말라고 다짐을 받곤 했다. 그곳은 온통 뜯지 않은 배트맨 피규어와 『플레이보이』로 가득했다.

가이 트레베이

알고 보니 내 취향은 아니었지만 무척 흥미롭긴 했다. 지금 생각해보면 그 잡지에서 가장 매력적인 것은 질감이었다. 화보 속 여자들 모두가 반질반질하고 매끄러워 보였다. 마치 플라스틱 모형 같았다. 어쩌면 그 화보들이 우리의 무의식 속에 포토샵과 인스타그램 문화, 카다시안 가족 열풍의 바탕을 마련해주었는지도 모르겠다.

톰 실러

우리 집엔 『플레이보이』가 없었다. 하지만 〈왈가닥 루시〉의 공동 작가인 밥 캐럴은 전형적인 독신남이라서 그의 집에 가면 풀장 안에 꼭 붙는 티셔츠를 입은 노브라 여성들이 있었다. 일곱 살이었던 내게 그 집은 무척 흥미로운 곳이었다. 게다가 밥은 욕실에 『플레이보이』를 잔뜩 갖고 있었기 때문에 난 거기 숨어서 잡지를 탐독하곤 했다.

이넉 페레스

우리 아버지는 옷장에 잡지들을 숨겨두곤 했다. 그야말로 미국의 모든 남자에게, 이성애자는 물론 동성애자들에게도 엄청난 영향을 미친 책이었다.

닉 숀버거

일곱 살 난 동생에게 『플레이보이』를 사준 적이 있다. 콜로라도주 크레스티드뷰트에서 동생과 함께 편의점에 갔던 때의 일이다. 3월호 '여대생 특집'을 가지고 돌아온 동생은 이후로도 한 10년간 그 책을 간직하고 있었다.

마이클 윌리엄스

나는 다락방에 잔뜩 쌓여 있던 아버지의 『플레이보이』를 언제든 꺼내볼 수 있었다. 하지만 내가 그걸 찾아냈단 걸 아버지도 분명 알았을 거다. 난 얼간이였고 항상 남들 물건을 뒤적거리곤 했으니까. 심지어 아버지 것도. 정말이지 아버지 물건들 중에 내가 손을 대보지 않은 게 없었다.

닉 우스터

아버지는 내가 어느 정도 나이 들 때까지 『플레이보이』를 그냥 화장실 옆

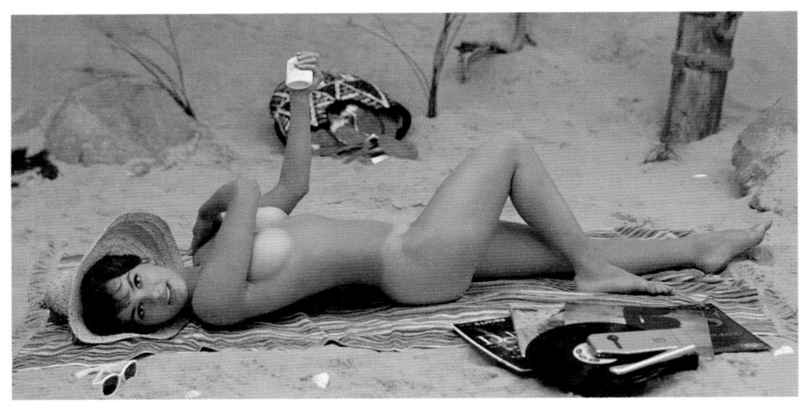

◆

『플레이보이』 초창기의 누드 사진들은 내 에로틱 취향을 영원히 결정지었다. 내게 이상적 여성을 묻는다면 아직까지도 조이 헤더튼이라고 대답할 것이다.

월터 컨

에 놔두었다. 내가 그 책의 내용을 인식하게 될 무렵부터 부모님이 잡지를 감추기 시작했다. 물론 나는 숨긴 곳을 찾아냈지만.

제이 매키너니

『플레이보이』는 여러 면에서 엄청난 존재였다. 남자란 어때야 하는지, 어떤 모습이어야 하는지, 어떤 담배를 피워야 하는지 알려주었다. 물론 가장 먼저 눈에 들어오는 건 여자들이고 '난 인터뷰를 읽으려고 이걸 사는 거야'라는 말은 농담처럼 여겨졌지만, 결국엔 실제로 인터뷰를 읽게 된다. 뛰어난 남자들이 인생과 스타일, 여자들에 관해 어떻게 생각하는지 궁금하니까. 아버지는 『플레이보이』를 사 보셨고, 그분이 잡지를 숨길 때마다 우린 그걸 찾아내려 했다. 그 엄청난 대결을 보며 어머니는 경악하셨다. 그게 그토록 중요한 일이었다는 게 지금 생각해보면 믿어지지 않는다. 내가 아이들을 갖게 되니 굳이 그러지 말라고 타이를 생각이 안 들더라.

팀 시프터

내가 처음 본 『플레이보이』를 생생히 기억한다. 누구나 그렇지 않을까? 아버지와 나는 한 달에 한 번씩 칼라일 호텔 2층의 이발소에 갔다. 대기실 의자 아래 『플레이보이』 과월호가 잔뜩 쌓여 있었고, 아버지가 머리를 자르는 동안 나는 슬쩍 잡지를 넘겨보곤 했다. 즐거운 추억이다!

글렌 오브라이언

할아버지의 옷장에서 한 권을 찾아낸 적이 있다. 드러그스토어에 가서 훔치려고 한 적도 있고. 『플레이보이』의 영향력은 엄청났다. 휴 헤프너는 내게 무척 중요한 인물이었다. 〈TV 파티〉(뉴욕 지역방송국에서 1970년대 말부터 1980년대 초까지 방영한 토크쇼 - 옮긴이)는 여러 면에서 헤프너의 텔레비전 쇼를 모방했다. 그 프로그램은 1960년대엔 〈플레이보이 펜트하우스〉로 불렸는데 컬러 방송이 되면서 〈한밤의 플레이보이〉로 바뀌었다. 하지만 기독교 광신자들이 그 쇼를 틀어준 텔레비전 지역방송국을 위협하는 바람에 결국 방송에서 퇴출되고 말았다. 혹시 그 쇼를 본 적이 있나? 레니 브루스도 출연하곤 했는데. 파티 형식이라서 책상 앞에 앉아 자신의 신간 얘길 떠드는 특별 손님 따윈 없었다. 헤프너와 코미디언, 재즈 뮤지션들, 그리고 엘라 피츠제럴드가 나왔다. 정말 끝내줬다.

롭 잔가르디

내 친구의 형이 그 잡지들을 가지고 있었다. 지하실 물침대 아래 숨겨져 있었다.

마이클 헤이니

1970년대였으니 물론 우리 형도 『플레이보이』를 침실에 숨겨두곤 했다. 난 찾아내서 읽었고.

앨릭스 빔스

난 런던에서 자랐기 때문에 『플레이보이』를 볼 수 없었다. 그 대신 영국에는 『더 선』이 있었다. 영국에서 가장 많이 팔리는 신문의 3면에 젖꼭지를 드러낸 여자 화보가 실렸던 것이다. 거기에 해당 날짜의 뉴스와 연관된 몇 마디 헛소리가 사진 설명이랍시고 덧붙여져 있었다. 우리 아버지는 그 신문이 아닌 『타임스』를 읽었지만, 학교에서 어떤 아이가 『더 선』을 가져와 모두 함께 화장실에 숨어 화보를 보았다. 마이클 베드먼드도 한 부 가져왔고. 『더 선』은 작년에야 그런 화보를 중단했는데 이는 엄청난 화제가 되었다. 그 관습이 그렇게 오래 지속되었다는 게 놀랍다.

타보 소메르

아마 5학년 때였을 거다. 우리 가족은 펜실베이니아주에 살았는데 이웃 농장에 버려진 헛간이 하나 있었다. 마을 남자애들이 전부 모이곤 했던 그 헛간에는 아마도 그중 한 명이 형에게서 가져왔을 『플레이보이』가 잔뜩 보관되어 있었다. 모두가 푹 빠져들었던 걸로 기억한다. 그것이 집단 활동이었다는 게 흥미롭다. 우리가 거기 숨겨놓은 잡지들은 일종의 공동 소장품이었다.

제이 필든

우리 삼촌들 세 분이 『플레이보이』를 구독했다. 다들 대담한 성격에 사람들을 놀리고 농담하고 웃어대며 놀다가 큰 말썽에 휘말리는 그런 인물들이었다. 『플레이보이』 자체도 어떤 면에서 그분들과 비슷했던 걸로 기억한다. 스타일리시한 고유의 미학과 세련된 분위기가 있었다. 그 잡지 모델들이 설문지에 적어놓았던 온갖 우스꽝스러운 대답들을 아직도 정확하게 기억하고 있다. "저는 트롤로프의 소설을 즐겨 읽어요", "항공 엔지니어가 되려고 공부하는 중이에요", "집 안에서는 옷을 안 입고 있는 편이죠."

숀 브리지스

내가 열 살 때 형이 차고 위 고미다락에 『플레이보이』를 한가득 숨겨놓고 있었다. 형과 친구들이 동네의 이혼한 아버지들에게서 훔쳐온 거였다.

툰데 오예올

한마디만 말하겠다. 압도적이었다.

첫사랑은 누구였죠?

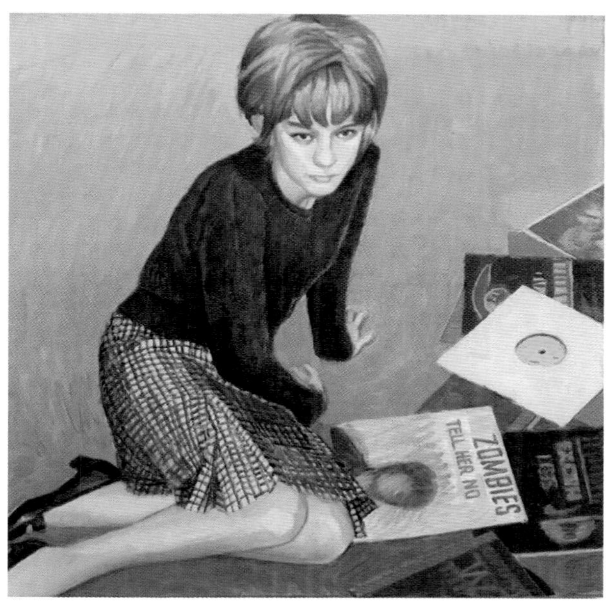

〈브리티시 인베이전〉, 던컨 해나

◆

나는 분위기 있는 프랑스 여성들과 갈색 머리 여성들을 좋아했다.
게다가 이 두 가지 집단엔 종종 공집합이 존재한다.

유언 렐리

아르만두 카브라우

헬레나 크리스텐센. 당연한 얘기지만.

앨릭스 빔스

우리가 아는 한 대중문화 최초의 공격적으로 섹슈얼한 여성은 마돈나가 아닐까. 난 마돈나에 푹 빠졌고 지금도 그렇다.

조시 페시코비츠

내가 기억하는 한, '아, 이게 사랑이구나' 하고 인식할 정도였던 최초의 여성은 〈리얼 러브〉 뮤직비디오에 나온 메리 J. 블라이지였다. 1990년이었고 나는 열한 살이었다.

존 브로디

나는 항상 몽상가보다는 현실주의자 쪽이었다. 소년 시절에도 파라 포셋의 포스터나 『플레이보이』의 대형 화보를 침실 벽에 붙여놓은 적이 없다. 뭐랄까, 그냥 A라는 존재에서 B를 얻어낸다는 게 내겐 상상 불가능한 일이었다. 그래서 항상 존 휴즈의 청춘영화에 출연했을 법한 유형의, 다만 내 주변에 있던 여자애를 상대로 가슴앓이를 하곤 했다.

월터 컨

앤지 디킨슨. 담배가 목소리에 미치는 영향을 스스로 깨달은 뒤, 나는 내가 여성에게 느끼는 매력의 상당 부분이 '흡연자 같은 목소리'에서 나온다는 걸 알아차렸다. 난 터프한 금발 여성들을 좋아했다. 앤지 디킨슨, 조이 헤더튼, 줄리 크리스티. 건강하고 글래머러스한 1980년대 슈퍼모델 스타일에는 한 번도 끌린 적이 없다. 1970년대 말의 고뇌하는 듯한 여성들이 내 취향이었다.

휘트 스틸먼

난 두 헵번이 전혀 섹시하지 않으며 매력이 없다고 생각했다. 소년치고는 흥미롭게도 난 아주 섹시한 여성에게만 이끌렸던 것이다. 이젠 나도 캐서린 헵번과 오드리 헵번의 매력을 알지만, 그 당시 내가 좋아했던 쪽은 〈빅 밸리〉(1960년대 후반에 방영된 서부극 텔레비전 드라마 - 옮긴이)의 린다 에번스였다. 가장 내 가슴을 뛰게 했던 여성은 잉에르 스티븐스였다. 물론 다이애나 리그도.

글렌 오브라이언

난 항상 어설라 안드레스가 끝내준다고 생각했다. 〈고양이What's new pussycat?〉에 나왔던 모든 여배우, 특히 유럽 출신 여성들. 그리고 튜즈데이 웰드도.

애런 리바인

사실 그녀는 영화배우가 아니고 앤 시머라는 여자였다. 나보다 네 살 연상으로 같은 길 위쪽에 살고 있었다.

마크 맥네리

아주 초창기의 셰어였던 것 같다. 〈소니 앤드 셰어〉 쇼를 즐겨 봤던 기억이 난다. 음악과 코미디로 이루어진 황금 시간대 예능 프로그램이었는데 당시 그들은 엄청 서툴렀다. 난 여전히 그런 형식의 프로그램들이 다시 방영되기를 기다리고 있다.

닉 숀버거

소피아 로렌.

제이 필든

파라 포셋.

마이클 윌리엄스

난 항상 오드리 헵번이 너무 아름답다고 생각했다. 오드리 헵번이야말로 내 이상형이었다.

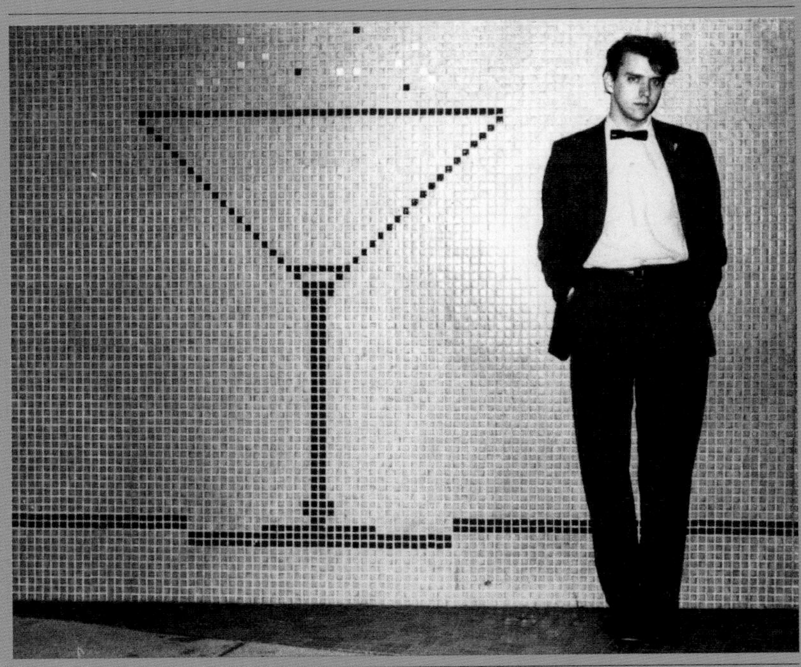

챈 폴링

졸업파티와 고결한 실수들

◆

옷차림과 관련된 선의의, 그러나 엉뚱한 실수들은 단지 자기가 남들보다 너무 앞서가 있을 뿐이라는 전제에서 시작되곤 한다. 턱시도 재킷이 청바지와도 잘 어울린다는 걸 사람들이 알아주기만 했다면, 1991년 나의 고등학교 졸업파티 착장은 문화사의 결정적 순간으로 인정받았으리라. 파티를 준비하는 과정에서 내가 아는 뛰어난 멋쟁이에게 조언을 구했는데 그 역시 내 아이디어를 칭찬하고 격려해주었다. 만약 그였다면 그런 옷차림을 소화할 수도 있었을 것이다. 데이트 상대는 나를 위아래로 훑어보고 잠깐 멈칫하더니 이렇게 말했다. "청바지? 멋지네." 그녀의 빈정대는 목소리가 그녀의 집에서부터 파티 장소까지 줄곧 메아리치는 것 같았다. 파티 장소는 불황이 이미 몇 차례나 더 지나갔을 만큼 오래전에 문을 닫은 고급 백화점 건물이었다.

스스로 시대에 앞섰다고 생각하며 과감한 옷차림을 시도했던 나 같은 사람들은 결국 선거에서 떨어진 후보들과 같은 얘기를 하게 된다.

자신의 메시지가 아니라 유권자들이 문제라고 주장하는 정치가들 말이다. 여담이지만, 대중이 형편없는 전위예술을 수용하도록 만드는 것도 이와 비슷한 관점이다. 누군가 새로운 아이디어 얘기를 하며 그것이 전국을 휩쓸 거라고 장담한다면 최대한 대충 흘려듣도록 하자.

그와 반대로, 가장 멋스러운 사람들은 다른 누구도 아닌 오직 그들에게만 어울릴 시도를 즐기곤 한다. 그들이 서로 다른 두 가지 체크무늬 옷을 조합하거나 페인트가 묻은 신발을 태연히 신거나 더블브레스트 슈트 속에 웨스턴 셔츠를 입는 것은 완벽한 해답, 한순간의 영감에 의해서다. 이런 옷차림을 소화하는 사람들은 그 아이디어를 방금 막 떠올린 것처럼 보이지 않는다. 그들은 그런 옷차림을 예전부터 항상 알고 있었거나 혹은 오히려 그런 옷차림에 어울리게 성장한 것이다. 옷을 한꺼번에 사들여서는 안 된다는 건 바로 그 때문이다. 방 안 세간을 한꺼번에 마련해서는 안 되는 것과 같은 이유다. 일단 재킷 하나를 마련하여 입고 지내보자. 셔츠 하나를 더해보고, 그러다 넥타이도 하나 사보자. 마치 맛을 보면서 양념을 더하듯이. 영감을 찾아다니지 말고 그쪽에서 찾아올 때까지 기다리자. 영감이 떠오르지 않는다고 해서 부끄러워하진 말고, 기본 사항부터 숙련해보자. 잘 재워 구운 스테이크 외에 다른 메뉴는 하나도 없는 레스토랑들도 있지 않은가. 판매원이 천연덕스럽게 보여주는 화려한 셔츠와 대담한 넥타이를 내키지 않아 하면서도 구입하는 남자들을 보면 나는 불길한 예감이 든다.

물론 실제로 남들을 한참 앞서간, 우리의 평소 생각을 뒤흔들 정도로 뛰어난 멋쟁이들도 있다. 보르헤스는 카프카의 『변신』 첫 구절을 읽고서 경악하여 책을 내려놓으며 이렇게 말했다고 회상한다. "이런 식의 글쓰기가 가능하다는 것조차 몰랐다." 그 책은 보르헤스의 인생을 바꿔놓았다. 옷차림이 그 정도의 무게를 가질 수야 없겠지만, 그래도 최고의 멋쟁이는 당신이 사회에 관해 무엇을 아는지 자문해보게 만들 수 있다. 그들은 우리로서는 미처 존재하는 줄도 몰랐던 질문들을 던져보게 만든다. 그들은 클래식에 친숙하지만 그것에 구애받진 않으며, 자신의 관점에 따라 클래식을 자유로이 재조립한다. 그 결과는 그야말로 치명적일 수 있다.

그들도 열일곱 살에는 아무 생각이 없었다. 일단 세상을 충분히 알고서야 자신이 세상에 무엇을 말하고 싶은지 알게 되기 마련이다. 어떤 면에서 그것은 관대함의 감각이다. 그들은 단순히 "난 이런 차림도 소화할 수 있어"라고 말하는 것이 아니라 "난 세상이 이런 식이었으면 좋겠어"라고 말하는 것이다. 좀 더 불손하게, 좀 더 별나게, 좀 더 이상적으로. 그리고 말해두지만, 그들도 고등학교 졸업파티에 갔던 시절엔 온갖 실수를 저질렀다. 다만 그들은 그 증거를 묻어버릴 만큼 영리했을 뿐이다.

졸업파티에는 뭘 입고 갔나요?

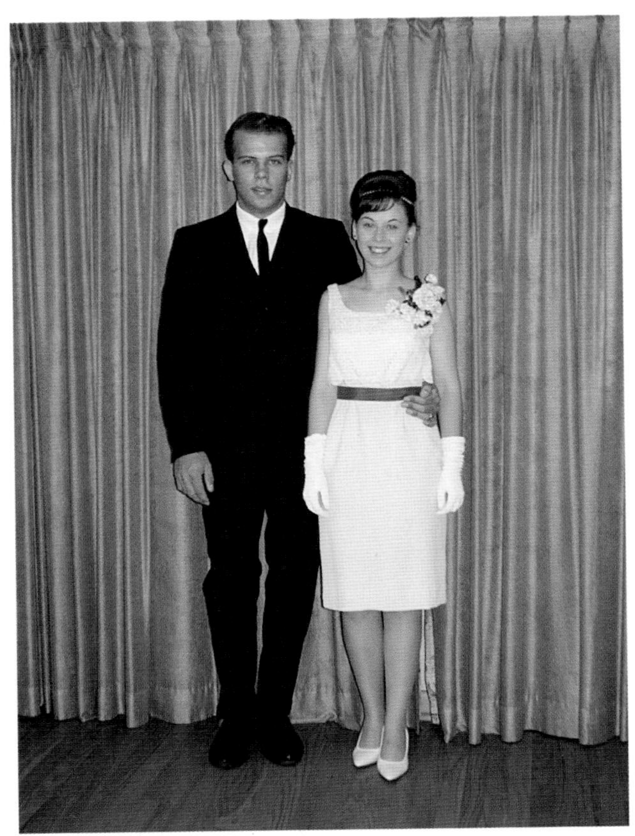

◆

믿어지지 않는다,
내가 프릴 달린 셔츠를 입었다니!

제이 매키너니

◆

나는 킬트를 입었다. 체크무늬 킬트 말이다. 아일랜드인이 경영하는 동네 모텔에서 구한 것인데, 그곳에는 아일랜드와 아마도 스코틀랜드에서 공수한 온갖 괴상한 기념품을 파는 선물가게가 있었다. 킬트는 그곳에서 대여했고 어머니가 블레이저를 고쳐서 짧게 만들어줬던 것도 기억난다. 원래 여성복 블레이저였을 것이다.

타보 소메르

애런 리바인

페어오크스 쇼핑몰에 있던 웨딩숍에서 대여한 턱시도. 끔찍했다. 머리엔 젤을 떡칠했고. 파티장에는 아버지의 1991년형 마쓰다 RX-7 컨버터블을 타고 갔다. 내가 직접 그 차를 운전한다는 게 당시엔 중요한 일이었다. 정말로 중요한 문제였다. 그다음 해에는 좀 더 관습적으로 네온이 번쩍거리는 리무진을 탔지만.

크리스 블랙

단순한 검은색 턱시도를 입었지만 차는 메르세데스 S600을 몰았다. 메르세데스 판매원이던 사촌형이 빌려준 거였다. 그 차는 트레일러로 우리 부모님 집까지 배달되었다.

랜디 골드버그

맙소사. 턱시도를 입고 갔는데 꼴이 말이 아니었다. 짜증이 날 정도로 끔찍했다. 보타이는 매지 않았고 그 대신 보석을 달았다. 나 스스로 내린 결정이었다. 정말이지 난 너무 많은 실수를 저질렀다. 쇼핑몰에서 턱시도를 대여할 때 옵션 하나가 보타이를 보석 장신구로 교체하는 거였다. 내 생각엔 멋지겠다 싶어서 그러기로 선택했다. 리무진도 빌리고, 턱시도도 빌리고, 심지어 파트너도 빌렸다. 그 여자 이름은 비밀로 해두자. 그녀의 얼굴이 지금도 기억난다…. 얼마 전에도 누군가랑 이 얘기를 나눈 적이 있다. 딱히 봉인해둔 기억까진 아니니까.

월터 컨

내 모습은 마치 나폴레옹 다이너마이트(동명의 코미디 영화에 나오는 어수룩한 주인공 - 옮긴이) 같았다. 내 턱시도는 하늘색이었다. 당시 나는 모르몬교도였는데, 일요 예배는 하루 종일 걸렸고 주중에도 교회에 나가야 했기 때문에 클립으로 고정하는 넥타이와 짙은 색 폴리에스테르 슈트를 잔뜩 가지고 있었다.

휘트 스틸먼

당시에 유일한 사교의 장은 댄스파티였다. 그러니 우리에게는 돕스 페리에 있던 마스터스 스쿨이나 파밍턴 같은 사립학교들의 댄스파티가 무척 중요했다. 친구들과 함께 파밍턴의 졸업파티에 가서 각자 상대를 찾았는데, 다행히도 나는 마릴린 먼로 비슷한 여자와 함께 춤출 수 있었다. 난 그녀에게 편지를 보내기 시작했고 한동안 집착하다시피 했다.

J. C. 매켄지

나는 1년간 학교를 쉬느라 우리 학년의 정식 졸업파티를 놓쳐버렸다. 그 대신 주니어 댄스파티에 갔는데 졸업반 한 해 아래 학년과 아마도 비행 청소년들을 위한 자리 같았다. 졸업파티 파트너를 아직 못 구한 여자애가 딱 한 명 있었는데 수전이라는 여호와의 증인 신도였다. 난 대여한 황록색 예복을 입고 그녀를 데리러 갔다. 운전대까지 닿을 만큼 널따란 옷깃에 옷과 똑같은 황록색 코르사주를 달고서.

♦

내 졸업파티는 1996년이었다.
그 당시 멋쟁이라면 조데시(미국의 4인조 R&B 그룹 – 옮긴이) 멤버처럼 보여야 했다.

조시 페시코비츠

수전의 어머니가 현관문을 열더니 순식간에 내게 설교를 늘어놓았다. 신은 삼위일체가 아니고, 기독교 교리는 악마에게 영감을 받은 것이며, 천국은 오직 144,000명에게만 한정되어 있고, 가장 중요한 것은 그녀의 딸이 여호와의증인 신도가 아닌 어느 누구와도 친구가 되거나 결혼할 수 없다는 점이었다. "그럼 재미있게 놀렴, 얘들아." 다행히도 수전은 어머니에게 반항할 생각인 게 분명했다. 심지어 그 상대가 끔찍한 예복 차림의 얼간이라고 해도 말이다. 우리가 파티 장소에 도착하니 아이들이 주르륵 두 갈래로 갈라졌고, 우리는 얼른 걸어가 한구석에 자리 잡았다. 그리고 두 시간 동안 아무 말 없이 가만히 있었다.

마크 맥네리

대여한 흰색 턱시도와 흰색 카페치오 재즈 옥스퍼드.

롭 잔가르디

공짜로 빌렸지만 내게 안 맞던 턱시도. 당시 오하이오주 콜럼버스의 한 턱시도 대여점에서는 졸업반 남학생 몇몇에게 턱시도를 입고 고등학교들을 돌며 할인권을 나눠주는 아르바이트를 시켰다. 나도 그 일을 하도록 선택받은 학생 중 하나였고 그 대가로 졸업파티에 갈 때 턱시도를 무료로 대여할 수 있었다.

마이클 윌리엄스

조끼 달린 턱시도를 대여했는데 내 몸엔 전혀 맞지 않았다. 조끼는 흰색이 아니라 밝은 유채색이었던 것 같다.

앤디 스페이드

쇼핑몰에서 슈트를 빌려 입었다.

제이 매키너니

나도 턱시도를 대여했다. 아일랜드계 가톨릭교도 여자애와 함께 파티에 갔는데 그다지 상냥한 파트너는 아니었다. 내가 빌린 턱시도가 다른 애들 것보다 더 흉측했나 보다. 그날 찍힌 사진은 못 봤지만 그때가 1972년이었던 걸 고려하면 아마 굉장히 끔찍했을 것이다. 엄청나게 넓은 옷깃을 한번 상상해보라. 민망한 옷차림이었을 게 분명하지만, 다행히도 시간이 지나면서 저절로 사진이 사라졌다. 증거는 전혀 없다.

◆

**여자친구 어머니가 크게 실망했던 게 기억난다.
우리 둘의 사진을 찍으려고 카메라에 삼각대까지 준비하고 계셨는데,
리틀 블랙 드레스 차림의 딸을 데리러 온 나는 턱시도가 아닌
가죽 재킷을 입고 있었으니까.**

댄 락우드

마이클 헤이니

검은색 턱시도에 붉은색 보타이를 매고 붉은색 컨버스 하이탑에 녹색 끈을 묶어 신었다. 1982년이었으니 내겐 뉴웨이브와 펑크의 시기였다.

시드 매시번

더블브레스트 슈트를 입었다. 컨트리 브리치스에서 대여한 옷인데 자잘한 푸른색 줄무늬였다. 파티 장소에 도착할 무렵엔 완전히 구겨져버렸지만. 거기에 태슬 끈(아주 근사했다)과 두꺼운 고무창이 있는 폴로의 황갈색 캔버스화를 신었다. 그리고 레이스 오브 뉴 헤이븐의 붉은색 넥타이에 칼라 바(막대기 모양의 셔츠 칼라 고정 핀 - 옮긴이)로 마무리했다.

러셀 켈리

당시 나는 매우 흉측한 장발을 하고 있었다. 앞부터 뒤까지 전체 기장이 똑같았다. 대여한 턱시도도 끔찍했는데, 전형적인 넓적한 허리띠와 여자친구의 붉은색 반짝이 드레스와 같은 색의 넥타이가 딸려 있었다. 아칸소주 포다이스에서의 일이었다.

에릭 데이턴

나는 무분별하게도 스탠드칼라 턱시도를 입어서 꼭 보이즈 투 멘의 멤버처럼 보였다. 하지만 그날의 파트너는 현재 내 아내가 되었으니 모든 게 잘 풀린 셈이다.

참고자료: 리처드 베이커의 장서

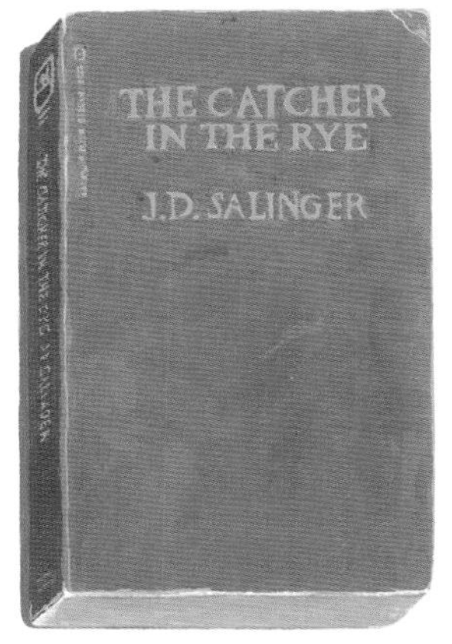

J. D. 샐린저, 『호밀밭의 파수꾼』

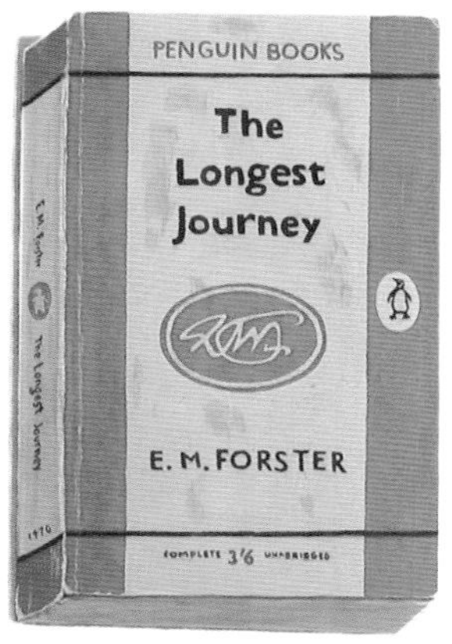

E. M. 포스터, 『기나긴 여행』

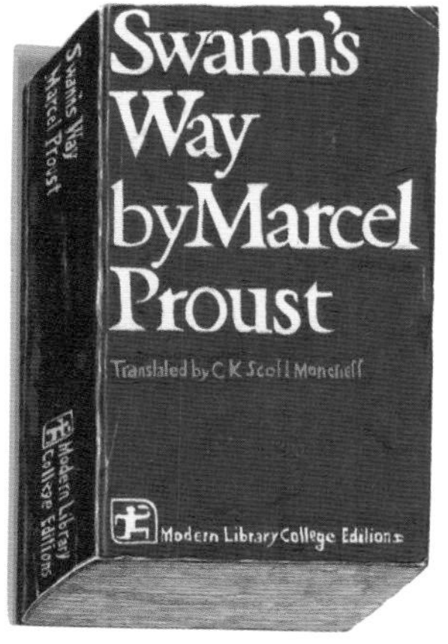

마르셀 프루스트, 『스완네 집 쪽으로』

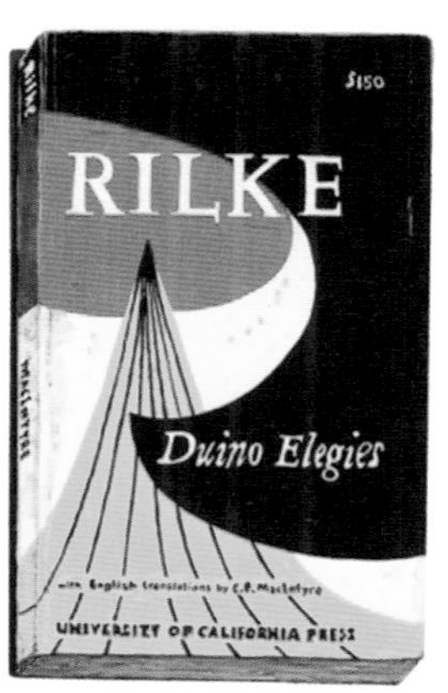

라이너 마리아 릴케, 『두이노의 비가』

결혼식에서는 뭘 입었죠?

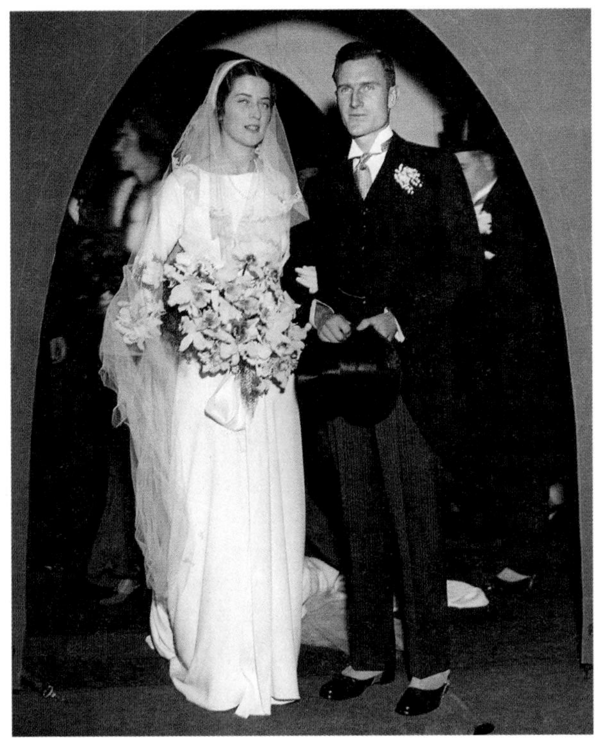

존 D. 록펠러 3세(에릭 데이턴의 할아버지)와 아내 블란쳇

G. 브루스 보이어

나는 결혼식을 두 번 했다. 첫 번째 결혼식 때는 싱글브레스트에 숄칼라가 달린 트로피컬 소모사 재질의 전형적인 턱시도를 입었다. 결혼식이 5월이었으니까. 매우 클래식하고 전통적인 턱시도였는데 마음에 들었다. 두 번째 결혼식은 좀 더 비격식적이었다. 11월에 치러진 우리끼리의 비공개 결혼식이었기에 남색 더블브레스트 블레이저에 회색 플란넬 바지만 입었다. 그걸로 충분했다.

애런 리바인

랄프로렌 재킷에 청바지. 아내와 나는 가족들 몰래 시청에서 결혼식을 올렸으니까. 당시 아내는 임신 7개월이었다. 결혼식이 끝나자 우리는 케이프메이로 달아나 그곳에서 주말을 보냈다. 처제가 증인을 섰다. 폭우가 쏟아졌고 아내는 눈물을 흘렸다. 직장 동료들이 날 57번가의 타오로 데려갔던 기억이 난다. 거기가 가장 가까운 술집이었다. 우리는 테킬라를 한 잔씩 마시고 결혼식 장소로 달려갔다. 그걸로 끝이었고, 곧바로 우리는 부모가 되었다.

제이 배틀

흰색과 회색 시어서커 재질의 맞춤 스리피스 슈트와 분홍색 폴 스미스 옥스퍼드 셔츠. 거기에 분홍색 고무창이 달린 폴 스미스 캔버스화. 넥타이는 매지 않았다.

쿠리노 히로후미

나는 기모노를 입었다. 정확히 말하면 전통 하카마였다. 하지만 너무 깡말라서 어린애처럼 보였다. 아내는 피부를 까맣게 그을렸던 터라 전통 예식에 어울리도록 얼굴을 새하얗게 칠해야만 했다.

톰 실러

숄칼라에 자주색 안감을 댄 랄프로렌 턱시도. 빌스 게이 나인티스 펍에서 결혼식을 올렸는데 당시엔 그곳을 아직 원조 빌이 운영했다. 데이비드 딘킨스 뉴욕 시장이 결혼식을 주재해주었다.

마크 맥네리

첫 번째 결혼식은 기억이 나지 않는다. 두 번째 결혼식엔 일본에서 산 검은색 턱시도를 입었다.

앤디 스페이드

진회색 슈트에 줄무늬 렙 타이, 그리고 흰색 드레스셔츠.

닉 설리번

모닝 드레스(격식을 갖춘 주간용 남성 예복. 보통 긴 모닝코트에 짙은 색 바지, 실크해트로 구성된다 - 옮긴이)를 입었다. 그래야 마땅했으니까. 덕분에 예식이 한층 예식다워졌고 하객들도 모두 동참했다. 좀 더 빅토리아 시대 느낌이 나도록 앞자락이 양옆으로 아주 좁다랗게 떨어지는 모닝코트를 입었다. 모자는 쓰지 않았다. 난 실크해트를 쓰면 바보스러워 보여서. 아주 재미있었고 사람들도 즐겼다. 영국 사람들은 아직도 그런 식으로 예복을 차려입는다.

글렌 오브라이언

앤더슨 앤드 셰퍼드에서 맞춘 비스포크 천연 리넨 슈트를 입었다. 첫 번째 결혼식 때 이야기다. 아무래도 얼떨결에 결혼했던 것 같지만.

마이클 헤이니

나와 절친한 사이인 톰 브라운이 맞춤 턱시도를 만들어줬다. 내 아내의 드레스도 그가 만들었고…. 톰이 처음으로 만든 웨딩드레스였는데, 그는 결과물에 만족하여 마침내 여성복 라인을 시작하기에 이르렀다.

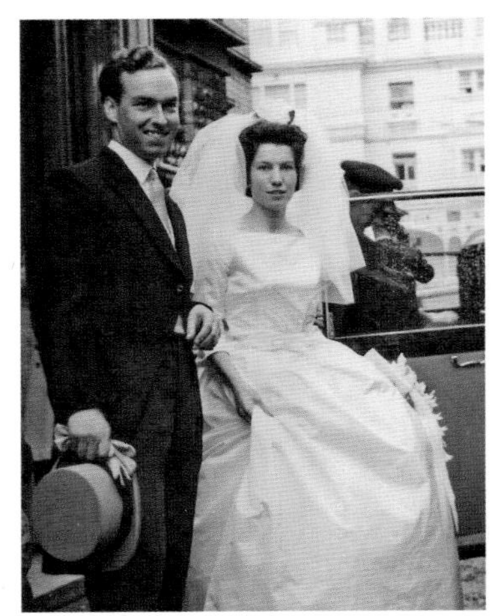

제임스와 마거릿 설리번 부부(닉의 부모)

미지의 집단으로부터 온 소식

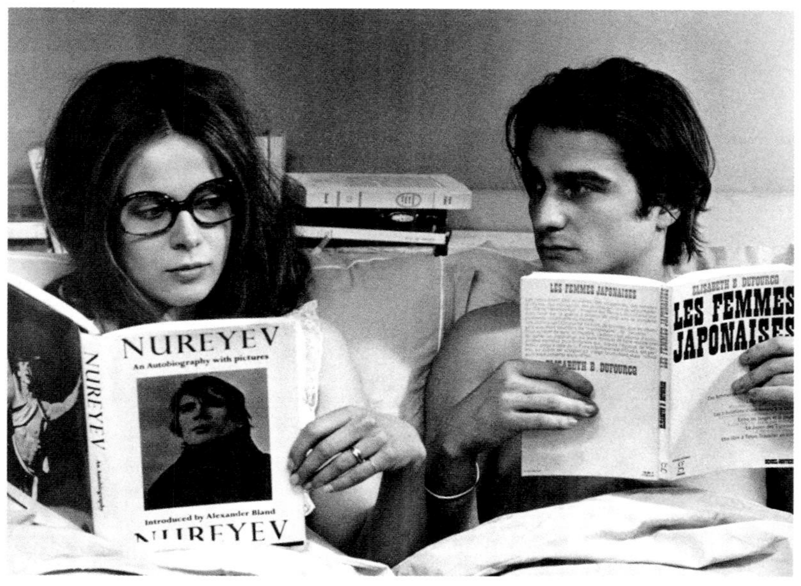

영화 〈부부의 거처〉의 클로드 제이드와 장 피에르 레오

◆

어느 유명 호텔리어는 첫 번째 데이트 날
발 끝이 네모진 스퀘어 토 구두를 신고 날 데리러 왔다.
너무 경악한 나머지 오히려 그에게 호기심이 생겼다.

수재나 하우

슬론 크로슬리

부담스러울 정도로 멋을 낸 남자와 데이트한 적이 있다. 회색 슈트에 붉은색 하이탑 운동화를 신고 바지 자락을 운동화 속으로 집어넣는 그런 사람이었다. 난 그런 점을 위협적으로 느꼈고 또한 스스로 그렇게 느꼈다는 데 놀랐던 듯하다. 그의 옷차림은 멋스러웠지만 이런 뉘앙스가 있었다. '난 계속 이런 식으로 나갈 거야, 네가 받아들이든 아니든.'

내 경우 좋아하는 사람의 옷차림이라면 뭐든 괜찮게 보는 편이다. 하지만 한번은 데이트 상대가 택시 뒷자리에서 주운 뉴스보이 캡 (꼭지와 앞 차양이 달린 둥근 모자 - 옮긴이)을 겨울 내내 쓰고 다녔다. 그것도 뒤로 돌려서. 그는 모자에 숨겨진 (자신이 그걸 습득하게 된) 사연에 도취해 있었던 것 같지만, 당연하게도 다른 사람들에게는 모자 자체만 보일 뿐이었다. 난 한마디도 불평하진 않았지만 '정말이지 빨리 봄이 왔으면 좋겠다'고 생각했던 건 분명히 기억난다.

런던의 버드에서 남자친구에게 근사한 면과 캐시미어 혼방 체크무늬 버튼다운 재킷을 사준 적이 있다. 그런데 정작 그가 입으니 너무 프레피 같아 보였다. 남자친구가 거울 앞에서 진땀을 흘리며 대체 이걸 언제 어디서 입어야 할지 고민하는 게 눈에 훤히 보였다. 게다가 무척 비싼 옷이었기 때문에, 우리 둘 다 마음이 편해질 수 있도록 그냥 반품했다. 오래전 스니커 마니아와 데이트하던 시절엔 삼베 재질의 빈티지 나이키 스니커를 선물하기도 했다. 그는 그 선물을 거부하진 않았지만 '더럽히기 싫다'는 이유로 신고 다니지도 않았다.

신트러 윌슨

젊은 시절 나는 지극히 엄격한 나만의 패션 원칙이 있었고 그걸 칼같이 고수하려 했다. 샌프란시스코에서 록밴드를 하던 미남에게 푹 빠졌는데, 친구들을 통해서 마침내 실제로 그와 몇 차례 데이트를 하게 되었다. 모든 것이 순조롭게 로맨스를 향해 가는 듯이 보였다. 어느 날 저녁 내 차에 탄 그가 헐렁하게 처진 섀미 부츠를 신은 걸 보기 전까지는. 그 뒤로는 결코 그를 예전과 같은 눈으로 볼 수가 없었다. 내가 그 부츠를 보고 얼마나 실망했는지만 계속 떠올랐다. 신발에 있어 엄격하게 격식을 따졌던 내게 그 일은 그가 발레슈즈를 신고 나온 거나 마찬가지였다. 나는 곧바로 그를 차버렸다.

데이트 상대가 바보 같은 안경테를 걸치고 있다면 나는 그의 얼굴을 볼 때마다 인상을 찌푸릴 것이다. 직접 그에게 새 안경을 골라주기 전까지는 말이다. 남자들은 종종 여성의 옷차림에 관해 경악스러운 취향을, 때로는 별난 생각까지도 지니고 있는데, 역사적 관점에서 보면 무척 흥미로운 주제다.

나는 언제나 남자친구의 환상에 맞춰 괴상한 옷차림을 하는 걸 즐긴다. 간호사, 치어리더, 라텍스, 뭐든 상관없고 재미도 있다. 하지만 집 밖에서의 일상적 옷차림에 있어서는 상대가 얼마나 간곡히 부탁하든 결코 타협하지 않는다. 민소매 터틀넥 스웨터를 입어달라는 간절한 요청을 나는 단호히 거절했다. 누가 뭐래도 그건 지구상에서 가장 멍청한 옷이니까. 바닐라향 향수를 선물하며 뿌려달라는 남자도 있었다. 나도 그에게 맞춰주려고 해봤지만, 그놈의 냄새에 질식할 것 같아서 저녁이 다 지나기도 전에 레스토랑의 여성용 휴게실에서 샤워를 해야 했다.

나는 구제 옷가게 쇼핑의 달인이고 가끔씩은 놀라운 물건을 찾아낸다. 한번은 어느 신진 유명 디자이너의 검은색 후드 티셔츠를 발견했는데, 앞쪽에 작은 은빛 징을 하나하나 정성스럽게 붙여 만든 다스 베이더 그림이 있었다. 나는 직접 징을 추가해서 그 옷을 더욱 멋지게 만들었다. 아래쪽에 엇갈린 뼈 두 개를 덧붙였는데, 덕분에 다스 베이더가 한층 더 근사해 보였다.

당시 내 데이트 상대는 그 옷을 소화하지 못했다. 그런 옷이 어울리려면 소위 '엘비스 따윈 엿 먹어'라는 태도를 갖고 있어야 한다. 그래서 난 그 남자를 찼고 후드 티셔츠는 친구인 앨릭스 로이에게 줘버렸다. 그는 남들을 거슬리게 할 수 있다면 뭐든 걸치는 성격이었다.

매들린 위크스

나는 버지니아주에서 자랐다. 아버지는 아주 멋스러운 남자였다. 무척 아름다운 브룩스 브라더스 셔츠를 입었고 항상 갈색 카르티에 시계를 착용했다. 흰색 시계판과 검은 줄이 달린 지극히 정교한 시계였다. 아버지는 취향이 무척 세련된 분이었고 절대로 청바지를 입지 않았다. 나 역시 자라면서 청바지를 입은 적이 없었다. 하지만 어머니의 가게에 캘빈 클라인 청바지가 들어오자 그걸 꼭 직접 입어보고 싶어졌다.

아버지는 우리의 차림새에 확고한 견해를 갖고 있었고 그분만의 전용 드레스룸도 있었다. 그 안에 들어가는 건 정말 신나는 일이었다. 아버지는 크루넥 스웨터와 코르덴 바지를 좋아했지만 프레피와는 거리가 멀었다. 브루클린 출신이었던 아버지는 펜실베이니아주에서 자랐음에도 지극히 뉴욕적인 취향을 고수했다.

아버지는 8트랙 테이프 플레이어가 달린 짙은 녹색 몬테카를로를 몰았는데 항상 제임스 본드 영화 사운드트랙이나 디온 워릭, 아니면 글렌 캠벨의 음반을 틀었다. 아버지 차 안에선 음식을 먹으면 안 되었지만 어머니 차 안에선 뭐든 마음대로 할 수 있었다.

아버지는 항상 보드카 토닉을 마셨다. 어린 시절 잔디를 깎던 아버지가 "얘, 들어가서 내게 보드카 토닉 한 잔 만들어주지 않으련?" 하고 청했던 일이 기억난다. 딱 그분이 좋아하던 방식대로 말이다. 아버지는 랄프로렌의 옷을 즐겨 입었고 뉴욕에서는 폴 스튜어트 매장에 가장 많이 다니셨다. 내가 열일곱 살에 뉴욕으로 이사 갔을 때 그분은 종종 이렇게 말씀하시곤 했다. "얼른 가서 나 대신 구경 좀 해주렴."

남자들은 몸에 꼭 맞는 슈트를 입는 걸 두려워해선 안 된다. 가장 흔한 문제는 너무 긴 바지 길이다. 오스카 시상식 시기가 되면 남자들은 거울을 들여다보곤 하지만, 아무래도 전신 거울은 보지 않는 것 같다. 그랬다면 바지 길이가 너무 길어 발목 주위로 늘어져 있다는 걸 알았을 테니까.

나는 남자를 만날 때 특별히 한 가지에 신경을 쓰진 않지만, 자신의 개성이 잘 드러나는 방식으로 옷을 입은 남자는 항상 내 주목을 끈다. 난 그런 점이 좋다. 옷차림의 마무리까지 신경 쓴 남자, 독특하면서도 자신에게 어울리는 행동 습관을 지닌 남자는 항상 호감을 준다.

애나 수이

우리 아버지는 항상 흠 잡을 데 없이 깔끔한 옷차림을 했는데 대체로 슈트였다. 머리카락은 완전히 뒤로 넘겨 빗었고 여름이면 멋진 흰색 양복을 입었다. 그분은 꼭 어디서 멋진 자세를 취하는 법을 배운 것처럼, 멋지게 보이는 비결을 터득한 것처럼 보였다. 평생 그런 식이었다. 아버지는 옆과 뒤를 짧게 치고 정수리는 좀 더 기르는 클래식한 머리 모양에 브릴크림을 발랐다. 내 기억에 아버지의 머리가 흐트러져 있었던 적은 한 번도 없다. 물속에 들어갔을 때는 예외였지만, 그럴 때도 아버지는 곧바로 다시 머리를 빗질하곤 했다.

아버지는 할아버지가 사주신 백금 롤렉스 시계를 찼다. 아버지가 연로하신 할아버지를 만나러 중국에 갔을 때 받은 선물이었다. 아버지는 기숙학교에서 자랐고 집에서 보낸 기간이 거의 없었기 때문에 할아버지께 받은 시계가 더욱 소중하게 느껴진 것 같다.

아버지의 취향은 무척 클래식했다. 그분은 헤링본 재킷을 좋아했다. 1980년대에 크리스마스가 다가왔을 때 아버지에게 이렇게 여쭤본 기억이 난다. "크리스마스 선물로 뭘 받고 싶으세요, 아빠?" 아버지는 이렇게 대답하셨다. "그냥 흰색 실크 스카프면 된다."

나 역시 아주 클래식한 옷차림(청바지와 티셔츠도 포함된다)이나 완전히 댄디한 스타일을 좋아한다. 양 극단 중 한쪽이다. 그 중간은 내겐 그리 흥미롭지 않다.

혹시 존 아헌이란 사람을 아는지? 그는 조각가인데 나한테 같이 영화를 보러 가자고 했다. 나는 무척 들떴다. '어머나, 세상에. 이렇게 잘생긴 남자가 나한테 데이트를 청하다니.' 마침내 그가 우리 집에 나타났는데 마치 노인처럼 보이는 분장을 하고 있었다. 연극 수업을 받고 온 길이었는데 거기서 노인 분장 방법을 배웠던 것이다. 그는 그 상태 그대로 영화관에 갔다.

◆

나는 폴라플리스 옷 때문에 남자들과 격하게 싸우곤 했다.
이 세상엔 도저히 참아줄 수 없는 패션도 존재하는 법이다.

신트러 윌슨

수재나 하우

내 생각엔 두려움이 큰 문제다. 따라서 자신감은 큰 장점이 될 수 있다. 남자들은 대체 뭘 두려워하는 걸까? 아마도 대체로 '게이처럼' 보이는 것이리라. 단언하지만 게이든 이성애자든 간에 딱 달라붙는 줄무늬 셔츠를 입은 남자만큼 섹시한 것도 없다. 아니면 턱시도에 넓은 보타이를 맨 남자라든지. 하지만 미국 남자들은 대부분 그런 차림이 게이 같다고 느낀다. 게다가 문제는, 내 남편도 그렇지만 마른 남자들은 종종 '여성스러워' 보이는 걸 겁낸다. 하지만 가장 자신감 넘치고 매력적인 이성애자 남성이란 그 경계를 넘나들기를 즐기는 이들이다. 모든 건 맥락에 따라 달라진다. 남부의 끔찍한 사교클럽 남학생들은 분홍색과 초록색과 마드라스만 입는 반면, 브루클린 게이들에게 인기 있는 스타일은 턱수염 기른 나무꾼이니 말이다.

에린 크레시더 윌슨

존(J. C. 매켄지)과 함께한 15년을 돌아보면, 우리 인생의 중요한 순간에 그가 어떤 옷을 입고 있었는지 분명히 말해줄 수 있다. 존은 그야말로 옷 중독자다. 그는 불안하면 옷을 산다. 우리 둘이 가장 함께하기 좋아하는 일 하나는 빈티지 옷가게에 들어가서 각자 다른 방향으로 간 다음 찾은 옷들을 가져와 서로에게 보여주는 것이다. 당연하게도 나 스스로 찾은 옷들보다 그가 날 위해 찾아온 옷들이 더 낫다.

우리가 처음 만났을 때 그가 입고 있던 티셔츠와 작업복 바지를 기억한다. 아들이 태어났을 때 입고 있던 브이넥 스웨터도, 우리가 슈트 차림을 할 때마다 그가 나와 맞추어 입던 옷들도. 어떤 사람과 사건을 당시의 옷차림으로 기억한다는 건 흥미로운 일이다. 나는 집 안의 세간을 알아차리듯 사람들의 옷에 주목하고, 어울리지 않는 옷차림을 하고 있으면 그 사람에게도 호감이 가지 않는다. 그들은 '자기 자신'이 아닌 것이다. 옷차림은 한 사람이 입기로 선택한 것이고, 설사 매일 똑같은 옷이거나 공짜 옷이라 해도 선택은 선택이다. 옷이 비싸거나 아름다울 필요는 없다. 다만 그 사람의 개성에 맞아야 한다. '바로 이게 진짜 나다. 내가 되고 싶은 사람, 내가 되려고 하는 사람이다'라는 표현이랄까. 옷차림은 선언이고 미끼이자 사냥감이며 삶과 유혹의 춤을 이루는 한 부분이다.

어머니가 돌아가신 날 두 청년이 어머니의 몸을 자루에 담아 가져가려고 우리 집 계단을 올라왔다. 그중 하나가 내게 어머니 침실이 어느 쪽이냐고 물었다. 하지만 내 눈은 그의 넥타이에 못 박혀 있었다. 빛바래고 찢어진 폴리에스테르 넥타이였다. 어찌나 꼬질꼬질한지 때가 그 자체로 한 겹의 원단처럼 보였다. 나는 그의 눈을 똑바로 쳐다보며 말했다. "부탁이니 그 넥타이를 맨 채로 우리 엄말 데려가진 마세요." 그가 웃음을 터뜨리자 나는 말을 이었다. "다른 넥타이를 가져다드려도 될까요?" 그는 또다시 웃을 뿐이었다.

나는 내 방 서랍장으로 갔다. 아버지가 돌아가신 후 그분의 넥타이를 전부 말아서 보관해둔 곳이었다. 나는 1960년대의 붉은색과 검은색 페이즐리 무늬 실크 넥타이를 골랐다. 어머니가 이미 수천 구의 시체를 접한 넥타이가 아닌 멋진 넥타이를 맨 사람의 손에 모셔지길 바랐다. 청년이 본래 매고 있던 넥타이를 주머니에 쑤셔 넣는 동안 나는 그가 아버지의 넥타이를 매는 걸 거들어줬다. 그런 다음 그들이 어머니를 데려가는 내내 거실에 처박혀 있었다.

모린 오코너

나는 한 번도 남자의 옷에 이의를 제기하거나 강한 거부 반응을 보인

적이 없다(아마도 가장 근접한 경험이라면 흉측한 속옷을 입은 남자를 보았을 때겠지만, 설사 그런 상황이라도 난 그냥 그걸 벗기는 데 집중한다). 하지만 멋진 남성복에 대해서는 그야말로 압도적인 반응을 보이곤 했다. 근사하게 색이 빠진 청바지에는 끔찍하게 낭만적인 뭔가가 있다. 시간이 지나면서 그걸 입었던 남자의 신체와 움직임의 도해로 남은 바지 말이다. 내 생각에 문자 그대로의 완벽한 '보이프렌드 진'을 획득하기 위해서는 얼마든지 가슴앓이를 할 가치가 있다. 나와 같은 청바지를 입을 수 있는 남자들과 습관적으로 사랑에 빠질 가치 말이다(리바이스 메이드 앤드 크래프티드 슬림컷 28인치는 내가 최초로 동거한 남자친구뿐만 아니라 가장 최근 날 찬 남자도 즐겨 입은 청바지다. 나는 작년에 게이 친구 하나가 '말라깽이 시절' 입던 옷들을 처분할 때 이 청바지를 두 벌 더 얻었다).

한번은 데이트 상대가 내게 자기 청바지 주머니를 뒤집어 보여줬다. 새 휴대전화가 딱 맞게 들어갈 수 있도록 재단사에게 요청해 주머니 깊이를 5센티미터 늘렸다는 것이었다. 나는 그의 엄청난 세심함에 반해버리고 말았다. 문제의 청바지는 일본 오카야마현에서 제조된 것이었다. 그 회사는 실 한 가닥 한 가닥을 서른 번씩 인디고 염료에 담갔다가 정확히 14.5온스의 생지 데님을 직조하는데 그러면 그들의 유명한 다테오치, 즉 세로 형태의 물 빠짐이 완성된다고 한다. 처음으로 그의 집에서 자게 되었을 때 나는 입고 잘 티셔츠를 찾는다는 구실로 그의 옷장을 뒤졌다. 옷장엔 밴드 오브 아웃사이더 티셔츠와 톰 브라운 버튼다운 셔츠가 가득했다. 그는 키 195센티미터에 허리 36인치의 건

장한 체구였기에 그의 바지는 내겐 결코 쓸모가 없을 터였지만, 처음 들어본 캐나다 브랜드의 엄청나게 고급스러운 스웨트 셔츠가 내 눈에 띄었다. 나는 그 옷을 입고서 그가 헤어지자고 하기 전까진 그걸 절대로 벗지 않겠다고 선언했다. 그게 두 달 전 일인데, 난 아직도 그 옷을 입고 있다.

충분히 예상했겠지만 일본산 청바지에 까다로운 취향을 가진 그 남자는 놀랍도록 섹시한 몸단장 습관도 가지고 있다. 그가 묵직한 머쿠어 양날 면도기로 수염을 깎는 동안 나는 문간에 서서 그의 턱만큼 예리하게 각진 그 도구에 감탄하곤 했다.

가죽옷도 내겐 무척 매력적이다. 한 남자와 첫 데이트를 하러 바에 걸어 들어갔던 기억이 지금도 생생하다. 정열적 외모의 검은 머리 남자가 바 스툴에 앉아 있다가 날 향해 몸을 돌리던 모습이 슬로모션으로 머릿속에 떠오른다. 그의 검은색 모터사이클 재킷 자락이 벌어지며 현란한 자주색 꽃무늬 실크 안감과 그 속의 분홍색 장미꽃 무늬 수프림 스웨트 셔츠가 드러났다. 그다음 해 내내 우리는 서로 걷어찼다가 다시 반하기를 여러 번 반복했다. 매번 다른 달콤함과 잔인함으로.

해나 엘리엇

내가 아는 한 자기보다 더 옷차림에 신경 쓰는 남자를 만나고 싶어 하는 여자는 많지 않다. 남자는 멋진 옷들을 가지고 있으면서 아침에 일어나 옷을 입는 10분 동안 스타일에 관해 생각하고 그런 다음 자기 인생을 살아가는 편이 좋다.

나와 데이트했던 남자 하나는 아주 근사한 기모 실크 버튼다운 셔츠를 입곤 했다. 아마도 입생로랑 제품이었을 것이다. 꽃과 새 무늬가 있는 반팔 셔츠였다. 만약 누군가가 내게 그런 셔츠에 관해 묘사한다면 나는 웃음을 터뜨리거나 달아났을 것이다. 하지만 그 남자는 정말 멋지게 소화해냈다. 슬림한 블랙 진과 세련된 부츠를 함께 착용했고 때로는 모자도 썼는데, 아름다운 악어가죽 무늬의 가느다란 검은색 줄이 달린 빈티지 롤렉스 시계도 절대로 빠뜨리지 않았다.

퍼스널 트레이너로 일하는 남자와 데이트한 적도 있다. 야구 경기를 보러 가기로 한 날 그는 애너하임 덕스 아이스하키팀의 자주색 빈티지 저지에 슬림한 군복 바지를 입고 왔다. 그 옷차림은 정말로 그에게 잘 어울렸지만, 나라면 다른 사람에게 그런 옷차림을 시도해보라고 권하진 않을 것이다.

나는 자신이 원하는 바를 아는 남자와 데이트하고 싶다. 내가 옷 입는 법을 알려줘야 하는 남자아이 말고. 그는 자신이 옷차림을 통해 어떤 메시지를 전달하고 싶은지 (설사 무의식적 단계의 메시지라 해도) 이미 알고 있어야 한다. 내가 그에게 뭔가를 꼭 말해줘야 한다면 그와의 관계가 아주 안 좋은 상황에, 아마도 거의 복구 불가능한 상태에 이르렀다는 의미일 것이다. 하지만 예외적인 경우도 있다. 나는 작년에 만나던 남자에게 리바이스의 슬림 블랙 진을 한 벌 사주었다. 그가 3주 연속 입고 다니던 가랑이가 처지고 헐렁한 짙은 색 디키즈 바지가 너무 싫어서였다. 그리고 그는 그 변화에 무척 잘 적응해냈다.

내겐 완벽하게 부드럽고 딱 적당하게 오버 사이즈인 제이크루 플란넬 셔츠가 두 벌 있다. 하나는 붉은색, 하나는 초록색이다. 오래전 남자친구의 크리스마스 선물로 산 옷들인데 그는 한 번도 입어주지 않았다. 내겐 무척 마음에 드는 옷들이라서 종종 그에게 입어줬으면 좋겠다고 말하기도 했는데. 그가 내 집을 떠났을 때 셔츠들은 나와 함께 남았다.

대부분의 남자들은 1, 2인치 작은 사이즈의 청바지를 입는 편이 좋을 것처럼 보인다. 이봐요, 남성분들. 여성들은 늘씬한 다리를 좋아한다고요, 당신들이 가진 걸 좀 보여줘요!

◆

신발을 보면 그 남자가 어떤 사람인지 곧바로 알 수 있다.

애나 수이

홀리스터 하비

인터넷으로 만난 내 최초이자 최악의 데이트 상대는 테바 샌들을 신고 나왔다. 반짝이는 파란색 페디큐어가 다 갈라진 상태로 말이다. 그는 자신의 발톱도 샌들도 부끄럽지 않은 듯했다. 우린 커피 한 잔만 마시고 바로 헤어졌다. 난 그 뒤로 다시는 커피 데이트에 응하지 않는다.

또 다른 남자는 번쩍거리는 터키석 빛깔이라면 무조건 좋아하는 취향이었다. 나는 수동 공격 작전을 개시했다. 그를 끌고 쇼핑하러 다니며 그에게 남색과 흰색의 면과 리넨 옷이 너무너무 잘 어울린다고 아첨을 퍼부어댔다. 그런 방식과 약간의 구식 정직함이 효과를 거두어 마침내 그는 내게 자신의 옷장 정리를 맡기기에 이르렀다. 남자를 바꿔놓을 순 없지만, 그가 번쩍거리는 터키석 빛깔을 포기하도록 만들 순 있다. 승리!

나는 남자친구에게 금빛 휘장이 달린 랄프로렌 퍼플 라벨의 벨벳 슬리퍼를 준 적이 있다. 내가 주최한 격식 있는 대규모 파티에서 그에게 강제로 신긴 것이다. 그가 결국 그 슬리퍼를 신었을 때 나는 기쁨의 비명을 질렀지만, 그는 내가 돌아서자마자 그걸 벗어던졌다. 남자가 합리적인(그렇다면 그나마 다행이지만) 캐주얼 작업화와 운동화를 벗어나 벨벳 재질의 뭔가를 신게 만드는 건 고문에 가까운 일이다. 그는 좋은 남자였기에 결국은 그 '코스튬'을 발에 꿰고 (살짝 겁먹은 눈빛으로) 파티에 나갔는데, 밤새 어찌나 찬사를 받았던지 다음 날엔 살짝 어지럽기까지 한 기색이었다. 몇 달 후 내 사촌의 결혼식에서 그는 군말 없이 그 슬리퍼를 신고 있었다. 또 한 번의 승리였다!

2000년대 초반에 나는 주변의 모든 남자들과 신발을 놓고 전쟁을 치르는 기분이었다. 대부분은 내가 졌다. 난 가죽 지지자였지만 남자들은 내 제안을 단호히 거부했다. 직장 동료들을 폴 스튜어트와 브룩스 브라더스의 연례 할인 판매에 끌고 가서 제대로 된 가죽 밑창 신발을 신어보게 했지만, 남자들은 엄살만 잔뜩 늘어놓았다. 윽, 밑창이 안

구부러져! 어우, 너무 미끄러워! 딱딱함과 미끄러움은 일단 10분만 걷고 나면 줄어든다고 호소해도, 그들은 케네스 콜의 스퀘어 토 고무창 신발에 도로 발을 집어넣고 안도의 한숨을 쉬곤 했다. 실패였다.

레슬리 M. M. 블룸

예전에 웨스트빌리지의 카페 산탐브라우스에서 케넌 필립스라는 뮤지션과 점심 약속을 잡았다. 그는 상체에 모피 코트만 걸치고 가슴의 문신과 목걸이를 한껏 드러낸 채 나타났다. 화려한 모피 모자도 걸치고 있었던 것 같다. 하여간 난 말문을 잃었고 한순간 당황해야 할지 그곳에서 가장 운 좋은 여자라고 생각해야 할지 알 수가 없었다. 당시 카페 매니저는 엔초라는 우아한 남자였는데, 그가 우리 자리로 다가오는 걸 보고 난 우릴 내쫓으려는 줄 알았다. 하지만 그 대신 그는 점잖게 케넌의 옷차림에 찬사를 보내더니 몇몇 장신구에 관해 공손히 질문하기까지 했다. 그 순간 나는 두 남자를 향해 넘치는 애정을 느꼈고, 케넌과 함께 맛있는 볼로네제 스파게티를 먹었다.

내 남편은 클래식 취향이라 그의 옷장에는 남들이 보기에 거슬릴 품목이 거의 없다. 하지만 한동안 그가 갖고 있었던 브루노 말리의 보머 재킷(2차대전 때 미군 폭격기 조종사들이 입었던 허리와 소매부리가 딱 맞고 지퍼로 잠그는 짧은 재킷 – 옮긴이) 때문에 소동이 일어나기도 했다. 뭔가 근사한 얘기처럼 들리지만, 그 재킷은 사실 에디 슬리메인보다는 〈소프라노스〉(미국에 사는 마피아 가문을 다룬 텔레비전 드라마 – 옮긴이) 스타일이었다. 남편은 그 재킷을 한 번도 입지 않았지만 선물로 받은 거라 버리기도 꺼려했다. 결국 내가 주도권을 잡고 어느 날 그 옷을 자선단체에 가져다주었다.

나는 남편에게 당시 유행에서 벗어난 톰 포드 넥타이를 선물한 적이 있다. 굵은 양모 아니면 트위드 재질에 폭이 꽤 넓은 아주 멋진 넥타이였다. 남편은 처음엔 당황한 기색이었지만 용감하게 그걸 매고 다녔는데 정말로 무진장 섹시해 보였다.

내 생각에 남자들에겐 분홍색 셔츠가 잘 어울린다. 특히 진분홍 계열이 좋다. 분홍색 슈트를 입었던 개츠비가 옳았다.

후천적 취향: 시간이 말해주는 것들

◆

오래전 캐널가街에 있는 산뜻한 덴마크 음식점의 카운터 좌석에 앉은 적이 있다. 매력적인 장소였다. 깔끔한 스칸디나비아풍 디자인에 호감 가는 직원들, 그리고 북유럽 식당의 필수 품목인 벽을 따라 진열된 수제 아콰비트(북유럽의 전통 증류주-옮긴이) 병들.

메뉴판에 강력 추천된 음식은 북유럽의 주식인 강렬한 풍미의 훈제 청어 모둠이었다. 덴마크에 왔으니(적어도 맨해튼에 있는 우리 나름의 덴마크에 왔으니) 덴마크 사람들을 따라 청어에 도전해봐야 한다는 생각이 들었다. 음식을 다 먹고 나서야(아주 맛있었다) 스스로 자문해볼 생각이 들었다. 내가 청어를 좋아하긴 하나? 그래, 그런 거 같다. 하지만 내가 바랐던 만큼 좋진 않았다. 그러니까 내가 계속 청어를 주문한다면 그걸 좋아하게 될 테고 마침내는 모종의 식도락 계몽에 도달할 거라고 생각했달까.

본질적으로 나는 후천적 취향의 획득 과정에 있었던 셈이다. 잠

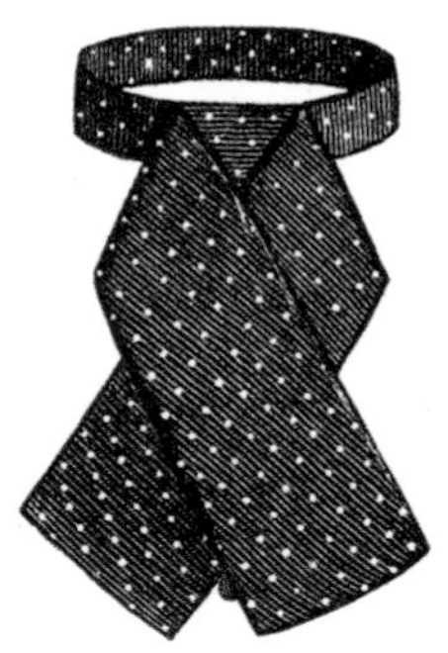

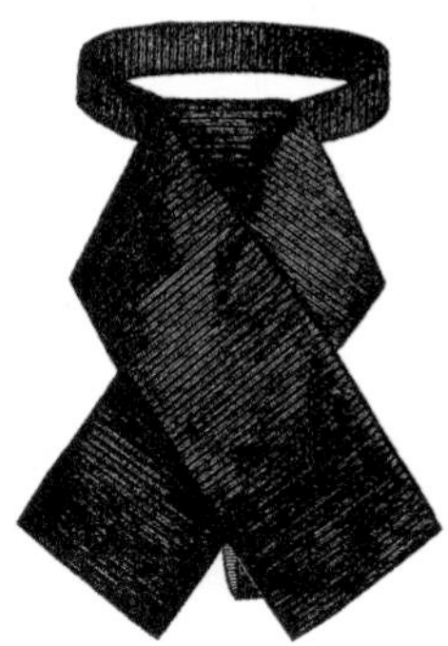

플랫

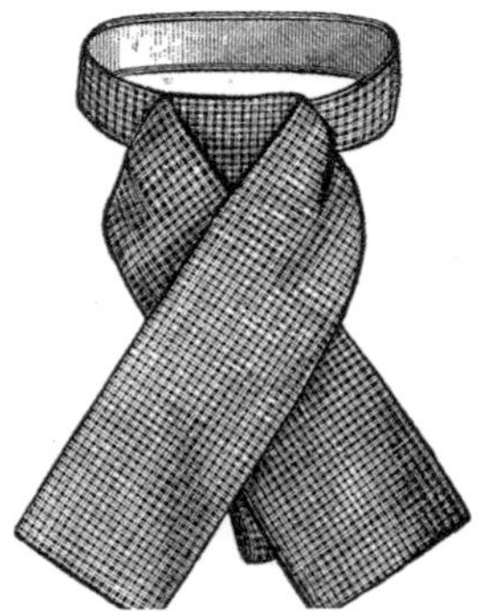

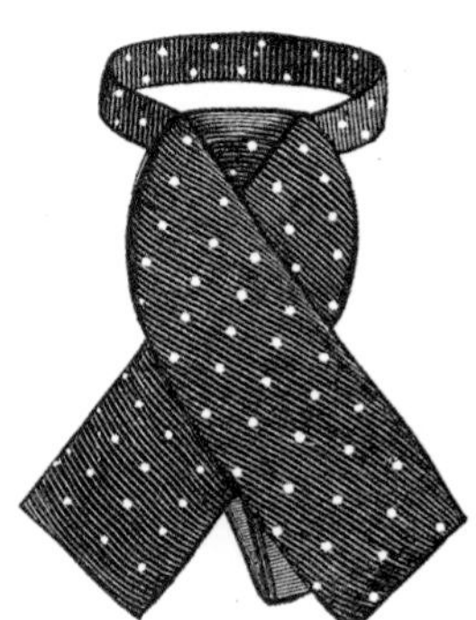

퍼프

재적인 욕망의 대상을 사랑하지도 거부하지도 않는 상태. 하지만 나로서는 어느 쪽을 탓해야 할지 알 수 없었다. 이 독특한 생선 탓일까, 아니면 나의 경험 부족과 미숙함 탓일까? 난 정말로 훈제 청어를 사랑하고 싶었지만 훈제 청어는 그리 쉽게 사랑을 허락하지 않는 듯했다.

식사나 음악에 있어서든, 혹은 의류나 영화에 있어서든 후천적 취향은 흥미로운 고려 사항이다. 시간이 지나면서 진가를 깨닫게 되는 음식들도 있다. 커피나 버섯, 오징어, 위스키 등은 흔히 청소년의 미각엔 맞지 않는다. 이 같은 경우 익숙함은 경멸과 연결되지 않으며, 시간이 지나면서 즐거움으로 진화하여 복잡 미묘한 쾌락을 이끌어내게 된다.

혹은 거부감을 느끼던 음식에 어느 날 갑자기 푹 빠져들게 되기도 한다. 열다섯 살이 되면서 문득 더 스미스의 모든 노래에 감정 이입이 되는 것과 마찬가지다. 더 이상은 모리세이의 목소리가 부자연스럽게 느껴지지 않고, 마치 그가 당신만을 위해 룩셈부르크의 빼드렁니 여자아이에 관한 노래를 부르는 것처럼 들린다.

이런 일들이 겉멋 든 십대의 고민으로 끝나는 것만은 아니다. 내가 앤서니 파월의 연작소설『시간의 음악에 맞춰 추는 춤』을 읽기 시작했을 때 그 작품은 딱 그 시기의 나를 위해 쓰인 것처럼 느껴졌다. 이십대 후반이었고 규칙적으로 런던을 방문했던 내게 그 책들의 감성은 꼭 들어맞았다. 수십 년 전에 나온 책들이고 작가도 이미 죽었다는 사실은 전혀 문제가 되지 않았다. 나와 파월 사이에 내밀한 연계가 존재하는 듯한 기분이었다.

파월의 소설이 모든 사람 마음에 들 만한 것은 아니다. 솔직히 말하면 지루하게 느껴지는 부분들도 있다. 영국의 특정 사회 환경에 존재하는 세세한 차이들을 즐길 수 있어야 하는데, 사실 많은 사람들은 그런 것을 못 견딘다. 하지만 만약 그런 것이 당신 취향에 맞는다면 맙소사, 그 소설은 대단한 걸작이 될 수 있다. 마치 일본의 콩 발효식품인 낫토처럼 말이다. 내 일본인 친구들은 낫토를 극찬하지만 그야말로 끔찍한 냄새를 풍기는 음식이라 나로서는 견디기 어렵다.

바로 그런 것이 후천적 취향의 흥미로운 점이다. 단순히 어떤 취향은 받아들이고 어떤 취향은 거부한다는 문제가 아니다. 어느 때 최초의 본능을 믿어야 하며 어느 때 시도 자체를 포기해야 할지 결단을 내려야 한다. 필립 글래스는 영 취향에 안 맞는다고 단정 지을 만큼 그의 음악을 충분히 들었는가? 홍차버섯은? 에릭 로메르의 영화는? 때로는 우연에 의해 전향이 일어나기도 한다. 여름날 친구들을 방문했다가 강권에 못 이겨 숙성된 럼을 맛보게 되는 경우처럼 말이다(이 정도면 분명 행복한 고민이다). 첫 경험은 다소 힘들 수도 있겠지만, 얼마 후엔 그 술을 상자째로 구입하게 된다.

그러니 첫인상을 형성할 두 번째 기회를 받아들여보자. 오렌지술, 청어 알, 오리 심장을 먹어보라고 권유받았을 때 두려워하지 말자. 어쩌면 그것이 아름다운 우정의 시작이 될지도 모르니까.

격식에 대한 동경

♦

1990년대 말 레스토랑 프룬이 처음 열었을 때는 주류 판매 허가를 받지 않은 상태였다. 술을 마시고 싶으면 여성 종업원(그 당시엔 모든 종업원이 여성이었다)의 안내에 따라 4번가의 으슥한 주류 판매점에 가야 했다. 그곳에서는 방탄유리 창 뒤의 한국인 남성이 작은 구멍을 통해 이름 모를 화이트 와인 병을 건네주었다. 갈색 종이로 감싼 와인 병을 가지고 돌아와 테이블에 올려놓으면 곧바로 내가 주문한 바다농어 요리가 나오곤 했다. 근사했다.

우리는 그 뒤로도 줄곧 프룬에 충성해왔고, 이젠 테이블에 앉은 채 훌륭한 네그로니도 즐길 수 있는 그 식당은 뉴욕을 넘어 세계 곳곳을 정복해가고 있다. 그리고 우리는 최소한의 허세로 즉각적 즐거움을 제공하는 또 다른 식당들을 찾아간다. 그런 식당들은 단도직입적으로 우리의 주의를 끌며 가장 좋은 의미에서 근본적이다.

지난 10년간 뉴욕 외식업계에는 그 전의 50년간 일어났던 것보

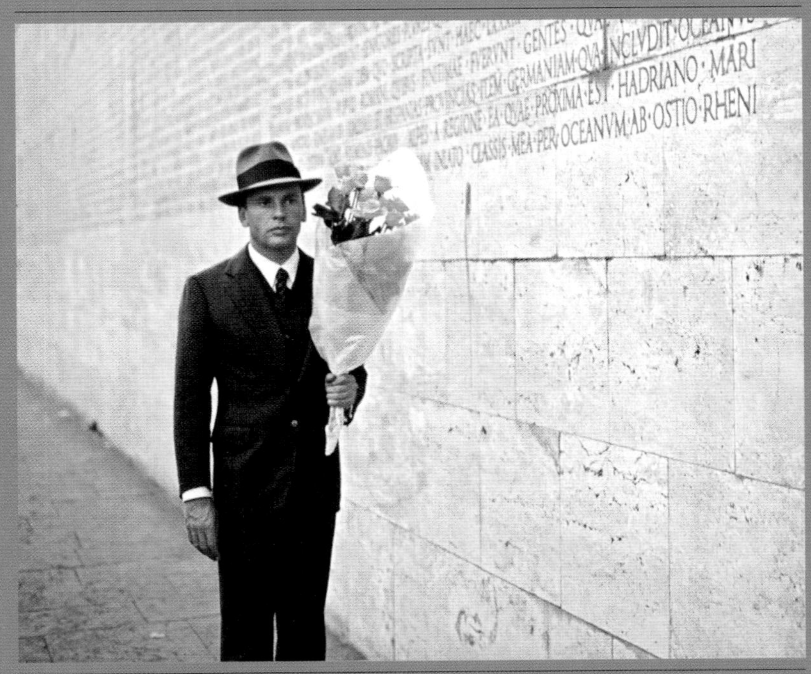

영화 〈순응자〉의 장 루이 트랭티냥

다 더 많은 변화가 있었던 듯하다. 그것은 훌륭한 진화였다. 흔히 말하듯 시장 주도적이며 장르를 벗어난, 장인정신을 되살린, 크로아티아산 오렌지 술을 제공하는 등등. 하지만 좋지 않았던 변화도 몇 가지 있다. 귀가 찢어질 정도로 크게 틀어놓은 음악, 양이 줄어든 요리, 셰프의 아랫사람처럼 여겨지는 종업원들, 신체적 안락함에 대한 무관심. 한 시간을 기다리고 나서 스툴에 앉아 식사해야 한다는 건 때로는 도무지 받아들일 수 없는 처사다.

차분한 실내악이, 어딘가 조용한 장소가 필요한 때가 있다. 긴 의자에 편안히 몸을 앉히고 싶기도 하다. A. J. 리블링이 말했듯 때로는 클래식한 프랑스 요리가 있어야 한다. 하지만 그런 곳들은 점점 찾기 어려워지고 있다. 아듀, 라 카라벨. 오 르부아, 뤼테스(두 곳 다 1960년대에 생겨 2000년대에 사라진 프랑스 음식점 - 옮긴이). 꽃병, 다림질한 리넨, 묵직한 은제 나이프, (걷어 올린 소매와 문신한 팔이 아닌) 턱시도 차림의 웨이터 얘기는 아직 꺼내지도 않았다. 이런 것들은 제대로 수행되기만 한다면 속물적인 것이 아니라 문명 생활 최상의 쾌락과 관련된 것이다. 런던의 뛰어난 셰프 퍼거스 헨더슨(결코 쓸데없는 장식이나 허세로 비난받을 일은 없을)의 말에 따르면, 그가 느껴본 최고의 기분은 파리의 팔레루아얄을 가로질러 최고의 프랑스 식당 르 그랑 베푸르로 점심을 먹으러 갈 때의 기대감이라고 한다. 퍼거스 형제, 동감이오.

네 시간 동안의 점심식사가 요즘 세상에 영 어울리지 않아 보인다는 사실은 그런 식사를 더욱 돋보이게 만들어줄 뿐이다. 그것은 뉴스

매체, 시황, 소셜미디어의 웅성거림으로부터의 도피이다. 한때 상류사회의 상징이었던 것이 이젠 오히려 비주류라고 불려야 마땅하게 되었다. 그것은 감각적 쾌락 못지않게 타인들과 함께하는 기쁨에 대한 참여이기도 하다. 나른한 식사만큼 내밀한 행위도 드물다. 적어도 공공장소에서 가능한 행위 중에는 말이다.

30페이지를 훌쩍 넘는 가죽으로 장정된 와인 목록이 부담스럽게 느껴지는가? 자신의 프랑스어 실력을 자랑스러워하는 웨이터가 너무 속물적인 느낌인가? 네 개 이상의 포크는 과잉의 전조로 보이는가? 사실이다. 하지만 세상에는 그런 종류의 고상한 경험을 위한 장소가 항상 있어왔으며 앞으로도 있어야 한다. 그림을 '제대로' 그릴 줄 아는 화가가 이 시대에도 여전히 필요한 것과 마찬가지다. 규칙이란 숙련된 다음 파괴되며, 테크닉은 숙달된 다음 부정되기 마련이다. 하지만 노련한 솜씨로 만들어진 오믈렛이나 수플레에는 여전히 일종의 순수함이 존재한다. 그러한 수련의 결과는 마티스의 그림 속 곡선들처럼 지극히 수월하고도 편안해 보이며 필연적으로 느껴지는 하나의 취향이다.

가자미 뫼니에르를 고급 도자기 그릇에 낸다고 좋은 레스토랑이 되는 것은 아니다. 턱시도만 걸쳤다고 옷을 잘 입은 것은 아니듯 말이다. 격식을 위한 격식은 허황되다. 하지만 이것만은 말해두자. 천재적인 셰프의 야망이 탁월한 배경에 놓이면 계시와 같은 순간이 완성되기도 한다. 사치라는 말은 중국에서 핸드백을 파는 마케터들 탓에 본래의 의미를 잃고 이윤의 이름으로 이뤄지는 브랜드 확장을 뜻하게 되었다. 하지만 내가 말하는 사치는 그런 게 아니다. 그 경험은 특정한 공간에 한정된다. 좋은 레스토랑은 손님에게 넥타이를 매달라고 요구할 수도 있지만 그만큼 스스로에게 더 많은 것을 요구한다. 고급문화도 나름의 자리가 있다. 물론 그것을 날마다 누릴 수는 없으리라. 하지만 격식에 대한 욕구, 우리 모두의 내면에 있지만 점점 더 느끼기 어려워지는 고상함을 상기하는 것은 여전히 반드시 필요한 일이다.

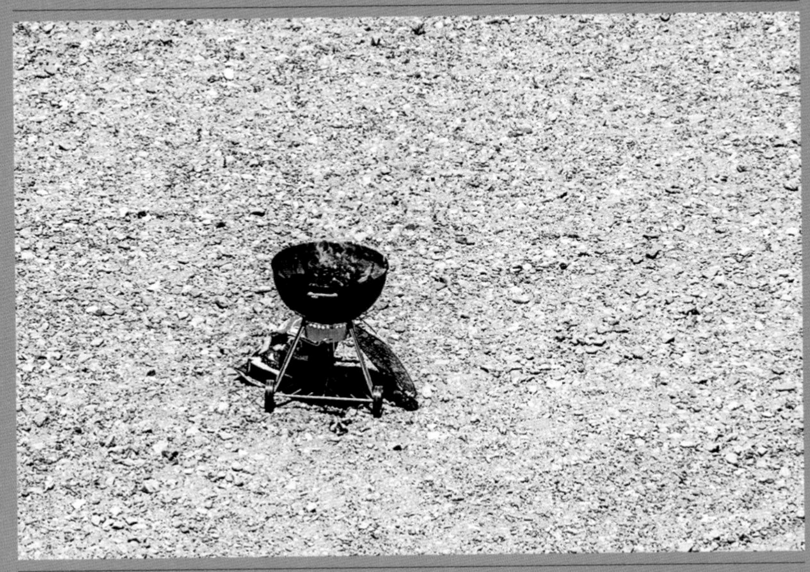

불: 원초적 매혹

◆

직화 요리는 인간의 본능이다. 브리야사바랭은 이렇게 쓴 바 있다. "일단 불을 발견하자 인간의 자기개발 본능은 고기를 불에 복종시키는 방향으로 진행되었다." 그리고 실제로 고기는 불에 복종하게 되었다. "그렇게 처리한 고기는 훨씬 더 맛이 좋아졌기 때문이다".

여전히 남아 있는 자기개발 욕구로 인해 우리는 자연석 그릴, 호숫가 캠프파이어, 구식 숯불화로, 그리고 신성한 웨버 바비큐 그릴(이 영광된 미국의 구형球形 발명품을 찬양할지어다!)을 사용하곤 한다. 어쩌면 그릴이야말로 술을 마시면서 요리하는 가장 손쉬운 수단이기 때문인지도 모른다. 하지만 그뿐만은 아니다. 야외에서 남자가 그릴을 쓸 때면(그리고 실제로 그릴을 쓰는 건 보통 남자다) 주방기구를 쓸 때와는 전혀 다른 일종의 원초적 본능이 충족되는 듯하다.

그릴은 여름의 기쁨, 늦게까지 떠 있는 태양을 연상시킨다. 하지만 미네소타에 살던 시절 우리 아버지는 크리스마스면 항상 그릴에 구운 쇠고기 스테이크를 들고 부엌문을 벌컥 열며 찬바람과 함께 들어오시곤 했다. 땔나무만큼 큼직하고 뻐째로 잘 구워진 스테이크였다. 그렇다, 코트를 입고 그릴을 쓰는 것도 충분히 그럴 가치가 있다.

그릴의 추억이 꼭 음식과 관련된 것만은 아니다. 나는 항상 킹스퍼드 목탄 자루 옆에 그려진 남자에게 호기심을 느꼈다. 최근에 그는 구레나룻을 기른 것처럼 보인다(어쩌면 나 자신의 감정을 투사한 것일 수도 있다. 그릴을 쓸 때면 왠지 내 턱수염이 보잘것없게 느껴지곤 하니까). 그는 지프를 몰 것 같고 콜로라도주 교외 어딘가에서 보람 찬 삶을 살고 있을 듯한 인상을 준다.

그릴과 함께라면 모든 게 더 좋아지지만, 어떤 방법을 쓰든 결과가 똑같이 만족스럽다는 얘기는 아니다. 나는 대체로 고열을 가해 짧게 굽는 것을 선호한다. 그러니까 겉은 거무스름하게 그을리고 속은 레어 상태여야 한다. 고기를 이런 식으로 굽는 사람들은 서로 단결의식을 느끼며, 누군가 웰던을 요청한다면 그자를 향해 일제히 눈썹을 치켜뜰 것이다.

직화 요리의 만족은 시각에서 온다. 연어가 다 구워졌을까? 그냥 한번 칼로 잘라보자. 만약 덜 익었다면 도로 불에 올리면 된다. 나는 불을 피우기 어려운 상황을 좋아한다(석유를 쓰는 건 사양한다). 부정확성을 즐기고, 그릴 후드 아래 온도를 정확히 확인하라는 임상적 지시와는 거리를 둔다. 그릴에 불을 피우는 건 과학이라기보다 예술이며, 사실 예술보다도 더 많은 즉흥성을 필요로 한다.

물론 그릴을 순수예술의 경지로 끌어올린 사람들도 있다. 아르헨티나 셰프이자 『일곱 개의 불: 아르헨티나식 그릴』의 저자인 위대한 프랜시스 몰먼도 그중 하나다. 몰먼은 고기를 목탄 아래 묻거나 두 개의 불 사이에 넣어 굽기도 하며, 파타고니아의 강가에서 양을 잡아 절단하는 일도 지극히 간단하게 해낸다. 셰프에게 경의를.

또 다른 전문 기술자들은 도쿄 미드타운의 닭꼬치 가게에서 일하는 일본인 셰프들이다. 그들은 닭의 모든 부위를 면밀히 파악하여 작은 꼬치에 끼우고 그릴에 굽는다(무릎 연골이나 유혹적인 맛의 닭 껍질도 빼놓아선 안 된다). 이들은 멋지게도 각각 다른 머릿수건을 둘러 서로를 구분하고, 물병을 노련하게 다루며 불꽃을 조절하는 한편 버섯과 고추도 교묘하게 양념하여 굽는다.

위스콘신의 우리 가족 별장에는 자연석 그릴이 있다. 우리는 가지에서 복숭아까지 모든 것을 그 안에 집어넣는다. 나무를 직접 구워 필요한 만큼 목탄을 만들려면 한층 더 많은 시간이 걸리지만, 그런 수고를 하는 맛에 평범한 동네 양조장 맥주도 연거푸 마셔대는 것 아니겠는가.

지난여름 나는 육식 애호가다운 야심에 부푼 나머지 『타임스』에 실린 요리법을 정확히 따라서 거대한 양지머리에 도전하기로 결심했다. 여섯 시간 뒤 셔츠를 땀으로 흠뻑 적신 채 잠시 멱을 감고 와서 마침내 근사한 고깃덩어리를 가족 앞에 선보일 수 있었다. 겉과 안 모두 완벽하게 구워졌지만 뭔가가, 그것도 엄청나게 잘못되어 있었다. 잘 그을린 겉 부분이 말도 안 되게 짰던 것이다. 양지머리에 소금을 너무 많이 친 저 느림보 요리사에게 재난 있으라! 흔히 일어나는 일인 걸 알면서도 나는 몇 달이나 『타임스』를 욕하고 저주했다. 아직 끝나지 않은 수련의 길에서, 불은 여전히 근본적 요소로 남아 있다.

제일 잘하는 요리는 뭔가요?

랜디 골드버그

나 자신을 위해 요리한다. 대체로 그리 이국적인 요리는 아니지만 내 마음에는 든다. 내 생각에 요리는 실제로 내가 만드는 것을 생각하기 전에 잠시 더 뜸을 들이는 데 달려 있다. 그러고 나면 좋은 결과를 내기가 한층 수월해진다.

휘트 스틸먼

해리 치프리아니의 요리책에 있는 음식이라면 뭐든지. 가장 성공적이었던 요리는 절친한 친구들을 여럿 초대했을 때 만든 소 간 소테였다. 버터가 엄청나게 들어갔다.

애런 리바인

나는 그릴에 스테이크를 잘 굽는다. 그 자리의 모든 사람들이 내가 스테이크를 얼마나 완벽하게 구웠는지 알아줬으면 한다. 세상에서 가장 단순한 요리긴 하지만 말이다. "다들 스테이크 마음에 들었어요? 어때요, 완벽하게 구워졌나요?" 아내가 곁들일 음식을 여섯 가지나 공들여 만들었을 때도 난 계속 이렇게만 묻는다. "스테이크는 어때요?"

제이 배틀

대체로 전통적인 프랑스 요리를 만든다. 블랑케트 드 보(프랑스에서 부활절에 먹는 쇠고기 요리 - 옮긴이), 카술레,

스테이크와 감자튀김 같은 것들. 리처드 올니, 엘리자베스 데이비드, 추가로 마크 비트먼에게도 약간의 가르침을 얻었다.

가이 트레베이

내 파티의 단골 메뉴는 수플레다. 주말 손님이라면 특별히 치즈 수플레 같은 것도 대접받을 수 있다. 사실 무척 만들기 쉬운 요리지만. 무척 사교적인 여성 지인에게 캐비어 수플레 비법도 전수받았는데, 나는 미국산 철갑상어 알만을 사용한다. 물론 알을 익히진 않고 마지막에 살짝 얹어내는 것이다. 사실상 캐비어를 입에 넣기 위한 수단인 셈이다.

아르만두 카브라우

나는 여름을 항상 포르투갈에서 보낸다. 그곳에서라면 음식에 관해 불평할 일이 전혀 없다. 내가 잘 만드는 요리라면 베슈아레 정도다. 말하자면 여러 채소가 들어간 스튜인데 거기에 초리조, 닭고기, 돼지고기를 넣고 콩도 넣은 다음 잘 섞어 간하면 된다. 아주 맛있다.

마크 맥네리

스테이크. 나는 직접 호보켄의 정육점에 가서 고기를 사오곤 한다. 그곳의 고기는 유기농이 아니라서 아내가 불평하긴 하지만. 티본(안심)이나 포터하우스(등심)를 올리브유와 소금, 후추에 잘 재었다가 굽는다.

앤디 스페이드

내 장기는 그릴 치즈 샌드위치다.

고상하게 술 마시기

◆

술집들은 금주법, 젠트리피케이션, 확장의 시대를 견뎌냈다. 그들이 살아남은 것은 사람들이 술을 마시고 싶어 하기 때문이다. 물론 집에서도 마실 수는 있지만, 사람들은 대체로 남들과 함께 마시는 편을 선호한다. 그중 몇 사람의 외모가 근사하다면 더욱 좋다. 일단 진실을 말해 치웠으니 이제 좋은 술집과 나쁜 술집을 구별하는 방법에 관해 생각해보자.

술집에서 가장 중요한 점은 그곳이 음주의 좋은 측면들을 드러내 보여야 한다는 것이다. 유쾌함, 정중함, 어색하지 않고 낙관주의와 유대감이 넘쳐흐르는 분위기. 음주의 나쁜 면은 내보여선 안 된다. 몽롱함, 회한, 침울한 윌리 넬슨의 노래. 좋은 술집은 샴페인의 첫 모금처럼 상쾌한 느낌을 준다. 나쁜 술집은 남아 있는 김빠진 맥주를 억지로 비우는 것과 같다. 우리가 원하는 술집은 방금 해고된 사람이 현실을 외면하러 가는 곳이 아니라 새로 취직한 사람이 자축하러 갈 만한 곳이다.

완벽한 술집의 공식은 충족시키기 어렵다. 그러니 좋은 곳을 찾아냈다면 거기로 계속 다니는 편이 현명하다. 게다가 단골이 되면 많은 보상들이 주어진다. 하지만 처음으로 술집 직원이 당신을 알아보았을 때의 짜릿함도 항상 유쾌한 것이다. 당신이 음주에 대한 헌신이라는 궤도 위에서 얼마나 많은 시간을 보냈는지 직면할 수 있어야 한다. 그럴 시간에 당신은 비판적 찬사를 받는 어느 케이블 텔레비전 드라마 전편을 감상하거나(그것도 두 번씩이나) 엘레나 페란테의 『나폴리 4부작』을 마침내 완독할 수도 있었을 것이다.

한때 즐겨 찾던 술집이 있었다. 내가 드나들던 초기에 종업원들이 날 보며 추측한 내용을 그곳 주인에게 듣고서 깜짝 놀랐다. “우리는 매주 한 번 회의를 했지요. 그럴 때면 당신이 와서 문간 칸막이 좌석 안에 앉아 있곤 했어요. 난 직원들에게 물어보곤 했습니다. ‘저 사람 누구지? 혹시 여기서 일하나? 근데 우리 가게를 열긴 한 거야?’”

술집과 단골손님의 관계는 매우 긴밀하다. 바텐더는 당신의 심리분석가, 회계사, 혹은 헤어진 여자친구만큼이나 당신을 잘 알 것이다. 그들은 긴장이 풀어진 당신의 모습에 익숙하지만 그런 한편 주먹을 쳐든 당신의 모습은 볼 일이 없길 바란다. 훌륭한 바텐더들은 인간의 나약함을 이해하며(결국 그것이 그들 생계의 원동력이니까) 특유의 경쾌한 친근함으로 손님들과 직업적이지만 표면적이지만은 않은 관계를 구축한다. 그렇기에 훌륭한 바텐더에게는 팁을 현금으로 듬뿍 줘야 마땅하며, 분홍색 칵테일을 주문하여 그들의 전문 기술을 모욕하지도 말아야 한다. 또한 훌륭한 바텐더라면 당신이 잠시 독한 술을 물리고 소다수를

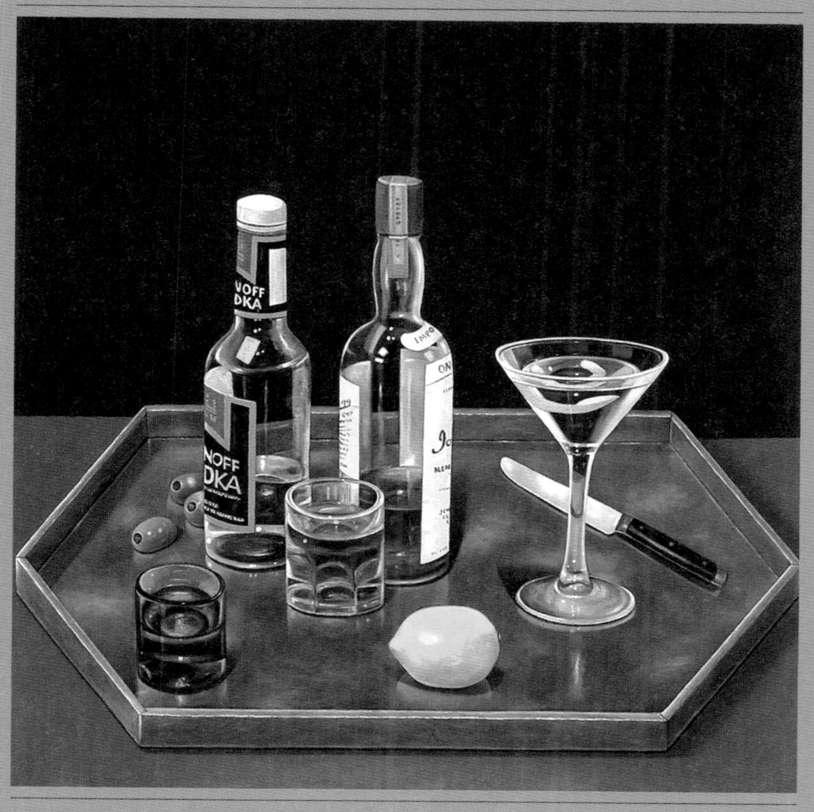

〈회색 쟁반〉, 리처드 베이커

선택할 때를 간파해낼 것이다. 당신에겐 충분히 그럴 자격이 있으니까.

특정한 테마가 있는 술집들은 대체로 별로다. 그런 곳들은 안이하고 산만하게 운영된다. 하지만 런던에 가면 오스트리아 산간 지역 방식을 고집하는 무척 흥미로운 술집이 있긴 하다. 만약 당신이 굳이 레더호젠(오스트리아 남성 민속의상인 무릎길이 가죽 바지-옮긴이)을 입은 나이든 주인장이 신서사이저와 카우벨 반주로 〈에델바이스〉를 부르는 걸 듣고 싶은 기분이라면 말이다.

텔레비전이 있는 술집도 좋지 않다. 그런 곳은 스포츠팀 저지를 입은 성인 남성들이 모여들기 마련인데 고상함에 도움이 될 방향은 아니다(혹시 케이블 텔레비전 뉴스를 틀어놓는 곳이라면 아예 찾아갈 생각도 말자). 물론 가끔은 반드시 운동 경기를 봐야 할 때도 있다. 그럴 때면 텔레비전도 좋겠지만, 만약 안주도 나오는 술집이라면 주문에 신중해야 한다. 하여간 텔레비전이 있는 술집에서는 절대 생선은 주문해선 안 된다.

또 뭐가 있을까? 여자 손님들이 없는 바는 위태로울 만큼 체육관 탈의실 느낌이 든다. 여성도 편안하게 드나들 수 있는 장소로 가는 편이 낫다. 설사 딱히 여성들과 어울릴 생각이 없는 경우라도, 여성들의 존재는 분위기를 밝게 해준다. 유쾌한 분위기는 좋지만, 소리를 지르지 않으면 대화가 안 될 만큼 시끄러운 술집엔 들어가지 말자. 술집에서 와인 한 잔 주문하는 것을 꺼릴 이유는 없지만, 싸구려 대용량 와인 병이 눈에 띄는 술집이라면 피하는 것이 좋다. 손가락을 주황색으로 물들이는 과자를 내놓는 술집도 안 된다.

나는 항상 작은 술집을 선호해왔다. 그러니까 유럽의 오래된 호텔 바 같은 곳 말이다. 8석 규모라면 좋고 5석은 더욱 좋다. 피렌체의 어느 말쑥한 술집은 좀처럼 보기 힘든 불샷(맑은 쇠고기 수프와 보드카로 만든 칵테일-옮긴이)을 판매할 뿐만 아니라, 그걸 주문하면 쇠고기 수프를 부엌에서 바로 가져와 술과 섞어준다. 그런 곳이 제대로 된 술집이다. 베네치아의 해리스 바에서는 칵테일을 새로 주문할 때마다 부엌에서 조그만 그릴 치즈 샌드위치를 내준다. 내가 도쿄에서 가장 좋아했던 오키드 바(유감스럽게도 이젠 폐점했지만)는 마티니엔 반드시 진을 써야 하며 얼음을 넣어 완전히 차가워질 때까지 섞어야 한다는 사실을(신의 섭리다) 잘 아는 곳이었다. 참, 레몬도 한 번 짜 넣어야 한다.

좋은 술집은 보통 조명이 흐릿하다. 하지만 그렇다고 아무것도 안 보일 만큼 어둡다는 얘긴 아니다. 결국 좋은 술집이란 은둔 장소, 너무 빠르게 움직이는 세상으로부터의 도피처인 것이다. 험프리 보가트의 유명한 말처럼 세상은 '술 석 잔 뒤에' 존재한다. 좋은 술집은 당신에게 세상을 따라잡을 기회를, 그리고 더 앞으로 나아갈 힘을 준다.

숙취 해소법

닉 설리번

기분이 끔찍할 때 최선의 해결책은 슈트에 넥타이를 차려입는 것이다.

던컨 해나

아침 식사로 맥주를 마신다. 정확히 말하면 맥주 여러 병을.

제이 매키너니

초콜릿 밀크셰이크. 날 아는 여자들은 모두 내가 초콜릿 밀크셰이크를 마시고 있는 걸 보면 어떤 상황인지 눈치챈다.

랜디 골드버그

내 숙취 해소법은 원래 치즈 피자였지만 요즘엔 운동과 녹즙이다. 바다를 보러 가는 건 항상 최고의 숙취 치료제다.

월터 컨

내 숙취 치료제에는 베이크드빈, 돼지갈비, 시금치, 토마토소스가 들어간다. 전부 냄비에 넣고 뼈에서 갈빗살이 떨어져 나올 때까지 끓이기만 하면 된다. 그걸 냉동해놓고(어쩌다 그랬는지 모르겠다. 당시 난 독신이었는데) 아침에 일어나면 바로 먹곤 했다.

휘트 스틸먼

숙취가 느껴질 정도라면 이미 너무 늦었다.

제이 배틀

긴 산책을 한 다음 점심으로 계란 프라이를 추가한 토스카나식 내장요리를 먹는다.

애런 리바인

맥주, 그리고 소시지와 계란과 치즈를 넣은 샌드위치.

마이클 윌리엄스

대체로 뭐든 그냥 몸에 안 좋은 음식을 먹으면 된다. 내겐 보통 애드빌 진통제 몇 알과 너덧 시간 누워 빈둥거리기면 충분하다.

쿠리노 히로후미

모든 나라에는 나름의 숙취 해소법이 있다. 미국인들은 커피를 많이 마시지 않는가? 일본인들은 뜨거운 목욕을 한 다음 된장국을 마신다.

마이클 힐

숙취가 느껴지면 거울 속 나 자신을 보며 잠시 방종하다고 꾸짖은 다음, 이젠 하루 종일 열심히 일해서 대가를 치를 때라고 타이른다. 말하자면 생산적인 벌금이랄까!

닉 숀버거

신경안정제 두 알과 해장술 한 잔.

마이클 헤이니

나도 그런 게 있으면 좋겠다. 숙취에 있어서 내 문제는 도무지 구토를 하지 못한다는 거다. 술을 계속 몸 안에 담고 있다. 따라서 유감스럽게도 시간만이 유일한 해결책이다.

앤디 스페이드

맥주다. 다들 그렇게 말하지 않는가?

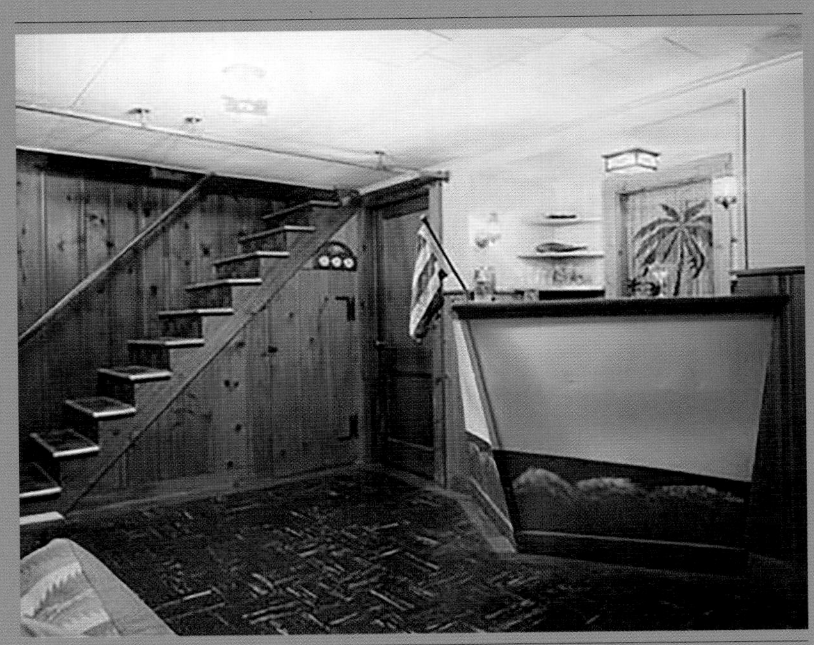

〈보트 콘셉트의 지하 술집〉, 세라 맬러코프

은신처: 선술집들

◆

누구에게나 즐겨 찾는 술집이 있다. 어찌 안 그렇겠는가? 가치를 인정받지 못해 제작이 중단된 텔레비전 드라마처럼, 가장 사랑받는 술집들도 종종 폐점되곤 하지만. 특정한 드라마를 보려면 특정한 분위기가 필요하듯, 선술집에 가려면 특정한 기분이 들어야 한다. 이런 술집들은 각각 나름대로 별난 구석이 있는 듯하면서 동시에 여러 면에서 비슷하기도 하다. 어떤 점이 비슷할까? 그곳들은 어두침침하고, 개점 시간부터 붐비고, 절제로부터의 도피처이며, 행운이란 것과는 인연이 없다.

술을 내오는 데 걸리는 시간에 자부심을 느끼는 듯한 바들은 지긋지긋하다. 물론 전문 기술을 감상하는 장소도 있어야겠지만, 때로는 그냥 바로 술잔을 채워주는 곳이 생각나는 법이다. 그럴 때면 딱 한 종류밖에 없는 진을 거의 무심한 태도로 잔에 따라주는 그런 술집에 들어가야 한다. 결국 우리에게는 어떤 것이든 딱 한 종류의 진만 있으면 충분한 것이다. 19세기 암스테르담 방식으로 양조한 진도, 바너드 대학교를 중퇴한 어느 농업 전공자가 뉴욕 북부에서 손수 만든 진도, 한 번에 극소량만 생산하기 때문에 절대로 일반 매장에선 찾아볼 수 없는 진도 필요 없다. 그냥 진만 있으면 된다. 한 잔에 4달러 하는.

하지만 뉴욕의 희한한 점은, 술에 강한 도시치고는 이런 선술집이 점점 더 드물어지고 있다는 것이다. 이유야 우리도 대충 알고 있다. 부동산과 은행 문제, 떠나가는 예술가들과 하이힐을 신고 미트패킹 구역을 활보하는 여성들. 하지만 은행가도 남들과 마찬가지로 좋은 술을 즐기게 마련이며, 허세 따윈 집어치우고 20달러로 거나하게 취하고 싶은 욕망이 일부 지역에는 여전히 남아 있다.

빌리마크스가 나름 이런 술집으로 유명했던 것도 그리 옛날 일은 아니다. 그곳에는 반갑게도 인테리어 따위엔 무관심한 것 같은 허름한 느낌이 있었다. 내가 그곳에 마지막으로 들른 몇 번 중 한 번은 책 출간 파티였다. 아름다운 여성 홍보직원이 우리를 맞아주었고, 해골 모양 병에 든 웬 끔찍한 보드카 제조회사에서 행사 전체 비용을 부담했다. 빌리마크스가 기업화되다니? 대체 이 도시가 어떻게 되어가고 있는 거야?

선술집은 대체로 괴상한 전통을 갖고 있다. 위스콘신에서 내가 즐겨 찾는 어느 술집은 미식축구팀 그린베이 패커스가 터치다운으로 득점할 때마다 복숭아 슈납스를 한 잔씩 손님들에게 돌린다. 말해두지만 미식축구 시합은 일요일 오후에 열린다. 전통이라면 이 정도는 돼야지! 당신은 자기보다 더 끔찍한 상태의 지인과 마주칠 수 있는 술집을 원할 것이다. 그러니까 아마도 딜런 토머스의 시를 인용하려 들겠지만 자기 이름조차 제대로 떠올릴 수 없는 상태 말이다. 미군 특전사 부대의 좌우명과는 반대로, 당신이 맨 처음 들어오는 사람도 마지막에 나가는 사람도 아닐 수 있는 그런 술집을 원할 것이다.

결국 최고의 술집은 무심함의 본질을 이해하는 편안한 곳이다. 그런 곳은 우리가 원하는 것을 곧바로 제공해준다. 그렇기에 선술집은 계속 존재할 것이다. 도시 풍경이 변해갈지라도 인간의 본질은 결코 변하지 않기 때문이다.

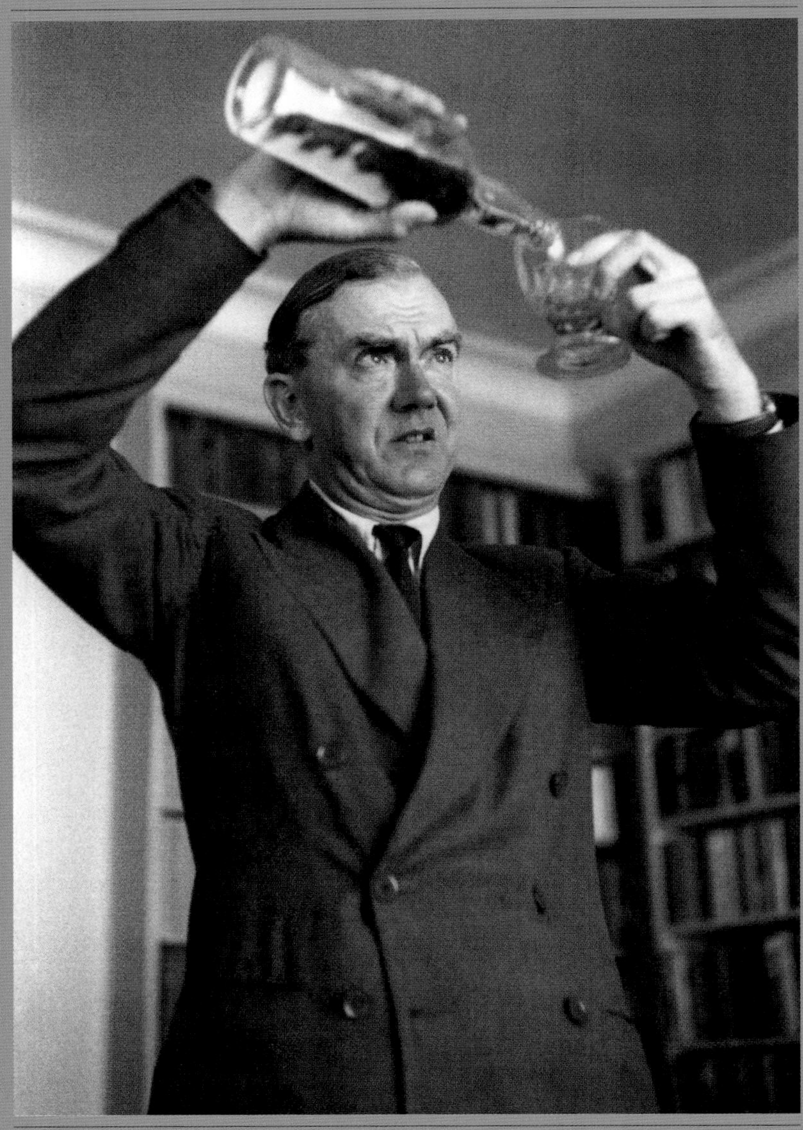

그레이엄 그린

행복은 은은한 취기: 숙취에 대처하는 방법

◆

오래전 웨이벌리 레스토랑에서 한 영국 여자(더 이상 나와 연락하지 않는)가 내 맞은편 자리에 앉아 있었다. 그곳은 전형적인 구식의 24시간 간이식당이었다. 이후에 쓸데없이 내부를 재단장하여 흔해빠진(하지만 나름대로 매력 있는) 1950년대풍에서 무미건조한 70년대풍으로 바뀌었지만. 밤새 술을 마시고 난 뒤의 나른한 아침이었고, 나는 계란 프라이 샌드위치를 주문했다. 그녀는 그 샌드위치를 먹어본 적이 없지만 괜찮을 것 같다고 말했다. 나는 대답했다. 잘됐네. 하지만 설명해둬야 할 게 있어. 사실 당신이 기대하는 그런 맛은 아닐 거야. 뭐든 일단 간이식당의 조리 공정을 거치면 원래 재료와는 거의 유사성이 없는 새롭고 독특한 존재로 변신하거든. 그녀는 샌드위치를 한입 물더니 이해했다는 표정을 지었다(그것은 전혀 다른 차원의 그 무엇이었다. 그리고 우리가 서로 동의한 건 그때가 거의 마지막이었다).

이 신의 선물은 어떤 면에서 마티니라는 계시를 연상시키기도 한다. 원래 진과 베르무스를 좋아하는 사람이라 해도 그 두 가지를 섞은 칵테일의 맛은 미처 예상하지 못했을 것이다. 단순한 원료의 조합을 뛰어넘는 하나의 계시. 하지만 마티니는 세련된 우아함의 상징이기도 하다. 넥타이를 맨 슈트에 코트 차림, 대실 해밋의 『그림자 없는 남자』, 비딱한 도회풍. 플라톤적 이데아이자 신들의 음료. 계란 프라이 샌드위치는 그런 것들과는 거리가 멀다. 사실 그것은 종종 마티니를 퍼마시고 난 아침에 신과 다른 모든 이들을 저주하며 먹게 되는 음식이다. 그럼에도 그 맛은 훌륭하다. 마치 부진한 선수들을 모아서 만든 야구팀이 근사한 조화를 이뤄 급기야 월드시리즈에서 우승을 거두는 것처럼. 하지만 그것은 좀 더 거창한 단계의 영광을, 좀 더 국소적이고 즉각적이며 덧없는 쾌락을 함축하고 있다.

계란 프라이 샌드위치는 아침식사 식당의 고정 메뉴이자 흥미로운 문화 현상이다. 그 매력은 광범위하며 애호가들마다 각자 다르게 인식한다. 어떤 이들에게 그것은 죄책감 없이 가공 치즈에 탐닉할 수 있는 드문 기회다. 빵 안에 무엇이 들었는지 '묻지도 따지지도 않기'의 좋은 사례랄까. 하지만 우리 대부분은 그 음식을 숙취 해소와 연결시키며, 우리를 곤경에서 구해주는 그 존재에 마침내 애정을 느끼게 된 사람들이다. 마치 식도락의 플로렌스 나이팅게일 신드롬(환자가 간병인에게 애정을 느끼게 되는 현상-옮긴이)처럼.

어떤 것들은 고상해지지 말아야 한다. 발포주나 캔버스화가 그런 예다. 계란 프라이 샌드위치를 즐기는 비결은 맥락이다. 그러니까,

간이식당에서 먹어야 한다든지. 계란 프라이 샌드위치를 자기 집 부엌에서 재현하려는 시도는 반드시 실패하게 마련이다. 중요한 것은 배경이다(그리고 수년 간 간이식당의 그릴에 축적된, 굳이 알려고 하지 않는 게 좋을 정체불명의 흔적들도). 간이식당은 전날 밤의 방탕을 되돌아보고 반성하며 자신을 회복하기 위한 곳이다. 킹즐리 에이미스는 숙취가 자아인식으로 가는 특별한 길이라고 말했다. 계란 프라이 샌드위치는 거듭남으로 가는 고속도로 위의 총알택시다.

결국 우리는 계란 프라이 샌드위치로 돌아오게 된다. 그 단순함, 꾸밈없음, 놀랍도록 훌륭한 맛 때문에. 그걸 매일 먹을 필요는 없다. 사실 한 달에 두 번도 너무 과할지 모른다. 하지만 백지 처방전이나 휴대용 술병이 그렇듯 계란 프라이 샌드위치가 항상 가까운 곳에, 길모퉁이의 24시간 간이식당에 있음을 아는 건 마음 든든한 일이다.

어떤 술을 마시나요?
기억에 남는 술집도 있나요?

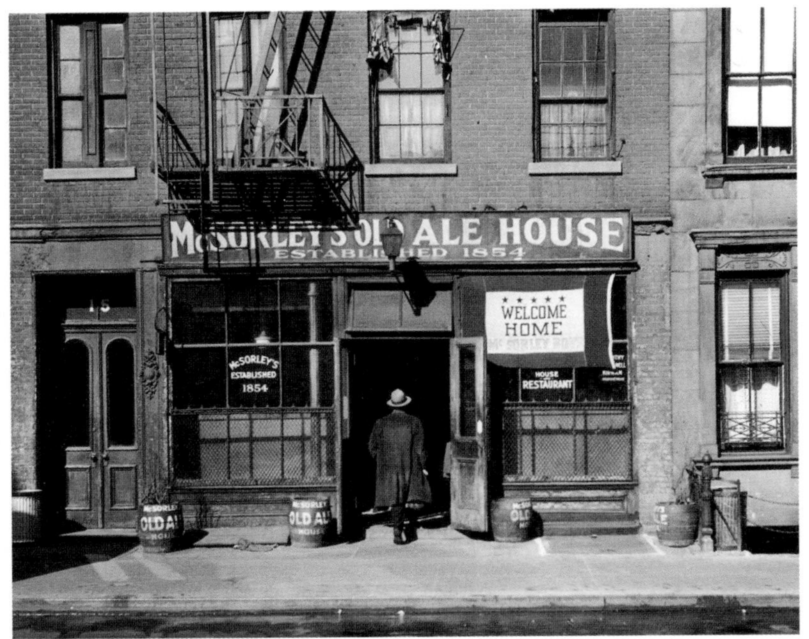

◆

시카고에 살던 우리 할아버지는 밀러 하이라이프 맥주를 즐겨 마셨다.
대여섯 살 때 '맥주의 샴페인'이라는 광고 문구를 보고 계속 궁금했던 기억이 난다.
대체 저게 무슨 뜻일까?
내가 여쭤보면 할아버지는 이렇게 대답하셨다.
"구할 수 있는 최고의 맥주라는 뜻이지."
여름밤이면 할아버지는 그 맥주를
긴 유리잔에 따라 뒷마당의 커다란 단풍나무 아래 앉아서 드시곤 했다.

마이클 헤이니

던컨 해나

크리스토퍼가街의 술집 55는 아직도 그 자리에 있다. 사람들 말로는 라이온스 헤드가 음주 문제가 있는 작가들을 위한 장소라면, 55는 집필 문제가 있는 애주가들을 위한 장소라고 했다. 그곳엔 훌륭한 주크박스와 탁자 하나가 있다. 내 기억엔 버드와이저 맥주가 겨우 1달러였고, 위스키를 한 잔 주문하면 그냥 주스 유리잔을 가져와서는 가득 채워주었다.

존 브로디

내가 청소년일 때는 음주 가능 연령이 18세였다. 하지만 2번가와 84번가가 만나는 곳에 14세 이상이면 술을 주문할 수 있는 바가 있었다. 어떤 곳이었느냐면 기차 칸 안에 설치한 바를 상상해보면 된다. 일련의 체코 이민자들이 운영하는 곳이었는데 기숙학교 아이들은 모두 거기서 술을 주문하곤 했다. 더러운 화장실 안에 들어가면 "실컷 싸, 솔즈베리 학교까지는 먼 길이니까" 아니면 "던컨 케네디 개자식" 같은 낙서들이 벽에 적혀 있었다. 참고로 던컨 케네디는 내 친구였다.

월터 컨

우리 할아버지는 맨해튼을 즐겨 마셨다. 우리 아버지도 그러셨고. 할아버지가 여름에 오하이오로부터 1,100킬로미터를 달려 우리 집에 찾아오시면

◆

대체로 메뉴판에서 가장 싼 보드카를 주문한다.
온더록스로.
휘트 스틸먼

◆

우리 부모님은 평생을 술고래로 사셨다.
그분들은 말하자면 사교가라고 할 수 있었다.
그분들의 일이라는 건 지금 당신이 하는 것,
그러니까 인간관계를 쌓는 것이었으니까.
그리고 인간관계를 쌓는 가장 좋은 방법은 사람들을 취하게 하는 것이다.
아버지는 몰트위스키를 드셨다.
그분의 찬장에는 항상 몰트위스키가 8~12병 정도 들어 있었다.
유언 렐리

그분에게 말을 걸어선 안 되었다. 그분이 서류가방처럼 생긴 이동식 바를 꺼내 부엌 조리대에 올려놓고 열기 전까진 말이다. 그 안에는 은빛 칵테일 셰이커를 비롯해 맨해튼을 만드는 데 필요한 모든 재료가 들어 있었다. 알맹이를 전부 건져낸 체리 주스 병도. 일단 할아버지가 맨해튼을 만들고 나면 모든 게 괜찮아졌다. 아버지와 나는 여름이면 몬태나주의 빅혼 강가로 가서 낚시를 했는데, 거기서도 똑같은 일이 벌어지곤 했다. 모텔 방 안에서 맨해튼 한 잔을 만들기 전까지 그 방은 진정 우리의 방이 아니었다. 나 역시 맨해튼을 즐겨 마신다.

앤디 스페이드

어렸을 때는 쿠어스 맥주를 엄청나게 마셨다. 요즘은 그 어떤 술보다 하이네켄을 많이 마신다. 그리고 사우스사이드(진, 라임 주스, 시럽, 민트로 만든 칵테일 – 옮긴이)도.

마이클 윌리엄스

나는 맥주보다는 와인 취향이지만 희한하게도 맥주 스펙트럼의 양극단을 전부 섭렵했다. 가장 좋아하고 즐겨 마시는 맥주라면 밀러 하이라이프다. 많은 사람들이 그걸 끔찍하게 혐오하지만 말이다. 그 맥주는 말하자면 스펙트럼의 악취미적인 싸구려 극단이고, 그 반대편 극단에는 클리블랜드의 그레이트레이크스 브루잉 컴퍼니가 만드는 크리스마스 에일이 있다. 줄곧 마시며 자랐지만 정말 특별한 맥주다. 개인 브랜드의 맥주로 병에 담겨 판매되는데 맛이 훌륭하다.

마이클 헤이니

우리 아버지는 슐리츠 맥주를 드신다. 슐리츠가 1960년대 내내, 그리고 70년대에도 한동안 미국에서 가장 인기 있는 맥주였단 걸 사람들은 잊어버린 듯하다. 아버지 세대에는 모든 중상류층 사람들이 슐리츠를 즐겨 마셨다. 나는 스물한 살에야 음주를 시작해서 술에 익숙해지는 데 상당히 오랜 시간이 걸렸지만, 고향인 시카고에 찾아갈 때면 언제나 올드 스타일 맥주를 찾는다. 그걸 마시면 그냥 기분이 좋다.

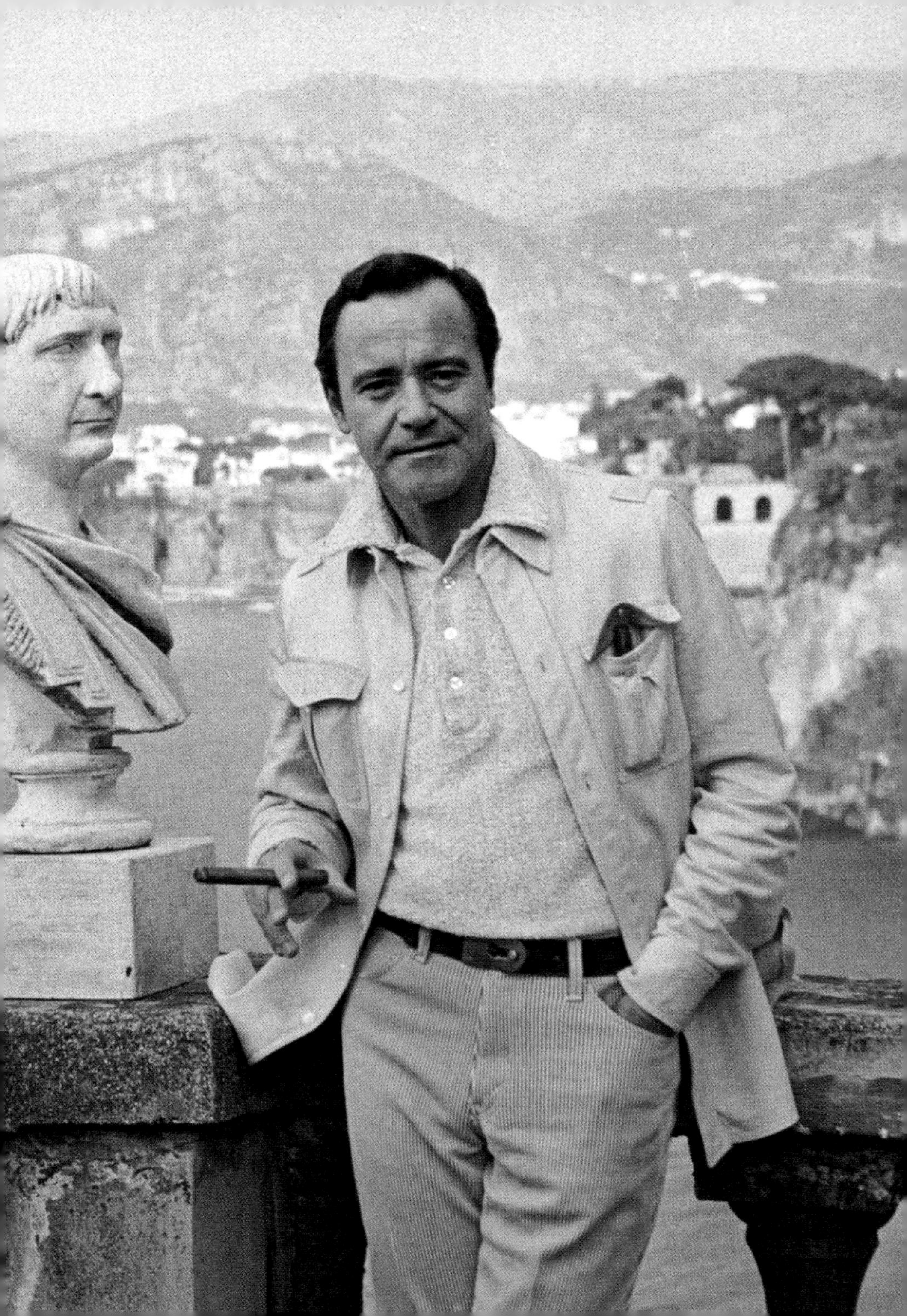

4

신사의 관심사: 상식과 새로운 해석

◆

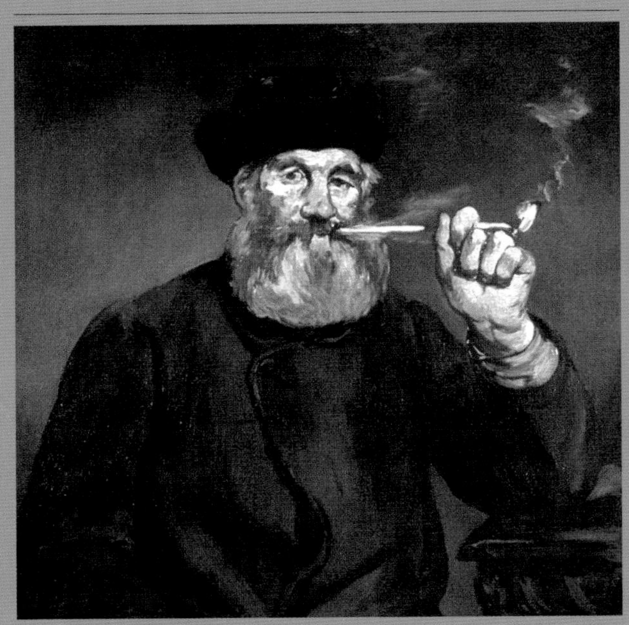

〈파이프를 문 남자〉, 에두아르 마네

턱수염에 대한 변호

♦

턱수염에는 프랑스 화가, 러시아 소설가, 미국 북부 장군들과 같은 고귀한 전통이 있다. 그런 한편 치사한 독재자, 실업자 배우, 무명 셰프들과 같은 불명예스러운 전통도 있다. 전통을 별개로 하고 이야기하자면 턱수염은 남성성의 자연적 표출에 속한다. 하지만 본질이란 조심스럽게 가꿔야 최선의 결과를 낳을 수 있다. 위풍당당한 턱수염은 에두아르 마네의 그림 속 풍성한 수염과 브루클린에서 초콜릿 가게를 하다 망한 남자의 부스스하고 더부룩한 수염을 갈라놓는 경계 중 전자 쪽에 있어야 한다.

턱수염은 무엇보다도 관대한 성격의 증명이다. 얼굴에 털을 풍성하게 기른 남자는 당연하게도 그것을 세상과 공유하고 싶어 하는 것이다. 아니면 그냥 면도가 내키지 않아서일 수도 있겠지만. 하여간 턱수염은 대부분의 남자들이 적어도 인생에 한 번은 시도해봐야 한다고 여기는 것이며, 상당수는 (마치 스테이크를 굽는 것과 마찬가지로) 그 시도가 한 달이면 충분하다는 점을 깨닫는다. 하지만 나머지는 턱수염족의 삶에 입문해 거기 머물며 다시는 돌아가지 않게 된다.

멋진 턱수염은 그 주인이 자신과 자신이 거둔 성취에 만족한다는 것을 암시한다. 그는 종신 재직권을 따냈거나 영재상을 받았거나 혹은 야도(뉴욕주의 예술가 공동체 - 옮긴이)에 레지던스를 얻었을 수도 있다. 어쩌면 그는 선원이며 방금 희망봉을 돌아오는 배의 선장으로 임명되었을 수도 있다. 하지만 거꾸로 뒤집힌 턱수염은 집중력과 노력의 부족을 시사한다. 그는 아직도 동유럽 철학에 관한 논문 집필을 못 끝낸 학자, 퇴비의 장점을 찬양하는 남자, 아니면 어느 소수 종파의 지도자일 수도 있다. 갑작스럽게 생겨난 턱수염은 운명의 불유쾌한 역전을 의미할 수도 있다. 동거하던 여자친구가 떠난 후 생활이 누추해진, 테이크아웃한 중국 음식으로 연명하며 텔레비전 리모컨을 찾을 수 없어 소리가 꺼진 채로 〈찰리 로즈 쇼〉를 보는 그런 남자 말이다.

하지만 어떤 턱수염이든 간에 턱수염을 기른 남자들은 모두 형제다. 그들은 톨스토이, 마티스, 멜빌과의 내적 유대를 느낀다. 그들은 한때 칼부림에 의존했을지도 모르지만 이젠 논쟁을 더 편하게 느끼는 남자들이다. 이는 중요한 사실이다. 턱수염을 기른다는 것은 필연적으로 연인과의 열띤 논쟁을 불러오기 때문이다. 턱수염을 기른 남자들이 하나로 뭉치게 되는 진짜 이유는 바로 이것이다. 그들은 아내나 여자친구의 무자비한 비판에 시달린다(반면 게이들의 경우 종종 연인과 턱수염 취향을 공유한다). 겨울잠을 자고 나온 곰과 거의 다를 바 없는 남자는 보기도 만지기도 싫다는 것이 여성들의 견해다. 하지만 턱수염 문제는 결국 자연적인 것이기에 남성 개개인은 그것을 깎아낼지, 다듬을지, 혹은 받아들일지 자문할 수밖에 없다. 턱수염을 기른 남자는 교외의 가정식 식당에 있는 듯한 인상이어야지 활과 화살로 직접 먹이를 사냥하는 듯한 몰골이어서는 안 된다.

여기서 또 다른 질문을 해보자. 당신은 어머니에게 턱수염을 어떻게 해명하는가? 우리 어머니는 내 턱수염을 보고 미소를 띠더니 언제까지 그럴 생각이냐고 물었다. 마치 내가 크리스마스에 여자친구라며 뮤직홀 댄서를 집으로 데려온 아들이 된 기분이었다. 난 대충 얼버무렸다. "석 달 정도요." 그날부터 정확히 석 달 후 내 전화기가 울렸을 때까지 나는 그 대화를 까맣게 잊고 있었다. 전화를 건 내 동생이 단도직입적으로 말했다. "어머니가 그거 없앴는지 알려달래." 물론 아니었다. 진실을 듣기 두려웠던 어머니가 동생에게 대신 전화해보라고 시킨 것이었다. 벌써 5년도 더 지난 이야기다. 난 그 뒤로 한 번도 면도 크림을 사본 적이 없다.

그렇다. 턱수염을 기른 남자는 용감하다. 그가 숲속에 살아서가 아니라(물론 숲속을 편안하게 여길 수도 있겠지만) 그의 삶에서 줄곧 "제발 면도 좀 해. 당신 얼굴이 보고 싶어"라고 속삭이는 여성들의 부드러운 목소리에 저항하기 때문이다. 그런 말은 무시하자! 턱수염 기른 남자는 그따위 거짓된 아첨에 넘어갈 만큼 어리숙하지 않다. 하지만 턱수염에는 자리를 잡고 나름의 권위를 획득할 시간적 여유가 필요하다. 안전을 기하려면 여성이 곁에 없는 시기에 턱수염을 기르는 것이 제일 좋다. 예를 들어 몬태나주로 낚시 여행을 가거나 피쿼드호(허먼 멜빌의 소설『모비 딕』에 등장하는 배 - 옮긴이)에 탔을 때 말이다.

턱수염 때문에 나이 들어 보인다든지(말도 안 된다! 현자처럼 보인다면 또 모를까) 상스럽게 보인다는(원숙해 보이는 거겠지!) 실망스러운 모욕을 매일 듣다 보면 소심한 남자들은 결국 굴복하게 된다. 턱수염을 향한 당신의 운명이 완성되지 못하게 하려는 사람들의 나쁜 영향력을 간과하지 말자. 어쩌면 면도기 없이 네팔 트레킹을 완수한 후 덥수룩하고 자랑스러운 모습으로 귀환하는 편이 수월할 것이다.

턱수염을 제대로 기른 남자는 인내심이 강하게 마련이다. 모든 남자들이 미국 독립전쟁 재현에 참여할 만큼 풍성한 수염을 가질 순 없다는 걸 그는 잘 안다. 자신이 무성하게 우거진 숲을 뽐내는 반면 풀 몇 포기만 시들시들 자라난 정원에 만족해야 하는 남자들도 있다는 걸 그는 이해한다. 하지만 턱수염이 가장 울창한 시기에도 그는 자신의 자랑거리를 너저분하게 방치해선 안 된다. 턱수염 기른 남자는 그의 영웅들에게 존경을 표하는 것만큼 자신의 개성에 맞게 수염을 잘 가다듬어야 한다. 그는 샴푸로 턱수염을 단정하게 유지하는 일을 꺼리지 않으며, 전문가의 손길로 다듬어진 턱수염이 최고의 즐거움을 준다는 걸 안다. 무엇보다도 그는 편안하고도 품격이 느껴지는 턱수염을 열망한다. 당연하게도 그런 턱수염은 힘든 만큼 짜릿한 문화적 승리가 될 것이다.

턱수염은 확신의 표현일 수도 있지만 지혜와 장기적 관점을 드러낼 수도 있다. 턱수염을 기른 남자는 용감하지만 자신에게 턱수염 이상의 것이 있음을 결코 잊지 않는다. 턱수염은 그의 얼굴을 틀지어 줄 뿐 그를 정의해주는 것은 아니다. 그는 턱수염이 외모의 결함을 숨기는 것이 아니라 개성을 드러내기 위한 것임을 알며, 그래서 필요할 때면 면도날을 쓰는 일도 두려워하지 않는다. 바닷가의 조수와 마찬가지로 턱수염도 항상 돌아오게 마련임을 확신하기 때문이다.

턱수염, 문신, 피어싱이 있나요?

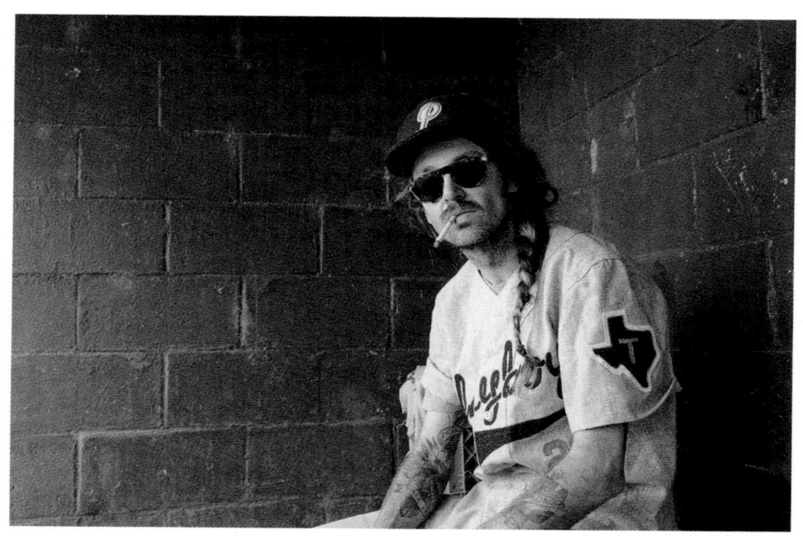

테일러 테한

◆

예전에는 양쪽 귀뿐만 아니라 혀에도 피어스를 했다.
대학교 3학년 때였는데 우리 어머니가 추수감사절에 날
집으로 못 오게 했던 기억이 난다.
내가 최초로 문신을 한 곳은 버지니아주의 어느 흥미롭고 으슥한 가게였다.
콧수염을 둥글게 다듬고 아주 두꺼운 안경을 쓴 남자에게 요청해
혀에 피어스를 끼우고, 피부에 지워지지 않는 잉크 자국도 남겼다.

애런 리바인

◆

고등학교에 입학했을 때 양쪽 귀를 뚫었다.
사실 어머니가 뚫어주신 건 한쪽 귀뿐이었고 나머지 한쪽은 파티에서 내가
술 취한 상태로 직접 뚫은 것 같다.

마이클 윌리엄스

가이 트레베이

고등학생이 되고 2주 동안은 귀에 피어스를 끼우고 다녔다. 부모님은 나 때문에 온갖 골칫거리를 다 겪었지만, 그중에 우리 어머니를 울린 건 이 일뿐이었다. 어머니는 히피 같은 긴 머리도, 백금발로 염색한 스포츠머리도 참아줄 수 있었지만 귀를 뚫는 건 해도 너무하다고 생각하신 것이다. 난 결국 피어스를 빼버렸다.

마크 맥네리

나는 항상 문신을 하고 싶었지만 바늘이 무서워서 엄두를 내지 못했다. 이제는 극복했다고 생각하지만, 아주 최근까지도 주사를 맞거나 피를 뽑아야 할 때면 말 그대로 거의 기절할 정도였다. 그러다 라스베이거스의 어느 박람회에 가서 문득 이렇게 말했다. "젠장, 해치워버리겠어." 그날 내 최초의 문신을 했다. 데이지 꽃 그림이었다. 마흔 살 넘어서의 일이다.

닉 숀버거

최초의 문신은 고등학교 졸업식 일주일 전에 했다. 조잡한 사자 그림이었는데 최근에 지워버렸다. 어깨에 그 문신을 한 건 하트퍼드의 남쪽 변두리에서였다. 우리 아버지가 문신 가게 주인이랑 아는 사이어서 나와 다른 친구를 그리로 데려가주었다. 가게 주인은 이렇게 말했다. "너 돈 얼마나 있는데?" 내가 대답했다. "40달러요." 그러자 그가 말했다. "문신 값은 40달러야."

던컨 해나

15년쯤 전에 콧수염을 길렀다. 기르고 보니 예상보다 조금 더 희끗희끗했고 털도 가지런한 게 아니라 뻣뻣했다. 나는 윌리엄 파월이나 데이비드 니븐, 클라크 게이블의 콧수염에 혹했다. 연필로 그린 듯한 콧수염 말이다. 하지만 내게선 그런 콧수염을 기를 만한 털이 자라질 않았다. 안 그랬다면 지금 내가 콧수염을 기르고 있었겠지. 내 스코틀랜드 혈통 탓이다.

G. 브루스 보이어

나는 곧바로 턱수염 단계로 갔다. 첫 번째 결혼식 무렵이었던 것 같다. 스물다섯 살 정도였다. 그 뒤로 쭉 턱수염을 유지하고 있다.

랜디 골드버그

내 수염은 정말 끔찍했다. 예전에는 염소수염과 귀걸이를 동시에 했다. 대학교 2학년 어느 학기에는 귓바퀴 위쪽에 귀걸이 하나를 달고 다녔다. 내 딴엔 아주 멋지다고 생각했던 게 분명하지만, 사실은 그렇지 않았다. 같은 시기에 푸드 파이트(음식물을 던지며 싸우는 이벤트 - 옮긴이)에 참여했다가 얼굴에 몇 바늘을 꿰매기도 했다. 그러니 한동안 나는 상처투성이 얼굴에 염소수염을 기르고 귀걸이를 달고 다녔던 셈이다. 내 신체적 자아가 최악의 상태였던 시기다.

월터 컨

마흔 살 때 나는 베니스 비치에 사는 이혼남이었고 책을 쓰는 중이었다. 매일 널빤지 깐 산책로를 따라 걷다 보면 문신 가게가 줄지어 있었다. 평생 문신을 해보고 싶었지만 강박 장애가 있어서 문신을 선택할 수 없었기 때문에 그럴 엄두를 내지 못했다. 그러다 어느 날 충동적으로 문신 가게에 들어갔고 시술자에게 타로 카드에서 아무거나 한 장 뽑아 나온 그림을 내 팔에 새겨달라고 말했다. 선택 자체를 포기한 것이다. 우리는 바로 옆의 마리화나 가게로 가서 타로 카드를 사 왔고 한 장을 뽑았다. "악마든 거꾸로 매달린 남자든, 뭐든 상관없어요"라고 말했다. 나온 카드는 운명의 수레바퀴였고 그래서 그녀는 그걸 내 팔에 문신으로 새겨주었다. 하지만 완성된 문신을 본 나는 크기가 충분하지 않다고, 여백이 너무 많이 남았다고 말했다. 또 한 장을 뽑았더니 검을 든 기사가 나와서 수레바퀴 위에 기사 문신도 새겼다. 나는 그렇게 우연과 마법에 내 몸을 맡겼다.

톰 실러

예전엔 가끔씩 얼굴에 콧수염을 그려 넣곤 했다. 희한한 건 나이 들면서 콧수염이 말총으로 된 인조 콧수염처럼 아주 굵고 질게 자라나기 시작했다는 거다. 1940년대의 깡패나 추잡한 건달 같은 수염이다.

이넉 페레스

열다섯 살 때 콧수염을 길렀다. 푸에르토리코에 있을 때 일이다. 나는 양쪽 눈썹도 무척 무성해서 종종 "넌 콧수염이 셋이나 되는구나"라는 말을 듣곤 했다. 그래서 결국 눈썹을 밀어버렸다.

닉 숀버거

10년 전 뉴베드퍼드의 고래사냥 박물관에 갔다. 학업을 마친 뒤로 최초의 여행이었다. 이틀 동안 면도를 하지 않은 채 회사의 중역 회의에 나갔더니 한 여성이 이렇게 물었다. "턱수염 기르게요?" 난 그렇다고 대답했고 그 뒤론 한 번도 수염을 깨끗이 밀어내지 않았다.

우리 아버지는 내 평생 턱수염을 기르고 계셨다. 5년 전까지는 말이다. 기분이 이상했다. 누구나 실수로 수염을 너무 짧게 다듬어버리는 때가 있기 마련이지만 아버지는 완전히 깎아버렸으니까. 아버지 말씀은 의붓어머니 때문이었다지만, 자세한 건 나도 모르겠다.

앤디 스페이드

프랑스에서 머물던 어느 여름에 턱수

◆

예전에 내겐 남자는 몸에 구멍을 뚫어선 안 된다는 일종의 미신이 있었다.
아마도 구약성서 어딘가에 그렇게 적혀 있던 것 같다.

월터 컨

염을 기르려고 했다. 반쯤 길렀을 때 딸이 이렇게 말했다. "아빠, 그것 좀 밀어요." 너무 희끗희끗했던 것이다. 하지만 언젠가는 다시 길러보고 싶다.

닉 설리번

귀 한쪽에 귀걸이를 했다. 약간 냅킨 고리같이 생겼지만 그보다 훨씬 작은 클립형 귀걸이였다. 한 일주일 달고 다녔던가. 사실 딱히 귀걸이를 좋아하진 않았지만 쿨하다는 생각에 했던 거였다. 그 귀걸이는 결국 나랑 상관도 없던 싸움에 말려드는 바람에 뜯겨나갔다.

제이 매키너니

일본에 있을 때 2년 동안 턱수염을 길렀다. 일본에 사는 서구 남성들은 하나같이 턱수염을 기른다. 나도 그들에게 동화되려는 생각이었지만, 일본인들 입장에선 잘 이해가 안 되는 듯했다.

조시 페시코비츠

우리 가족 남자들은 전부 턱수염을 기른다. 형과 나는 턱수염을 기르고 할아버지에게도 턱수염이 있었다. 외할아버지에겐 엄청나게 덥수룩한 콧수염이 있었고 외삼촌도 마찬가지였다. 그리고 아버지 역시 턱수염을 기르신다.

글렌 오브라이언

요즘 나는 턱수염을 기르지 않는다. 지난 4, 5년 동안 처음 있는 일이다. 몸무게를 줄이기 시작하면서 문득 이젠 턱수염이 없어도 괜찮아 보이겠다는 생각이 들었다. 내 생각에 턱수염은 남자를 위한 화장과 같다. 외모의 결점을 가려주니까. 하지만 수염을 깎고 나니 왠지 칭찬을 많이 들었다. 그래서 한동안은 기르지 말고 있어 볼까 싶다.

랜디 골드버그

귀를 두 번이나 뚫었지만 다행히도 매번 그리 오래지 않아 막혀버렸다. 내가 처음 프랑스에 갔을 때는 고등학교 교환학생이었기 때문에 다른 남자애들 여럿과 함께였다. 우리는 헬레나 크리스텐센을 보았다. 크리스 아이작의 〈위키드 게임〉 뮤직비디오 덕분에 그녀를 알아볼 수 있었다. 한동안 그녀를 졸졸 따라다니다가 마침내 친구 하나가 나서서 그녀에게 물어보았다. "같이 사진 한 장 찍을 수 있을까요?" 내가 사진사 역할을 했기 때문에 내 모습은 사진에 남지 않았지만 그래도 유쾌한 경험이었다. 우리는 축하할 겸 뭔가 미친 짓을 해보기로 하고 다 함께 귀를 뚫으러 갔다. 하지만 내 귀는 감염 탓에 금세 막혀버렸다.

프랭크 마위티언스

1996년에 뉴욕으로 왔을 때 귀를 뚫었다. 귀걸이 제작을 하는 친구들에게서 줄무늬가 있는 형광색 삼각형 귀걸이를 받았다. 내가 직접 귀를 뚫었다. 한쪽 귀에 셋, 다른 쪽에 하나. 하지만 취직하고 나선 귀걸이를 빼버렸다.

마이클 헤이니

내가 열네 살 무렵의 일이다. 당시 열여섯 살이던 형이 저녁식사 중에 어머니에게 오토바이를 사고 싶다고 선언했다. 어머니는 식탁을 내려치더니 이렇게 말씀하셨다. "우리 집에서 절대 허용되지 않는 게 두 가지 있어. 오토바이와 턱수염이야." 형은 결국 오토바이를 갖지 못했다. 그리고 어머니가 내게 저주를 걸었는지 어떤지 모르겠지만, 오늘날까지도 난 턱수염을 기르지 못하고 있다.

마이클 윌리엄스

내 평생 한 번도 아버지가 턱수염을 기른 걸 본 적이 없다. 나 역시 서른다섯 살 전에는 턱수염을 기른 적이 없었다. 내게 턱수염이 어울릴 거라 생각해본 적이 없었고 우스꽝스러워 보이지 않게 턱수염을 기를 만한 기회도 없었다. 턱수염을 기르는 동안의 우스꽝스러움을 생각해보면 그럴 마음이 싹 사라지곤 했다. 그러다가 심각한 사고를 당해서 몇 달 침대에 머물게 되었는데, 문득 면도할 기분도 안 나고 사람들도 못 만날 테니 턱수염을 기를 완벽한 타이밍이란 생각이 들었

◆

문신을 한 적이 없다. 평생 싫증나지 않을 만한 문신 소재가 도무지 생각나지 않았기 때문이다. 요즘 들어서야 좋은 문신이 될 만한 게 떠올랐는데 바로 내 결혼기념일이다. 난 항상 그 날짜를 까먹으니까.

글렌 오브라이언

◆

지난 10년 사이 나도 모르게 턱수염이 생겨 있었다. 이젠 마지막으로 면도한 게 언제인지도 기억나지 않는다.

프랭크 마위티언스

다. 일단 턱수염을 길러보니 무척 마음에 들었다. 다른 사람들도 좋아해주었고 특히 내 약혼녀가 열광적이었다. 그러다 1년쯤 뒤 결혼식을 하게 되면서 턱수염을 싹 밀어버렸는데, 어쨌든 난 본래 턱수염을 기르지 않았던 데다 내 입장에선 깨끗이 면도를 하는 게 맞겠다고 생각했기 때문이다. 나중에 과거를 돌아보며 '아, 그러니까 내가 턱수염을 길렀던 해였지' 하고 회상하긴 싫었던 것이다. 하지만 결혼식 다음 날부터 다시 턱수염을 기르기 시작했다.

로버트 베커

클럽에서 놀고 귀가할 때면 종종 5번가와 2번가가 만나는 지점의 비니본에 들러 초콜릿 케이크 한 조각과 우유 한 잔을 먹곤 했다. 그곳은 24시간 식당인데 『괴물의 배 속에서』를 쓴 잭 애벗이 웨이터를 살해한 장소이기도 하다. 어느 날 밤 내 또래의 여자 옆자리에 앉게 되었는데 그녀의 팔뚝은 날개를 펼친 근사한 독수리 문신으로 뒤덮여 있었다. 그런 문신을 본 것은 처음이었다. 1980년치고는 무척 대담한 문신이었는데 시술한 지 얼마 안 된 듯 바셀린을 발라 반짝거렸다. 그녀는 내게 시술자의 전화번호를 알려주었고 난 전화를 걸어 일주일 뒤로 예약을 잡았다. 시술자는 밥 로버츠라는 사람이었는데 당시엔 14번가 어딘가의 가게에서 일하고 있었다. 현재 그는 미국 문신업계에서 최고의 거장 중 하나로 손꼽힌다.

이닉 페레스

문신과 피어스는 금지, 그게 우리 집 규칙이었다. 우스운 일이다. 얼마 전부터 나는 계속 문신을 해보고 싶다고 생각해왔지만 희한하게도 내 몸에 무얼 적어야 할지 모르는 상태다. 나는 여성들 몸에 있는 문신을 좋아한다. 악기 연주자에게도 문신이 있으면 근사해 보이고.

타보 소메르

나는 사실상 면도기를 가졌던 적이 없다.

브루스 패스크

처음으로 턱수염을 길렀던 때가 기억난다. 메인주의 해안을 따라 일주일이나 차를 달린 참이었다. 핼러윈 직후의 비수기였고 내 친구 메리와 함께였다. 바 하버에서 차를 멈추고 며칠 머물렀는데, 가을과 겨울 동안엔 무척 외딴 곳처럼 느껴지는 지역이다. 나에겐 손목 근처에 구멍이 뚫린 낡은 스웨터가 있었다. 그 옷을 입을 때면 항상 구멍에 엄지손가락을 쑤셔 넣곤 했고, 그러면 메리는 웃음을 터뜨리며 사람들이 우리를 쳐다보는 것도 당연하다고 말하곤 했다. 우린 그 마을의 이방인이었으니까. 여행 동안 나는 면도를 하지 않고 턱수염을 기르기로 했다. 그곳에서 지내려면 그 편이 더 어울릴 듯했다. 뉴욕에 돌아온 뒤 내 턱수염을 확인하고 살짝 놀랐다. 당시는 요즘처럼 턱수염이 인기 있던 때가 아니었다. 난 그 후로도 턱수염을 깎지 않기로 했는데, 사람들이 (가끔씩이지만) 나와 쌍둥이 형제를 함께 볼 때 덜 헷갈린다는 사소한 이점도 있었다.

여름 맥주

◆

킹즐리 에이미스가 '맥주 허풍선이'라고 표현한 존재가 되고 싶어 하는 사람은 없다. 아무도 십대 시절엔 벨기에 람빅 맥주에 관해 떠들어대지 않는다. 쾰른에 가면 쾰슈 맥주만 마신다는 자랑도 않고, (다행스럽게도) 아예 수제 맥주라는 말을 입 밖에 내지 않는다. 그렇다. 열여덟 살 때는 익숙하고 값싸고 지리적으로 적당한 맥주를 마시기 마련이다. 마땅히 그래야 한다.

내 경우 위스콘신에서의 여름은 라이넨쿠겔 맥주를 의미했다. 애니 홀(우디 앨런의 동명 영화 여주인공 - 옮긴이)처럼 그 맥주도 근처의 치파와 폴스 출신이었다. 맥주병에는 "신뢰할 수 있는 73명의 사람들이 주조했음"이라고 적혀 있어 믿음직한 느낌을 주었다. 1867년 무렵에 처음 생산된 이 맥주는 다행히도 야콥 라이넨쿠겔의 후손들 수 세대에 거쳐 이어져왔지만, 유감스럽게도(놀라운 일은 아니지만) 1988년에는 다국적 기업에 인수되었다.

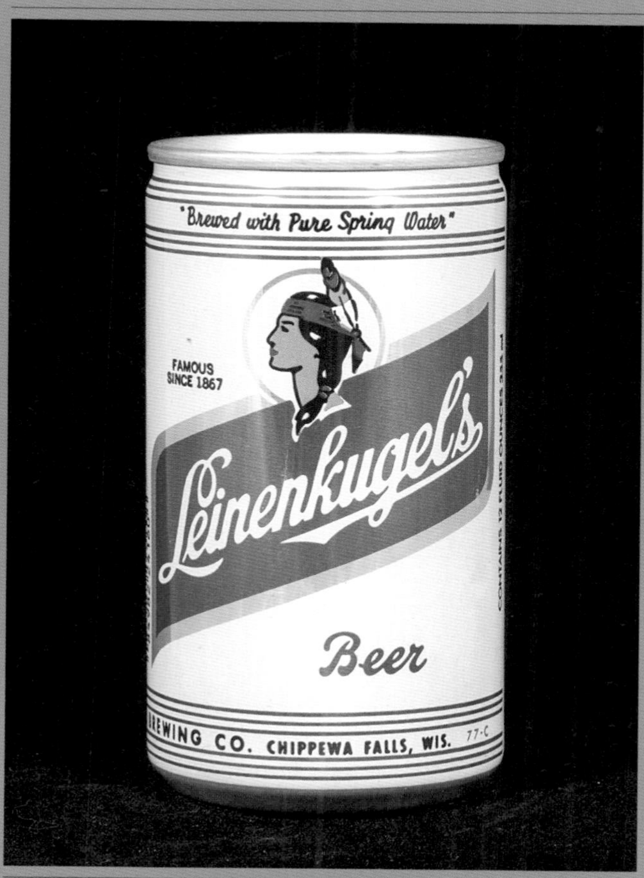
"Brewed with Pure Spring Water"
FAMOUS
SINCE 1867
Leinenkugel's
Beer
EWING CO. CHIPPEWA FALLS, WIS.

라이넨쿠겔 맥주

라이넨쿠겔은 심지어 와인 애호가들에게도 훌륭한 맥주로 인정받는다. 엄청나게 훌륭하다고까지는 못해도 상당히 괜찮은 맥주인 건 분명하다. 그것이 성장기를 함께해온 맥주의 흥미로운 점이다. 맥주와의 유대감이 너무도 강한 나머지 맛에 관한 평가를 압도해버리는 것이다. 그리하여 친구의 고향인 워싱턴이나 메인주에서 가장 맛있다는 맥주를 맛보고 '수준 이하'라고 둘러말할 때면(어쩌면 그동안 당신도 어느 정도 맥주 허풍선이 습관이 들었는지도 모른다) 날카로운 즐거움을 느끼게 된다. 하지만 친구는 마치 자기 어머니의 요리가 모욕당한 것처럼 차가운 표정으로 당신을 쳐다볼 것이다.

그렇다. 이는 모두 지극히 주관적인 문제다. 라이넨쿠겔 맥주도 예전 같진 않다. 어떤 이유에선지 계절별 한정판이 나오기 시작했는데 매번 지난번 것보다 더 짜증스럽고 의미 없는 맛이 난다. 젠장, 우리가 이 맥주를 마시는 건 새로움 때문이 아니라 한결 같음 때문이라고! 마치 스팅이 원래 훌륭했던 폴리스의 노래를 쓸데없이 재즈풍으로 편곡하는 것과 같다. 제발 오리지널에 충실해주었으면.

이 맥주는 호숫가에서 마시기 좋고 여섯 개들이 한 팩에 15달러도 안 하지만, 아쉽게도 이젠 더 이상 회수 가능한 판지 상자에 포장되진 않는다. 내가 50센트 보증금도 포기하고 상자 몇 개를 보관해둔 보람이 있었던 셈이다! 병에 그려진 여성 로고에도 이런저런 변화가 있었다. 한동안 용맹한 아메리카 원주민 모습이었던 그녀는 청소년 시절의 내겐 매력적으로 보였지만, 오늘날이라면 기업 이미지 차원에서 비판

받았을 것이다. 아마도 우연이 아닐 이유로 그녀의 정체성은 바뀌었고, 이제 그녀는 특정 인종이나 문화 소속이라기보다 그저 머리에 깃털을 꽂은 거무스름한 피부의 여성일 뿐이다. 어쩌면 양갓집 출신의 환경학 전공자일 수도 있다. 누가 이런 문제를 제대로 설명할 수 있겠는가?

홋카이도의 삿포로 맥주 양조공장 벽에는(어쩌다 보니 그곳을 일본어 가이드 투어로 돌아본 적이 있다) 이런 문구가 (영어로) 적혀 있다. "인간은 문명의 시작과 동시에 맥주를 양조해왔다." 그야말로 감동적인 문구다. 맥주 양조법이 계속 이어져온 것은 그것이 지금보다 더 개선될 수 없기 때문이다. 대부분의 남자들은 옷에서 그러하듯 맥주에서든 위스키에서든 한결 같음을 추구한다. 결국 그들은 맥주에 있어서 무의미하게 새로 개발된 맛이나 낯선 병 같은 건 원하지 않는다. 맥주는 야구와 같다. 야구는 지금도 이미 훌륭한 스포츠다. 그러니 끊임없는 배경음악이나 비디오 화면으로 보여주는 괴상한 대결 따위는 치우고 그냥 시합이나 하자. 사실 야구 시합에 야구공 말고 필요한 것이 있다면 단 하나, 맥주뿐이다. 그것이 자연의 섭리이며 최상의 진리 아니겠는가, 친구들.

추월 차선: 운전대 앞에서

◆

가족의 유별난 점은 대체로 내부에서는 보이지 않는다. 자기 자신의 성장 과정은 완벽하게 평범해 보이기 마련이다. 그러니까 내가 하려는 말은, 우리 가족의 첫 번째와 두 번째 차가 푸조였다는 사실이다. 모르몬 교도와 퀘이커 교도의 결혼에서 태어난 아이가 되는 것만큼이나 불가능하게 보이는 자동차 이력이다. 미국에서는 푸조가 자가용이 될 확률 자체가 번개에 맞을 확률만큼 낮다. 하지만 한 번 번개를 맞은 사람들이 두 번째로 맞을 확률도 더 높아진다는 것처럼, 한 번 푸조를 갖게 되면 두 번째 차도 푸조일 확률 역시 상승하는 듯하다.

동생과 나는 우리가 탄 차가 미니애폴리스에서는 지극히 드문 프랑스 차라는 걸 전혀 몰랐다가 한참 나중에야 알게 됐다. 1987년 우리는 그 모든 과거에 작별을 고하고 스웨덴 차 사브와 20년간 계속될 사랑에 빠졌다. 그 사랑은 중간중간 수그러지긴 했어도 완전히 꺾이진 않고 보스턴을 비롯한 뉴잉글랜드 여러 지역과 오리건주에서도 이어졌

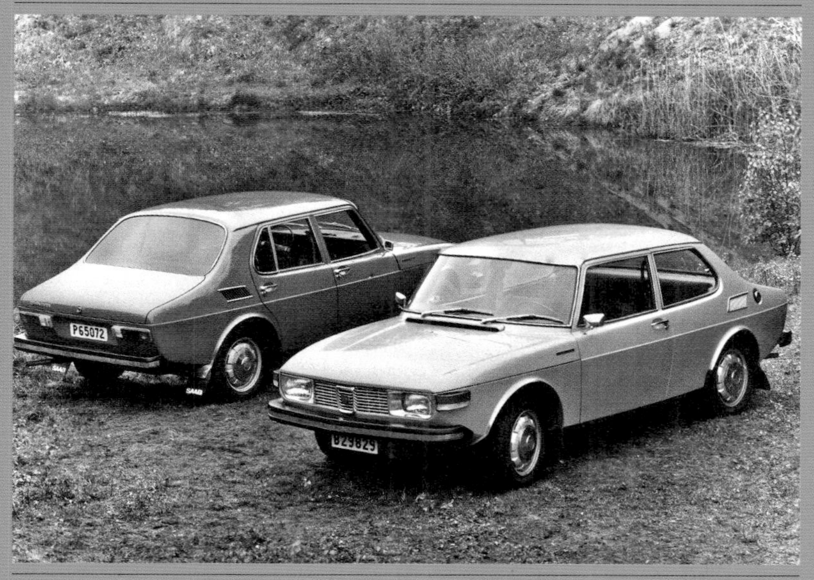
P65072
B29825

지만, 그곳들에서도 사브가 그리 흔한 차는 아니었다. 언젠가 나는 오스틴에서 낡은 사브를 몰고 가는 여자를 보고 첫눈에 반할 뻔한 적도 있다.

사브 애호가 집안에서 자라나 운전면허를 딸 나이가 되면 그 차를 지극히 평범한 것으로 여기게 된다. 계기반의 낮은 쪽에 있는 점화 스위치라든지, 디자인상 무의미해 보이는 모든 것(예를 들어 컵홀더 같은)에 대한 스웨덴 사람들의 금욕적이고 윤리적인 거부에도 익숙해진다.

한때 우리 집 자가용이었던 은색 사브는 자동변속이었지만 카세트플레이어는 없었다. 그다음에 산 '짙은 안개' 빛깔의 사브는 수동변속이었지만 카세트플레이어가 있었다. 그 외에도 몇 대의 사브가 있었다. 내가 운전을 배울 때 (별 문제 없이) 탔던 짙은 푸른색 사브라든지, 클러치 사용법을 익힐 때 (엄청난 난관을 겪으며) 탔던 수동변속 사브라든지.

우리 집 근처 주차장에 세워진 차 안에서 나는 아버지 옆에 앉아 있었다. 아버지가 조수석에 앉은 모습은 처음이었다. 내겐 그분이 무척 거대하게 보였다. 아버지는 자신은 물론 타인에 대해서도 나름의 기준과 기대치를 가지고 있었다. 나는 이 정도면 적당하겠지 생각하며 발을 내려 액셀에 갖다 댔다. 그 결과에 관해 최대한 좋게 말하자면 내가 첫 시도를 망설이지 않았다는 정도겠다. 사실 내 예상과는 정반대로 차가 쌩 하고 튀어나간 것이다. "액셀을 좀 더 살짝 밟는 게 좋겠다." 아버지는 이렇게만 말씀하셨는데, 아마도 그분과 내가 함께한 시간을 통틀어

가장 감정이 절제된 한마디였으리라.

그날 오후 나는 제법 잘해냈고 언덕을 올라가 집에 도착할 수 있었다. 일요일이었던 다음 날 나는 다시 차를 몰고 이번엔 혼자서 동네로 나갔다. 싸락눈이 내렸고 차는 도무지 속도가 나지 않았다. 나는 몇 번이고 울화를 터뜨렸으며 간신히 차를 집 앞까지 끌고 와 보도에 댄 뒤 성큼성큼 집으로 걸어갔다. 화가 나서 눈물을 글썽이면서 다시는 저 차를 포함해 그 어떤 수동변속 차량도 몰지 않겠다고 선언했다. 그러나 눈이 그치고 도로가 정리되자 나는 다시 운전을 하도록 떠밀려 나갔다. 논쟁의 여지가 없었다. 나는 그 차를 운전할 줄 알아야만 했다.

그래서 결국 어떻게 되었는가 하면, 그 뒤로 지금까지 나는 수동변속 차량만 운전해왔다. 앞으로도 다른 차는 운전하지 않을 것이다.

처음 몰아본 차는 뭐였나요?

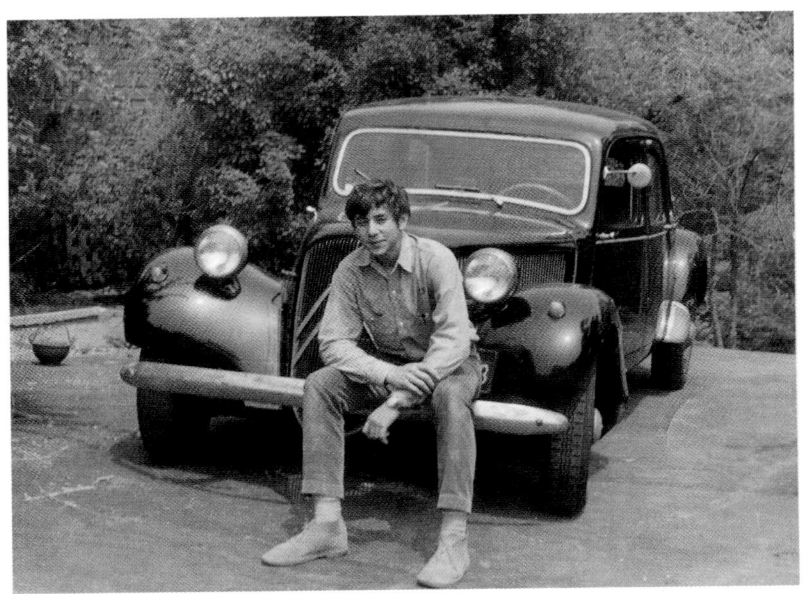

톰 실러와 그의 시트로엥 자동차

◆

1986년형 카마로 IROC-Z, 부모님이 내게 주신 자랑스러운 새 자동차였다. 나는 그 차를 세 번이나 망가뜨렸고 결국 과속으로 1년간 운전면허를 박탈당했다.

브라이언 아위탄

앨릭스 빔스

인생 첫 자동차는 원래 할아버지 것이었던 녹색 1985년형 볼보 264 GLE였다. 열여덟 살 소년의 관점에선 그렇게 섹시하지 않은 자동차도 없었지만, 난 그 차를 사랑했다. 영화 〈위험한 정사〉에서 마이클 더글러스도 그 차를 몰았던 걸로 기억한다. 당시 내 여자친구 줄리는 그 볼보가 역사상 가장 섹시하지 않은 차일 거라며 '밀드레드'라는 별명을 붙여주었다. 주변에 차를 가진 애는 나 하나뿐이었기 때문에 토요일 밤이면 그 안에 여덟 명이나 꽉 끼어 타곤 했다. 내가 정말로 사랑한 차였다. 결국 수명이 다 되어 폐차했지만.

바이런 김

내 첫 차는 1969년형 크라이슬러 뉴포트였다. 난 그놈을 애지중지했다. 몬테레이에 사는 집안 친지에게 6백달러를 주고 샀는데 무진장 큰 차였다. 캐딜락 플리트우드보다도 더 길었을 테고, 아마도 2도어 자동차로는 역사상 가장 차체가 길었을 거다. 다들 후드 아래 라디에이터 앞쪽에만 두 명은 숨길 수 있겠다고 농담하곤 했다. 거의 보트에 가까울 만큼 길었다. 아쉽게도 정확히 언제였는지는 기억나지 않지만(물론 상대가 누구였는지는 기억한다) 내 첫 키스도 그 차 안에서 이루어진 게 분명하다. 솔레다드산 정상의 기념 십자가 근처에 차를 세워놓은 채 말이다.

맷 흐라넥

1971년형 BMW 바바리아 2800이었다. 와인색과 황갈색 내장에 블라우푼크트 카세트플레이어, 그리고 좌석 아래 따로 8트랙 테이프 플레이어가 있었는데 그 안엔 롤링스톤스의 음반 《고츠 헤드 수프》가 꽂혀 있었다. 가속

페달이 고장 나는 바람에 엔진을 한 번 날려먹고 재조립하기도 했다. 나중엔 내 동생이 물려받았다가 문자 그대로 땅에 처박아버렸다. 내 평생 그 차가 그리울 것이다.

유언 렐리

롤로 풀러와 함께 250파운드로 트라이엄프 헤럴드를 샀다. 1969년형이었던 것 같다. 1986년의 일이었고 둘이 각각 125파운드씩 냈다. 밋밋한 녹색 차였다. 우리는 브리티시 레이싱 그린(20세기 초 카레이싱 영국 대표팀 자동차에서 유래된 짙은 녹색 - 옮긴이)을 원했지만, 그런 차는 너무 비쌌다. 한동안 몰다가 더 이상 도로 주행을 하지 못하게 되자 폐차시켰다.

댄 락우드

한 번도 차를 가졌던 적이 없지만 6년 동안 1961년형 흰색 50cc 베스파를 몰고 런던을 돌아다니긴 했다. 엔진은 전동 칫솔 수준이었지만 이동수단으로는 완벽했다. 동네 불량배들이 그걸 훔쳤다가 주행 방법을 알아내지 못하자 그냥 망가뜨려버렸다. 가슴 아픈 일이었다. 요즘은 엄청나게 값이 비싸졌을 것이다.

J. C. 매켄지

내 첫 자동차는 주황색 1965년형 무스탕이었다. 번쩍거리는 매그휠(스포츠카 등에 사용되는 고가의 마그네슘 합금 바퀴 - 옮긴이)과 배기량이 큰 엔진이 달려 있었다. 엔진 소리가 어찌나 시끄러운지 청각장애를 일으킬 정도였고 거의 매일 지역 경찰서에서 경고를 받았다. 당시 나는 열여섯 살 가출 소년이었고 캐나다 서스캐처원주의 레지나라는 지역에 있는 복지시설에서 지내고 있었다.

지역 교도소에서 단기 구류를 거친 후 제철소에서 일하며 여름을 보냈다. 알래스카로 연결될 수송관용의 거대 파이프에 콜타르를 입히는 일이었다. 교대근무 한차례 동안 하루 750개비를 흡연하는 것과 같은 분량의 타르를 들이마셨다. 제철소에서 모은 돈으로 여름이 끝날 무렵 그 차를 샀는데, 정지 상태에서 시속 백 킬로미터까지 속도를 올리는 데 반 시간은 족히 걸렸다. 좀처럼 움직이질 못했다.

◆

중고로 산 지프 그랜드 체로키. 푸른색 차였는데 정말이지 내 평생 한 번도 길에서 본 적이 없는 희한한 색조였다. 내 친구들은 그 차에 '페리윙클(연푸른색과 연보라색이 섞인 풀꽃 – 옮긴이) **천국'이라는 별명을 붙여주었다.**

에릭 데이턴

던컨 해나

천 달러 주고 산 쉐보레 셀러브리티. 끔찍한 와인색이었다. 나와는 전혀 안 맞는 차였다. 괜찮게 생긴 마쓰다 스테이션왜건을 몰았던 적도 있다. 천오백 달러에 샀는데, 다만 고속도로에 나갔다가 그냥 멈춰버리는 일이 상당히 자주 규칙적으로 생긴다는 게 문제였다.

스티븐 코츠

포드 에스코트. 무척 실용적인 차였다. 런던에 세워둔 낡은 캠퍼 밴도 한 대 있었다. 난 그 차를 끔찍이 사랑했지만, 꼼짝도 하지 않은 지 너무 오래되긴 했다.

랜디 골드버그

내 첫 차는 1964.5년형 포드 무스탕이었다. 검은색 외관에 붉은색 가죽으로 내장된 하드탑(금속 지붕이 있고 창 중간에 창틀이 없는 승용차 – 옮긴이) 차로, 자동변속(희한하게도)에 최고 속도 289킬로미터인 V-8 엔진과 AM/FM 라디오가 달려 있었다. 직선도로에서 놀랍게 잘 달렸지만 코너링은 형편없었고 비나 눈이 내릴 땐 운전이 불가능했다. 최초의 무스탕 자동차이기도 한데, 출시된 시기가 어정쩡해서 1964년형이라기엔 좀 늦고 1965년형이라기엔 너무 일렀기 때문에 1964.5년형이라고 불렸던 것이다.

내 열여섯 살 생일 아침에 어머니가 날 일찍, 그러니까 평소 등교 준비를 하던 시간보다 이르게 깨우더니 밖에 나가보라고 했다. 나가보니 수송트럭이 한 대 서 있었다. 운전석은 잠겼지만 뒤쪽 짐칸은 열려 있었고 그 짐칸에 무스탕이 실려 있었다. 정말 대단한 구경거리였다. 끝내줬다.

휘트 스틸먼

인디애나주의 블루밍턴에서 1년간 일했다. 거기서 생활하려면 차가 필요해서 천 달러 정도 주고 낡아빠진 폭스바겐 비틀을 샀다. 노란색이었다. 그러다 석유 파동이 닥치자 그 차를 몰고 뉴욕에 가서 짭짤한 이익을 남기고 팔아치웠다. 갑자기 경제적인 차들의 가치가 폭등했기 때문이다.

애런 리바인

우리 가족은 마쓰다 애호가들이다. 내 첫 차는 1984년형 마쓰다 626이었다. 온통 파란색에 수동변속으로 선루프와 4기통 엔진이 달려 있었다. 스테레오는 사실상 먹통이었지만 부모님이 내 졸업 축하선물로 그 84년형 마쓰다에 알파인의 AV 리시버를 달아주었다. 그것도 6버튼 리시버를!

G. 브루스 보이어

1957년형 신품 포드 페어레인. 지금이라면 그런 차는 절대 사지 않겠지만.

가이 트레베이

내겐 멋진 MGB 컨버터블이 있었다. 소방차 같은 빨간색에 내장과 지붕은 검은색이었다. 좋은 차였지만 불이 잘 난다는 사소한 문제가 있었다. 결국엔 그 차를 버려야 했다. 아무리 멋진 차라 해도, 불이 난 차를 길가에 세워놓고 멀거니 서 있는 건 결코 유쾌하지 못한 일이다.

톰 실러

세상에서 가장 근사한 차였다. 시트로엥 11CV. 갱단 느낌의 길쭉한 검은색 리무진이었다. 난 항상 누구보다도 일찍 차를 몰고 등교해서 뒷마당에서 기타를 쳤고, 그런 나 자신이 너무 멋지다고 생각했다. 흔히 보이는 오리같이 울룩불룩한 시트로엥 승용차들과는 완전히 달랐다.

이넉 페레스

난 항상 우리 집 자가용을 몰았다. 첫 번째 차는 포드 페어몬트였다. 형편없는 차였지만 적어도 걸어 다니는 신세는 면하게 해주었다. 그 뒤로도 일련의 미국산 차들이 이어졌다. 우리 아버지는 유럽산 차는 너무 비싸다고 생각했기에 반드시 미국산이어야 했다.

◆

내 첫 차는 쉐보레 임팔라였다. 아보카도 같은 괴상한 녹색의 4도어 자동차였다. 다른 많은 차들처럼 힘이 좋다는 게 주된 장점이었지만 성능 좋은 스테레오 스피커도 달려 있었다. 거실용 스테레오를 달고 다니는 것과 거의 다를 바 없었다.

월터 컨

마크 맥네리

여자친구 아버지가 갖고 있던 1969년형 쉐보레, 일명 '러브 머신'을 샀다. 차 값은 2백 달러였다. 전혀 섹시하지 않은 차였기에 반어적으로 붙인 별명이었다. 뿌연 금색에 내부 좌석은 갈색 비닐이었다. 내가 구할 수 있던 가장 값싼 쉐보레 차이기도 했고.

닉 숀버거

올즈모빌 브라바다.

닉 우스터

남색 1965년형 폭스바겐 비틀. 1976년 크리스마스 선물로 받았다. 대학 신입생 시절부터 2년 동안 쭉 그 차를 몰았다. 그러다 아직 대학생일 때 좌석에 양가죽이 씌워진 붉은색 폭스바겐 래빗을 샀다.

앤디 스페이드

내 첫 차는 폭스바겐 패스트백이었다. 1968년형, 베이지색. 9백 달러로 산 그 차를 몰고 애리조나주 전역을 돌아다녔다. 내 첫 BMW였던 2002는 노상 고장이 났다. 그 모델이 워낙 마음에 들어서 최대한 싼 차를 찾아 구입했다. 야간 근무를 시작하면서 케이티를 만났는데(우리는 같은 가게에서 일하고 있었다) 그때 마침 내 차가 퍼지고 말았다. 그녀는 주차장에 서 있는 내 차를 보더니 저 와인색 1969년형 BMW가 마음에 든다며 누구 차냐고 물었다. 나는 내 차라고 대답한 다음 덧붙였다. "근데 고장이 났어." 그러자 케이티가 말했다. "내 차에 태워줄게." 그렇게 우리의 만남이 시작되었다.

닉 설리번

도요타 코롤라. 창고에 오랫동안 처박

혀 있던 차라서 내가 샀을 때는 차창 밖으로 미나리가 뻗어 나오고 있었다. 결국엔 땅바닥에 처박히고 말았다. 나는 스물여덟 살에야 운전을 시작했다. 그 전까지는 운전을 할 일이 없었던 것이다.

제이 매키너니

폭스바겐 비틀. 부모님이 선물해주셨다. 그걸 몰고 매사추세츠주의 피츠필드를 돌아다니다가 당시 룸메이트였던 게리 피스카천과 함께 주 경계를 건너 윌리엄스까지 갔다. 며칠 밤을 그 차 안에서 잤다. 크림색 1966년형 폭스바겐 비틀이었다.

제이 필든

래리 삼촌이 내게 차를 물려주셨다. 회색 뷰익 리갈이었는데 열리는 지붕과 벨루어 좌석 등 딱 그 당시 유행대로 꾸며진 차였다. 내가 물려받을 무렵엔 이미 실컷 굴려진 이후라서 페인트칠이 완전히 산화된 상태였다. 난 그 차를 '회색 유령'이라고 불렀다.

조시 페시코비츠

1996년형 포드 토러스. 세단형이었고 휠 캡이 없었다. 사람들은 그 차를 '출동'이라고 불렀다. 내가 휙 하고 코너를 돌 때면 꼭 차 안에서 경찰들이 뛰쳐나올 것처럼 보인다고 말이다. 동네 골목에라도 들어가면 아이들이 뿔뿔이 도망치곤 했다. 하지만 한 번도 과속으로 붙잡힌 적은 없다.

글렌 오브라이언

주로 우리 집 자가용이던 임팔라 컨버터블을 몰았다. 하지만 할아버지가 갖고 계시던 캐딜락을 빌려주시기도 했다. 내 소유의 첫 차는 1967년형 폰티액 파이어버드였다. 붉은색 컨버터블 400 말이다. 나중엔 차를 처분하고 오토바이 운전을 시작해서 트라이엄프 오토바이 두 대를 몰았다.

프랭크 마위티언스

푸조.

마이클 헤이니

고등학교 시절엔 쉐보레 쉐빗을 형과 공유했다. 붉은색 1977년형 4도어였다. 훌륭한 차였고 그 안에서 재미도 많이 보았다. 나 혼자만의 소유가 된 첫 번째 차는 본래 할아버지 것

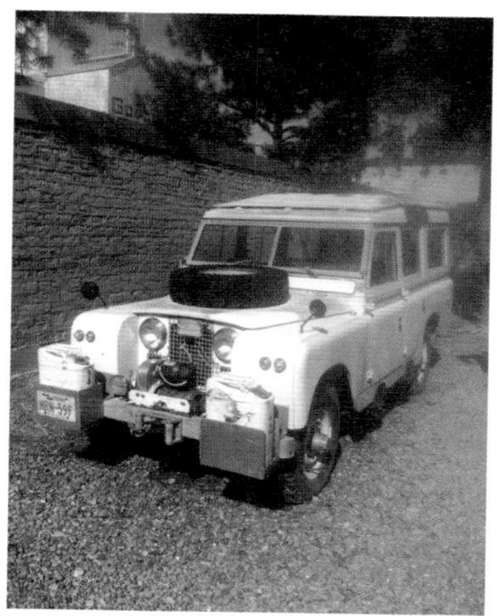

도널드 저드의 랜드로버

이었다. 대학 졸업 후 그분이 갖고 있던 1972년형 쉐보레 말리부를 산 것이다. 갈색 머슬카로 뒷좌석은 검은색 벤치형이었다.

마이클 윌리엄스

내 첫 차는 1985년형 뷰익 센츄리였다. 아버지가 사주셨는데 이천오백 달러쯤 했을 거다. 아버지는 현명한 분이셨기 때문에 내가 얼마 안 가서 차를 망가뜨릴 거라 예상했고, 실제로도 그랬다. 내가 직접 (친구 하나를 태우고) 차를 몰고 나간 첫날 인도에 처박혀 타이어에 펑크가 나고 말았다.

로버트 베커

첫 차는 1968년형 포드 무스탕이었다. 최고 속도 302킬로미터의 V-8엔진과 3단 수동변속기가 달려 있었다. 차체 아래쪽이 어찌나 부식되었던지 바닥 아래로 도로가 훤히 보일 지경이었다. 1977년 여름 로드아일랜드 해변에서 그 차를 샀다가 그해 가을 뉴욕에 돌아오기 전 마리화나 한 봉지를 받고 다른 사람에게 넘겼다.

쿠리노 히로후미

내겐 운전면허가 없다.

크리스 블랙

흰색 4도어 아큐라 레전드. 차 뒤쪽을 온통 스티커로 뒤덮었다.

마크 맥네리

또다시 마세라티를 샀다. 내 인생 두 번째 마세라티였던 셈이다. 그 차에 엄청 공을 들였는데, 어느 해 겨울 링컨 터널 안에서 고장 나버렸다. 끔찍했다. 터널 안의 차들을 전부 빼내는 데 한 시간이 걸렸다. 그런 다음에야 내 차를 끄집어냈으니 그동안 쭉 터널 안에 나 혼자 있었던 거다. 그건 꽤 신

♦

내 첫 차는 머큐리의 1987년형 세이블 스테이션왜건이었다. 너덜너덜한 범퍼를 마스킹테이프로 고정시켰고 회색 가죽 좌석에는 장정 열네 명을 앉힐 수 있었다. 이 차의 놀라운 수용력을 우리는 일찌감치 알아차렸다.

조시 페시코비츠

나는 일이었다.

시드 매시번

1955년형 뷰익 스페셜. 운전대에 3단 수동변속기가 달려 있었다.

러셀 켈리

아주 연한 노란색의 1973년형 뷰익 리갈. 숙모님이 형과 함께 쓰라며 선물한 차라 둘이 나눠서 몰아야 했다. 인조 섀미 같은 소재로 내장되어 있었는데 정말 끔찍했다.

타보 소메르

포르쉐 912E. 사실상 4기통 엔진이 달린 포르쉐 911이라고 할 수 있었다. 내가 8학년 때 의붓아버지가 알코올 중독으로 죽으면서 어머니에게(그리고 함께 살던 내게) 남긴 얼마 안 되는 유산 중 하나였다. 팔아봤자 그리 값나갈 차가 아니라 어머니는 그냥 가지고 있기로 했다. 처음엔 은색이었지만 도색이 벗겨지기 시작하자 우리는 마코(차량 셀프 도색 및 수선 업체 - 옮긴이)에 가서 검은색으로 덧칠했다. 그렇게까지 끔찍하진 않았지만 싸구려 도색 티가 역력했다. 수동변속이었던 그 차를 나는 무척 소중히 여겼다. 운전할 맛이 나는 차였다. 황갈색 가죽 내장에 같은 색 카펫이 깔려 있었는데, 아직도 그 냄새가 생생히 기억난다.

툰데 오예올

갈색 대형 세단인 BMW 735i('유보트'). 그 차로 이스트코스트를 오락가락하고 프로비던스의 빈민가와 로드아일랜드의 보석상 구역을 드나들곤 했다.

제러미 해킷

내 첫 차는 트라이엄프 헤럴드였다. 열일곱 살 때 운전면허 시험을 통과하자 부모님이 선물해주신 차다. 며칠 뒤 망가뜨렸지만.

롭 잔가르디

아버지에게 물려받은 은색 볼보. 퍼즈버스터(속도 위반 탐지 레이더의 위치를 알려주는 전자 장치-옮긴이)와 비상시에 사용 가능한 카폰이 달려 있었다. 비상시가 아니고서는 무슨 일이 있어도 그 전화를 쓰면 안 되었다. 내 쌍둥이 형제도 열여덟 살이 되자 똑같은 차를 선물 받았다. 우리는 차도 쌍둥이였던 것이다. 한동안 우리 집에는 볼보가 전부 네 대 있었던 적도 있다.

팀 시프터

내 첫 차는 중고 BMW 320i였다. 금속성 광채가 있는 하늘색 차로 대학 2학년 때 아버지가 사주셨다. 나는 캘리포니아 남부에 있는 클레어몬트 대학교에 다녔기 때문에 차는 필수품이었다. 차에 친구들을 가득 태우고 엘비스 코스텔로의 콘서트장으로, LA의 펑크록 클럽 마담 웡스(낮엔 중국 식당이었다)로, 리돈도비치로 달려가곤 했다.

웨슬리 스테이스

샌프란시스코에서 산 녹색 지프 체로키였다. 나는 비교적 나이가 들어서야 그곳에서 운전면허를 땄다. 백 점 만점에 백 점을 받았고 시험 감독관도 내 운전이 완벽했다고 말했다. 여기서 반전이 있다. 나 홀로 나선 첫 번째 주행에서, 그러니까 바로 그 주말에 월드컵 결승전(패서디나 로즈볼에서 열릴 예정이었다) 입장권을 인수하러 페덱스 사무실로 가던 중 더보스가街에서 한순간 겁먹은 나머지 브레이크 대신 액셀을 밟고 앞에 세워져 있던 차와 가볍게 충돌했다. 운전자가 나한테 괜찮다고만 말한 걸 보면 무슨 죄를 지었던 게 분명하다. 그냥 차 트렁크를 열고 상태를 확인해보면 되었는데 그럴 수가 없었던 거다. 그 사람은 그냥 차를 몰고 가버렸다. 백 퍼센트 내 과실이었는데. 그래서 나도 다시 입장권을 받으러 떠났다.

참고자료: 블랙리스트

GROTON SCHOOL
GROTON, MASS.

November 15th,06.

My dear Sir,

I beg to inform you that your son is on the Black List of the School for the second week on account of misbehaviour.

I am,

Yours very truly,

그로턴 스쿨, 매사추세츠주 그로턴

1906년 11월 15일

안녕하십니까,

귀하의 아드님이 품행 불량으로 이번 학기 두 번째 주에
저희 학교 블랙리스트에 올랐음을 알려드립니다.

전체 입석: 틴에이지 팬클럽

◆

1989년 11월, 내가 고등학생이 된 지 두 달 뒤였다. 뭔가 엄청난 일이 일어났다. 미식축구와는 아무 상관도 없었다. 우리 학교 팀은 미네소타 주 최하위권에 있었으니까. 내가 다녔던 학교들은 항상 미식축구엔 젬병이었다. 엄청난 일은 롤링스톤스의 공연이었다. 우리가 태어난 것보다 10년도 더 전에 스타가 된 그 밴드가 메트로돔(야구팀 미네소타 트윈스와 미식축구팀 미네소타 바이킹스의 홈구장 - 옮긴이)에 온다는 것이었다.

당시 메트로돔은 아마도 건축 사양에 비해 가장 형편없는 건물 중 하나였을 것이다. 그곳은 건물이라기보다는 구조물에 가까웠다. 마치 주차장이나 쓰레기 매립지와 비슷했다. 하지만 그곳은 1987년 미네소타 트윈스가 세인트루이스 카디널스에 승리를 거둔 월드시리즈 7차전이 열린 장소이기도 했다. 아버지와 나는 그 경기를 2층석 맨 윗줄에서 보았다. 8회 말에 댄 글래든이 팀 로드너가 던진 공을 높이 날렸을 때 아버지는 날 끌어안았다. 완승이 눈앞이었고, 열두 살짜리 팬이었던 나는 당시에도 그 순간이 내게 어떤 의미로 남을지 잘 알고 있었다. 1991년 7차전(투수는 잭 모리스였다), 애틀랜타 브레이브스를 상대로 연장 10회에 1대 0 승리를 거두었을 때도 우리는 거기 (이번엔 좀 더 아래쪽 좌석에) 있었다. 1987년과 거의 비슷하게 만족스러웠던, 그리고 이후로 내가 스포츠를 통해 겪어본 그 어떤 감정도(분노와 부당하다는 느낌을 제외하면) 압도하는 경험이었다.

하지만 롤링스톤스가 온다는 것이다. 우리들 대부분은 마리화나도 피워본 적이 없었다. 내가 마리화나에 관해 알긴 했는지도 잘 모르겠다.

믹 재거를 멀리서 본 기억이 난다. 그는 티셔츠에 꽉 끼는 블랙진을 입고 우리가 믹 재거라고 하면 연상하는 딱 그런 몸짓들을 했다. 마음에 들었다. 통학 버스에서 아이와 워크맨으로 롤링스톤스의 두 장짜리 히트곡 모음집을 듣곤 했기에 그들의 음악엔 친숙했다. 오프닝 밴드는 리빙 컬러였다.

다음 날 나를 포함해 공연을 보았던 친구들은 자랑스럽게 거기서 산 티셔츠를 입고 학교에 갔다. 금메달을 걸고 귀향하는 올림픽 선수단만큼이나 뿌듯한 기분이었다. 콘서트에 가본 것도, 티셔츠에 20달러나 되는(20달러라니!) 돈을 써본 것도, 나 자신을 동료 '집단'의 일원으로 선포하며 학교에 들어선 것도 내겐 처음 있는 일이었다. 나를 비롯한 전날 밤의 순례자들은 마치 유명인이라도 된 기분으로 복도를 서성거렸다. 잠자리에 드는 대신 밤늦게까지 인파를 헤치며 공연장에 있었던, 그리고 서로의 부모님 차를 타고 집에 돌아온 선택받은 소수의 친구들. 그러나 우리는 롤링스톤스를 보았던 것이다. 꼭 그날이어야만 하는 긴박함이 있었는데, 왜냐면 다음 날 밤에도 롤링스톤스는 같은 곳에서 공연할 예정이었기 때문이다. 닐 암스트롱이 달에 국기를 꽂았듯 우리도 가장 먼저 메트로돔에 깃발을 꽂아야 했다.

두 번째 공연에 갔다 온 친구들도 나름대로 설욕을 했다. 내게는 수정주의 역사관과의 첫 만남이었다. 출발점은 두 번째 공연을 보고 온 론이라는 녀석의 무심한 한마디였다. “다들 2회차가 더 좋았다고 그러더라.” 이 말에 당시의 나는 분노했지만, 이젠 나 역시 유명 텔레비전 드라마에 대한 주관적 평가 근거로 비슷한 수사법을 사용한다는 사실을 알고 있다. 내가 직접 보지도 않은 드라마의 장점에 관해 남들과 논쟁했던 경험은 이후 미술계에 들어와서도 도움이 되었다.

하지만 론의 말도 내 경험을 망쳐놓진 못했고, 이후로 나는 메트로돔에서 열린 수많은 공연을 보러 다니게 되었다. 청소년들은 음악에 대해 일종의 소유감을 느낀다. 그래서 처음으로 콘서트에 갔을 때 꼭 티셔츠를 사는 것이다. 공연에 다니는 건 즐거웠다. 내가 전일을 연달아 관람했던(신이여, 도대체 왜?) 빌리 조엘의 《스톰 프론트》 투어만 제외하고. 미니애폴리스 시내의 훌륭한 클럽 퍼스트 애브뉴에서도 여러 번 공연을 보았다. 다이노서 주니어, 마이 블러디 밸런타인, 슈거, 너바나. 지금도 종종 광고에 나오는 한두 곡만 제외하곤 잊힌 뮤지션들도 있다. 매터리얼 이슈, 더 엘에이스(입장료는 5달러였고 관중의 반 이상은 〈데어 쉬

고즈〉를 듣고 나자 자리를 떠났다). 그리고 내가 아직도 충성하는 뮤지션들도 있다. 더 큐어, 모리세이, 디페시 모드. 밴 헤일런에 열광했던 시기는 너무도 맹목적이고 열렬했으니 따로 분류해야 한다. 내가 새미 헤이거(1985년부터 데이비드 리 로스를 대신해 밴 헤일런의 리드 싱어가 되었다-옮긴이)를 견디면서 에디 밴 헤일런이 표지에 실린 모든 기타 잡지를 사들일 정도였으니까.

〈웨어 이즈 마이 마인드〉를 부르는 픽시스를 본 뒤 나는 그들의 투어를 쫓아다니기로 마음먹었다. 하지만 아버지는 "픽시스가 누군데? 너 내일 치아 교정 예약 있지 않니?"라고 말씀하셨고, 그걸로 끝이었다. 주디배츠의 소규모 공연 입장권을 준다는 라디오 콘테스트에 가장 먼저 전화를 건(어머니의 카폰을 사용했다) 청취자로서 당첨되기도 했다. 토니라는 이름의 프로그램 진행자는 웃으며 이렇게 마이크에 대고 말했다. "데이비드는 자기 어머니 휴대전화로 통화 중이라는군요. 흥분해서 정신이 나갔네요." 토니, 주파수 KJ104(자칭 '전국 최고로 쌈박한 방송국'이었던) 역사상 그보다 더 진실인 멘트도 없었을 거예요.

나는 수 년 동안 SXSW(사우스 바이 사우스웨스트. 텍사스주 오스틴에서 매년 봄 개최되는 영화 및 음악 페스티벌-옮긴이)에 다니며 음악 관련 글을 쓰기도 했다. 이 행사는 비판도 많이 받지만, 그래도 소규모 공연으로 경력을 시작하는 뮤지션들을 보는 건 즐거운 일이었다. 그중에는 이젠 유명해진 이들도 있고(샤론 반 에텐, 비치 하우스, 워페인트) 결국 알려지지 못했지만 나로서는 무척 마음에 들었던 이들도 있다. 그 무렵 그들은 직접 미니밴을 몰아서 공연장에 왔고 장비도 손수 갖고 다녔으며, 공연이 끝나면 사람들과 함께 바에서 술을 마시곤 했다.

나에겐 작은 영웅이었던 사람들을 직접 인터뷰하기도 했다. 그들이 아파서 누워 있던 호텔 방에서(에이미 만), 무대 뒤에서 술 없이(데이비드 라워리), 나를 비영리기구 직원으로 착각하고 자기 트레일러에 들여서(미안합니다, 스티븐 맬크머스). 취향은 (당연하게도) 변하지만 매혹 그 자체는 변하지 않는다. 어찌 그러겠는가? 그것은 여전히 원초적인 이끌림이다. 모시 핏(청중이 서서 춤추는 무대 바로 앞 구역 - 옮긴이)에서 떨어져 나온 지 한참 지난 이 나이에도.

처음 가본 콘서트는 뭐였죠?

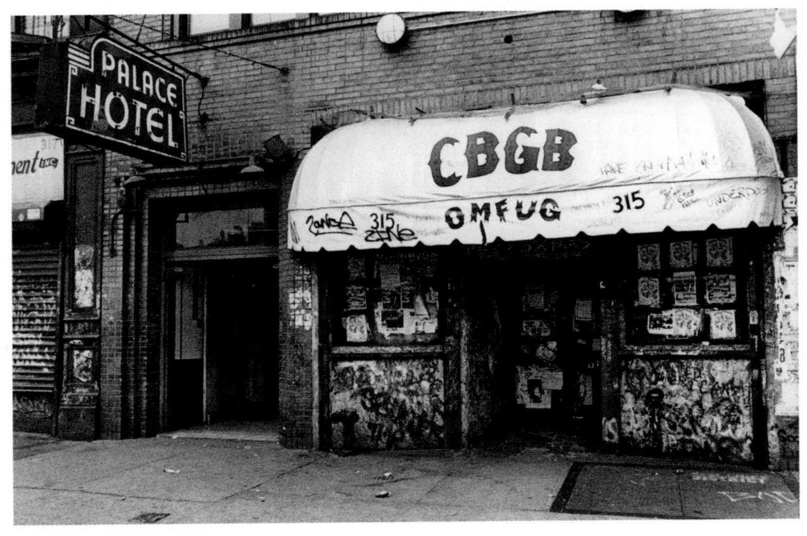

◆

기억에 따르면 내가 분명히 부모님께 입장권을 사달라고 졸랐던 첫 번째 콘서트는 퍼프 대디의 노 웨이 아웃 쇼였다. 우리 아버지도 십대 청소년 여럿과 함께 그 공연장에 계셨다.

닉 숀버거

제이 필든

내가 가본 첫 번째 콘서트는 다소 악취미였지만 우연히도 나의 코스튬 취향과는 잘 맞아떨어진다. 록밴드 키스의 공연이었다. 핼러윈이었고 아버지가 나와 친구를 공연장에 데려다주셨다. 친구는 진 시먼스로, 나는 에이스 프렐리로 분장했다. 어머니는 키스가 악마 숭배집단이라고 확신하셨기 때문에 나는 정말로 간절히 빌어서야 아버지가 우릴 데려다주게 만들 수 있었다. 아버지는 치과의사였는데 빅밴드 발라드나 재즈, 구시대의 위대한 로맨틱 가수들을 좋아하셨다. 이제 나도 아버지가 되고 나니 아들이 그런 서커스 같은 공연에 가도록 허락하는 게, 더구나 공연장에 직접 데려다주기까지 하는 게 그분에게 얼마나 큰 고통이었는지 알겠다. 아버지는 아마도 회색 모직 바지에 반팔 버튼다운 셔츠를 입고 계셨을 것이다. 항상 그런 차림이셨으니까. 우리는 무대에서 그리 멀지 않은 이층 앞부분 좌석을 잡았던 것 같다. 공연장에 무척 일찍 도착한 덕분에 키스의 다른 팬들은 어떻게 생겼는지 찬찬히 살펴볼 시간이 있었는데, 우리와는 전혀 다른 모습이었다. 아버지는 좌불안석이었다. 특히 귀를 솜뭉치로 막으셨을 때, 조명이 꺼지고 갑자기 푸른색 연기가 구름처럼 우리의 머리 위로 몰려오기 시작했을 때는 더욱 그랬다. 그 연기가 뭐였는지는 몰라도 냄새로 보건대 분명 담배 연기는 아니었다.

마이클 윌리엄스

1990년대 중반 클리블랜드에서 본 석스 앤 하모니의 공연을 보러 갔다. 놀라운 경험이었다.

바이런 김

내가 처음 가본 콘서트는 샌디에이고 스포츠 경기장에서 열린 제임스 테일러 공연이었다. 난 육상팀 공동 주장이었는데 다른 주장이 나더러 함께 가자고 했다. 우리 자리가 너무 뒤쪽이었기 때문에 기억나는 게 많진 않다. 전혀 모르는 사람들이 마리화나를 넘겨주었던 것과 주변이 온통 마리화나 연기로 가득했던 것밖에.

랜디 골드버그

부모님이 처음으로 날 데려간 콘서트는 라스베이거스의 쿨 앤드 더 갱 공연이었다. 오프닝 공연은 아세니오 홀의 스탠드업 코미디였는데, 그가 단독 공연자가 되기 전의 일이다. 애틀랜틱 시티와 라스베이거스 등지에서 부모님과 함께 많은 공연에 갔다. 캐츠킬스(뉴욕주 동부의 휴양 장소로 유명한 산지 - 옮긴이)에서 셰어, 배리 매닐로, 에어서플라이의 공연도 보았고.

월터 컨

나는 대형 스타디움에서 열린 온갖 끔찍한 공연들에 끌려 다녔다. 캔자스, 키스 등등. 하지만 나 혼자 가기로 결정한 첫 콘서트는 1979년 세인트폴 시내에서 열린 엘비스 코스텔로 공연이었다. 아마도 그의 첫 미국 투어였을 것이다. 내가 다니던 교외의 사립학교에는 덴마크에서 온 교환학생이 있었는데 그 애 덕에 엘비스 코스텔로를 알게 되었다. 대부분의 학생들은 주다스 프리스트나 나자레스를 듣던 무렵이다. 나 혼자 간 첫 콘서트였을 뿐만 아니라 그때까지 내가 가본 최고의 콘서트였다. 대형 스타디움 스타일의 프로그레시브 록만 듣고 자란 중서부 꼬맹이에게 코스텔로가 발산하는 참신함은 너무도 강렬했다. 마치 역사가 만들어지는 현장에 있는 것처럼 느껴졌다.

휘트 스틸먼

포탑스의 공연이었다. 매튜스 노스에서 우리가 살던 집에 놀러오곤 하던 웰슬리 여대생이 있었다. 마침 슈가색에서 포탑스가 공연할 예정이었고, 그녀는 내가 소울 음악을 좋아한다는 걸 알고서 모든 일을 내 대신 처리해 주었다. 아마도 내 평생 가본 유일한 콘서트였을 거다. 아니, 파리에 있을 때 첫 애트킨스 공연도 여러 번 가긴 했다.

애런 리바인

확실히 기억나지 않는다. 건스 앤 로지스, 메탈리카와 페이스 노 모어의 합동 공연이었을 것이다. 나는 발목 수술을 한 직후였는데 친구와 함께 지하철을 타고 워싱턴으로 공연을 보러 갔다. '미스터 브라운스톤'(건스 앤 로지스의 노래 제목. 헤로인을 의미한다-옮긴이)이라니, 지금 생각해보면 참!

알렉산더 길크스

마이클 잭슨의《배드》투어.

고등학교 시절 밴드를 했다. 음악적 재능은 전혀 없었지만.
당시 나와 가장 친했던 친구는 특출한 기타 연주자였는데
그 애 아버지가 CBS 레코드사의 신인 발굴 부서장인가 뭐 그랬다.
모든 밴드를 남들보다 먼저 알게 되는 그런 직책 말이다.
아직 십대 초반이던 친구와 나는 그때만 해도 완전히 무명이던
지미 헨드릭스를 보러 갔다. 그분이 이렇게 말씀하셨기 때문이다.
"얘들아, 그 놀라운 친구를 꼭 봐야 한다. 얼마 전 나랑 계약했단다."

가이 트레베이

톰 실러

디미트리 티옴킨(러시아 출신 음악가로 1920년대 미국으로 이민을 가 여러 고전 할리우드 영화 음악을 작곡했다-옮긴이)이 지휘했던 청소년을 위한 클래식 콘서트. 베벌리힐스의 엘로데오 중학교에서 열린 공연이었다. 내키지 않았지만 몬테레이 팝 페스티벌에도 갔다. 내겐 폭스바겐 베리언트 자동차가 있었는데 차체가 길어 뒷자리에서 잠을 잘 수 있었다. 텅 빈 페스티벌 장소를 차로 달리며 내 친구였던 휘트니 형제를 거들어줬다. 그들은 그 페스티벌에서 스크린 세 개에 실험영화를 상영할 예정이었다. 진행 요원에게 "차를 여기 세워놓고 안에서 자도 될까요?"라고 물었더니 "편한 대로 하세요"라는 대답을 들었다. 그렇게 잠들었다가 눈을 뜨니 그야말로 만 명 가까운 히피들이 염주를 건 채 대마초와 향을 피우며 걸어 다니고 있었다. 그러다 지미 헨드릭스가 무대에 올라와 기타에 불을 붙였고…. 하지만 히피들의 옷차림은 영 내 취향이 아니었다.

이넉 페레스

수지 앤드 더 밴시스. 지금도 생생히 기억한다. 대단한 공연이었다. 당시 난 뉴웨이브 음악에 푹 빠져 있었지만 푸에르토리코의 내 친구들은 그런 건 게이들이나 듣는 음악이라고 말했다. 내 방 안에 크게 음악을 틀어놓으면

창 밖에서 친구들이 이렇게 소리치곤 했다. "아하! 게이 음악이네!"

마크 맥네리

그린즈버러 스타디움은 뉴욕의 매디슨 스퀘어 가든과 비슷한 규모다. 당시 내 일은 그곳에 나가서 매점 가판대를 세우고 팝콘 기계에 전원을 넣고 피자 반죽을 준비한 다음 오븐을 켜고 스니커즈 초코바 재고를 채워놓는 것이었다. 나는 스니커즈 초코바를 무척 좋아했다. 그러니 오후에 매디슨 스퀘어 가든에서 나 혼자 스니커즈 여러 상자를 가지고 있다면 어떻게 될지 한번 상상해보라. 나는 스니커즈를 실컷 먹어대고 포장지는 제빙기 뒤에 버리곤 했다. 쓰레기통엔 넣을 수 없었다. 누군가 목격할 테니까. 하지만 제빙기를 수리하러 온 남자가 그걸 끄집어냈을 때 뒤쪽에 처박혀 있던 스니커즈 포장지 수백 개가 드러났다. 난 함께 일하던 동료에게 누명을 씌웠고 그는 해고당했다. 그곳에서 공연이 있을 때마다 공짜로 관람할 수 있었다. 공연이 시작될 무렵이면 내 일은 다 끝났으니까. 그래서 나는 그곳에서 열린 모든 공연을 보았다. 테드 뉴전트, 윌리 넬슨, 어스 윈드 앤드 파이어.

리처드 크리스천슨

내가 처음으로 간 콘서트는 돌리 파튼 공연이다. 대여섯 살 무렵이었을 것이다. 아직도 생생히 기억나는데 그날 나와 쌍둥이 형제에게 무척 점잖은 옷이 차려입혀졌기 때문이다. 흰색 긴 양말에 검은색 구두도 신었다. 그러다 돌리가 그 어두컴컴한 오락의 전당 뒤편에서 무대로 내려오는 소리가 들렸고, 스포트라이트가 켜지자 소시민들과 농부들로 이루어진 인산인해가 드러났다. 마술처럼 반짝거리고 생기 넘치는 유니콘 같은 그녀가 온통 반짝이와 스팽글을 붙인 댄서들 사이로 걸어왔다. 나는 갑자기 장엄한 광기에 찬, 상상할 수도 없는 마술적 볼거리가 넘쳐나는 공간에 있었다. 난 그곳이 1980년대 드라마 〈다이너스티〉 같고 또한 미국 같다고 생각했다. 뻔뻔스럽고 과잉적인 동화의 나라, 내가 탐험해야 할 곳.

닉 우스터

어스 윈드 앤드 파이어. 캔자스시티에서였다.

♦

딥 퍼플과 나자레스.
애리조나 주립대학교 야외 경기장이었다.
내가 처음 대마초를 피워본 날이기도 하다.

앤디 스페이드

닉 설리번

헤어컷 100라는 밴드였다. 재즈 펑크 밴드였는데 사실 제대로 보진 못했다. 첫 번째 노래만 듣고 집에 가야 했기 때문이다. 무척 난처한 일이었다. 바로 그 노래가 그들의 가장 큰 히트곡이었으니 그나마 다행이다.

제이 매키너니

테일러우드에서 상연된 더 후의 뮤지컬 〈토미〉로 기억한다. 1974년이었을 것이다.

유언 렐리

더 폴리스와 로드 스튜어트. 난 아주 어렸지만 둘 다 끝내준다고 생각했다. 두 공연 모두 웸블리 스타디움에서 열렸다.

조시 페시코비츠

1993년에 클럽 9:30에서 더 루츠의 콘서트를 보았다.

글렌 오브라이언

어릴 때 재즈에 심취해 있었다. 부모님을 졸라 그분들 차로 클리블랜드 스타디움에서 열린 클리블랜드 재즈 페스티벌에 간 기억이 난다. 그곳에서 캐넌볼 애덜리, 니나 시몬, 지미 스미스를 보았다. 나는 열두 살이었고 그곳에 몇 명 안 되는 백인들 중 하나였다. 끝내줬다. 고등학교 4학년 때는 종종 레이 찰스의 공연을 보려고 레오스 카지노에 숨어들곤 했다. 제임스 브라운을 보러 하워드 시어터에도 다녔다. 그곳엔 훌륭한 음악이 넘쳐났다. 살바도레스라는 멋진 재즈 클럽도 있었는데, 아마도 롤랜드 커크가 그곳에서 지내는 것 같았다.

◆

나는 열다섯 살 때 그린벨트에 갔다.
영국에서 열리는 기독교 음악 축제다.
끔찍하게 들리는가?
그것보다 더 끔찍했다.

댄 락우드

프랭크 마위티언스

로테르담에서 열린 예스의 콘서트를 보러 갔다. 어머니께 허락을 받고 기차를 탔다. 그러나 도착해보니 밴드가 독일 국경선을 통과하지 못하고 발이 묶여 공연이 지연된 상태였다. 막차를 타고 돌아가기 위해 5분 정도만 보고 공연장을 떠났던 것 같지만, 그럼에도 결국 기차를 놓치고 호텔에 묵어야 했다.

마이클 헤이니

로즈먼트 호라이즌에서 열린 브루스 스프링스틴 콘서트. 어렸을 때는 콘서트에 많이 가지 않았으니 아마 1979년은 되어서였을 것이다.《더 리버》음반이 막 나온 참이었고, 나는 돈을 모아 입장권을 샀다. 스프링스틴에게 미쳐 있던 내게 그 공연은 마치 계시와도 같았다. 지금도 종종 그날이 생각난다.

로버트 베커

슬라이 앤드 더 패밀리 스톤의 콘서트였다. 난 열세 살이었는데 여자친구 부모님이 우리 둘이서만 가도록 허락해주셔서 깜짝 놀랐다.

브라이언 아위탄

키스의《애니멀라이즈》투어, 텍사스주 휴스턴에서 열린 공연이었다. 아마 1984년쯤으로 기억한다.

앨릭스 빔스

프린스의《사인 오브 더 타임》투어. 당시 나는 열네 살 정도였고 프린스의 팬이었다. 하지만 사실 그 말에서 상상할 수 있는 것만큼 쿨한 아이는 아

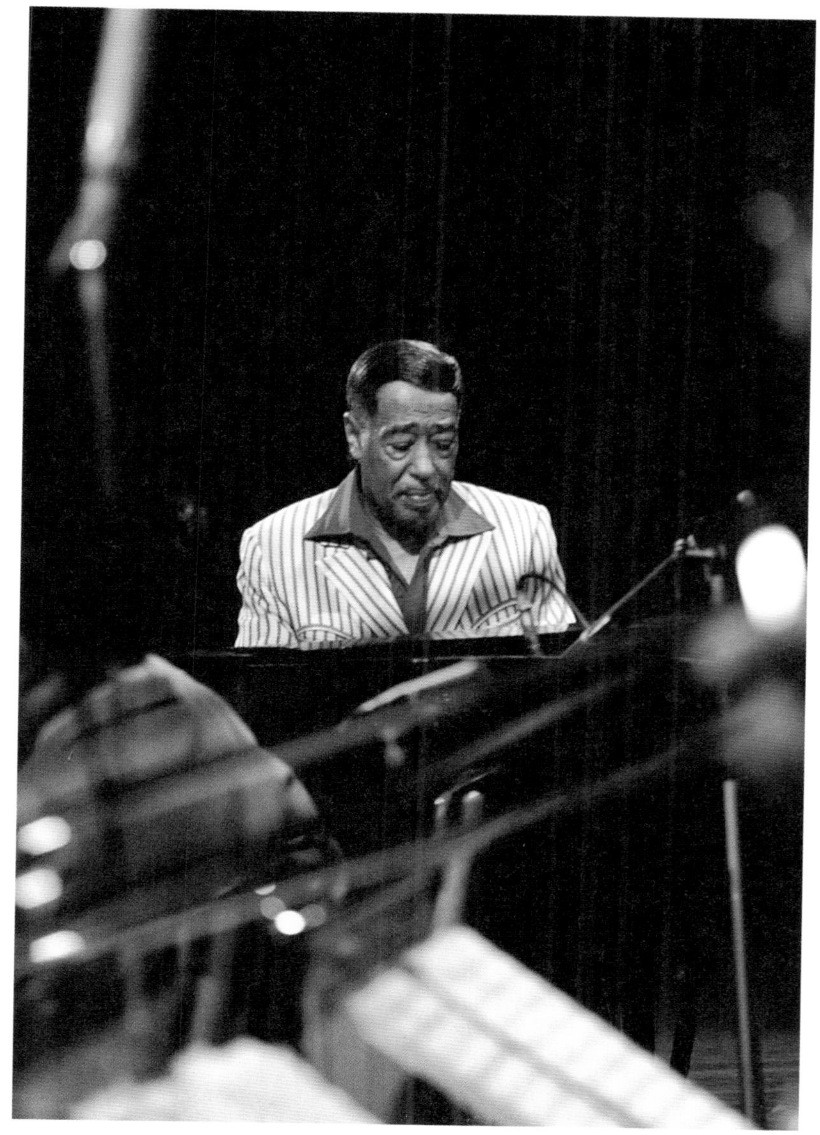

듀크 엘링턴

니었다.

던컨 해나

미니애폴리스 시내의 백화점에서 야드버즈가 공연을 했다. 난 그때 어머니와 함께 시내에 있었는데도 보러 가지 못했다. 내가 그들을 본 건 택시를 타고 주차장을 떠나는 모습뿐이었다. 그들이 차창 밖으로 몸을 내밀고 있는 동안 여자애들이 소리를 지르며 택시를 뒤쫓아 달려갔다. 마치 내 고향에서 1960년대 '스윙잉 런던'의 한 장면을 보는 듯했다. 제프 벡이 뒤쪽 차창으로 고개를 내밀고 머리가 떨어져 나가도록 웃던 모습은 머릿속에 지워지지 않고 남아 있다. 아직까지도 그 공연을 보지 못했다는 게 원망스럽다. 그들은 지금도 내가 가장 좋아하는 밴드 중 하나이니 말이다.

존 브로디

스페셜스와 고고스의 합동 공연. 대단했다.

시드 매시번

스리 독 나이트. 내가 여덟 살 때였다.

러셀 켈리

펄 잼의《얼라이브》투어, 아칸소주 리틀록에서 열린 콘서트였다. 여자친구와 함께 그녀 오빠의 차를 얻어 타고 뒷자리에 앉아 짐 빔을 홀짝였다. 그렇게 인구 5,178명의 아칸소주 포다이스에서 리틀록까지 갔다.

툰데 오예올

나는 뮤직 비즈니스 주변에서 자라는 특혜를 누렸다. 우리 아버지는 공영 라디오 방송국 NPR의 직원이었고 매사추세츠주 앰허스트 지국과 이후에는 워싱턴 지국을 총괄했으니까(나중에는 법률 쪽으로 직장을 바꾸셨지만). 그래서 나는 일찍부터 부모님과 함께 여러 콘서트를 볼 수 있었다. 킹 서니 에이데, 디지 길레스피, 그리고 위대한 맥스 로치도. 처음으로 나 혼자 간 건《퍼플 레인》무렵의 프린스 콘서트였다.

에릭 데이턴

마이클 잭슨의 1989년《배드》월드 투어였다.

제러미 해킷

내가 처음으로 보러 간 콘서트는 브리스틀의 콜스턴 홀에서 열린 크림의 공연이었다. 1967년쯤이었을 것이다.

브루스 패스크

어머니는 두 시간 반이나 차를 몰아 나와 형, 그리고 내 친구를 샌디에이고에서 열린 유리스믹스 콘서트에 데려다주셨다. 《터치》 투어 때라 현란한 빨간색으로 염색한 쇼트커트에 검은 가면을 쓴 애니 레녹스의 모습이 담긴 티셔츠가 판매되고 있었다. 우리는 물론 그 티셔츠를 샀다. 어머니는 그 동네에 사는 친구들과 함께 근처 레스토랑에서 시간을 때우다가 공연이 끝나자 다시 우릴 애리조나주 유마까지 태우고 오셨다. 집에 도착하니 한밤중이었다. 우리 어머니는 정말 대단한 분이셨다.

팀 시프터

내가 처음 가본 콘서트는 매디슨 스퀘어 가든에서 열린 도노반의 공연이다. 그는 통기타를 들고 텅 빈 무대 한가운데 놓인 쿠션에 앉아 열광하는 2만 명의 십대 팬들 앞에서 〈멜로우 멜로우〉와 〈선샤인 슈퍼맨〉을 불렀다. 이후로 나는 열심히 여러 콘서트를 보고 다녔다. 센트럴파크의 쉽 메도에서 열린 제퍼슨 에어플레인 콘서트, 센트럴파크의 밴드쉘에서 열린 산타나 콘서트. 아버지는 나와 함께 가려고 우드스탁 페스티벌 입장권 두 장을 샀지만 결국엔 가지 못했다. 왜 그랬는지는 잘 기억나지 않는다.

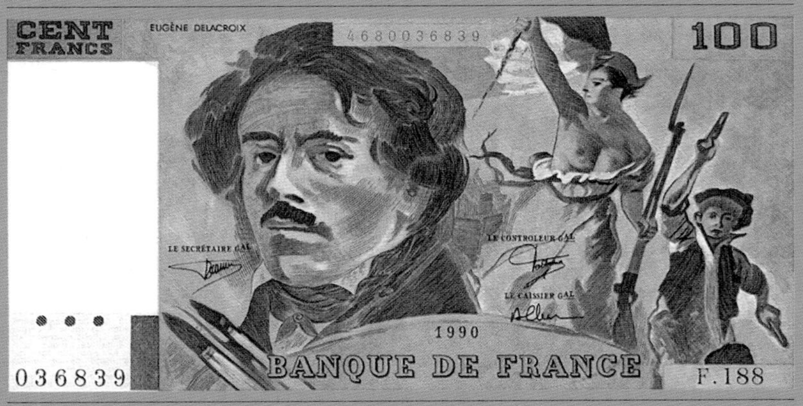
CENT FRANCS
EUGÈNE DELACROIX
4680036839
100
LE SECRÉTAIRE GAL
LE CONTROLEUR GAL
LE CAISSIER GAL
1990
BANQUE DE FRANCE
036839
F.188

현금에 관하여

◆

당신도 현금을 기억할 것이다, 안 그런가? 미국을 건국한 선조들이 그려진 녹색 지폐, 아마도 프리메이슨의 상징이 찍혀 있을, 육식 애호가가 피터 루거에서 포터하우스 스테이크를 먹고 나서 지불하는, 치사한 독재자가 자신이 축출될 필연적인 날을 대비해 축적해두는 물건 말이다. 그렇다, 현금은 다양한 사람들에게 다양한 의미를 지니지만, 이제는 점점 더 통용 화폐로서의 의미를 잃어가고 있다.

최근 카페 계산대에서 각자 마실 커피를 따로 계산하는 세 사람 뒤에 선 적이 있다. 그들은 물론 신용카드나 현금카드, 뭐든 긁고 서명하는 방식의 카드를 썼다. 그날의 가장 손쉬운 거래여야 할 일에 신용카드를 들이밀진 말자. 그냥 두유를 넣지 않은 커피를 주문하고 달러 지폐 몇 장을 건넨 다음 계산대 뒤의 점원에게 "잔돈은 가지세요, 감사합니다"라고 말하면 된다.

어쩌다 모든 사람들이 주머니 안에 신분증과 신용카드만 가지고 다니게 됐을까? 이젠 택시들도 카드를 받는다고? 우리를 좀 더 많은 빚 속으로 밀어넣기 위한 금융권의 사악한 음모일까? 자꾸 오르기만 하는 현금지급기 수수료에 대한 반발일까?(라스베이거스 스트립클럽의 현금지급기 수수료가 15달러나 된다는 식의 괴담들이 흔하다. 스트립댄서가 자기 무릎 위에서 춤추게 하는 데 과도한 돈을 쓰는 이들을 위한 경고라고나 할까.)

이유가 뭐든 간에 한 가지는 분명히 해두자. 남자가 시내에서 저녁을 보내려면 충분한 현금을 가지고 있어야 한다. 어쩌면 당신은 맥주 한 잔에 2달러밖에 안 하는 선술집에 갈 수도 있다. 그렇다면야 20달러만 가지고 있어도 충분할 것이다. 물론 집에 돌아가는 길을 까먹어서 택시를 탄다면 20달러가 더 들겠지만. 만약 당신이 좀 더 사치스러운 취향을 가졌다면 그에 맞게 계획을 짜야 한다. 21클럽에서 식대 청구서 위에 5백 달러 지폐를 휙 내던져야 한다는 얘기가 아니라, 코트 보관소 직원이나 웨이터에게도 적당한 팁을 준비해둬야 한다는 얘기다. 그리고 만약 그곳의 스탠딩 바에서 마티니로 저녁을 시작할 생각이라면(아주 좋은 생각이다) 바텐더에게도 팁을 줘야 하고.

요란하게 현금 뭉치를 들고 다녀야 한다는 말은 아니다. 당신은 폭력배나 마권업자가 아니니까. 하지만 언제든 현금을 꺼낼 준비는 되어 있어야 한다. 현금은 반드시 지갑에 넣고 다니자. 머니 클립이든 뭐든 간에 당신이 현재 지녔거나 평소에 필요로 하는 현금의 액수를 남들에게 노출시킬 물건은 안 된다. 어떤 남자들은 코트 가슴 안주머니에 쏙 들어가는 얇은 지갑을 선호하는데, 그 정도면 필수품들을 넣고 다니는 데 충분하다. 드라마 〈사인필드〉의 조지 코스탄자나 들고 다닐 법한, 까딱하다간 척추 마사지사를 찾아가게 만들 수 있는 벽돌 덩어리는 안 된다.

지갑은 여전히 남자에게 상징적인 존재다. 여자의 손가방만큼 심오하진 않지만 그래도 많은 것을 알려주는 소지품이다. 당신이 현금을 넣고 다니는 수단은 당신에 관해 온갖 것들을 말해주며, 따라서 신중하게 고를 필요가 있다. 아마도 당신은 처음 가졌던 지갑을 기억할 것이다. 보통 남자 친척이 선물했거나 더 근사하게는 물려준 것이었으리라. 그것은 중요한 단계이며, 아직 지갑 안에 넣을 것이 거의 없다 해도 뭔가에 도달한 기분이 들게 마련이다. 내 첫 지갑은 아버지가 선물해주셨다. 한때 미니애폴리스의 대형 백화점이었지만 이젠 애석하게도 사라진 데이턴스에서 사온 작은 갈색 가죽 지갑이었다. 내가 아직 어렸기에 그 지갑에 넣은 것은 지폐 몇 장과 도서관 회원증, 내 동생 사진뿐이었다. 전혀 놀랍지 않은 얘기겠지만 나는 아직도 그 지갑을 간직하고 있다.

언젠가부터 신용카드가 왕좌를 차지하게 되었지만, 우리의 문화는 이미 근사하게 생긴 카드에 감탄하는 단계를 넘어섰다. "여기 골드카드가 있고 블랙 카드도 있어요. 하지만 이 메탈 카드는 정말 너무도 희귀해서 이 세상에서 오직 당신과 잭 도나히만 가진 거랍니다." 어떤 카드의 최대 한도액수, 최소 사용액수, 심지어 롤링스톤스 공연장의 무대 뒤에 출입할 수 있는 컨시어지 서비스도 우리를 감동시키진 않는다.

사실 내 생각엔 신용카드 회사들이 그냥 카드답게 생긴 카드(푸른색, 흰색, 노란색 줄무늬가 있는 예전 그대로의 비자카드)를 출시한다면 사람들이 무척 좋아할 것 같다. 어쩌면 디스커버(미국에서 네 번째로 큰 카드 회사-옮긴이) 카드는 아직 예전 디자인 그대로일 수도 있겠지만, 확실하진 않다. 난 한 번도 그 카드를 본 적이 없고 과연 실존하는 물건이 맞는지 의심스러울 정도니까.

현금을 지니고 다니면 자신감이 느껴진다. 심지어 해야 할 일을 해낼 수 있다는 확신마저도. 영화 〈스팅〉에서 폴 뉴먼이 잭 카드 네 장으로 포커 게임에 이기는 장면을 누가 잊을 수 있겠는가? 도일 로니건이 자기 지갑이 사라졌다는 걸 깨닫는 순간, 폴 뉴먼이 눈을 번득이며 소리친다. "헛소리 지껄일 생각은 마. 이런 게임을 하러 올 때면 현금을 가져와야지!" 그렇다, 바로 지금이 당신의 중요한 순간이다. 커피 한 잔에서 포커까지, 하루 동안 벌어질 모든 게임들에 대비하자. 언제든 바로 지불을 청산할 수 있는 남자가 되자.

향기와 감성: 올드 스파이스의 힘

◆

일찍이 프루스트는 기억이 감각을 형성한다고 썼다. 그리고 올드 스파이스 향수야말로 그 증거라고 할 수 있다. 20세기 중반 미국인의 전형적 감성과 동의어가 된 그 특유의 향기. 베이 럼(베이베리 나무열매를 원료로 한 머릿기름 - 옮긴이)과 비슷하지만 살짝 더 날카로운 그 향기는 우리가 베이 럼이 뭔지 모르고 올드 스파이스를 써본 적도 없을 때부터 이미 익숙하게 느껴진다. 마치 키위를 먹기 전부터 그 맛을 아는 것과 비슷하다. 지난번 접한 것이 언제인지 기억은 안 나지만 그냥 알 수 있는 것이다. 당신의 나이에 따라서 그 냄새는 할아버지를, 아버지를, 혹은 수십 년 전의 체육관 탈의실을 연상시킬 수도 있다.

대학 시절 내가 알던 남자는 올드 스파이스를 썼다. 그 향수가 여자들에게 무의식적으로 그들의 아버지를 연상시켜 편안한 느낌을 줄 거라고 생각했기 때문이다. 그 남자가 올드 스파이스 덕분에 여자들에게 얼마나 인기를 끌었는지는 모르겠다. 다만 그가 나로서는 처음 만난

와이오밍 출신이었다는 것만 기억난다. 하지만 그 향수에는 확실히 강한 영향력이 있다. 그 매끄러운 도자기 병만 봐도 생생한 기억들이 떠오른다. 그 병 모양(백 퍼센트 합성향인 바다 냄새를 떠올리게 하는)이 바다의 부표를 의도한 디자인이라는 것은 다소 의외로 느껴지지만.

1934년 올드 스파이스가 처음 선보였을 때의 콘셉트는 '이국으로의 탈출'이었다. 병에 그려진 배들은 '그랜드 투르크'나 '프렌드십' 같은 당시의 실제 배들을 묘사한 것이었다. 머나먼 땅에서 휴가를 보내며 열대풍 바 안의 밀짚 옷을 입은 여성들과 어울리는 해군들. 그런 군인들은 여자를 안심시키기 위해서가 아니라 도발하기 위해 그 향수를 썼다. 올드 스파이스는 그들의 오소바주, 옵세션, 심지어 드라카 누아르(모두 1980~90년대에 대중적 인기를 누린 남성 향수들이다 - 옮긴이)와도 같은 존재였다.

물론 세상은 변하게 마련이고, 한 시대에 경계선이었던 것은 다음 시대에는 무대의 중심이 된다. 그 무렵 올드 스파이스는 아쉽게도 다른 회사로 넘어갔고 도자기 병도 플라스틱 병으로 바뀌었다. 게다가 텔레비전 광고까지 시작했다. 물론 체육관 탈의실 선반 위, 머리빗들이 꽂힌 푸른색 소독약 병 옆의 올드 스파이스보다 더 확실한 광고는 없었지만. 슬프게도 남자들이 자신의 피부가 '건조'해질 수 있다는 생각 자체를 못했던 그 세계는 이미 사라졌다. 내 친할아버지와 외할아버지 두 분 모두 평생 '보습'이라는 말을 쓸 일도 없었다는 사실이 부럽다. 그분들이 분무기 달린 남성용 화장수를 보았다면 아마 구강 청결제인 줄 알

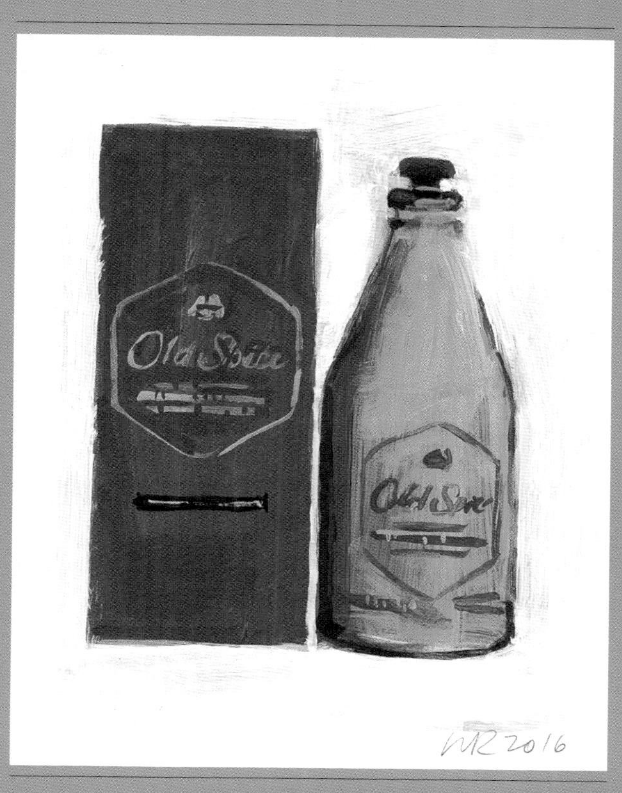
Old Spice
Old Spice
MR 2016

고 입 안에 뿌리려 했을 것이다.

이제 우리에겐 계절마다 새로 나오는 수많은 향수들의 선택지가 있다. 잡지에는 근사한 향수 광고가 실리고 면세점에는 그 실물이 무더기로 쌓여 있다. 향수를 스카치위스키라고 생각해보자. 만약 하나의 향수가 10년 동안 자취를 감춘 상태라면 아마 당신은 그것을 언급조차 안 할 것이다. 안 그러면 도대체 왜 당신 인생의 반을 다비도프의 쿨 워터 같은 것에 절어 살았는지 해명해야 할 테니까. 그렇다, 남자에겐 오래도록 삶을 함께할 향수가 한두 개는 있어야 한다. 그러니 당신의 지각능력을 잘 활용해보자. 당신은 남들이 바로 떠올리는 등대와 같은 존재가 되어야 한다. 당신이 특정한 향수 냄새를 풍기는 게 아니라, 그 향수를 쓰는 다른 남자들이 당신과 같은 냄새를 풍겨야 한다.

아버지가 면도를 하고 얼굴에 올드 스파이스 화장수를 바르는 동안 곁에 앉아 있던 기억이 난다(나중엔 오소바주 화장수를 쓰셨다). "원래 조금 따갑게 마련이거든." 아버지는 얼굴을 찡그리며 이렇게 말씀하시곤 했다. 아마도 그 화장수의 90퍼센트 정도가 알코올이었으리라. 여덟 살이었던 내게도 매끄러운 얼굴을 밀 수 있는 나만의 은빛 면도기가 주어졌다. 나는 그 과정을 지극히 진지하게 수행했고 뺨을 베지 않도록 아주 조심했다. 그런데 순진하게도 그 면도기에 날이 없다는 걸 까맣게 몰랐다.

그 어린 나이에도 나는 외적 인상의 밑바탕을 만드는 과정이 얼마나 내밀한 것인지 어느 정도 깨닫고 있었다. 당신은 최고의 모습을 보이고 있다는 확신을 갖고서 세상에 나아가야 한다. 다만 반드시 기억하라. 스스로의 농담에 웃어서는 안 되듯이, 스스로의 향수 냄새가 코에 느껴져서는 안 된다는 것을.

인터뷰

첫 번째 향수는 뭐였나요?

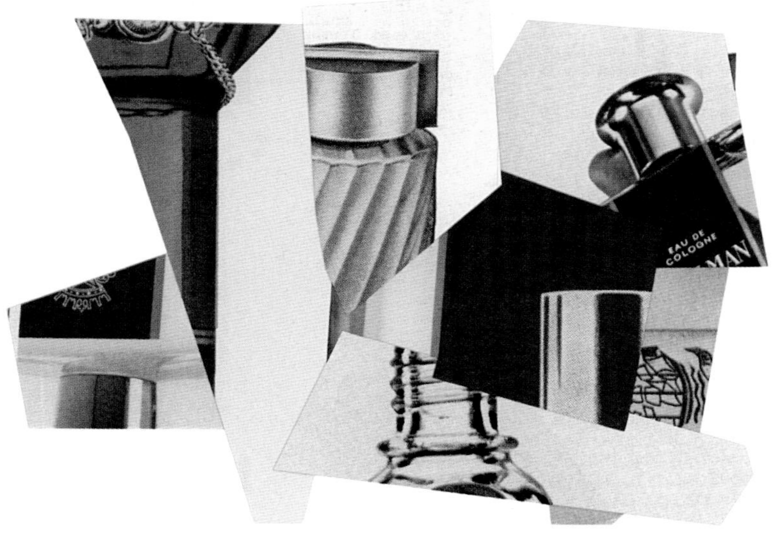

〈콜라주〉, 존 게일

◆

고등학생 시절 나는 폴로 향수에 사로잡힌 나머지
내가 가진 모든 지폐를 그걸로 다림질하곤 했다.
지폐에 물을 적셔 다린 다음 스프레이로 향수를 뿌렸다.

마크 맥네리

◆

내가 향수에 도전한 것은 열세 살 때였다.
당시엔 기라로시의 드라카를 쓰지 않으면 사람 취급도 못 받았다.

애런 리바인

조시 페스코비츠

내가 가장 좋아했던 향수는 베르사체의 블루진스다. 또 하나 깨달은 사실은 크리스찬 디올의 파렌하이트가 대마초 냄새를 가장 잘 가려주는 향수라는 것이다.

던컨 해나

크리스찬 디올의 오소바주를 가장 좋아했던 것 같다. 1970년대부터 그 향수를 썼다. 나는 1973년에 뉴욕으로 왔는데, 이따금 오소바주를 바른 남자와 마주칠 때면 그 향기는 나를 곧바로 외국영화 상영관에 드나들던 그때 그 시절로 데려간다. 3번가와 16번가의 교차점, 블루밍데일 백화점 옆이었다. 당시엔 우아한 남자라면 반드시 향수를 썼고 오소바주도 그런 남자들의 향수 중 하나였다. 겔랑의 베티버는 지금까지도 쓰고 있다. 정확한 이름을 모르지만 좋아하는 향수도 몇 가지 있다. 나는 가끔 전혀 모르는 사람을 멈춰 세우고 "실례지만 향기가 너무 좋네요. 향수 이름 좀 알려주실 수 있나요?"라고 묻는데, 상대방은 항상 기억이 안 난다고 하거나 내가 작업을 거는 걸로 오해해서 무시한다. 제대로 대답을 들은 적이 없다.

G. 브루스 보이어

15년 단위로 새로운 향수를 시도해본다. 나의 가장 무모한 습관 중 하나다.

존 브로디

우리 아버지를 생각하면 특정한 클럽에서 사용하던 향수들이 함께 떠오른다. 베이 럼, 라임스, 그리고 에두아르 피노의 클럽맨이라는 향수도 있었는데 스파이스 향이 강했다. 그 외에 라이트 가드라는 스프레이식 방향제도 우리 아버지와 연결되어 떠오르는 냄새다. 그분은 향수를 사용하는 타입이 아니었다.

랜디 골드버그

고등학교 시절엔 두 가지 선택지가 있었다. 드라카 누아르, 아니면 쿨 워터. 난 둘 다 가지고 있었다. 사춘기 소년이 도대체 무슨 근거로 자기에게 어울릴 향수를 결정하는지 모르겠다. 하지만 그때는 자기에겐 어차피 승산이 없다는 걸 알아차리지 못할 정도로 절박하기 마련이고, 그런 상황에서는 자기를 더 멋지거나 매력적으로 보이게 해 줄 수단이라면 뭐든 붙잡으려는 것 같다. 그때 다들 어떻게 그런 향수들에 관해 알았는지 신기하다. 마치 고등학교마다 각 향수의 대변인이라도 하나씩 있는 것 같았다.

월터 컨

나는 조반의 머스크를 그야말로 단호하게 온몸 구석구석에 바르고 다녔다. 어린 시절부터 향수를 써본 사람이라면 누구나 알겠지만, 그러다 보면 자기 향수 냄새를 전혀 느끼지 못하게 된다. 그래서 나도 데이트를 할 때면 여자애들에게 핀잔을 듣곤 했다. "어떻게 된 거니? 몸에 뭐라도 엎질렀어?" 아마도 내게서는 향수라기보다 레이드 모기약 같은 냄새가 풍겼을 것이다.

가이 트레베이

우리 아버지 회사에서는 하와이언 서프라는 향수를 생산했다. 1960년대에 전국에서 두세 번째로 인기 있던 향수다. 하이 가라데, 잉글리시 레더, 카누 같은 향수들과 어깨를 나란히 했으니까. 내 경우 성년을 한참 넘기 전까지는 애프터셰이브 냄새조차 못 견뎠다. 하지만 최근엔 이베이를 통해 하와이언 서프를 여러 병 사 모으기 시작했다. 이베이에서 꽤 인기 있는 향수다.

◆

어느 해 크리스마스였다.
나는 열세 살쯤이었고 막 옷차림에 관심을 갖게 된 참이었다.
우리 어머니는 내게 올드 스파이스를 한 병 사주셨다.
할머니는 탤컴파우더 한 통을, 숙모 한 분은 헤어스타일링 제품을,
또 다른 숙모는 뭔가 또 다른 향기 나는 물건을 사주셨다.
나는 그 모든 것들을 한꺼번에 잔뜩 바르고 뿌렸다.
그래서 내가 길을 걸어갈 때면 사방에 향내가 진동했다.

G. 브루스 보이어

게다가 알다시피 꽤 흥미로운 제품이기도 하다. 향 자체는 여전히 썩 끌리지 않지만, 서핑이 유행하던 시절의 유산이라 할 코르크 링 안에 든 향수병은 마음에 든다. 우리가 서핑 문화 속에서 자랐음에도 서핑을 할 줄 모른다는 건 희한한 일이다. 부모님은 항상 하와이로 여행을 다니곤 했지만 자식인 우리들은 전혀 관심이 없다.

맷 흐라넥

나는 아버지의 아라미스나 심지어 하이 가라테도 슬쩍 훔쳐 바르곤 했다. 하지만 내가 처음으로 직접 골랐던 향수는 할스턴의 Z-14다.

마이클 힐

아버지는 항상 내게 신사는 향수를 쓰지 않는다고 강조하곤 했다. 그럼에도 불구하고 아버지에게서는 뭔가 향기가 났다. 나중에 알고 보니 그건 아버지가 쓰던 비누의 샌달우드 향이었다. 당연하게도 이제 그 냄새는 내게 무척 그리운 것이 되었다.

톰 실러

젊은 시절 나는 실험적이었다. 민망한 얘기지만 내가 카누를 사용했다는 걸 인정해야 하겠다. 정말 끔찍한 냄새였다. 1970년대의 나쁜 점들 중 하나다.

♦

폴로 향수는 버튼다운 폴로셔츠를 입게 되기 전
과도기에 사용하는 약물 같은 존재다.
지금도 그 초록색 향수병의 냄새를 맡으면 좋은 기억들이 되살아난다.
어떻게 그 향수를 알게 됐는지는 잊었지만,
하여간 그 괴상한 멤피스 스타일 병에 든 로메오 질리 향수도 썼다.
열두 살 난 내 아들은 이제 막 향수에 입문하는 중이다.
녀석이 가끔씩 내 향수를 쓰러 오면
난 이렇게 말해주곤 한다.
"이런, 뭐하는 거니, 머리에 쏟아 부으려고?
한번 슬쩍 발라주면 충분하단다!"

제이 필든

이넉 페레스

드라카 누아르. 1980년대 그 자체다. 남들이 들으면 못 믿을 만큼 여러 병을 사놓았기 때문에 다 쓰느라 한참 걸렸다. 코코넛 버터 향을 맡을 때마다 산후안 바닷가에서 선탠을 하던 사람들의 냄새가 떠오른다. 그 냄새를 생생히 기억한다. 하지만 난 코코넛 향수를 쓰지 못한다. 벌레를 끌어들이는 것 같아서 못 쓰겠다.

닉 숀버거

아버지와 할아버지 두 분 다 미용제품들을 철저히 무시했다. 아버지는 고급 양복을 입었고 꽤나 비싼 집에서 살며 뛰어난 미술작품을 소장했는데도, 그런 물건은 달러 스토어(1달러 정도의 저가품을 모아놓고 파는 가게 - 옮긴이)에서만 구입했다. 그분은 뭐든 간에 미용제품에는 지속적 관심을 가진 적이 없다. 나도 그런 성향을 물려받은 것 같다.

댄 락우드

진녹색 플라스틱 병에 담긴 브뤼 향수였다. 1980년대에 그 향수의 광고 모델은 파마머리를 한 케빈 키건이라는

◆

우리 아버지는 1976년까지 한 번도 데오도란트를 쓰지 않았다.
그분은 데오도란트라는 물건을 믿지 않았다.

유언 렐리

축구 선수였다. 싸구려 향수였고 냄새도 지독했다. 나는 좀 더 향이 오래가게 하려고 물을 섞어 썼는데 그 덕분에 냄새가 훨씬 나아졌던 것 같다.

리처드 크리스천슨

게이들 사이에서 유행한 온갖 향수들을 다 써보았다. 대학생 시절엔 그 끔찍한 장 폴 고티에 향수가 나오자마자 사서 처바르고 다녔다. 겐조, 파렌하이트. 하나같이 마케팅의 승리를 보여주는 완벽한 사례라고 하겠다.

유언 렐리

우리는 열다섯 살에 오소바주를 발견했다. 그러고는 스스로 그 나이의 이튼 학생들 치곤 놀랍도록 세련되었다고 자부했다.

토머스 벨러

우리 아버지는 한 번도 향수를 쓰지 않았다고 기억한다. 나 역시 지금껏 향수를 쓴 적이 없다. 나는 강한 향을 풍기길 좋아하는 타입이 아니다. 잠깐 생각해보니 향수를 사서 한동안 사용한 적이 있긴 하다. 드라카 누아르라는 향수였다. 물론 나만 그걸 쓴 건 아니었지만 말이다. 그 향수는 우리 세대가 열네댓 살, 열여섯 살 무렵의 친구였고 입문용 향수로도 완벽했다. 향수병은 마름모꼴 사탕과 섹스 토이의 중간쯤 되는 형태였고 검은 바탕에 독특한 흰 글씨로 상표명이 적혀 있었다. 아무래도 꽤 잘 디자인된 물건이라고 말해야 하겠다.

글렌 오브라이언

나는 향수를 아주 좋아한다. 소년 시절엔 잉글리시 레더처럼 끔찍한 물건을 썼던 것 같지만. 아니면 베이 럼. 이건 지금도 좋아한다. 현재 가장 좋아하는 향수는 산타마리아 노벨라의 멜

◆

내가 사는 지역에서 생산된 베이 럼을 사용한다.

톰 실러

◆

잉글리시 레더 아니면 브뤼. 둘 다 오래 쓰진 않았다.
하지만 항상 갖고 싶었던 향수는 하이 가라데였다.

시드 매시번

로그라노다.

마이클 헤이니

오늘날까지도 누군가 내게 "정말 좋은 향기가 나네요, 무슨 향수를 쓰시나요?"라고 묻는다면, 유감스럽지만 그 대답은 내가 열두 살 때부터 오직 올드 스파이스 데오도란트만 써왔다는 것이다.

마이클 윌리엄스

내 기억 속 첫 번째 향수는 폴로 사파리다. 애버크롬비의 우즈도 기억난다. 드라카는 한 번도 써본 적이 없다.

롭 잔가르디

우리 아버지나 할아버지는 향수를 쓰지 않았지만 메넨의 애프터셰이브를 사용했다. 얼굴에 바르면 얼얼하게 따가운 초록색 액체였다.

로버트 베커

우리 아버지도 향수를 쓴 적이 없지만 코퍼톤 자외선 차단제 냄새를 맡으면 내 유년기의 가장 행복했던 시간과 아버지와의 추억들이 떠오른다. 나는 이십대 초반에 한동안 캘빈 클라인 향수를 썼다. 어느 해 크리스마스에 앤디 워홀이 그와 함께 일한 모든 남자들에게 그 향수를 5분의 1병씩(내가 기억하기로는 그렇다) 나눠주었다.

웨슬리 스테이스

내 첫 향수는 샤넬의 푸르무슈였다. 그걸 쓴 이유는 딱 하나다. 내 멘토였던 작곡가 톰 로빈슨이 내게 그 향수를 써보라고 알려주었기 때문이다. 그 분은 항상 아주 좋은 냄새가 났기 때문에 나도 그 향수를 써야겠다고 생각했다. 일단 애프터셰이브부터 써보자는 생각은 아예 하지도 않았다. 왜 굳이 그러겠는가? 게다가 샤넬 애프터셰이브는 엄청나게 비쌌다. 믿기 어려울 정도로 비쌌다. 그 향수는 아직도 생산되는 것 같지만, 언젠가부터 내가 그걸 쓰면 너무 분 냄새가 나는 것 같아서 사용을 중단했다. 이제는 나르시소 로드리게스의 블루 누아르와 콤데가르송의 원더우드에 정착했다. 정말이지 사람들이 이런 것들을 내게 더 많이 물어봤으면 좋겠다. 난 이런 주제에 관해 얘기하기를 무척 좋아하는데 도무지 그럴 기회가 없다.

제러미 해킷

맨 처음 써본 향수는 브뤼였던 듯하다. 냄새가 지독했다. 어느 해 크리스마스에 오소바주 한 병을 받고 무척 세련된 사람이 된 기분이 들었던 기억도 난다.

에릭 데이턴

브랜드는 기억나지 않지만, 페로몬이 들어 있어서 효과를 보장한다고 광고하던 향수였다. 물론 효과는 없었다.

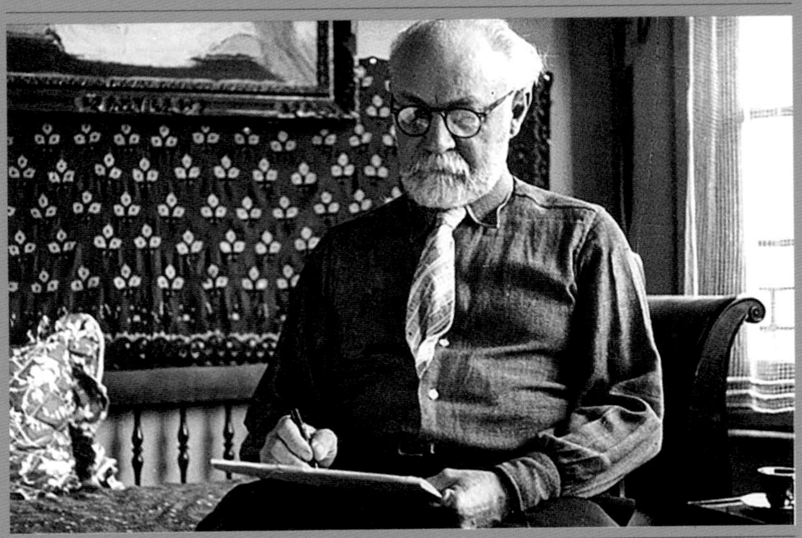

앙리 마티스

소리 없는 노화: 소망과 현실

◆

지난 몇 년 사이 내 턱수염은 느리지만 확실히 희끗희끗해지기 시작했다. '희끗희끗하다'는 말은 금방 녹아버릴 싸락눈 정도의 느낌을 주지만, 사실은 그 이상이다. 오히려 햇볕이 들어도 바로 그치진 않을 완강한 눈보라에 가깝다. 다시 말해 내 수염이 잿빛으로 변해가고 있다는 얘기다. 나는 경악하거나 이 낯선 털들을 세심하게 뽑아내려고 하지 않았다. 물론 턱수염을 염색하지도 않았다. 솔직히 말하면 내게는 그 변화가 반가웠다.

말하자면 그것은 딱히 눈에 띄는 일을 하지 않아도 쉽게 눈에 띌 수 있는 수단처럼 느껴졌다. 작은 인문대학의 동양 종교 학과장이 되거나 베르톨트 브레히트의 희곡을 필립 글래스의 음악에 맞추어 각색하지 않아도 되는 것이다. 이제 현안에 대한 내 의견은 좀 더 무게 있게 받아들여지리라. 발언 사이사이에 한참 말을 끊어야지. 마치 내 경험에서 온 폭넓은 지혜를 되짚는 것처럼 보이도록.

어쨌든 나는 나이 든 남성들을 좋아한다. 그들은 직설적이다. 훌륭한 낚시꾼이며 트위드 코트를 즐겨 입는다. 낮잠 자기를 즐긴다. 영리한 노인들은 선을 넘지 않으면서 웨이트리스와 시시덕거리는 요령도 잘 안다. 그뿐만이 아니다. 나이를 숨기지 않은 여성들의 잿빛 머리 역시 나는 좋아한다. 짙은 머리에 섞인 몇 가닥의 백발도(영화 〈졸업〉의 로빈슨 부인이나 〈프랑켄슈타인의 신부〉의 여자 주인공), 완전히 하얗게 센 머리도(당연히 그중에서도 헬렌 미렌이 최고다), 막 흰머리가 나기 시작한 젊은 여성도 마찬가지다. 멋지게 살아온 삶의 흔적을 포용하는 사람들은 매력적이다. 게다가 결국 그게 바로 자연의 섭리 아닌가.

몇 주 동안 나는 관용과 느긋함, 자기만족의 바다를 떠다녔다. 자신이 장기적 시야를 가졌다는 데 만족하면서. 그러다가 결국 그 상태도 지나갔다. 하루하루가 지날수록 흰머리는 생소한 느낌을 잃고 그저 익숙한 것이 되어갔다. 내가 흰머리에 심란해했다는 사실 자체가 살짝 민망해질 정도였다. 나는 새로운 패션이나 재창조를 즐기는 편이 아니다. 남성에게 있어 그런 것들은 대체로 필사적인 냄새를 풍긴다. 자기에게 어울리는 것을 찾아 그대로 유지하는 편이 좋다. 내가 아는 대부분의 멋쟁이들은 일단 자신의 센스를 가다듬고 나서는 거기서 멀리 나아가지 않았다. 나 역시 기억하는 한 매우 오래전부터 똑같은 머리 모양을 고수해왔고 몇 달마다 다듬는 것 외엔 신경도 쓰지 않았다. 젊음의 치기로 내 구레나룻에 몇 차례 변화를 주긴 했지만 말이다(대학 시절엔 잠시 동안 아일랜드풍을 시도하기도 했으나, 내게 백파이프 연주가 어울린다고 단정할 만큼 그럴싸한 결과는 얻지 못했다).

변화란 근본적으로 인식하기 어렵다. 우리는 변화 속에서 살아가기 때문이다. 삶의 특정한 시기는 그 시기가 끝난 다음에야 인식되기 마련이다. 그러고 보니 지난여름 내내 마그네틱 필즈의 음악을 들었다거나, 어느새 특정한 친구들과 멀어졌다거나, 더 이상 어떤 바에 드나들지 않게 되었다거나 하는 것들. 내가 하고 싶은 말은, 내 턱수염은 언젠간 완전히 하얗게 세겠지만 나는 그러고도 한참 뒤 내 사진을 보고서야 그 사실을 깨닫게 되리라는 것이다.

결국 내가 좋아하는 것은 늙어감의 현실이 아니라 추상적 관념이리라. 하지만 당연하게도 그것은 끝이 아니라 새로운 현실이다. 등 아래쪽의 욱신거림, 예전보다 훨씬 빨리 찾아오는 취기, 주름살과 그 밖의 것들. 내 머릿속에서 잿빛 턱수염은 하나의 상징, 내게로 다가오는 지혜의 간명한 표식처럼 여겨진다. 하지만 나이듦은 참고서적이나 인용구 같은 것이 아니다. 그것은 실시간으로 진행되는 하나의 장편소설이며, 우리는 작가 자신이 뭘 하는 중인지 알고 있기만을 바랄 수밖에 없다.

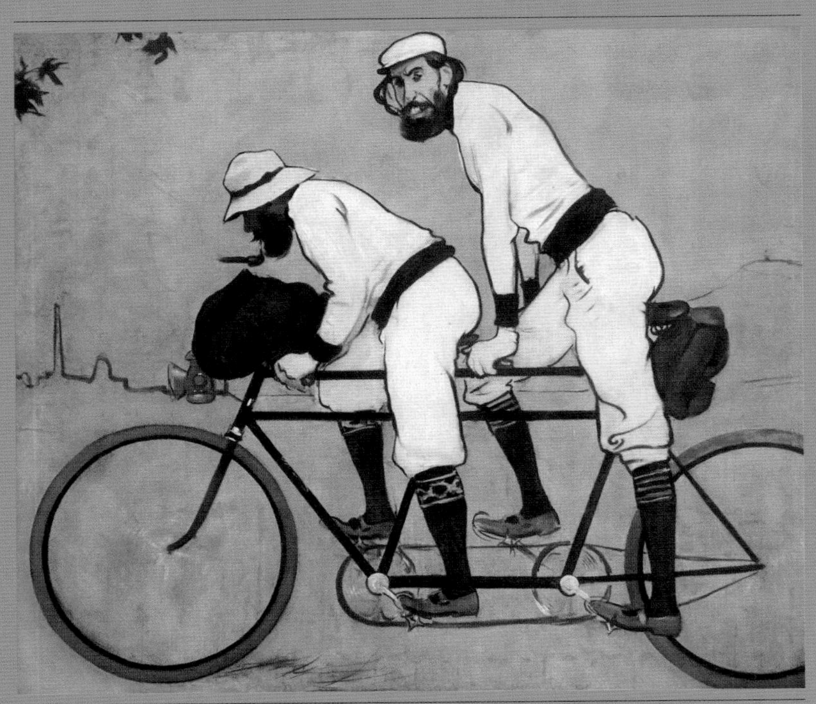

〈2인용 자전거를 탄 라몬 카사스와 페레 로메오〉, 라몬 카사스

여가 활동: 교훈적 이야기

◆

몇 달간 감정적 혼란을 겪고 난 어느 토요일 아침, 맨해튼의 웨스트사이드 고속도로를 따라 조깅을 해보기로 결심했다. 격렬한 운동에 익숙한 내 친구는 '조깅'이라는 단어를 썼다는 사실만으로 내가 초보자임을 간파했다. "도대체 요즘 누가 '조깅'을 한다고 그래?" 그녀는 놀리듯 내게 물었다. 옳은 말이다. 하지만 내가 아파트에서 단호하고 힘차게 달려 나온 이후로 한 일은 정확히 '러닝'으로 정의될 수 없었다. 그 출발도 순전히 전략적인 것이었으며, 내가 아는 모든 이들로부터 최대한 빨리 달아나려는 참이라고 상상한 덕분이었다. 나는 처음의 맹렬한 속도를 약 9백 미터까지만 유지할 수 있었고, 그 뒤로는 딱 적당한 속도를 유지하며 15분 정도 움직였다. 그런 다음 서서히 느려졌고 마지막 5분은 희비극적으로 고통스럽게 씨근덕거리며 걸었다. 유모차를 미는 노인들이 나를 가볍게 앞서갔다. 내 몸은 끔찍한 상태였다.

토요일 아침은 새로운 시도에 가장 적합한 시간대처럼 보였다.

웨스트빌리지는 한산한 편이었고 길거리는 금요일 밤의 악덕을 깨끗이 씻어낸 상태였다. 하지만 나의 건전한 아침은 전력질주 이후 의도적으로 늦춰진 걸음(솔직히 말하면 그날의 조깅에서 유일하게 즐길 만했던 부분)으로 끝나지 않았다. 나는 계속 조깅 비슷한 것을 하며 애빙던 스퀘어의 농산물시장으로 갔다. 그곳에서는 새싹채소와 풀어 키운 닭의 달걀, 그 밖에도 온갖 수식어가 길게 따라붙는 식료품들을 살 수 있다. 가격 따윈 잊어버리자. 나는 대부분의 사람들이 돈을 물쓰듯 쓴다고밖에 상상하지 못하는 자기만족적 뉴요커의 삶을 살고 있지 않은가.

그럼에도 나는 남들 눈에 띄고 싶지 않았다. 토요일 아침 8시 반이나 9시는 대부분의 사람들이 몸 상태를 회복하며 보내는 시간이니 안전할 듯했다. 끔찍한 브런치를 먹으려고 줄 서 있는 여성들도, 환율이 적당한 시기를 만끽하러 상점에 흘러 들어가는 주말 쇼핑객들도 없을 것이다. 대체 누구와 마주칠 일이 있겠는가? 그러나 첫 발을 내디딘 지 5분 만에 나는 예전에 사귀었던 여자친구와 거의 정면으로 마주칠 뻔했다. 결혼해 아이들을 낳고 행복하게 사는 그녀는 나를 따뜻하지만 다소 의아해하는 눈빛으로 쳐다보았는데, 내가 심각한 건강 문제를 자초하고 있는 건 아닌지 염려되는 모양이었다.

나는 계속 발을 움직이며 나중에 전화하겠다는 의미로 손짓을 해보였지만, 그 손짓은 내가 조깅하면서 동시에 말을 하는 게 불가능한 상태라는 뜻으로 해석되었을지도 모른다(아마 실제로도 그랬을 것이다). 농산물시장에서는 계란을 팔던 남자가 내게 괜찮냐고 물었다. 격렬한

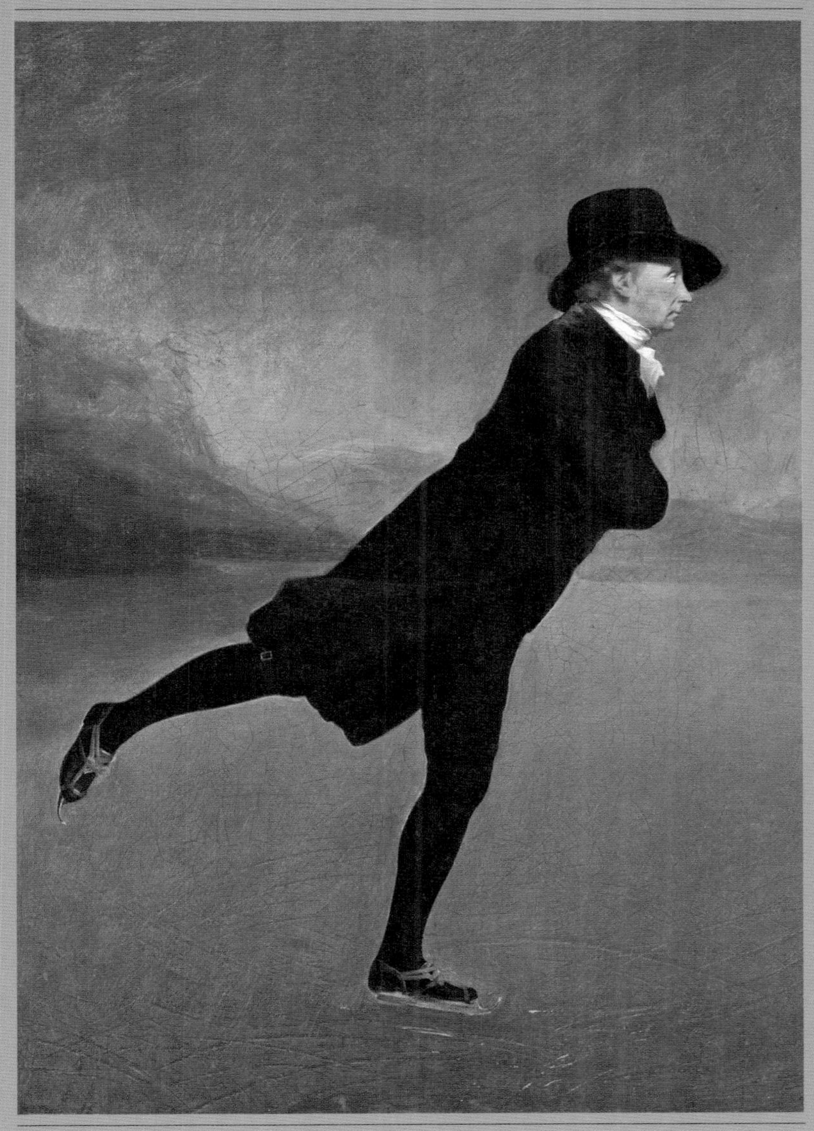

〈더딩스턴 호수에서 스케이트를 타는 로버트 워커 목사〉, 헨리 레이번

운동으로 상기되었던 내 안색은 의기양양한 홍조에서 민망함에 새빨개진 색으로 변했지만, 나는 그에게 아무 문제도 없으며 이보다 더 컨디션이 좋은 적도 없었다고 단언한 다음 앞으로 나아갔다. 이제 무슨 호르몬이라도 분비되기 시작하면 상태가 나아질 거라고 스스로를 설득하면서. 유감스럽게도 나는 다음 부스에서 『뉴요커』 편집자와 마주쳤다. 반바지를 입은 채 『뉴요커』 편집자를 만난다는 건 정말이지 사양하고 싶은 일이다. 나는 민망해 죽을 것 같았고, 내 생각엔 아마 그녀도 마찬가지였을 것 같다.

참, 내가 머리에 반다나를 두르고 있었다는 얘길 했던가? 누가 물어보지 않는 한 굳이 언급하지 않는 게 낫겠다고 생각했는데. 그렇다. 그 누구도 건전한 삶이 쉽다고 말하진 않았다. 하지만 만에 하나 당신이 조깅하는 내 모습을 본다면 부디 예의바르게 다른 쪽을 쳐다봐주길 바란다.

경이로운 낙관주의자들: 낚시꾼의 끝없는 추적

◆

낚시란 흥미로운 추적이다. 우리는 실패를 각오한 채 끊임없이 자신을 내던지지만, 매번 다른 형태로 닥쳐오는 난관 앞에 경악하고 만다. 물론 언제나 성공할 기회는 있다. 지극히 희박하긴 하지만. 만약에 정말로 성공을 거둔다면 반드시 사진을 찍어두자. 안 그러면 아무도 당신을 믿어주지 않을 테니까. 그러니까 내가 말하고 싶은 것은, 낚시꾼들이란 결국 경이로울 정도로 낙관주의자라는 점이다.

우리는 이번만은 다를 거라며 가망 없는 기대를 품는다. 희박한 확률에 운을 거는 한편으로 온갖 비유들도 견뎌내야 한다. 낚시에 관한 비유는 정말 너무도 많기에 현실과의 평행선은 결코 끝나지 않는다. 물론 달아나는 물고기는 있게 마련이다. 하지만 걱정 말자, 바다엔 또 다른 물고기들이 있으니까. 어쩌면 이런 비유들은 『모비 딕』까지 거슬러 올라가는지도 모른다. 하지만 비유란 지나치게 부담스럽다. 때로 물고기는 그저 물고기일 뿐이라네, 친구.

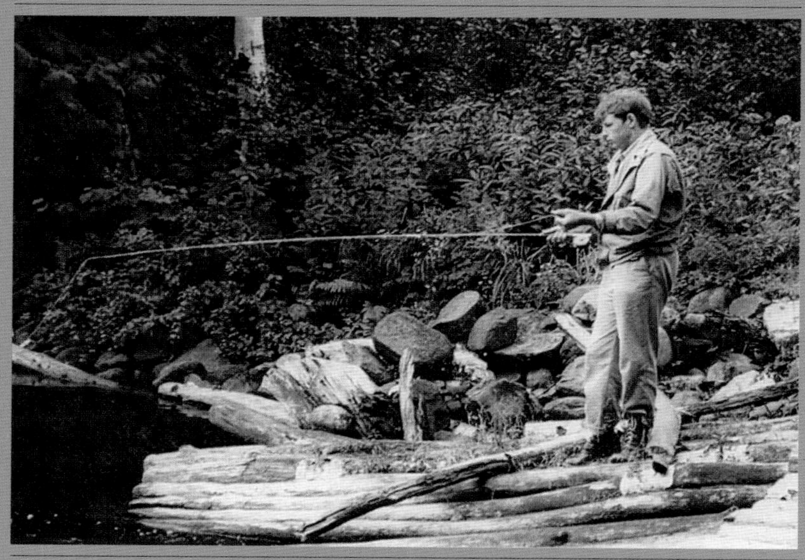

마클리 보이어(마클리의 아버지)

어린 시절 동생과 나는 텍사스 남부의 운하 옆에 있던 조부모님 댁을 찾아가곤 했다. 아침마다 우리는 계단을 뛰어 내려가서 부두에 매달아둔 게잡이 덫을 끌어올리는 걸 구경했다. 육각형 철조망으로 만들어진 대형 육면체로 한쪽이 뚫려 있었는데, 가운데 원통에는 할머니가 맛있는 닭고기를 가득 채워놓았다.

게들이 뚫린 쪽으로 들어왔다가 덫 바닥에 떨어지면 다시 기어나갈 수 없게 되는 구조였다. 우리는 그 원리를 결코 이해할 수 없었고 게들이 왜 닭고기를 좋아하는지도 몰랐다. 하지만 물속에서 덫을 끄집어낼 때 게들을 구경하는 건 재미있었다. 게들의 집게발과 석유처럼 햇빛 아래 알록달록 반짝이는 몸이 다소 무섭긴 했지만. 정작 저녁에 게를 먹을 때면 동생과 나는 사양하곤 했다. 우리는 게 먹는 걸 꺼렸고 새우튀김을 달라며 졸랐다. 하지만 낚시는 매혹적이었다. 그 기대감은 마치 복권을 긁을 때처럼 짜릿하다.

그 경험을 낚시라고 할 수는 없을 것이다. 덫이 일을 다 한 셈이고 우리는 마지막에 확인만 했으니까. 하지만 난 그때부터 이미 낚시에 빠져버렸다. 좀 더 나이가 들어서는 부두 가장자리에 미끼를 매달아두었는데 운 좋은 날이면 수염이 날카롭고 못생긴 회색 메기가 걸려들었다. 나는 삼촌더러 메기를 바늘에서 빼달라고 부탁한 다음 물속에 도로 놓아주곤 했다.

그 나이엔 단지 뭔가 잡을 수 있다는 가능성을 즐기게 마련이다. 이제 나는 텍사스에서 메기 미끼를 놓는 대신 몬태나에서 송어 제물낚

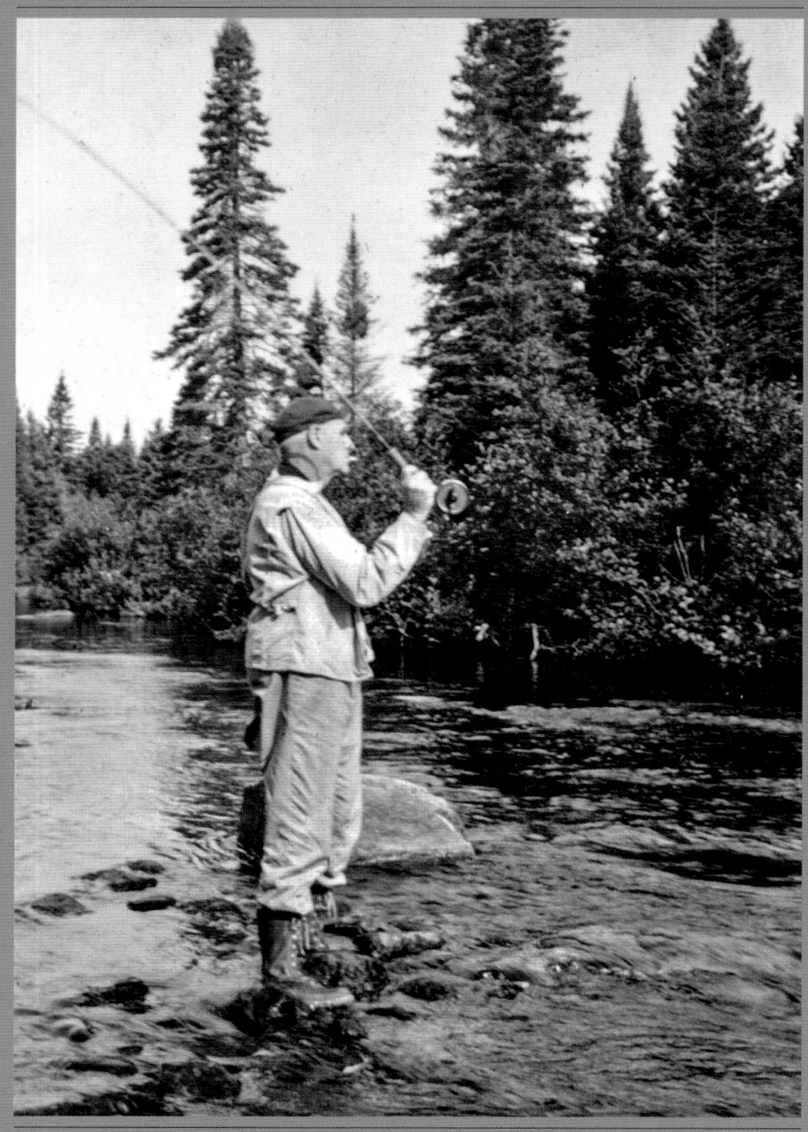

프랜시스 보이어(마클리의 할아버지)

시를 하지만, 그 자극은 예전과 다를 바 없다. 수면 아래에서 일어나는 일의 신비로움, 그리고 마침내 물 위로 끌어올려진 물고기의 모습은 나를 기쁘게 한다. 나이가 들어도 그리 변하는 것은 없으며, 우리는 여전히 추적을 사랑한다. 좀 더 전략적이 되고 자신의 실패를 좀 더 잘 이해할 뿐이다. 그렇다고 해서 항상 그 실패를 바로잡을 수 있는 건 아니지만. 마치 나이듦에 관한 얘기처럼 들리는가? 가만, 그러고 보니 또 다른 비유가 되어버렸나?

낚시에 있어서 한 가지 주목할 것은, 낚시를 하면 할수록 (그 모든 경험에도 불구하고) 자신이 초보자라고 느끼게 된다는 사실이다. 아는 것이 늘어날수록 아직 배워야 할 것이 많음을 실감하게 된다. 하지만 끝없는 실망 뒤에도 기회는 또다시 찾아오며, 그래서 우리는 다시 한번 낚싯줄을 던진다.

참고자료: 마클리 보이어의 제물낚시

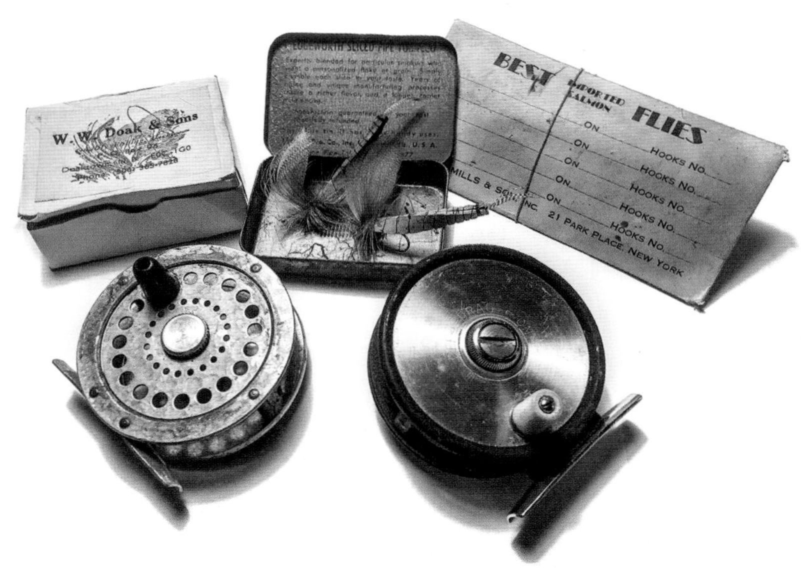

아버지는 할아버지와 함께 낚시를 하며 자랐다. 아버지의 낚시도구 상당수는 물려받은 것들이다. 낚싯대와 얼레는 물론 좀 더 사소한 물건들, 미끼를 담아두는 작은 깡통이나 그물이 담긴 낡은 담뱃갑 같은 것도. 그런 그물엔 여전히 물고기가 몇 마리 붙어 있을지도 모른다. 지금도 존재하는지 알 길이 없는 옛날 브랜드의 비품들도 여럿 있다. 그야말로 몇 세대를 전해 내려온 잡동사니들이다.

처음으로 제물 낚싯대를 받았던 때가 기억난다. 낚싯대를 조립해 멀리 던지려면 지극히 정교한 방법을 따라야 했다. 그 당시엔 낚싯대의 접합부가 금속이어서 다소 덜걱거렸다. 아버지가 항상 접합부의 한쪽 끝을 콧등 옆에 문지르던 기억이 난다. 그러면 살짝 기름기가 묻어서 낚싯대가 더 매끄럽게 움직인다고 했다.

인생 스포츠가 있나요?

◆

1970년대 클리블랜드에서 태어나 자란 사람이라면 농구에서 참사와 마지막 순간의 고통 말고는 아는 게 없을 것이다. 나 역시 거기에 익숙했던 것 같다. 오하이오 주립대학팀이 전국 우승을 했던 때는 좋다기보다도 솔직히 말해 정말로 야릇한 기분이 들었다.

마이클 윌리엄스

아르만두 카브라우

나는 지금까지도 미네소타 팀버울브즈 농구팀의 광팬이다. 이유는 묻지 말라. 내가 먼 곳에 살았고 미국에 와본 적 없었던 시절엔 미네소타가 어디 있는지도 몰랐지만, 그냥 그 이름이 너무 마음에 들었다. 게다가 케빈 가넷은 내가 가장 좋아하는 선수다. 나는 축구를 했고 자라서 축구 선수가 될 것을 고려한 적도 있다. 농구 선수도 되고 싶었고 한동안 실제로 농구를 하기도 했지만, 결국 내 키가 충분히 크지 않다는 걸 깨달았다. NBA에는 포르투갈 출신 선수가 한 번도 없었기 때문에 내가 최초의 기록을 세우고 싶었다.

스티븐 코츠

내가 해본 스포츠라면 크로스컨트리 흡연뿐이다. 그러니까 크로스컨트

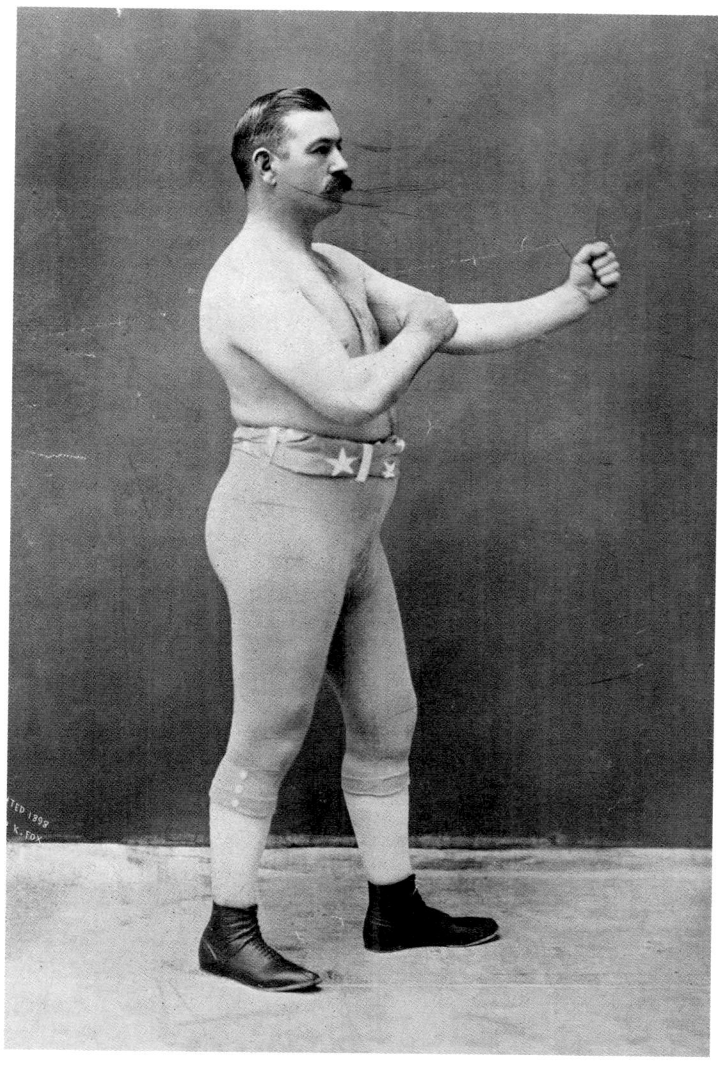

권투선수 존 L. 설리번, 일명 '보스턴 스트롱보이'

리 육상 말이다. 학교에서 강제로 시킨 것이긴 하지만. 내가 살던 영국 북서부는 날마다 비가 왔는데, 그곳에서 크로스컨트리 흡연이란 학교로부터 최대한 멀리 달려 담배를 피울 만한 곳까지 갔다가 되돌아오는 것을 말했다. 한동안 모어 담배에 중독되었던 시기가 있었다고 기억하지만 이젠 생산이 중단된 것 같다. 보통 담배보다 1.5배는 더 길면서 지름은 절반 정도인 담배였는데, 그걸 피우고 있으면 스스로 믿기지 않을 만큼 근사해진 기분이 들었다.

월터 컨

야구를 좋아했다. 어린 시절에 난 작가가 되고 싶었고 거창한 단어를 즐겨 쓰는 아이였다. 그러다 어느 순간 야구팀에서 가장 지적이고 신사적인 포지션은 3루수라고 단정하게 되었다. 그리고 당시 최고의 3루수는 볼티모어 오리올스의 브룩스 로빈슨이었다. 내가 그리 판단하게 된 건 3루수들이 수비라는 예상 불가능한 일을 하는 존재, 뭔가 일어나지 못하게 막는 존재이기 때문이었던 듯싶다. 소극적이고 지극히 수동적인 관점으로 야구를 보았던 것이다. 게다가 로빈슨은 이상할 만큼 눈에 띄지 않았고 싸움에도 말려들지 않는 인물이었다. 마치 야구장의 스콧 피츠제럴드 같았다.

마크 맥네리

중학생 때는 스포츠가, 특히 농구가 세상에서 가장 중요한 일이었다. 내가 응원한 대학 농구팀은 노스캐롤라이나 주립대학팀이었다. 캐롤라이나 쿠거스(당시엔 이 단어가 무슨 뜻인지도 몰랐지만)는 ABA(NBA와 병행 운영된 미국 농구 리그였으나 1976년에 통합되었다-옮긴이) 소속 그린스보로였다. 나는 볼보이 겸 급수 담당이었기 때문에 당시 ABA 선수들과 모든 대학 팀들을 지켜볼 수 있었다. 미국 대학 체육협회 결승전이라든지, 데이비드 톰슨과 빌 월턴 같은 유명 인사들도. 여름방학엔 항상 스포츠용품점에서 일했고, 그러다 전사 기계와 다림질해 붙일 수 있는 문자 및 숫자 도안을 이용해 가게 뒤편에서 직접 상품을 만들기 시작했다. 뭐든 주변에 있는 걸 활용해 이름과 숫자들을 붙이고 제작했다. 게다가 마침 고등학교 미술 시간에 스크린 날염을 배웠기 때문에, 파라핀지를 잘

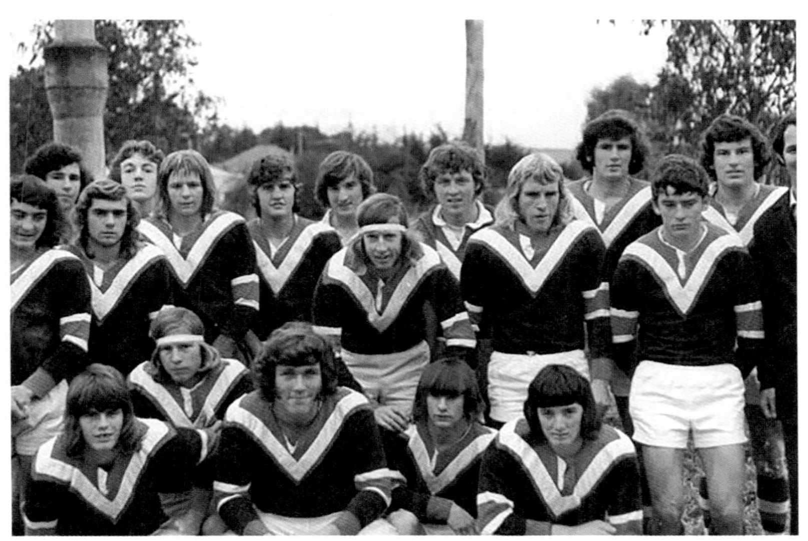

오스트레일리아 뉴사우스웨일스주의 영 고등학교 축구팀 체리피커스

라낸 스텐실 주형으로 폴 매카트니 티셔츠 같은 것을 만들기도 했다.

던컨 해나

할아버지는 손자를 남자답게 키우고 싶어서 나를 데리고 농구나 미식축구 경기를 보러 다니셨다. 유감스럽게도 난 거기서 사 먹는 땅콩과 팝콘이 더 좋았고, 뭐 그랬다. 경기장 색깔도 항상 마음에 들었다. 그 특유의 초록색 말이다. 하지만 내 주위에서 일어나고 있던 일에는 전혀 관심이 없었다.

닉 숀버거

나는 여섯 살 때부터 고등학생 때까지 다이빙 선수였다. 당시엔 올림픽 금메달을 딴 그레그 루가니스가 역대 최고의 선수로 꼽혔다. 아버지는 날 데리고 루가니스의 팬 미팅에 갔다. 물론 내가 그에 관해 아는 거라곤 비디오테이프에 담긴 1988년 올림픽 시합 영상뿐이었지만, 나는 몇 번이고 그걸 돌려보곤 했다. 그러니까 내가 그를 본 건 분명 1989년이었을 것이다. 나와 아버지, 그리고 수백 명의 남자들이 그가 표지에 실린 『플레이걸』 잡지를 들고 있는 사진이 남아 있다.

닉 설리번

어린 시절 나는 말하자면 아스널 축구팀의 팬이었지만 그렇게 열성적이진 않았다. 월드컵 때는 물론 영국을 응원했지만 일단 우리 나라가 떨어져 나가면 가장 가까운 웨일스를 대신 응원하곤 했다.

마이클 헤이니

나는 시카고 블랙호크스 아이스하키팀을 좋아했다. 내 인생 최초로 좋아하게 된 팀이다. 나도 매일 방과 후에 동네 길거리에서 하키를 하며 자랐다. 당시 블랙호크스에는 전설적인 선수들이 있었다. 스탠 미키타, 바비 헐, 토니 에스포지토. 시카고는 하키에 열성적인 지역이었고 나 역시 하키를 너무도 좋아했다. 나는 노스사이드에서 자랐지만 우리 조부모님은 사우스사이드에 살았기에 화이트삭스를 응원했다. 그분들이 날 인생 최초의 야구 시합에 데려간 뒤로 난 줄곧 화이트삭스 팬이었고, 그렇다는 것을 매우 감사하게 생각한다.

마이클 윌리엄스

클리블랜드는 스포츠에 강한 도시이지만 나쁜 성적을 한참 끈기 있게 견뎌낸 곳이기도 하다. 내가 가장 좋아했던 선수들은 클리블랜드 브라운스 미식축구팀 소속이었다. 버니 코사, 수비수들 전부, 웹스터 슬로터, 그리고 코너백(수비 팀에서 가장 바깥쪽 측면을 지키는 하프백 - 옮긴이)이었던 에릭 딕슨.

남성의 실내 생활

◆

운이 좋아 대도시에서 혼자 살 수 있게 된 전 세계 동료 남성들이여, 축하한다. 이 말을 덧붙이고 싶다. 당신의 생활 영역을 대학 기숙사와 일반적인 독신 남성 주거지의 범속함에서 한 단계 나아간 곳으로 만들어라. 희소식이라면 광범위하게 퍼져 있는 남자의 '소굴'에 관한 문화적 관념 덕에 최저 기준선이 비교적 낮게 잡혀 있다는 것이다. 남자들은 혼자 지내게 되면 전근대적 상태로 회귀하여 몸단장도 안 하고 텔레비전은 스포츠 채널에 고정해둔 채 테이크아웃 음식으로만 연명한다는 관념 말이다.

그러한 관념을 반박하고 당신이 진정으로 진화한 현대 남성이라는 걸 보여주기 위해 할 수 있는 몇 가지 간단한 일들이 있다. 물론 만약 당신이 아직도 검은색 가죽 소파를 갖고 있는 사람이라면 상황이 좀 더 어려워지겠지만.

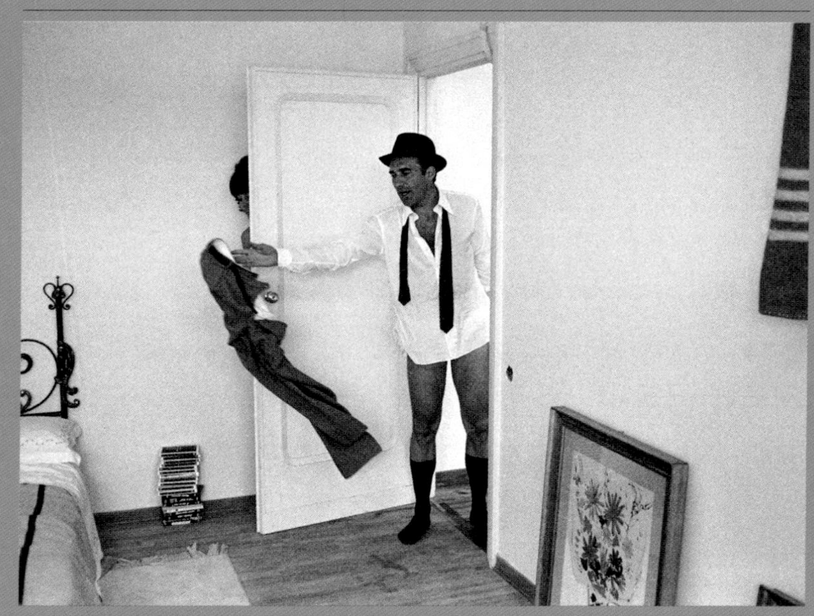

〈경멸〉의 미셸 피콜리

텔레비전 크기를 줄이자. 당신의 집은 오락 센터가 아니다. 횟집 수조만 한 텔레비전은 필요 없다. 당신의 삶은 텔레비전보다 더 나은 것이어야 한다. 여행하고 데이트를 즐기고 책을(심지어 소설도) 읽자. 당신의 시간은 커다란 화면에 펼쳐지는 것들을 중심으로 돌아가지 않을 것이다. 당신의 아파트도 마찬가지다.

러그를 깔자. 당신의 집 나무 바닥은 수줍어한다. 벌거벗은 채로 있기보다 뭔가에 덮이고 싶어 한다. 근사한 러그를 구하자. 그리 어려운 일은 아니다. 벼룩시장에 가거나 이베이를 뒤지면 그리 비싸지 않은 러그를 충분히 볼 수 있다. 마음에 드는 물건을 찾거든 구입한다. 몇 장을 겹쳐 깔아도 좋다. 기분이 좋아질 것이다.

좋은 의자가 하나는 있어야 한다. 둘이면 더 좋다. 묵직한 안락의자일 수도 있고 가느다란 의자일 수도 있고 덴마크제 의자일 수도 있다. 새것일 수도, 오래된 것일 수도 있지만 어쨌든 매력적이어야 한다. 방 저쪽에서 이리 와 앉으라며 당신을 부르는 의자여야 한다. 공간이 부족하지 않은 이상 그 의자를 텔레비전 앞에 놓진 말자. 편안하지만 보기 흉하거나 망가지기 시작한 의자라면 그냥 위에 천 하나를 덮어둔다. 그런다고 안 될 건 없다. 가구는 어느 정도 낡아 보여야 한다. 코르덴 재킷도 마찬가지이며, 그래서 팔꿈치에 천이 대어져 있는 것이다.

책들. 집 안에 책이 너무 많다는 건 불가능한 일이다. 너무 여기저기 무더기로 쌓여 있어서 돌아다니기가 힘들 지경이 아니라면 말이다. 내겐 책에 약하지 않은 남자가 영 탐탁지 않게 느껴진다. 당신의 삶은 편지 모음집, 완벽한 평전, 저주받은 시인들과 잊힌 화가들의 작품집, 핀란드 시골 주택과 일본 직물 사진집, 오래된 소더비 경매 카탈로그들로 채워져야 한다. 그 밖에도 기대할 만한 책은 무척 많다. 미술관에서 전시를 볼 때마다 도록을 구입해보자. 몇 년 후면 당신이 보아온 것들의 역사를 간직하고 있다는 사실에 감사하게 될 것이다.

좋은 조명. 눈을 아프게 하는 천장 조명보다 더 불쾌한 것도 드물다. 그러니 테이블에 놓을 수 있는 소형 조명을 몇 개 구하자. 당신이 좋아하는 레스토랑들은 전부 분위기 있는 조명을 갖추고 있을 것이다. 당신의 아파트도 그래야 한다. 촛대도 몇 개 있다면 더 좋다. 촛불은 아주 근사하니까. 촛불은 방 안을, 그리고 더 중요하게는 얼굴을 더 아름다워 보이게 한다.

장기적 관점. 드레스룸이 그러하듯 아파트 또한 하루 만에 완성되진 않는다. 시간을 들여서 세간을 모으자. 여행을 가거나 운 좋게 훌륭한 벼룩시장을 발견했을 때 하나씩. 걱정할 필요 없다. 언젠가는 모든 것들이 어우러지게 될 테니까. 그리고 결국엔 당신과 어울리는 아파트가 완성될 것이다.

인터뷰

당신이 살던 공간은 어땠나요?

◆

대학생 때 나는 바르 미츠바(유대교 남성이 13세에 치르는 성인식 – 옮긴이) 때 받은 네온등에 내 이름을 손글씨로 적어 걸어두었다. 아마도 뭔가 아이러니한 의미였을 것이다. 하지만 다른 이들에게 난 그저 기숙사 방에 자기 이름이 적힌 네온사인을 걸어둔 녀석일 뿐이었다.

랜디 골드버그

스티븐 코츠

나는 공영 아파트 20층에서 룸메이트와 함께 살았다. 벽지를 싹 벗겨냈더니 인테리어가 무척이나 미니멀해졌다. 우리 둘 다 융에 심취해 꿈 이야기를 나누곤 했다. 매일 아침 부엌 의자에 서로 마주보며 앉아서 전날 밤 꾸었던 꿈 이야기를 했다. 정석은 아니었지만 실용적이긴 했다.

우리 둘 다 거창하게 실연을 당했던 탓에 그 아파트는 실연당한 남자들의 도피처 같은 곳이 되었다. "희망을 버린 자, 여기로 들어오라."(단테의 『신곡』 지옥편에서 지옥 입구에 적혀 있다는 문구 "여기로 들어오는 자, 모든 희망을 버려라"의 패러디 – 옮긴이) 한동안 2인조 치료사 구실도 했다. 상심한 사람들이야말로 남의 말에 가장 잘 귀를 기울여준다는 원칙에 따라서 말이다.

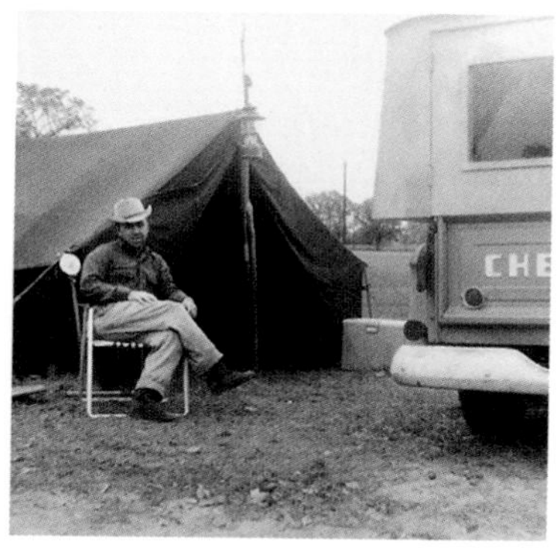

댈 레이 브라운(크리스의 아버지)

톰 실러

산타모니카의 검소한 아파트로 월세는 75달러였다. 마티스의 그림과 등나무를 엮어 만든 가구 몇 점, 그리고 북유럽풍의 침대가 있었다.

프랭크 마위티언스

우리 미술학교 학생들은 엄밀히 말해 기숙사가 아니라 학교 측에서 구획해 놓은 주택에 살았다. 각자 싱크대 하나가 딸린 작은 방을 받았다. 나는 방에 앤디 워홀과 로이 리히텐슈타인의 포스터를 붙였다. 팝아트에 심취해 있었으니까. 정말로 실험적인 걸 해보고 싶어서 벽에다 붉은색 페인트를 마구 날렸던 기억이 난다. 그냥 그러면 어떻게 보일지 궁금해서였지만, 집 주인 측

◆

나는 1981년에 이튼에 들어갔다. 당시 그곳의 최신 유행은 깃털 이불이었다.
아버지는 나와 격렬한 말다툼을 벌인 끝에 이렇게 말씀하셨다.
"난 'BB 존스'에 갈 건데 네가 정말로 깃털 이불을 원한다면 하나 사다주마."
아버지는 돈 쓰는 것에 청교도적 관점을 가진 분이었다. 나는 이렇게 대꾸했다.
"아주 중요한 점이 있는데요, 적어도 17.5토그는 되는 이불이어야 해요."
'토그'란 깃털 이불의 두께와 보온성 측정 단위다. 아버지는 이렇게 말씀하셨다.
"우리가 이런 대화를 나누고 있다는 사실 자체가 당황스럽구나. 그러니까
넌 최소한 17.5토그 이상의 깃털 이불만 받아들이겠다는 거냐?" 난 대답했다.
"사실 17.5토그 이상의 깃털 이불이 아니면 말 그대로 아무 의미도 없다고요."

유언 렐리

을 열받게 하고 싶은 이유도 있었다.

던컨 해나

내 대학 룸메이트는 로이드 보스카라는 녀석이었다. 뉴저지주의 잉글우드 클리프스에서 온 곱슬머리였다. 다행히도 우리는 서로 잘 맞았다. 방에서 그 녀석이 쓰는 쪽은 온통 검은색이었고 내가 쓰는 쪽은 쑥대밭이었다.

랜디 골드버그

내 대학 룸메이트는 조너선 홉킨스라고 했는데, 자기 이름이 붙어 있다는 이유로 항상 우리 학교(홉킨스 대학교) 모자를 쓰고 다녔다. 내가 외출했다가 돌아오면 녀석은 항상 방에 틀어박혀 거대한 헤드폰을 쓴 채 큰 소리로 중국어를 공부하고 있었다. 그 모습은 항상 날 웃게 만들었다.

월터 컨

대학 시절 나는 반항적인 금욕을 택했다. 방 안 장식이라고는 사방에 무더기로 쌓인 책들뿐이었다. 생각해보면 난 일찍부터 책을 건축적 요소로 여긴 모양이다. 지금도 여전히 온갖 방식으로 책을 쌓아놓는다. 책꽂이에 알파벳 순서로 가지런히 배열하는 것만 제외하고 말이다. 책으로 기둥을 넷 만들고 그 위에 뭔가 올려 테이블로 삼은 적도 있다.

앤디 스페이드

내게도 룸메이트가 하나 있었는데 제프 헤일리라는 약쟁이였다. 그는 항상 날 꼬드겨 수업을 빼먹게 만들려고 했다. 노던 애리조나 대학교에서의 첫 학기였는데 방이 완전 난장판이었다. 나는 내 공간을 포스터로 꾸몄다. 야외활동을 무척 즐겼던 내가 그 대학에 간 건 스키를 타기 위해서였다. 따라서 방 안은 워런 밀러의 옛 영화에 등장했던 스키 선수들 사진으로 가득했다. 기숙사의 흰 벽돌 벽 전체가 스키와 스케이트보드와 서핑 포스터로 뒤덮였다. 방 안 장식이라고는 그 포스터들과 레코드플레이어가 전부였다.

로버트 베커

내 첫 아파트는 빌리지의 톰슨가街에 있던 로코 레스토랑 위층이었다. 벽장 크기만 한 원룸이라 싱글 침대, 팔걸이의자, 책장, 옷장 하나를 들여놓으니 꽉 찼다. 조지 플림턴이 내 방 벽에 붙이라며 『파리 리뷰』 포스터 하나를 주었다. 난 당시 그 사람 수하의 인턴으로 일하고 있었다. 책장은 (뉴욕에서 내 첫 번째 유급 직장이었던) 스트랜드 서점에서 가져온 책들로 채웠다. 열여덟 살이었던 내겐 벽장만 한 방도 전혀 상관없었다. 오직 뉴욕에 산다는 것만이 중요했다.

유언 렐리

우리 아버지는 내가 어린 시절에 종종 이렇게 말씀하시곤 했다(그분은 '디럭스deluxe'를 '디룩스de-loox'라고 발음하셨다). "꼭 항상 슈퍼 디룩스하게 살아야 하는 건 아니란다." 그럼 난 이렇게 대답했다. "맞아요. 저도 백 퍼센트 동의해요. 하지만 비교적 자주 슈퍼 디룩스를 누릴 수는 있어야죠."

러셀 켈리

나는 첼시의 아파트에서 살았다. 5층 구석 자리였는데 공간은 널찍했지만 침실과 부엌은 조그마했다. 천장 높이가 4.3미터나 되어서 아주 근사했다. 가장 희한한 건 벽장이 넷이나 있었다는 점이다. 침실 하나에 벽장이 네 개라니! 여자친구가 나랑 같이 살러 들어왔을 때 난 그녀에게 벽장 하나를 주었다.

닉 설리번

대학 시절까지도 나는 종종 반항기를 겪었고 『더 페이스』를 거의 종교적으로 사 읽곤 했다. 그 잡지가 처음 나온 건 내가 아직 학생일 때였는데 그 뒤로 한 호도 빼먹지 않고 나올 때마다 사 모았다. 오래가진 못했지만 훌륭했던 또 다른 잡지 『글림스』도 사곤 했다. 하지만 당시 내가 패션계를 들여다보게 해준 창문이라면 역시 『더 페이스』였다.

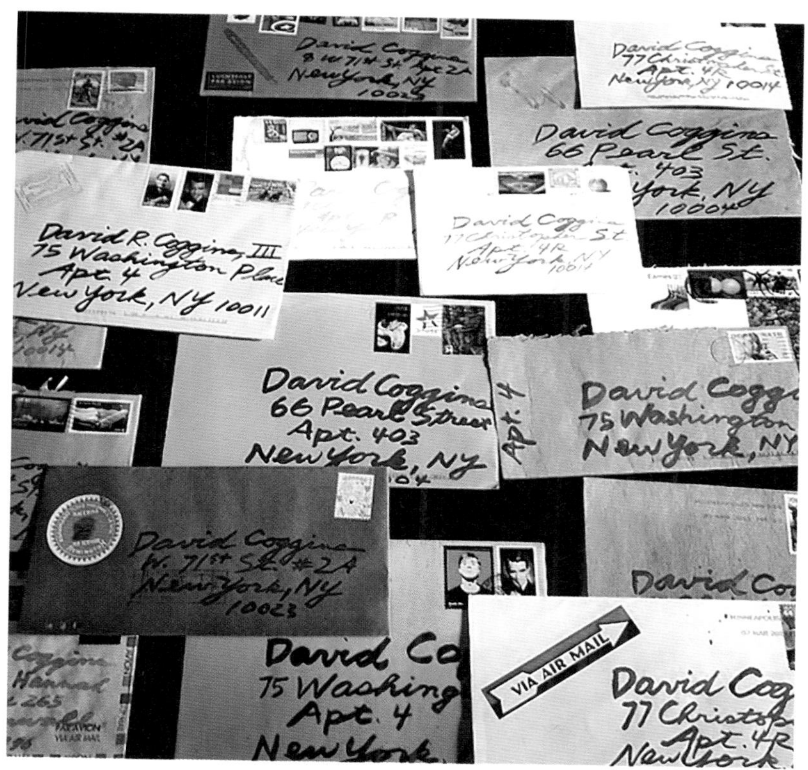

저자가 아버지에게 받은 편지들

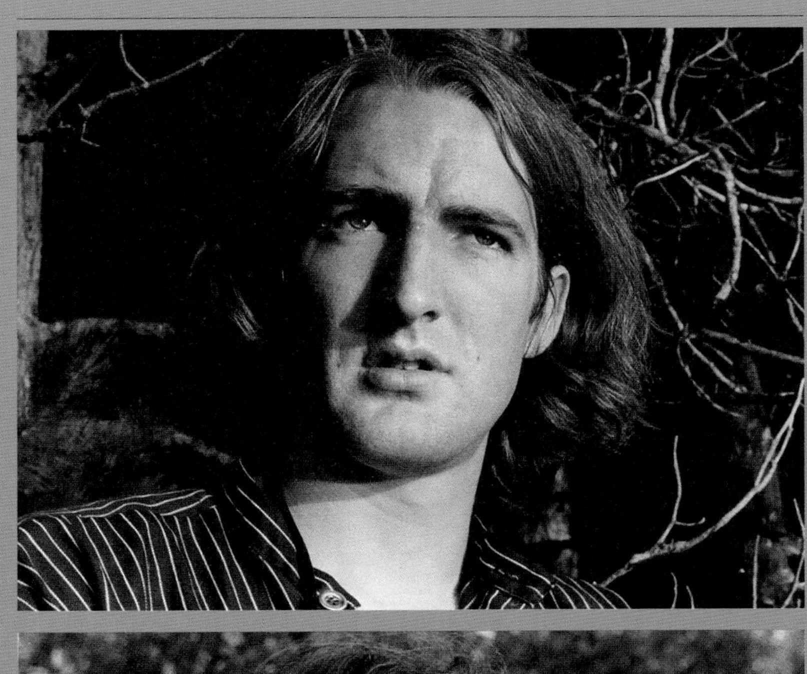

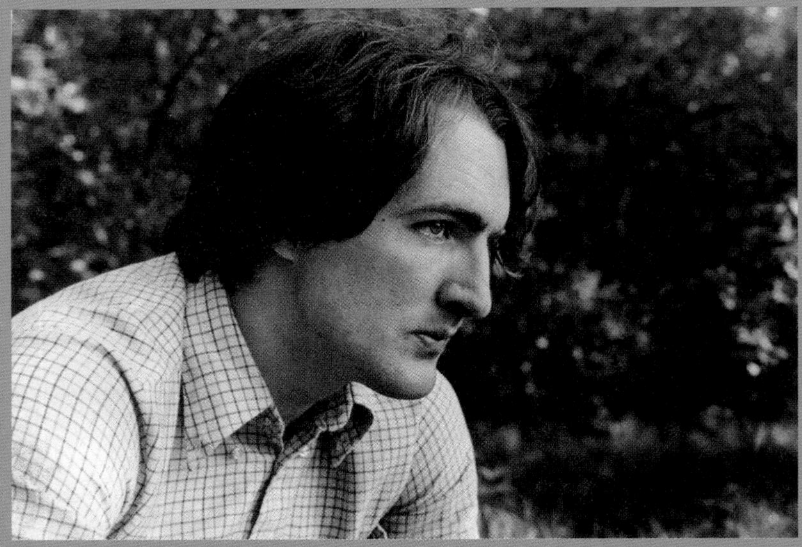

맺음말

아버지와의 대화

◆

이 책 작업을 마무리하며 나는 아버지와의 대화 자리를 마련했다. 여기에 우리의 대화를 싣는다. 일부 사실은 어머니의 확인을 거쳤다.

아버지가 오랫동안 입으셨고 제 기억 속에 남아 있는 여러 옷들에 관해 이야기해보죠. 하지만 첫 번째로 여쭤보고 싶은 건 아버지가 성장기에 하셨던 까까머리에 관해서인데요. 정말로 완전히 다른 시대를 상징하는 스타일이네요. 우선, 아버지 머리는 누가 잘라주신 건가요?

사실 까까머리를 하게 된 건 그리스에서였다. 그리스인 이발사가 잘라줬는지는 정확히 기억나지 않는구나. 아마 군인용 이발소에 갔다가 그곳 이발사 생각대로 하게 맡긴 거겠지. 그게 1958년쯤이었을 거다.

그러니까 할아버지 생각은 아니었다는 거군요. 그분이 공군이시긴 했지만?

네 할아버지가 그때 이발소에 계셨는지도 잘 기억나지 않아. 아마 날 거기 떨궈놓고 다른 곳에 가셨을 게야. 정말 어쩌다 보니 하게 된 머리인데 고등학교 내내 그 스타일을 유지했단다. 끔찍한 실수였지.

아버진 버지니아주에서 고등학교를 다니셨는데, 학교 머리글자가 수놓인 스웨터는 거기서 입으신 거죠?

그래, 다른 학교와 시합이 있는 날이면 그 스웨터를 입었지. 넥타이도 매야 했고. 버지니아주 고등학생들은 거의 사립학교 학생들만큼 단정한 옷차림을 했단다. 학교에 갈 때면 넥타이를 맸고, 나는 아예 청바지가 한 벌도 없을 정도였지. 학교에는 코르덴 바지나 면바지만 입고 다녔거든. J. E. B. 스튜어트 고등학교의 스웨터는 남색에 큰 S자가 빨간색으로 수놓여 있었단다. 하지만 내 스웨터엔 S자가 있었는지도 기억이 잘 안 나는구나. 난 그게 별로였거든. 뽐내는 느낌이 들어서 싫었어.

아버지는 미식축구팀 쿼터백이셨죠?

그래, 농구팀에도 소속되어 있었고.

사람들이 아버지를 보통 뭐라고 불렀나요?

데이브. 데이브 코긴스. 더 어릴 땐 데이비드라고 불렀지만, 어느 날 내가 데이브로 불러달라고 선언을 했단다. 하지만 좀 더 나이를 먹자 다시 데이비드가 되고 싶어졌지.

제 생각도 똑같은 변화를 거쳤던 것 같아요. 아주 어렸을 땐 데이비라고 불렸다는 것만 빼놓고 말이죠. 지금 생각하면 믿어지지 않는 일이네요. 할아버지의 옷차림은 어땠다고 기억하세요? 아버지가 어릴 때 그분의 존재감은 어땠나요?

네 할아버지는 거의 매일 작업용 유니폼을 입었단다. 하지만 그러지 않을 땐 항상 슈트 차림을 하셨지. 늘 옷차림에 주의를 기울였고 코트와 넥타이도 갖춰 입으셨어. 아주 세심한 분이었거든. 네 증조할아버지도 그러셨지. 그분들이 물려받은 남부 혈통의 소산이랄까.

그럼 아버지가 대학생이 되었을 땐 어땠나요? 아버진 버지니아주가 아니라 콜로라도주의 대학교로 가셨죠. 시대도 완전히 달라졌고요.

그래. 내가 고등학교 졸업반 때 콜로라도에서 이스트코스트로 이사하면서 학교도 스튜어트에서 조지 워싱턴으로 옮기게 되었지. 둘 다 유명 공립학교였다. 학생들은 학교 머리글자가 붙은 점퍼를 입곤 했어. 난 절대로 입지 않았지만. 3학년 몇 명은 내 옷차림이 인상적이었는지 날

'짐 빔'이라고 부르곤 했단다. 내가 항상 단정하게 옷을 차려입었으니까. 심지어 대학에 가서도 그랬지. 적어도 1, 2학년 때는 말이다.

머리는 언제부터 기르셨어요?

대학에 가자마자. 옷도 좀 더 히피스럽게 입기 시작했지. 정말로 히피는 아니었지만 청재킷이나 군복 재킷과 군화 정도. 말하자면 보헤미안 풍이랄까.* 하지만 대학 시절엔 머리를 그리 많이 기르진 않았어.

두 분은 대학을 마친 후 네덜란드로 가셨죠. 당시 사진들을 보면 아버진 머리가 꽤 길고 턱수염도 기르셨던데요.

1970년이었으니까. 우리는 암스테르담에서 하룻밤인가 이틀 밤인가 머물고 덴하그로 갔어. 거기서 쇼핑을 하다가 이 놀랍도록 꽉 끼는 가죽 재킷을 샀단다. 아주 근사한 재킷이었지. 가게 점원에게 "전 이거 도저히 못 입어요"라고 했지만 그 사람은 내게 더 큰 치수는 팔지 않겠다고 하더구나. 한 번 더 가서 "너무 꽉 낀다니까요"라고 했는데도 "죄송하지만 손님께는 더 큰 치수를 팔 수 없습니다"라는 대답뿐이었지.

* 네 어머니가 그러는데 당시에도 난 버지니아에서부터 가져온 간트 셔츠들을 입었다는구나. 참, 그러고 보니 바라쿠타 재킷도 있었지.

그러고 이 검은색 울 롱코트도 샀지. 어깨 견장이 거의 부츠까지 내려오는 데다 아까의 재킷과 마찬가지로 지나치게 몸에 꼭 맞아서 허세가 넘쳐 보였어. 하지만 난 마음에 들었단다. 장발에 턱수염까지 어우러져 내가 마치 19세기 낭만주의 소설 속 등장인물처럼 보였거든. 모든 것이 몸에 딱 맞게 변했고, 슈트도 딱 맞는 걸로 바뀌었어. 내겐 검은색 코르덴 슈트**와 심지어 데님 슈트도 있었지.

네, 그 데님 슈트 말이죠. 슬쩍 넘어갈 생각은 마세요.

덴하그로 이사 갔을 때 즐겨 다니던 가게가 하나 있었지. 그곳 이름은 기억 안 나지만, 내 슈트를 골라주던 아주 괜찮은 점원이 있었어. 내 친구들 모두(상당수는 학생이나 예술가였는데) 몸에 꼭 맞는 옷을 입었지. 뱀 허물처럼 벗어내야 할 듯한 옷 말이야.

그냥 아무 생각 없이 가게에 들어가서 데님 슈트를 산 건 아니셨죠….

사실은 무려 주황색 테두리를 댄 데님이었단다. 바지는 나팔 모양이었고. 캘리포니아 팔로알토에서 열릴 결혼식에 가려고 산 옷이었지. 나 원 참.

** 네 어머니 말로는 코르덴이 아니라 검은 벨벳이었다는구나.

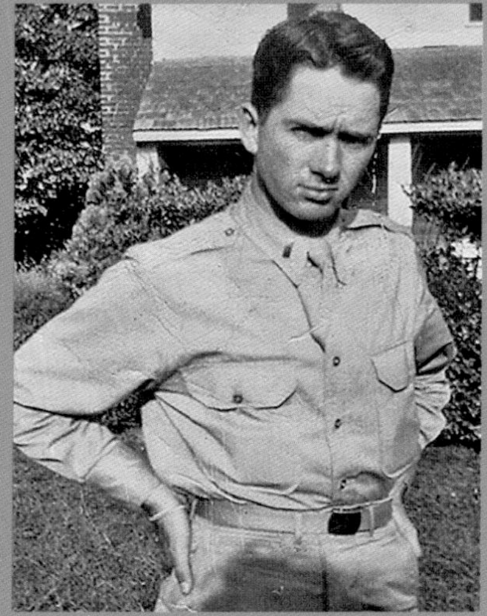

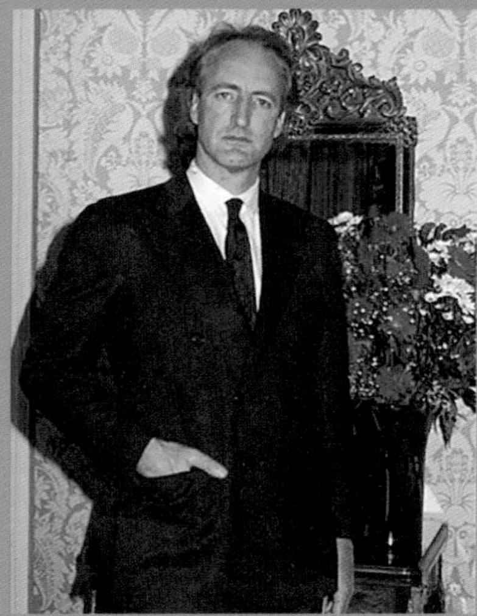

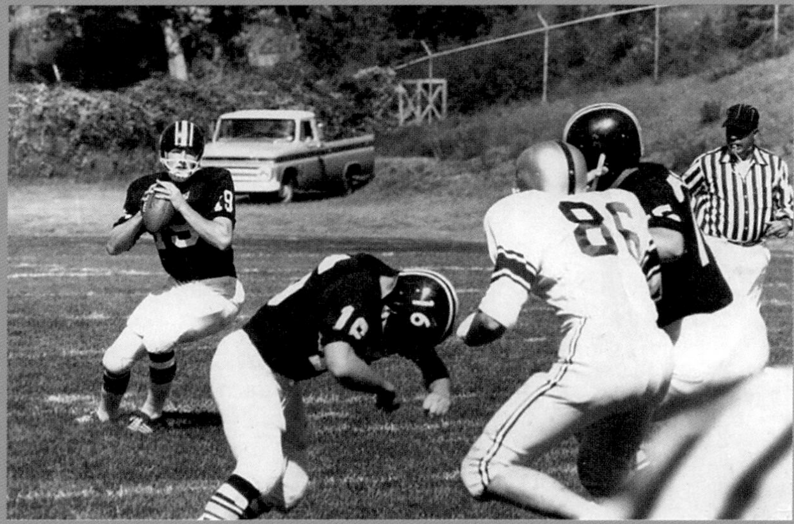

왼쪽 위에서 시계 방향으로: 데이비드 밥 코긴스 대령(저자의 할아버지), 데이비드(저자의 아버지)의 파리 체류 시절과 콜로라도 대학교 미식축구팀 쿼터백으로 뛰던 시절.

우리 가족이 최초로 프랑스에 간 건 1982년이었어요. 아버지는 옷을 차려입고 비행기에 타셨죠. 슈트에 넥타이 말이에요.

당시만 해도 비행기를 타는 건 여전히 엄청난 일이었어. 비행기에 타려면 옷을 차려입어야 할 것 같았단다. 많은 남자들이 넥타이를 매거나 최소한 그러는 척이라도 했지.

나중에 아버지의 옷장을 들여다볼 때마다 그 당시 아버지가 얼마나 격식 있는 옷차림을 했는지 실감하며 놀라곤 했어요. 영국풍 슈트와 넥타이. 최근엔 좀 더 화려한 이탈리아풍 옷들로 취향이 바뀌신 것 같네요. 넥타이도 예전만큼은 안 매시고요.

미국으로 돌아와서는 미니애폴리스에 살게 되었지. 머리도 다시 짧아졌고 턱수염도 깎았고. 또다시 육군 예비군이 되었으니 차림새를 좀 더 단정히 해야 했지. 취직을 했으니 코트에 넥타이도 매고 다녔단다.

아버지는 심스에서 옷을 사셨죠.

그래, 심스에 다녔지….

그 가게는 어떻게 찾으셨어요?

유명한 가게였단다. 말쑥하고 전통적인 옷을 사기 좋은 곳이었지. 미니애폴리스의 브룩스 브라더스 같았달까. 기억나지도 않을 만큼 오래전부터 한 가문이 한자리에서 운영해온 가게였어.

그런 놀라운 전문점들은 이젠 거의 남지 않았죠.

그렇지. 그러다 폴로 매장이 생겼고, 내 근사한 영국풍 슈트들 상당수는 거기서 샀단다. 아름다운 옷들이었지. 내가 슈트에 넥타이를 매고 예술가들의 사교 장소였던 뉴프렌치 바에 나가면 마이클 서머스는 날 놀려대곤 했지. 하지만 사실 그 사람도 내 옷차림을 좋아했어.

그 얘긴 처음 듣네요.

당시 나는 글을 쓰고 편집도 하고 사람들을 만나러 다니기도 했지. 그러니 슈트 차림을 하는 게 적절하다고 생각했단다. 1960년대와 심지어 70년대를 겪고 나서 갑자기 슈트와 격식 있는 차림새로 회귀하는 경향이 흥미롭게 느껴지기도 했고.

아버지는 아직도 가끔 단정한 옷차림을 하라며 절 구박하시죠. 하지만 아버지도 지금의 제 나이 때는 똑같은 이유로 사람들에게 구박 당하곤 했나 보네요.

맞아, 그랬지. 반드시 구박이랄 순 없었지만 꼭 한마디씩 듣곤 했거든. 게다가 내 친구 몇몇은, 예를 들어 사업가나 찰리 젤 같은 전문직 종사자들은 항상 말쑥한 차림이었으니까. 당시 입던 옷들을 돌이켜보면 정말 거창하기도 했지.

아버지가 폴로 매장 얘길 하셨다는 게 재미있네요. 저도 어릴 때(폴이 거기서 일하던 시절 말이죠) **그곳에 다녔던 게 생각나거든요. 그때 전 무척 가기 싫었지만요. 푸른색 블레이저를 걸치긴 했지만 제대로 입긴 싫다는 태도로 있으면 아버지가 제 옷깃을 바로잡아주며 이렇게 말씀하셨죠. "데이비드, 옷을 똑바로 입어야지." 아마도 전 실제로 그 옷을 입기가 싫었던 것 같아요. 하지만 지금까지도 2년마다 한 번씩은 금단추가 달린 푸른색 블레이저를 입곤 하죠.**

네가 처음으로 푸른색 블레이저를 입었던 때가 기억나는구나. 금발머리에 흰 바지가 잘 어울렸어. 시카고에서 어느 결혼식에 참석했을 때였단다. 넌 여남은 살이었고 슈트에 입문하던 참이었지.

원래 그렇게 시작되는 거죠. 처음엔 억지로 가게에 끌려들어가고, 그러다 나중엔 폴을 만나는 걸 항상 고대하게 되고(거기서 오랫동안 일한 사람이라 만나면 무척 반가웠어요) **우린 옷차림 이야기를 나누곤 했고, 한번은 폴이 제게 자기 것이던 구두 한 켤레를 팔기도 했어요.**

맙소사, 그랬니?

네. 20달러 받고요. 거의 신지 않은 구두였는데 말이죠. 그뿐만 아니라 고등학교 졸업파티에서 턱시도 재킷과 청바지 차림을 해보라고 권해주기도 했어요. 그건 뭐랄까, 비극적인 사태였지만요.

너한테 그러라고 한 사람은 나였는데.

그럼 결국 우리 둘 탓인 건가요?

그래, 확실해! 내가 너한테 청바지를 입으라고 얘기했지. 그런 옷차림을 한 네 모습을 그린 내 스케치도 어디 있을 거다.

아마도 실제보다는 이론적으로 더 괜찮은 옷차림이었던 모양이에요. 전 그런 옷차림을 소화할 준비가 안 되어 있었죠. 만약에 지금 본다면 좀 더 마음에 들지도 모르겠네요.

살짝 욕심이 과했는지도 모르지. 하지만 넌 실제로 그렇게 입었고 나도 네가 그런 시도를 했다는 데 감동했단다. 가끔은 그때가 전환점이 아니었나 하는 생각이 드는구나. 네가 좀 더 진지하게 말쑥함을 추구하기 시작했다는 면에서 말이다.

음, 그 밖에도 제가 저질렀던(그러니까 좀 더 자발적으로 말이죠) 일이라면 구레나룻을 길렀다가 없앴던 게 생각나네요. 심지어 모리세이 음악을 접하기도 전이었다고요. 아버지도 1970년대에 구레나룻을 기르셨는데 제가 보기엔 근사했거든요. 엄청 거대한 구레나룻이었는데도요. 참, 근데 아버지는 어머니와 결혼할 때 어떤 옷을 입으셨어요?

모닝 드레스였지. 우리는 1970년 시카고에서 결혼했단다. 난 막 육군 예비군 기초훈련을 마친 참이었지. 6월에 결혼식을 올렸어. 까까머리를 유지해야 했지만 구레나룻은 기를 수 있었고, 그래서 구레나룻을 길게 길렀지. 아마도 꽤나 반항적인 스타일이었을 게다.

아버지는 저랑 테니스를 칠 때면 분홍색과 검은색 줄무늬 브이넥 스웨터를 입고 코트에 나오셨죠. 라켓은 목수용 가방에 넣고 다니셨고요. 지금 생각해보면 무척 근사했어요. 그럴 생각은 어떻게 하셨나요? 그냥 어쩌다 그러신 건가요?

좋은 질문이구나. 그러려고 산 가방은 아니었어. 하지만 마음에 들어서 사고 나니 문득 라켓을 넣으면 되겠단 생각이 들었단다. 내겐 스포츠 용품이 전혀 없었거든!

음, 지금은 그 가방이 마음에 들지만 당시엔 그 멋스러움을 몰랐어요. 그

냥 아버지가 괴상한 가방을 갖고 다닌다고만 생각했죠. 그 무렵 아버지의 면도솔과 면도 과정 전반에 매혹되었던 기억도 나네요. 결국 아버진 제게 면도날을 안 끼운 작은 면도기를 주고서 저도 면도하는 시늉을 낼 수 있게 해주셨죠.

맞아, 그랬지. 나는 깡통에 든 면도크림을 쓰다가 나무 접시에 담긴 비누와 솔로 면도하는 방법을 발견했고 마음에 들어서 그 뒤로 계속 그렇게 해왔단다. 지금까지도 그러고 있어. 그런데 네가 면도를 하고 싶어 하길래 면도날을 빼주었고(당시엔 아직 면도기에 따로 면도날을 끼워야 했으니까), 그러자 너도 면도를 할 수 있게 되었지.

재미있네요. 저는 지금보다도 그때 더 자주 면도를 했을걸요. 화장수와 향수는 어떤가요? 올드 스파이스 냄새는 기억나지만, 언젠가부터 다른 걸 쓰게 되신 모양이네요.

대학 시절엔 브뤼를 쓰곤 했지. 그러다 폴로의 훌륭한 향수를 발견하고 한참 동안 사용했어.

아버지 옷장엔 아직도 옛날 향수가 좀 있는 모양이더군요. 오소바주도요.

오소바주는 근사하지. 이젠 좀처럼 쓰지 않지만. 요즘은 에르메스를 좀 더 즐겨 쓴단다. 폴 스미스도.

아버지는 나이가 들면서 더 화려한 색깔 옷을 입게 되셨죠. 줄무늬나 그 밖의 다른 무늬 옷, 좀 더 비정형적인 옷도요. 하지만 예전의 어느 여름에도 잠깐이지만 글래디에이터 샌들을 신으셨던 기억이 나는데요.

난 샌들을 즐겨 신었지. 항상 샌들을 좋아했어. 심지어 대학 시절에도 인도산 샌들 한 켤레를 사서 멕시코에서 신고 다닌 적이 있단다.

아버지는 키가 크시죠. 전 항상 키 큰 남자들이 화려한 색을 잘 소화한다고 생각해왔어요.

어느 정도는 내가 근육질이기 때문이지만, 한편 어느 정도는 예술적 감각 때문이고 어느 정도는 댄디 성향 때문이지. 난 딱히 요란해지고 싶진 않았지만 어떤 종류의 강렬한 옷차림은 좋아했어. 줄무늬 셔츠나 밝은 색 스카프. 하지만 그 위에는 좀 더 보수적인 스포츠코트를 걸치는 편이 좋지.

크리스마스이브가 되면 아버지는 치즈 수플레를 만들고(어쩌다 그런 관습이 생겼는지는 모르겠지만) 보라색 벨벳 슬리퍼를 신곤 하셨죠. 어쩌다 그러시게 됐나요?

나도 모르겠다. 그냥 평범한 요리는 만들기 싫어서 수플레를 해보기로 했는데 네 어머니가 무척 좋아하던걸. 자기가 요리를 안 해도 되니까. 슬리퍼는 파리의 라스파유 대로에 있는 어느 가게에서 발견하고 산 거란다. 그냥 크리스마스 느낌이 들어서 말이야.

또 한 가지 이야기해야 할 것은 폴 스미스죠. 1990년 우리가 처음으로 뉴욕에 가서 5번가와 16번가 교차점의 그 매장에 다니기 시작한 때가 기억나거든요.

폴 스미스는 엄청난 영향을 미쳤지. 그는 전통적인 것들을 가져다가 새롭고 독특하고 다채로운 것들로 만들었어. 나도 물론 그 영향을 받았단다. 나는 전문직 종사자, 은행가나 변호사 같은 옷차림을 하긴 싫었지만 그래도 슈트를 입고 싶었거든.

그리고 예상치 못한 디테일도요. 예를 들면 물고기가 그려진 법랑 세공 단추 말이죠.

그래. 색다른 디테일의 셔츠들도 있었고 심지어 꽃무늬 천이나 다른 종류의 원단을 댄 청재킷도 있었지. 모두 색다른 단추가 달려 있었고. 송어 모양 단추가 달린 셔츠랑 빅토리아 시대풍의 꽃 단추가 달린 셔츠도 기억나는구나.

아버지는 화려한 스카프를 즐겨 매시죠, 어머니랑 세라도 그렇고요. 우리 가족 모두 스카프를 많이도 갖고 있는데 서로 바꿔 매기까지 해요. 이런 상황을 설명할 방법이 있을까요?

네 어머니와 동생은 내 스카프를 매지만 난 그들 것을 매지 않아! 그러고 보니 우린 파리나 이탈리아 어딘가에 갈 때마다 스카프를 사는 듯하구나. 스카프란 게 너무 사기 쉽고 예쁘기까지 하잖니. 내 예순 살 생일에 너랑 세라가 멋진 푸른색 스카프를 선물해줬지. 그날 하루 매고 다신 매지 못했단다. 네 어머니랑 세라가 빼앗아갔거든.

그거 재미있네요. 아버지와 저는 신체 치수가 달라서 전 한 번도 아버지 옷을 입을 수 없었죠. 아버지 넥타이는 매봤지만요. 한번은 아버지한테 너무 작은 스포츠코트가 저한테는 맞겠다고 생각한 적도 있어요. 하지만 그 옷을 입고 찍은 사진들을 지금 보니 전혀 맞지 않았네요. 제 허벅지 한가운데까지 내려오는걸요.

안타까운 일이지. 내겐 아직도 근사한 슈트가 아주 많은데 말이야.

네덜란드에 살 때 차를 사셨나요?

트라이엄프 자동차였지. 암스테르담에서 샀어. 갈색 1970년형 GT6, 신품 해치백이었단다. 3천 달러를 줬지. 당시엔 엄청 큰돈 같았는데.

그 차로 간 첫 번째 장거리 여행지는 어디였나요?

우리가 덴하그에 살 때는 독일로 며칠씩 여행을 가곤 했지. 하지만 가장 멀리 갔던 건 프랑스 일주여행이었어. 아니다, 우리의 첫 장거리 여행은 북유럽 종단이었구나. 북유럽을 관통해서 북단인 노르카프까지 갔지. 스웨덴, 핀란드를 지나 노르웨이 끝까지 올라갔단다. 5주 동안의 여행이었어. 환상적이었지. 밖에서 야영도 몇 번 했고. 그러고서 몇 년 뒤엔 4~5주 프랑스 여행을 했지. 무척 중요하고 결정적인 시기였어. 지금 생각해도 그런 것 같구나.

참여한 사람들

캄루즈 아람Kamrooz Aram은 시각 예술가다.

브라이언 아위탄Brian Awitan은 리바이스를 비롯하여 여러 회사들과 협업한 크리에이티브 컨설턴트다.

리처드 베이커Richard Baker는 예술가로 뉴욕의 티보르 데 나지 갤러리 소속이다.

제이 배틀Jay Batlle은 예술가로 칠레 산티아고 미술관에서 열릴 개인전을 준비하고 있다.

로버트 베커Robert Becker는 『낸시 랭커스터: 그녀의 삶과 세계, 예술』의 저자다. 현재 하와이에 관한 책을 쓰고 있다.

토머스 벨러Thomas Beller는 『J. D. 샐린저: 도피의 예술가』의 저자다. 뉴올리언스에 살고 있다.

앨릭스 빔스Alex Bilmes는 영국판 『에스콰이어』의 편집장이다. 런던에 살고 있다.

크리스 블랙Chris Black은 돈 투 데스 프로젝트를 시작했으며 퍼블릭 어나운스먼트 팟캐스트를 운영하고 있다.

러셀 블랙모어Russell Blackmore는 소닉 에디션스 웹사이트를 설립했다. 런던에 산다.

레슬리 M. M. 블룸Lesley M.M. Blume은 『누구나 못된 짓을 한다: 헤밍웨이의 걸작 『태양은 다시 떠오른다』에 숨겨진 진실』의 저자다.

미카엘 보레만스Michael Borremans는 예술가로 데이비드 즈워너와 제노-X 갤러리 소속이다. 벨기에의 헨트에 산다.

윌리엄 보이드William Boyd는 여러 권의 책을

썼다. 최신작은 『달콤한 손길』이다. 런던에 산다.

G. 브루스 보이어G.Bruce Boyer는 『트루 스타일』의 저자다.

마클리 보이어Markley Boyer는 환경보호 활동가이자 캐츠킬 보존 개발 센터의 이사장이다.

존 브로디John Brodie는 제이크루의 콘텐츠 및 브랜딩 부서 부대표다.

크리스 브라운Chris Brown은 잡지 『리퓨얼드』의 출판인이자 크리에이티브 디렉터다. 텍사스주 켈러에 산다.

숀 브리지스Shawn Brydges는 브리지스 맥키니 사진 에이전시의 공동 경영자다.

아르만두 카브라우Armando Cabral는 모델이자 그의 이름을 딴 구두 회사의 크리에이티브 디렉터다.

그레그 채프먼Greg Chapman은 크리에이티브 디렉터다.

리처드 크리스천슨Richard Christiansen은 샹들리에 크리에이티브의 설립자다. 로스앤젤레스와 뉴욕을 오가며 산다.

벤 클라이머Ben Clymer는 호딩키 웹사이트의 설립자 겸 전무이사다.

스티븐 코츠Stephen Coates는 리얼 튜즈데이 웰드라는 가명으로 음반을 만드는 뮤지션이다. 런던에 산다.

에린 크레시더 윌슨Erin Cressida Wilson은 영화 각본가다. 최근 참여작은 〈걸 온 더 트레인〉이다.

슬론 크로슬리Sloane Crosley는 『잠금쇠』를 비롯한 여러 작품의 저자다.

에이드리언 대넛Adrian Dannatt은 작가 겸 큐레이터로, 최근의 전시 및 출간물은 폴 캐스민 갤러리에서 열린 앵파스 롱생 전이다.

에릭 데이턴Eric Dayton은 남성복 가게 애스코브 핀레이슨과 레스토랑 배첼러 파머의 소유주다. 미니애폴리스에 산다.

스테판 듀퐁Stefaan duPont은 사진가이자 크리에이티브 에이전시 마일스 앤드 마일스의 공동 운영자다.

마르셀 자마Marcel Dzama는 예술가로 최근에는 뉴욕시 발레단의 의상을 디자인했다.

해나 엘리엇Hannah Elliott은 『블룸버그 퍼수츠』에서 차에 관한 글을 쓴다.

제이 필든Jay Fielden은 미국판 『에스콰이어』의 편집장이다.

존 걸John Gall은 에이브럼스 북스 출판사의 크리에이티브 디렉터다.

알렉산더 길크스Alexander Gilkes는 온라인 예술 경매업체 패들8의 공동 설립자다.

랜디 골드버그Randy Goldberg는 레스토랑 팝업 플리와 양말 회사 봄바스의 공동 설립자다.

패트릭 그랜트Patrick Grant는 런던 새빌로에 있는 맞춤 양복점 노튼 앤드 선스의 소유주다.

휴고 기네스Hugo Guinness는 예술가로 웨스 앤더슨과 함께 영화 〈그랜드 부다페스트 호텔〉의 각본을 썼다.

제러미 해킷Jeremy Hackett은 남성복 라인 해킷의 창립자 겸 사장이다. 런던에 산다.

마이클 헤이니Michael Hainey는 미국판 『에스콰이어』 편집부 전무이사다. 『친구들을 방문한 뒤에』라는 책을 썼다.

대럴 하트먼Darrell Hartman은 작가이자 여행 웹사이트 정글스 인 파리의 공동 설립자다.

던컨 해나Duncan Hannah는 예술가로 현재 회고록을 집필하는 중이다.

마이클 힐Michael Hill은 드레익스의 공동 소유자 겸 크리에이티브 디렉터다. 런던에 산다.

홀리스터 하비Hollister Hovey는 하비 디자인의 공동 설립자이자 『상속된 모던』의 저자다.

맷 흐라넥Matt Hranek은 사진가이자 잡지 『콘데나스트 트래블러』의 남성패션 편집자다.

앨 제임스Al James는 작가이자 뮤지션이다. 오리건주 포틀랜드에 산다.

러셀 켈리Russell Kelly는 시계 회사 튜더 워치의 사장이다.

바이런 김Byron Kim은 예술가로 제임스 코언 갤러리 소속이다.

월터 컨Walter Kirn은 『피가 흐르리』를 비롯한 여러 책을 썼다. 몬태나주 리빙스턴에 산다.

쿠리노 히로후미Hirofumi Kurino는 유나이티드 애로스의 홍보 부서 선임 자문이다. 도쿄에 산다.

애런 리바인Aaron Levine은 아베크롬비 앤드 피치의 남성복 디자인 부서 부대표다. 오하이오주 그랜빌에 산다.

글렌 리건Glenn Ligon은 시각 예술가다.

J. C. 매켄지J.C. MacKenzie는 배우다. 현재 HBO 방송국의 〈비닐〉에 출연하고 있다.

시드 매시번Sid Mashburn은 자신의 남성복 생산 및 소매점 라인을 설립했다. 애틀랜타에 산다.

제이 매키너니Jay McInerney는 작가로 최신작은 『환하고 소중한 나날들』이다.

마크 맥네리Mark McNairy는 디자이너이자 마크 맥네리 뉴암스테르담의 크리에이티브 디렉터다. 로스앤젤레스에 산다.

데릭 밀러Derrick Miller는 구두 브랜드 바커 블랙과 남성복 매장 밀러스 오스의 설립자 겸 크리에이티브 디렉터다.

프랭크 마위티언스Frank Muytjens는 제이크루의 남성복 디자인 디렉터다.

나카하라 신Shin Nakahara은 랜드스케이트 프로덕츠의 설립자다. 도쿄에 산다.

글렌 오브라이언Glenn O'Brien은 작가이자 편집자다. 토크쇼 호스트이기도 하다.

모린 오코너Maureen O'Connor는 잡지 『뉴욕』의 섹스 칼럼니스트다.

툰데 오예올Tunde Oyewole은 변호사다. 파리에 산다.

브루스 패스크Bruce Pask는 버그도프 굿맨 백화점의 남성패션 디렉터다.

앤서니 펙Anthony Peck은 작가이자 프로듀서, 등산가다. 콜로라도주 애스펀에 산다.

이넉 페레스Enoc Perez는 예술가로, 댈러스 현대미술관에서 열릴 개인전을 준비하고 있다.

조시 페스코비츠Josh Peskowitz는 로스앤젤레스에 있는 남성복 가게 마가쟁의 공동 소유주다.

포기Poggy는 유나이티드 애로스 앤드 선스의 패션 디렉터다. 도쿄에 산다.

유언 렐리Euan Rellie는 BDA 파트너스의 선임 상무이사다.

월터 로빈슨Walter Robinson은 예술가이자 비평가다. 최근 제프리 디치 갤러리에서 회화전을 가졌다.

댄 룩우드Dan Rookwood는 온라인 쇼핑몰 미스터 포터의 미국 지부 편집자다.

팀 시프터Tim Shifter는 미국산 가죽제품 회사 J. W. 흄의 대표이사다. 블랙스톤 사모펀드 그룹의 선임자문이기도 하다.

톰 실러Tom Schiller는 코미디 작가이자 영화제작자다. 코네티컷에 산다.

닉 숀버거Nick Schonberger는 작가이자 편집자다. 오리건주 포틀랜드에 산다.

타보 소메르Taavo Somer는 르 터틀, 프리먼스를 비롯한 여러 바와 레스토랑의 소유주 겸 디자이너다.

앤디 스페이드Andy Spade는 잭 스페이드, 슬리피 존스, 파트너스 앤드 스페이드의 설립자다.

애나 수이Anna Sui는 패션 디자이너다.

웨슬리 스테이스Wesley Stace는 작가 겸 뮤지션이다. 존 웨슬리 하딩이라는 이름으로 여러 음반을 발표했다. 필라델피아에 산다.

휘트 스틸먼Whit Stillman은 영화감독이다. 최신작은 〈레이디 수잔〉이다.

닉 설리번Nick Sullivan은 미국판 『에스콰이어』의 패션 디렉터다. 같은 잡지에서 내는 무크지 『빅 블랙 북』을 편집한다.

게이 탤리즈Gay Talese는 열네 권의 책을 썼다. 최신작 『관음증 환자의 모텔』 판권은 2016년 스티븐 스필버그에게 팔렸다.

테일러 테한Taylor Tehan은 디자이너이며 텍사스 교외에 위치한 의류 회사 마코네의 공동 소유자다.

가이 트레베이Guy Trebay는 『뉴욕 타임스』의 스타일 리포터이자 남성복 평론가다.

매들린 위크스Madeline Weeks는 『GQ』의 패션 디렉터다.

돈 위어Don Weir는 남성복 매장 체인 스태그의 공동 소유주다. 텍사스주 오스틴에 산다.

JP 윌리엄스JP Williams는 디자인 에이전시 MW의 크리에이티브 디렉터이자 공동 설립자다.

마이클 윌리엄스Michael Williams는 웹사이트 어 컨티뉴어스 린의 설립자이자 마케팅 회사 폴+윌리엄스의 공동 경영자다. 로스앤젤레스에 산다.

신트라 윌슨Cintra Wilson은 작가다. 최신작은 『공포와 의류: 아메리칸 스타일을 풀어헤치다』이다.

닉 우스터Nick Wooster는 패션 디렉터 겸 디자이너다.

롭 잔가르디Rob Zangardi는 스타일리스트이자 랜드M의 공동 경영자다. 로스앤젤레스에 산다.

감사의 말

이 책은 내가 존경하는 남자들의 가장 뛰어난 면모들을 담고 있다. 나와 한자리에 앉아 인터뷰를 하고 사진을 공유하고 고등학교 졸업파티에 입고 갔던 옷들에 관해 솔직히 얘기해준 모든 이들에게 감사한다. 그들의 관대함과 유머 감각은 우리 모두에게 좋은 본보기가 될 것이다. 스테파니 차오, 웨스 델 발, 글렌 오브라이언, 제니 푸에슈, 캣 얼린은 이 책에 핵심적인 통찰과 도움을 제공했다.

다음 사람들에게 특별히 감사하고 싶다. 특유의 빈틈없음과 비딱한 유머 감각, 유별나게 고상한 취향으로 이 책을 디자인해준 존 걸에게. 내 에이전트이자 최고의 점심식사 친구, 이 작업을 처음부터 끝까지 지켜보았고 모든 일을 성사시켰으며 악역을 맡아야 할 때조차 선한 역할을 해준 스테파니 코번에게. 나의 별스런 요구들을 우아함과 통찰력, 고마운 인내심으로 처리해준 담당 편집자 레베카 캐플런에게. 구두점에 있어 강경한 주관을 가진 저자를 다루기란 종종 어려운 일이었을 것이다. 이 책을 지지해주고 결과물이 우리 모두가 원한 방향으로 나오도록 도와준 에이브럼스 출판사에게. 이 작업의 기반을 닦아주고 수없이 많은 일을 거들어준 쟁클로 앤드 네스빗 에이전시의 모든 이들에게. 더없이 귀중한 조언자이자 좋은 친구들인 랜디 골드버그, 마이클 윌리엄스, 타보 소메르, 애런 리바인, 메건 윌슨, 던컨 해나에게.

마지막으로 내 인생에서 가장 멋지고 소중한 인물들인 내 아버지 데이비드, 내 어머니 웬디, 그리고 동생 세라에게.

옮긴이 신소희

서울대학교 국어국문과를 졸업하고 출판 편집자 및 번역가로 일해왔다. 옮긴 책으로 《피너츠 완전판》《완벽한 커피 한 잔》《밴 라이프》《첫사랑은 블루》《사랑은 오프비트》《세계 예술 지도》《위험한 독서의 해》 등이 있다.

맨 앤 스타일

첫판 1쇄 펴낸날 2019년 12월 20일
3쇄 펴낸날 2022년 5월 16일

지은이 데이비드 코긴스
옮긴이 신소희
발행인 김혜경
편집인 김수진
책임편집 김교석
편집기획 조한나 김단희 유승연 임지원 곽세라 전하연
디자인 한승연 성윤정
경영지원국 안정숙
마케팅 문창운 백윤진 박희원
회계 임옥희 양여진 김주연

펴낸곳 (주)도서출판 푸른숲
출판등록 2003년 12월 17일 제2003-000032호
주소 경기도 파주시 심학산로 10(서패동) 3층, 우편번호 10881
전화 031)955-9005(마케팅부), 031)955-9010(편집부)
팩스 031)955-9015(마케팅부), 031)955-9017(편집부)
홈페이지 www.prunsoop.co.kr
페이스북 www.facebook.com/prunsoop **인스타그램** @prunsoop

ISBN 979-11-5675-803-7 03600